中外

中外教育交流研究丛书

zhongwai jiaoyu jiaoliu yanjiu congshu

余子侠 主编

# 中俄「苏」教育交流的演变

张纯 刘振宇 余子侠 著

山东教育出版社

**图书在版编目(CIP)数据**

中俄(苏)教育交流的演变/余子侠等著. —济南:山东教育出版社,2010
(中外教育交流研究丛书)
ISBN 978－7－5328－6259－7

Ⅰ.①中… Ⅱ.①余… Ⅲ.①教育—国际交流—教育史—中国、俄罗斯 Ⅳ.①G513.3

中国版本图书馆 CIP 数据核字(2010)第 200111 号

中外教育交流研究丛书
**中俄(苏)教育交流的演变**
余子侠 刘振宇 张 纯 著

---

**主　　管**:山东出版集团
**出 版 者**:山东教育出版社
(济南市纬一路 321 号 邮编:250001)
**电　　话**:(0531)82092663 传真:(0531)82092661
**网　　址**:http://www.sjs.com.cn
**发 行 者**:山东教育出版社
**印　　刷**:山东新华印刷厂德州厂
**版　　次**:2010 年 12 月第 1 版第 1 次印刷
**印　　数**:1—2000
**规　　格**:787mm×1092mm 16 开本
**印　　张**:22 印张
**字　　数**:378 千字
**书　　号**:ISBN 978－7－5328－6259－7
**定　　价**:36.00 元

---

**(如印装质量有问题,请与印刷厂联系调换)**

# 目　录

# 总 序

余子侠

教育，使人类社会走向文明且日益进步；交流，使教育事业得以创新而不断发展。作为人类一种古老而又弥新的文明，中华文化正是通过教育交流而得以形成、发展、更新和播衍。纵观中华民族自古以来的教育交流，既有将自身现有的最先进文化推向世界的活动，亦有从其他先进的国家或民族摄取自身亟需的文明因子的行为。在这种传输与求取、播衍与认同人类新知的过程中，中华民族通过种种途径一直未曾停歇教育交流活动，并且借助这种活动来逐步推进人类文明的世界大同。

## 一

从有人类在中国土地上活动并形成社会以来，尤其自学校教育产生以后，随着社会的进步和文明的演进，中华民族的教育交流在不断地推进和发展。这种人类社会特有的文化活动，若以中国自身为定点测其流向，则应包括顺向交流、逆向交流和互向交流三大类型。又由于交流过程中各方流量的不同和成分的变化，致使这种以主导方向为标志的类型划分，常常呈现一种冲激互融的交流态势。

所谓顺向交流，是在教育领域以中国为定点，通过相应的渠道或途径，将自身处于先进地位的文明因子和文化成分，传输给其他的国家或民族的交流活动。这种教育交流活动发生时，中国与其交流的国家或民族处于一种传授与收受的不同地位。换句话说，就人类社会最先进文化知识、科技发明以及社会进步的求取与认同来看，在此种教育交流活动过程中，往往其时的中华文明处于一种上势地位或先进势态，中国是文明的传输者和授予者，与其交流的国家或民族是对中华文化进行一种接收、借鉴、吸纳或认同的活动。在漫长的历史长河中，这种教育交流类型在中国处于封建社会时期表现较为突出，其时通过接收国外学子来华留学，中国书籍在域外的传播翻译，中国士子学人成为其他国家或民族的传道授业之师，中华文化由是播衍到其他的国家或民族区域，成为他国借鉴的模式和学习的样本。

所谓逆向交流，则是通过种种教育交流的渠道，中国作为一个文化接受者，将自己亟需的其他国家或民族的先进文明因子和文化成分吸纳或引进国内，再结合国情所需融解于自身文明之中。这种教育交流活动发生时，中国与那些拥有先进的文化科技或思想制度的民族与国家相比较，处于一种时代的下势地位，其时中华文化在人类文明进程中处于后进势态。对与其交流的国家或民族而言，中国是一个接纳或收受者，其时教育交流的路径或渠道，大多表现为聘请外人来华任教，派遣学子出国留学，借鉴法式出国游历考察，博采新知译介他国著述，甚至一定程度上接受外人在华办学等活动。这种教育交流的目的和功效，乃在于借石攻玉以利取法教育变革发展的精神、内容与范式。这类教育交流活动主要发生在进入近代社会后一个半世纪的历史时段中。

至于互向交流，即中外教育交流过程中，既有华夏文明或中华文化通过相应的教育交流渠道传输到其他国家或民族，又有他国文化或他种文明被引入中国的教育领域之中。其时教育交流的双方，各有对方可资借鉴和吸纳的文明因子和文化养分。当然，这种教育交流并非一对一的对等交换，更非以强凌弱地硬性传输，而是立足平等的地位互相取长补短，依据文化互利的原则各取所需。值得说明的是，这种教育交流类型的出现与形成，从人类历史进程来看，是当“历史向世界历史转变”过程的时代产物，是走向世界一体化和实现教育全球化过程中的历史现象。其中教育交流的历史背景是将世界教育的发展和人类文明的进步视为一个整体，在交流的两极中，中国自然为一极，但另一极并非应然为某一固定的国家或民族。也就是说，这一时期中国通过教育交流可以吸纳一国或多国的文化养分，也可以将自己先进的文明因子传输给正为自己吸纳养分的对方，但更多的是传输给那些文明进步和文化发展与中国相比处于后进地位的其他民族或国度。这种类型交流活动在当代尤其本世纪以来的中外教育交流进程中表现尤为明显。

上述三种教育交流类型只是以一种静态的视点相对而言，其实无论哪一个历史时期，中外教育交流的文化内容及活动方式都不是一种类型活动在发展、在进行，而是顺向交流时也有逆向交流成分，逆向交流时也有顺向活动内容，或者互向交流发生时一时顺向成分占优一时逆向成分偏重。这不仅因为人类各大文明互有长短，文化各有优劣，任何时候交流的双方予对方都有自己的可取之处，相应地交流双方都有借鉴和吸纳对方优长之需，而且由于教育交流双方的政治、经济、文化以及国际地位都处于一种恒动而非恒定不变的状态，因此在借鉴和吸收对方先进的文化成分或积极的文明因子时，也将自身文明和文化的优良部分传输给对方，或者反是，即在传输的过程中对对方的优良部分也有吸纳与借鉴。如若求其区别，只是态度方面的积极与消极，作为方面的主动与被动，流量方面的充沛与弱小，以及交流时选择的层面与领域的不同。即使在中华民族的发展史上两个最为明显的"一边倒"历史时期，即隋唐时期中国与东亚各国的教育交流和二十世纪五十年代中外教育交流领域"苏东波"现象的出现，也绝非仅仅只有中华文化向东亚传输或中国全盘借取苏联文化教育这种"耍单边"的活动，而是在这两个历史时期内中国有所取也有所予。

## 二

在漫长数千年的文明发展史中，中华民族的教育交流活动不仅持续不断、源远流长，而且其交流渠道和活动形式变换多样。虽说就教育交流的对象而言，大致可以归划为人的活动和物的流动，即在教育领域中社会主体的交往行为和文字载体的输传来往；若就活动方式和交流渠道或路径而言，自有教育交流活动降及今日，则包括留学生的派遣和接收，教师的引聘和派出，相关文字资料（诸如书籍、报刊）的译介与取用，相关人物的教育访察及学术传输，有关教育团体的参与及其会议举办，有关组织与个人的设学授徒，以及当今时代的影视与网络的输送与接收，如此等等。并非自教育交流活动产生以来就均有所开启和展现，而是随着文明的演进和社会的发展逐渐出现在历史的舞台上。

就教育交流的主渠道之一翻译而言，这种活动发端甚早。据《礼记·王制》记叙："五方之民，言语不通，嗜欲不同。达其志，通其欲，东方曰寄，南方曰象，西方曰狄鞮，北方曰译。"这段文字不仅揭明后世所言翻译人士为"象寄之才"的称谓之源，而且表明中国最迟在西周时期已有从事翻译工作的专职人员以及进行翻译的活动。当然，根据人类文明进步的程序和文化教育发展的水准，其时的翻译恐怕只是作为语言交流桥梁的口译。这类口译活动，如果作为官方交往的信息传递，必有其语言转译下的文字记载。正如列宁在《论民族自决权》中所言，"语言是人类最重要的交际手段"。而作为记录和传达语言的书写符号——文字，是扩大语言在时间和空间上交际功用的文化工具。这两者在促进人类文明方面起着极大的作用，是不同国家、地区和民族间文化交流或文明交融的主要媒介。没有语言文字作为中介，人类的不同国度、不同种类、不同民族间的交流就无从谈起。这种语言翻译进展到一定的历史时期，随着文明的进步和教育的发展必然会逐渐引带出文字翻译。据史籍记载，中国最迟在汉代就有文字翻译活动，其中最为肯定的事例无过于东汉末期对佛经的翻译。而佛教的传入并由其引发的寺院教育，正是魏晋以下一个时期内中国的一种特殊形式教育，其组织方式与教学方法对后世中国的学校教育尤其书院的兴起与发展产生着重大的历史影响。

与翻译活动一样，教育交流的另一主要渠道留学，在中国历史上同样早有发生。在中国古代，留学被称为游学，而这种教育交流活动的最早历史记录可从甲骨文中寻其端倪。据甲骨文的研究成果，《龟》2.25.9有此卜辞："丙子卜、贞：多子其征学疫，不冓大雨？"其辞义是问一群学子去"疫"地方求学会不会遇上大雨。显然这种求学活动不是在本地进行，而是从甲地远赴乙地去拜师受教的举措。降至春秋战国时期，穿越各诸侯国界的游学活动更是时有发生，无论是孔门之徒七十子，还是"充满天下"的墨家弟子，无论是"从者数百人"的孟轲，还是从游者寡的庄子，各家私学学生中均不乏远道跨"国"游学之人。如果说上述游学活动还只是发生在今日的中国土地上，那么降至两汉，匈奴贵族子弟前来汉王朝中央官学拜师问道，无疑与今日所言的"留学"活动毫无差异。自是而后，外人来华留学活动实繁有徒。而华人出国留学的教育活动，自明清而后更是屡屡有之。

教育交流又一条主渠道是教师的引聘和派出。前者是聘请外国人来华传知授教，后者是国人走出国门讲学作师。这类教育交流活动亦源自上古，据史籍传述，周文王姬昌之师就有来自方国的鬻熊，而史籍更有"天子失官，学在四夷"，以及"幽厉之后""畴人子弟"散在"诸夏""夷狄"的记载，由是春秋战国之际诸家私学蜂起。至汉末三国时期，前有国渊、邴原、管宁等避乱辽东"教授之声不绝"，后有虞翻"罪放"岭南而"讲学不倦"，这种学随师迁的文化传播方式自然促成教育交流圈的不断扩延。其如儒学文化由辽东而外向推进，于是有了后来的百济国汉学家阿直岐与其"邦之秀"王仁前往日本为师。当然，中华衣冠出国为师者影响最显、声誉最扬的人莫过于明末清初的朱舜水。据王韬《扶桑游记》称，朱氏在日本20余年间收徒讲学实开近代日本"文教之先声"。及至鸦片战争之后外人来华为师，尤其甲午战争之后中国聘请洋师的活动更是日渐频繁。

比较前述几种渠道而言，跨越国境的教育考察及学术访问，前往他国从事办学授徒活动，以及国际性教育团体及其会议的举办与参与等，则是进入近代社会以来才有所开辟的教育交流路径。就在中国转而聘请外人来华为师从教之际，伴随社会转型与教育变迁，教育考察参访活动亦在近代中外教育交往过程中开始发生。这条新型而又重要的教育交流渠道自晚清开通以来，随着新式教育的变革和发展，尤其在教育走向国际化和全球化过程中，日益得到人们的重视而得以不断拓展。身入他国进行办学活动，包括有关组织和个人设学授徒这种渠道，就中国而言亦是近代社会才有的事情，而且与出国从事教育考察参访活动有所不同，近代外人来华办学是在一种国际地位极不对等的情况下的强力所为，当这种活动越过设限而侵犯到国家教育主权之时，教育交流也就变味为教育侵略了。只有在国家主权得到全方位的保障之时，这种教育领域的活动才有了真正的教育交流的意味，如今日孔子学院在各友好国家的出现以及外人投资中国进行合作办学。至于国际性教育团体及其会议的举办与参与，若就中国作为主体投身其中而言，最早的活动可追溯到清末宣统年间。这种教育交流的渠道及其相关活动，真正得到国人的重视是在民国时期，而且随着全球化时代的到来，利用国际教育组织及其会议这种国际舞台从事教育交流，已经成为一条日益重要的交流途径了。

在现当代的教育交流活动中，开发最晚但其势最盛的渠道，无疑是影视与网络的接收与传输，而且这是一条最科学、最经济、最便利、最广泛的教育交流渠道。严格地讲，这一方面的教育交流无须教育者直接活动其中，但它所给予的教育信息和发生的教育影响可能是一种最大量。其中借助电影进行教育交流，其历史踪迹可追溯至20世纪二三十年代，借助电视进行教育交流，则迟至20世纪七八十年代，网络的接收与传输的起始时间就更晚，是一种实实在在的“当代”事物，它伴随着科技化、信息化时代而到来，又伴随着这个时代的进步而不断地创新和发展。

总体而言，检讨中外教育交流渠道的开拓与发展，可以看出这些渠道的出现都有着深厚的历史文化积淀。每条渠道的开掘及其相关教育活动的开展，都是一个国家或民族的文明进步和社会发展在一定历史阶段上产生某种文化需求的时代之必然。

## 三

无论通过什么样的形式或由哪一种渠道发生的教育交流，其活动对于交流双方而言，基本上都发生这样的演变程序：此类活动的发起或组织，活动过程的具体运作和经过，以及活动发生后对交流国家、民族或地区所产生的实际影响。在这些影响中，最直接的社会领域自然是教育尤其学校教育本身，但从整个人类社会发展历史的长远景观来看，最深层次的影响应该是文化的变迁和文明的演进。循此认识路向来考察教育交流活动在中国历史进程中的作用，尤其对中华文化的形成、发展和变衍而言，可以将中国历史上迄今为止的教育交流活动大致划分为四个历史时期或时段。教育交流在这四个历史时段各有其主要渠道和特殊的表现形式，而且这些时期的教育交流对中华文化的演进产生着各自不同的历史影响或作用。

在历史学界所认定的先秦时期，其时的教育交流活动主要发生在今日中国版图显示的区域内，其总体特征表现为中华境内各处文明或文化原初发生点之间的交流与融合。据考古学探掘和研究，今日中国境内的原始文化遗址已达六七千处，随着考古发掘的深入，相信这种原始文化遗址不会少于万数。而就今日意义的教育交流而言，这种活动自然发生在文字形成和学校产生之后。即使如此，中国文字(主要指汉字)的成型与学校的产生最迟也在“五帝”末期，而正式以文字记载历史已被确认自夏朝开始。由是可知，教育交流活动在“三代”应是一种非鲜见的社会现象。其时的教育交流活动，从其地域发生来看，若以周王朝建立后分封诸侯为界，则此前为中原王朝与方国之间，此后为周王朝中央及诸侯国之间的“流动”；从其交流渠道来看，应以身怀知识技艺具备“师”之角色功能的人奔走游学为其活动主体。尤其在周王室一次次“失官”之后，这种教育活动现象更为明显。降及春秋战国时期，诸如“儒者西行不到秦”(主要指其前期人物)、“墨突不黔”的历史记载和文献表述，无一不显示其时“士”阶层游学(无论是文化知识的传授或是文化知识的求受)活动的频繁，而且在战国中后期，从“学富五车”、“后车数十乘”的历史话语中，人们可以探知其时游学之士是带有“书籍”(典册)这类文字的载体。更重要的是这一时期出现的稷下学宫，显然是这种教育交流活动的合水处，也是先秦时期中华域内各种文化的交汇点。它的出现及其教育功能，从一个侧面显示出中华文明有如天文学界所说的星际云不断地凝聚收缩而成恒星，通过长时期的交流与融合，“先秦时期”的教育交流最终促成华夏文化的成型。

比较第一个历史时段先秦时期教育交流有助于华夏文化的凝聚成型，自秦而下的第二个历史时段即史界所定的封建社会时期，教育交流主要表现为中国与周边国家或民族之间的种种交往活动，其历史作用与影响则是通过教育领域的中外交流而推动东方儒学文化圈的形成。在秦汉时期，先期成型的华夏文化经过了一个较短时期的内在成分的调整，最终在西汉前期形成了儒学主导兼容百家的中华文明，也即从此时起教育交流开始成为中土与外邦之间的“人的活动”与“物的流动”。自是而降两千年间，中外教育交流的主要渠道和活动形式，一是对外邦来华留学生的接收培养，一是中华书籍在外邦译介传习。当然，在这一历史时期的前期，教育交流还承续着历史的惯性而部分地完成着先秦时期的任务，即继续在今日中华版图的区域内实现华夏文化的凝聚，而从整个历史的走向来看，这一历史时期更多的是在向周边民族和国家传输着中华文化，尤其在中后期更是这样，于是在世界文明发展史上造成了一道独特的亮丽风景——通过教育交流使东方儒学文化圈在中土与四邻之间紧密地联成。这种文化圈的形成过程有如投石入水掀起的波纹，其圈层呈现的图景是由内而外、由小而大——先在华夏各族生活的区域再扩展至域外友邻。

就在中华文化通过教育交流不断地传输四邻之际，在明清时期，以工商经济为主导的西方资本主义文明开始借助基督教传教士的来华活动对中国产生一定的渗入性影响，由是东西两大文明开始有了历史性的碰撞。这种渗入与碰撞经过起自鸦片战争的西力东侵的推动，以西学东渐的形式引发中华文化与以欧美为主体的西方文化发生人类文明史上最大、最全面的冲击与调适。于是作为文化交流的主要组成部分和重要发生领域的教育交流，中外之间的相关活动出现了换位式的流向变异，而且在这种教育交流过程中主客体之间借以活动的渠道也有了新的开掘。近代以来，诸如留学教育的兴起与发展，外籍教师的聘请与借用，西学书籍的引介与翻译，出国考察的组织与派遣，国际教育组织及其会议的参与与举办，以及相关教育人物来华的教育访问与学术传输，甚至包括外人借助强力的支持来华兴学。如此等等，不仅表明近现代中外教育交流发生的途径或渠道有了前所未有的拓展，更重要的是显示这一历史时段教育交流的主流已在流向上发生了逆转，此际中国已成为一个文化接收者，在一种后进势态的位置上，引进或吸纳西方文明的先进因子用作自我更新的文化养分。尽管这种引进与吸纳有过一种令人难以接受的阵痛，其程序也经过了抗拒排斥到被动接受再到积极吸收的演进历程。于是在这中外教育交流的第三个历史时段中，对于中华文明的演进或中华文化的发展来说，教育交流所生发的历史作用，主要在于借助对西方文化的吸纳而重整自身体系结构和更新自身机体养分。

经过长达一个半世纪的冲突与融收，中华文化有了前所未有的调适和整合，在自身国力不断增长和世界格局不断变化的时代环境中，其在中外教育交流领域中有了新的展现。这种历史性变化可以从 20 世纪末尤其新世纪到来后中外教育交流显现的种种现象窥见端倪。若就教育交流的渠道来考察，新一轮中外教育交流并没有开拓出更多的新路径，最明显的变化仅在于伴随着科学化、信息化时代的到来，网络传输在教育交流中越来越发挥其重要的作用。但从教育交流的流向以及相应的流量之变化，可以看出中华文化正在借助种种教育交流活动走向世界，从而开始形成第四个历史时期——在世界一体化的历史趋势中，随着教育日益全球化，中华文化也在日益走向世界，并在东西文明交融过程中发挥着重大的历史推进作用。就教育交流的流向来看，近 20 年来，虽说作为交流的一方，中国仍处于一种逆向交流为主导的国际地位，但顺向交流的成分在日益增长且长速甚快，诸如走出国门办学收徒，中国书籍为他国译介取用，外国来华留学生的快速扩增，对国际教育组织的积极参入及国际教育舞台上话语权的增添，所有这些表明中国的教育交流已开始转向为一种对外互向交流的时代。这种时代表征还可从量的变化获得取证材料。诸如来华留学生不仅总量上增长甚大，而且在国别上也日益添加；国人出国访学、授教以及参加相关教育组织与会议，在今日中外教育交流领域也已成为一道繁荣而亮丽的风景；中华文化的文字载体（尤其是书籍）也逐渐在各友好国家莘莘学子的案头占有一席……

总体而论，从中华文化形成与传衍来看，教育交流可划分为四大历史时期：第一时期促成了华夏文化的成型，第二时期促进了东方儒学文化圈的形成，第三时期推动了中华文化自身的变革和更新，第四时期在于促进中西文化的融合并推动人类文明形成全球一体化的发展趋势和环境。当然，在这四个不同的历史时段中，教育交流发生的积极作用有所不同。相较而言，古代教育交流其中文化意义大于教育自身的意义，而近代以来的教育交流显示的积极作用更多的表现在教育领域或教育自身，但不论何时何类教育交流，都关乎着中华文化自身的变化及其在国际社会中的展现。又由于文化及其传衍变异不可秤称斗量，所有这些只是一个“概数”，这些时期或时段只是一种“基本”的判定、“大致”的划分。正如前述，在第二历史时段的初期，教育交流还在发挥促成华夏文化圈成型的功能，同一历史时段的末期，即自明末到清代前期，一方面教育交流还在发挥着形成东方儒学文化圈的作用，一方面又在自觉不自觉地接触着西来文明。与此相应，这种教育交流对中华文化的积极作用，即使在同一时段中也有另类现象的发生，如在第二历史时段中，曾在相当长的历史时间内引入了传统意义上的“西方”——来自古印度的佛教文化。加以如此等等说明之处，无非表明笔者的相关论断只是用一种极为宏观的视野来判定教育交流的历史推进作用和文化传输功能。

# 四

毫无疑问，从文化传输功能来看，教育交流无疑是缘自人类文明发展史上世界各民族文化多元化的历史需要；就历史推进作用而论，教育交流无疑是促进人类社会全球一体化的必然选择。因此，任何民族、任何国家若欲求得自身文化的进步和社会的发展，不仅进行对外教育交流不可或少，而且随着以科技化、信息化为其标识的世界一体化时代的到来，这种人类特有的文化活动愈来愈成为一种国际交往的常态。就中国而言，这种在国际舞台上交往的常态，从古至今尤其进入近代社会以来，更多的表现在中日之间、中美之间、中欧之间以及中俄（苏）之间的教育交往，因此本书系以此四个国际方面的教育交流活动的历史总结作为构建体系的四大支柱，这不仅符合中外教育交流的历史实际，而且这种研究于探究中外教育交流的发展规律应该是最具广泛性和最有代表性的选材。又因为自古以来中外教育最为重要的渠道或途径，亦即显现最多的形态乃在留学教育，而且这一领域的活动实为整个教育交流事业的大宗，故而笔者在组织本书系时将近代以来中国对于留学教育的管理，作为第五个方面选题的安排。至于中国在近代以来的国际教育组织及其会议上的种种活动表现，可以看做是在同一时间和场所中国与世界各国的一种整体性交往，而且这种交往随着世界格局的新变化越来越成为一种频繁的交流形态，缘此而成为本书系又一撰研题材。

就中日教育交流而言，可说是中国历史上教育交流活动发生最早亦最为频繁的国际领域。本题材撰研者赵霞副教授曾作为国际交流员在日本国地方政府外事部门工作，现为湖北大学日语系主任。现在成书的文字，是她对自己的博士学位论文加以修改和丰富而成。该书在撰修过程中，立意描叙恢复邦交正常化以来中日两国教育交流的大致情景，对双方教育行政机关主导下的教育交流以及非教育行政机关主导下的教育交流进行了全面的研究，同时为了读者能够对古今中日教育交流有一个全方位的历史性了解，进而探窥东方世界两大邻邦教育交往的运行规律，故于邦交正常化以前中日教育交流的历史进行了事理简明的回顾，并对新世纪以来两国教育交流的发展趋势进行了见解独到的总结。

与中日教育交流有所不同，中美之间的教育交流发生的历史尚不及两百年，这自然与美国自身的历史不长有关，但更重要的是缘于两国地理位置，人类社会只有发展到一定的历史时期才能使远隔重洋的两大民族发生实际接触与交往活动。然而仅就教育领域而言,两国间的交往于中国方面无疑是逆向交流成为主流方向。放眼世界格局的变化,自“一战”以降近一个世纪来,美国的教育在世界各地产生着重要的影响,中国亦不例外,故而中国于教育上通过交流更多的是借取或获得。考虑到学术界既有研究以及本书系撰研主旨,该书作者接受任务后以中美建交以来的教育交流作为研究的重点。他们不仅英语水平相当不错,而且撰研人员中有人还曾作为访问学者在北美的土地上“交流”了一定的时日。

关于中俄(苏)教育交流,若就近代以来苏俄的社会变化可谓一波三折,不仅国家政体如此,而且国家名称亦然。而在中俄(苏)两国真正发生教育交流的历史过程中,中国社会也是一身三变——由清王朝而中华民国而中华人民共和国。有鉴于此,尽管组织编撰本书系的初衷乃在于重点介绍和总结新时期以来的中外教育交流,故于这种教育交流史的研究坚守史学“薄古厚今”的撰研原则,但于中俄(苏)之间的相关历史活动,我们还是从头“细数家珍”,以利为读者提供“全面了解”的素材。在这一选题的研究中,名为三人合著,实则俄语俄文能行的刘振宇用力最多。

比较前述三题专就一国与中国的教育交流而论,中欧教育交流的研究则以西欧诸国为其对象。作为这一课题的主要撰研者,以法语为第一外语的李兴业教授不仅多次往来欧陆,而且借助武汉大学丰富的藏书,使他们的研究较为得心应手。尽管对中欧教育交流深远的历史背景有所掠影,但为了扣合书系的撰研主旨,这一选题写作的更多笔墨是发挥在中国改革开放的三十余年间。当然,对西欧诸国与中国的教育交流,活动较多、意义较重是在英、法、德等国。同时为了使读者明晰中欧教育交流的活动重点和变化动向,对中国与欧盟教育交流,作者情有独钟地给予了较大篇幅的安排。

不同于国与国之间的教育交流,让中国教育在国际教育论坛或舞台上得到合适的展现并由是为中国在国际教育领域争得一定的话语权,显然这种中国积极参与国际教育组织及相关会议的活动是一种中国与世界各国之间的“整体性”教育交流。于中外教育交流研究而言,这是一个新的层面、新的渠道、新的领域和新的视角的研究,因此作者兰军副教授在自己的博士学位论文基础上,进行了丰富史料、拓展范围、完善体系的修改,力求将一幅自近代以来中国走进国际教育论坛后种种教育展示的全图献给读者诸君,以利人们对中国教育过去如何走向国际化以及今后国际化走向如何有一个全方位的了解、思考和探测。

至于冉春博士以自己的学位论文为基础完成的中国留学教育管理研究,则是依据历史的线性发展,将近代以来中国于留学教育(主要指国人出国留学)有过真正的管理（尤其设立专门负责留学教育管理机构以来的）活动，进行了全程扫描和全面总结。只是考虑到学术界既有研究成果已然不少，故而主要文字放在南京国民政府时期和共和国时期的八十年来。通过他的研究文字，读者不仅可以明晰在中外教育交流过程中留学教育这条主要渠道的价值所在和作用所在，而且可以窥见近代以来中外教育交流的大致演进历程和演变规律。当然，作者在对这一专题进行撰研时，也始终牢记着胡适先生的成理之言："一国之派遣留学，当以输入新思想为己国造新文明为目的"；"留学者之目的在于使后来学子可以不必留学，而可收留学之效"（胡适《非留学篇》）。由是而观今日浪激波翻的留学之澜，相信人们通过本书系更加认识到确有必要对中外教育交流进行真切的反思、总结和检点。

收笔于庚寅年夏至

# 第一章 中俄教育交流的发轫与初成

中国与俄罗斯同为历史悠久、土地广袤、人口众多的世界大国，占有举足轻重的国际地位。两国在历史发展过程中逐渐形成了错综复杂的双边关系，既发生过血与火的战争与对抗，也出现过共同反抗帝国主义与法西斯侵略的互相支持与帮助；既有心存隔阂、关系恶化的非常历史时期，也有睦邻友好合作与战略协作伙伴关系的建立和发展。从人类文明发展和社会进步的主流来看，正如汤因比在《图说世界历史》中所言，人类全新的生活方式的核心乃在于不同文化或文明的根本特性的交流融合，不同文明的交流与互补，对于人类生存和幸福意义重大，而教育交流是人类文化或文明交流的重要内容。依此来认识和总结中俄两国之间历史关系的演变，可以看出在奔流不息的历史长河中逐步产生和发展的中俄教育交流，不仅是两国关系发展的有力见证，更成为加强两大民族友谊的重要纽带，在中俄进步和发展的历史过程中发挥着不可替代的关键作用。

## 第一节 教育交流的前奏：元至清代前期的中俄关系

中国与俄罗斯的交往可谓由来已久，具有实证的接触最早可追溯至公元10至12世纪间，其时由契丹人建立的辽王朝与中亚、西亚、东欧、南欧的伊斯兰教和基督教国家保持着政治、经济、文化等方面的联系，对俄罗斯也有过较深的影响。契丹将中国东北文化向俄罗斯传播的主要途径是商队和私人贸易。至今在俄罗斯首都莫斯科仍有叫契丹城的街区，在下诺夫哥罗德仍有叫契丹街的街道。[①] 俄语Китай（中国），即为“契丹”一词的音译。蒙古人以武力征服中亚、西亚和东欧后，中俄之间的往来逐渐增多，但因均处于蒙古势力的控制之下，所以不可能建立国家间的外交关系，遑论进行各领域交流。直至公元17世纪，俄罗斯开始不断向东方大肆扩张，在征服西伯利亚之后继而侵入中国的黑龙江流域。在这种局部性冲突时有发生的历史背景下，中国与俄罗斯逐步确立了外交关系，并随着时代的变化而不断演进。

在中俄关系发展史上，元至清代前期两国关系的形成是一个充满波折与变化的历史过程：由间接了解认识到并不连续的民间贸易及文化往来，直至官方正式接触。在这个漫长而复杂的过程中，中国与俄罗斯之间从山水相隔到领土接壤，从互不知晓到接触紧密。尽管这段时期中俄关系的发展充满了曲折与艰辛，却为两国在政治、经济、文化等领域的交往奠定了一定的历史基础，从而让中俄之间的教育交流具有了产生和发展的可能。

### 一、元代的中俄关系

俄罗斯人属于东斯拉夫民族的一支，发源于广袤的东欧平原。公元9世纪末，作为第一个俄罗斯国家的基辅罗斯在第聂伯河地区崛起。公元10世纪末至11世纪初，基辅罗斯进入鼎盛期，成为当时东欧地区的强国，版图不断扩张。在雅罗斯拉夫时代，基辅公国的声望达到了顶峰：“公国的版图从波罗的海延伸到黑海，从奥卡河河口延伸到喀尔巴阡山脉。”[②]及至12世纪，随着地方贵族势力的增强和自然经济的发展，原本统一的国家渐趋分裂，转而变成了许多独立的地方公国，罗斯开始进入封建割据时期，直至13世纪被蒙古帝国征服。

---

① 王世才：《中国东北文化与俄罗斯文化的交流与融合》，《黑龙江社会科学》2006年第5期。

② ［美］梁赞诺夫斯基、斯坦伯格著：《俄罗斯史》（第七版），上海人民出版社2007年版，第33页。

据有关学者研究，基辅罗斯存在之时已与中国有所联系，主要体现在贸易活动方面，中国的丝织品等各种制品于公元9至10世纪间已传入俄罗斯。① 从当时的地理位置来看，中国与基辅罗斯之间远隔千山万水，领土并不接壤，显然无法进行直接的贸易往来活动。因此，这些中国商品“应当是通过东罗马帝国的君士坦丁堡和里海北岸哈扎尔汗国的依的尔两个商品集散地转口贸易”②，间接进入基辅罗斯。窝阔台统治时期，位于领北省首府和林与钦察汗驻地撒莱之间的撒马尔罕城，也为中俄商民提供了贸易往来的机会。15世纪初，西班牙公使克拉维约曾描述其时城内“到处充斥”的“屯集货物”，其中来自世界上最远处之货物有：“自俄罗斯及鞑靼境内运来之……皮货及亚麻”；“自中国境运来世界上最华美的丝织品”。③ 尽管中国商品已经在基辅罗斯出现，并且中俄商民有机会在东西方商旅集中要地进行接触，但这些直接或间接的贸易活动，无法肩负起促进中俄交流沟通的使命。真正使中俄发生直接接触的是蒙古大军的西征。

公元1223年，元朝大将速不台奉命进军俄罗斯南部。直到此时，俄罗斯之名才为中国人知晓。俄罗斯在中国历史典籍的记载中有多种称谓：“其名作斡罗思部，又作阿罗斯，又作兀鲁思，又作乌鲁斯。《元朝秘史》作斡鲁斯，盖皆蒙语Oros者也。”④按照蒙古语的发音惯例，凡借用外来语言以R开头的词，都要在最前面加上相应的元音字母，因此罗斯之名经过蒙古语音译之后就变为Oros，汉语则通过蒙古语间接音译为“俄罗斯”。

在1223年的喀尔喀河畔大战中，蒙古大军一举击败了俄罗斯与钦察之联军。随后在1236年至1242年间，蒙古军队继续西征，完成了一系列征服行动。到忽必烈登基时，蒙古的控制范围“从波兰和巴尔干延伸至太平洋，从北冰洋一直伸展到土耳其、波斯湾和中国的南部边境”。⑤ 蒙古帝国统治期间，绝大部分罗斯领土为蒙古人建立的钦察汗国⑥控制。钦察汗国的政治制度基本上效仿蒙古大汗，它对罗斯的统治主要通过罗斯当地王公实现，借助拉拢和暴力手段，迫使罗斯王公承认蒙古的宗主地位，效忠于蒙古统治者，从而维持钦察汗国封建政权的存在。为

---

① [苏]斯拉德科夫斯基著，宿丰林译：《俄国各民族与中国贸易经济关系史(1917年以前)》，社会科学文献出版社2008年版，第40页。

② 黄定天著：《中俄关系通史》，黑龙江人民出版社2007年版，第1页。

③ 杨兆钧译：《克拉维约东使记》，商务印书馆1985年版，第157页。

④ 张星烺编注，朱杰勤校订：《中西交通史料汇编》(第1册)，中华书局1977年版，第160页。

⑤ [美]梁赞诺夫斯基、斯坦伯格著：《俄罗斯史》(第七版)，上海人民出版社2007年版，第64页。

⑥ 钦察汗国又称金帐汗国，为成吉思汗长子术赤的封地。初有咸海及里海北钦察旧地，术赤之子拔都远征(1236—1242)后，版图西到多瑙河下游，东到今额尔齐斯河，南达高加索，北到今俄境保加尔地区。直到1480年莫斯科公国独立，钦察汗国的统治才告结束。

进一步加强对罗斯的控制,蒙古统治者于1257年建立了八思哈[①]制度,由蒙古军官负责监督当地居民及征收贡赋。钦察汗国控制罗斯的时期,部分俄罗斯人被送到中国北部,为蒙古贵族服役。《元史》有关于进献俄罗斯人的明确记载。如在文宗一朝:"(至顺二年十二月)癸丑,(左钦察卫)撒敦献斡罗思十六户,酬以银百七锭,钞五千锭。以河间路清池南皮县牧地赐斡罗思驻冬,仍以忽里所牧官羊给之。"[②]"(至顺三年春正月)戊戌,诸王章吉献斡罗思百七十人,酬以银七十二锭、钞五千锭;已亥,给斡罗思千人衣粮。""(至顺三年七月)甲申,燕铁木尔献斡罗思二千五百人";"八月辛丑,诸王阿儿加失里献斡罗思三十人、渐丁百三人。"[③]元朝中央政府妥善安置了这些最早来到中国的俄罗斯人,不仅拨给衣食、种子、牲畜、劳动工具和土地以供其使用,还专门设立了管理俄罗斯军士的部门。据《元史·文宗本纪》,至顺元年(1330)二月,元朝中央政府在枢密院下设有正三品的"都万户府",作为统领由俄罗斯人组成的"宣忠扈卫亲军"的总管机构。后于至顺二年四月"甲寅,改宣忠扈卫亲军都万户府为宣忠斡罗思扈卫亲军都指挥使司,赐银印"。[④] 可见,"宣忠扈卫亲军"作为元帝国军事力量的组成部分,受到元朝统治者的重视。

蒙古贵族对罗斯征服和统治前后长达两个半世纪左右,其中有效控制期约为150年。在此期间,蒙古政权对俄罗斯的历史产生了重大影响。一方面,蒙古帝国的征服行动给罗斯带去了血腥屠杀和大规模破坏。帝国的军队在西进途中烧杀抢掠,以至于"已无人可以睁开眼睛为死者哭泣"。[⑤] 大规模的残酷屠杀与野蛮破坏,以及经济上横征暴敛,使罗斯陷入艰难绝境。另一方面,蒙古帝国对罗斯的占领,还切断了罗斯与拜占庭以及西方的部分联系,使其在相当长的时期内与西方文明隔离。因此,罗斯在政治法律制度、军事力量的组织和战术以及文化和社会习俗方面,都不得不接受蒙古的影响与改造。当然,其中一些变化还是具有建设性和一定的积极意义。比如,一些行政、财政和生活方面的蒙古语词汇融入俄语体系中,成为其重要的组成部分。蒙古人擅长的骑兵战术对罗斯的军事产生了一定影响。蒙古人还通过挟携中国内地的工匠技师、歌伎艺人、书吏等专门人才,在罗斯广泛传播了中华文化。蒙古大军的西征不仅改变了罗斯人尤其是其社会上层的生活饮食习惯,也改变了他们的知识结构乃至语言文化。当时嗜茶如命的蒙

---

① 八思哈:突厥语,意为镇守官。

② [明]宋濂等:《元史》"本纪"三十五,"文宗"四。

③ [明]宋濂等:《元史》"本纪"三十六,"文宗"五。

④ [明]宋濂等:《元史》"本纪"三十五,"文宗"四。

⑤ [美]菲利普·李·拉尔夫等著:《世界文明史》(上卷),商务印书馆2001年版,第692页。

古人将茶叶带到了罗斯诸公国，俄罗斯上层人士由是喜欢饮用中国茶。不仅如此，他们对精美的中国器物和服饰也颇为喜爱，"不但争相使用穿戴，还用东方语言来称呼"，"甚至学会了使用算盘来记账"。① 更重要的是，中国的印刷术也很可能是通过俄罗斯传到西欧的。② 不过，比较军事破坏而言，诸如此类具有积极意义的影响还是很少。由于蒙古贵族关注的是对罗斯的控制以及资源的攫取，而且他们对罗斯的统治需要依靠罗斯王公作为中间人，使得这种统治具有间接性质，因此蒙古人对罗斯社会内部生活的干预和影响较为有限。正如有学者所指出："蒙古人生活在远方，并未与罗斯人混杂，仅是为了获取贡物才来到罗斯，或作为军人过来，在后一情况下，他们主要是由罗斯的王公们为自己的私利而蛊惑来的。在这种形势下，蒙古人对罗斯生活怎么可能产生显著影响呢？"③这个观点在一定程度上说明，蒙古人统治罗斯时期对促进当地文明发展的贡献极为有限。一些历史学家曾指出，蒙古对罗斯的入侵和统治，使这个国家的发展停滞了大约 150 或 200 年左右的时间。当然也有学者认为："蒙人统治俄罗斯 240 余年中，促使俄罗斯民族团结，建立俄罗斯民族国家，同时，促使俄国经济获得新的发展，使俄国基辅时代以商业为中心的国家，变为农业为中心的国家，以构成根深蒂固之封建制度，并将中国之文物制度，输入俄国。"④

尽管蒙古人依靠骑兵的铁蹄横扫欧亚大陆，攻城掠地无数，建立起一个地域辽阔、人口众多、民族构成复杂的庞大帝国，但其统治并未持续很久。从 14 世纪中叶开始，蒙古人的统治开始呈现崩溃态势：在中国，元政权于 1368 年被大明王朝所取代；蒙古人在罗斯的统治则最终被莫斯科大公国推翻。1380 年，莫斯科大公国公爵德米特里在库利科沃战役中不仅粉碎了蒙古军队的不败神话，而且极大地削弱了蒙古人在罗斯的统治。库利科沃战役的胜利，帮助莫斯科大公国确立了在罗斯的领导地位。到伊凡三世在位时，莫斯科大公国在实力和声望上不断增强。1480 年，伊凡三世在乌格拉河战役中迫使阿合马汗撤军。之后不久，阿合马汗在金帐汗国的内讧中被杀。至此，蒙古人对罗斯各公国长达近两个半世纪的统治宣告终结。

就历史实际而言，蒙古贵族的军队三次西征，烧毁城镇、屠戮生灵、破坏生产，使欧亚各国人民在一个时期内遭受了巨大损失，但在客观上为开辟中西交通、促

① 黄定天著：《中俄关系通史》，黑龙江人民出版社 2007 年版，第 2 页。

② 宿丰林著：《早期中俄关系史研究》，黑龙江人民出版社 1999 年版，第 219～220 页。

③ 此为普拉托诺夫的观点，转引自[美]梁赞诺夫斯基、斯坦伯格著：《俄罗斯史》（第七版），上海人民出版社 2007 年版，第 62 页。

④ 郭寿华编著：《苏俄通鉴》，大亚洲出版社 1971 年版，第 11 页。

进中西文化交流创造了一定的条件。正因有此,曾经盛极一时的蒙古帝国崩溃之后,中俄之间最早建立起的政治、文化和贸易联系也就失去了交流平台。这种联系毕竟是建立在蒙古帝国东征西讨、大肆扩张疆土的基础上,一旦强有力的统一政权覆灭,依靠暴力形成的沟通渠道必定会受到极大影响,甚至被重新封闭。因此,当蒙古帝国不复存在之时,中俄之间的联系出现历史断层也就成为必然。从公元 14 世纪下半叶开始,在相当长的一段历史时期内,中俄两国之间无论是官方联系还是民间往来都极为少见,在当时及后世的历史资料中也难觅相关记载。中国与俄罗斯的早期关系就此发生了暂时性中断,这种情况一直持续到明万历年间才有所改变。

## 二、明代的中俄关系

蒙古帝国的全面崩溃,给予了中俄两大民族各自发展的时空,中俄开始沿着不同的历史轨迹走上了不同的发展道路。在中国,朱元璋于 1368 年率军攻占元大都,建立了明王朝。朱元璋称帝后,一面继续追击元朝统治者,一面陆续平定其他地方政权,中国开始进入历时 277 年的明王朝统治时期。而在俄罗斯,伊凡四世于 1547 年加冕典礼上正式采用古罗马皇帝凯撒的称号,自称“沙皇”①。“沙皇”一词从此就成了俄罗斯统治者的专有名词。伊凡四世获得沙皇称号后,在俄罗斯确立起军事封建专制的沙皇制度。这种残忍而野蛮的专制制度是建筑在封建农奴制经济基础之上的,它从一开始就具有强烈的扩张欲望,为了进一步扩大剥削,渴望掠夺更多的土地和奴役更多的人民。所以事实上沙皇专制制度使得“俄国的历史”成为“一部国家殖民的历史”。② 为满足封建贵族对更多领土的渴求,沙俄开始向东方进行大规模军事远征。沙俄向东扩张的行动客观上拉近了中俄两国之间的地域距离,为后来俄国政府派遣使团访问明王朝创造了必要条件。

1552 年,沙俄侵占喀山汗国,揭开了向东方扩张的序幕。1556 年,沙俄又吞并了位于伏尔加河下游的阿斯特拉罕汗国,将整个伏尔加河流域的各个汗国都纳入到自己的版图中。此后一个时期,由于受立窝尼亚战争③的牵制,沙俄暂时无暇分兵东顾,只得委托地方商贾斯特罗干诺夫家族完成继续向东扩张的任务。斯特

① 沙皇(ЦАРЬ),由古罗马政治家凯撒(Caesar)之名转音而来,自 1547 年伊凡四世(即雷帝,Иван Ⅳ,Васильевич,Грозный,1530—1584)正式称“沙皇”以后,为俄罗斯帝王的称号。到 1721 年彼得一世改称皇帝(但一般仍称沙皇)。直到 1917 年资产阶级革命,沙皇制度才被推翻。

② 复旦大学历史系《沙俄侵华史》编写组:《沙俄侵华史》,上海人民出版社 1986 年版,第 2 页。

③ 立窝尼亚战争(Livonian War):是 1558 年至 1583 年间,沙俄争夺波罗的海出海口和波罗的海东岸土地而同立窝尼亚骑士团、波兰、立陶宛及瑞典之间发生的战争,历时 25 年。

罗干诺夫是乌斯丘格和彼尔姆地方许多盐场的所有者，是当时俄国的头号大商人。这个实力雄厚的大家族从沙俄政府手中获取了特权和侵略任务，为完成沙皇命令开始了血腥征服活动。他们雇佣哥萨克人组成侵略军，起用被通缉的强盗头子叶尔马克作为头目。从 1581 年起，叶尔马克率领这支哥萨克军开始远征西伯利亚汗国。尽管后者进行了顽强抵抗，于 1584 年在额尔齐斯河畔消灭了叶尔马克军主力，迫使叶尔马克在仓皇逃窜时淹毙于额尔齐斯河，但终究还是无法抵挡沙俄增派的大批援军。沙俄军队在西伯利亚汗国的领土上修筑了大批城堡，以军事占领的方式逐步实现对该汗国的吞并，并从西伯利亚攫取了大量的皮毛、黄金等财富，但这些并没有满足俄国统治阶级的贪欲。为了寻找到更多的财富来源，沙俄派遣大批哥萨克军源源不断地侵入西伯利亚的各个地区。17 世纪初，沙皇俄国的势力扩张到了叶尼塞河流域。1604 年，俄国人在鄂毕河支流托木河上修筑了城堡托木斯克，1619 年在叶尼塞河畔修筑了叶尼塞斯克城堡，1632 年又建立了雅库次克(即勒拿斯克)城堡。[①] 依靠这些军事据点，沙俄在西伯利亚地区大肆开展殖民活动。

在向东方进行武力扩张的过程中，从 17 世纪 40 年代开始，沙俄侵略者又对喀尔喀蒙古所属的贝加尔湖以东地区实施武装入侵。该地区自古以来为中国领土，至明代末期，南起大戈壁北至贝加尔湖地区的广袤土地，均为蒙古喀尔喀部管辖。沙俄图谋侵占蒙古之时，派遣信使在当地探听关于中国的情况。早在 1616 年，沙皇政府就派遣图敏涅茨赴喀尔喀蒙古西部的科布多地区进行阴谋活动。图敏涅茨获得了有关中国内地情况的情报后回到俄国，在给沙皇的报告书中，他写道：北京城的规模“如此宏伟，骑马绕城走一圈也需要十天时间”；“中国盛产黄金、白银、生丝、绸缎、天鹅绒、小麦、大麦、燕麦、小米等等，应有尽有”。[②] 这些信使还向俄国政府报告了“中国皇帝的名字叫大明”的情况。图敏涅茨对于中国的美妙描述尽管来源于道听途说，不尽如实，却激发了沙俄的更大贪欲。沙俄政府开始有意识以外交手段谋求与中国政权的直接交往，试图通过这一途径攫取政治、经济等方面的利益。由是，派遣使团就成为此时沙俄选择的外交方式。

关于第一个派遣到中国的俄国使团，中外历史学者有不同看法。一些学者认为，俄国政府在 1567 年就曾派遣哥萨克头目伊万·彼得罗夫和布尔纳什·亚雷切夫作为官方使团出使北京：“根据记载，俄国使节第一次访问北京，是在 1567 年

---

① 刘民生、孟宪章、步平编：《十七世纪沙俄侵略黑龙江流域史资料》，黑龙江教育出版社 1992 年版，第 1 页。

② 中国社会科学院近代史研究所：《沙俄侵华史》第 1 卷，人民出版社 1978 年版，第 139 页。

的两个哥萨克人：彼特罗甫和雅鲁契甫；但是由于他们没有携带‘贡品’，因此未获进谒隆庆皇帝。”①但有更多学者认为，这个使团并不存在，沙俄政府向中国派出的第一个使团，应该是于1618年出访的彼特林使团。

1618年5月，沙皇米哈伊尔为了掌握中国的详细情况，准许彼特林率使团从托博尔斯克出发前往北京。彼特林使团于当年9月到达北京城。由于沙俄在中国西部地区进行刺探情报的活动，所以明朝政府对彼特林一行有所警惕。尽管如此，彼得林使团还是获得相当礼遇，被安置在国宾馆内。因为既没有准备礼物，也没有携带沙皇签署的国书，彼特林没有得到觐见万历皇帝的机会。虽然彼特林使团的出访算不上是成功，但也取得一定成绩，不仅直观地了解到明朝的情况，掌握了礼仪程序要求，而且得到了大明皇帝致沙皇的国书，这无疑是中俄关系史上一件重要的历史见证。然而由于俄国无人通晓中国文字，彼特林带回的国书被搁置了半个多世纪，直到1675年至1676年间斯帕法里率团出访中国时，这份国书才被翻译出来。由于斯帕法里归国途中遗失了文书的汉文原件和拉丁文译件，因此现在能够见到的只是当时俄国外务衙门的俄文存档。根据存档所示，彼特林所带回的国书内容如下：

“中国万历皇帝。有二人自罗斯来。中国万历皇帝语彼等俄罗斯人曰：尔等既为通商而来，则通商可也。归去后仍可再来。在此世上，尔为大国君主，朕亦为大国皇帝也。愿两国之间道路畅通无阻，尔等可常相往来。尔若进贡珍品，朕亦以优质绸缎赏赐尔等。而今尔等即将归去，如再来，或大君主派人前来，应携带大君主之国书，届时朕亦将以国书作答。尔等如携有国书前来，朕即命以上宾相待。因路途遥远，且语言不通，朕不便遣使访问贵大君主，现谨向贵大君主致意。一旦朕之使者有路可去尔大君主处，朕将遣使前往。基于吾人之礼教，朕不能亲自出访他国，且目前亦不能派遣使臣及商人出国。”②

对于俄文译件显示的内容，很多中外学者从礼制规章、国书体例等方面提出了质疑，认为存在伪造嫌疑。虽然如此，彼特林使团出访中国仍然具有重要的历史意义。如前苏联东方学专家米亚斯尼科夫就高度评价彼特林使团在地理发现上作出了巨大贡献，解决了有史以来西方人梦寐以求的难题：“他们作为世界上第一批欧洲人，开辟了前人未知的经西伯利亚和蒙古草原前往神话般的中国的旱路

① [法]葛斯顿·加恩著：《早期中俄关系史(1689—1730)》，商务印书馆1961年版，第5页(该书为英译本转译，后又根据法文原著重新翻译，易名为《彼得大帝时期的俄中关系史》，并于1980年出版)。

② [俄]卡缅斯基编著：《俄中两国外交文献汇编(1619—1792)》，商务印书馆1982年版，第20～21页。

路线。”[①]从中俄关系发展史的角度看，彼特林使团对明朝的出访，使中国与俄罗斯之间加深了彼此认识与了解，对于此后中俄关系的进一步发展起到了推动作用，使中俄交往掀开新的一页。

## 三、清代前期的中俄关系

彼特林使团出访中国之后，中俄之间的联系又中断了三十多年。在这段历史时期，明王朝的统治被推翻，满族人于1644年建立了清王朝。与此同时，沙皇俄国对远东地区的殖民扩张步伐却未曾放缓。哥萨克“百人长”别克托夫于1632年在勒拿河中游建立的雅库次克，经过1642年的扩充，成为西伯利亚地区沙俄最大的殖民扩张据点。“从这时起，雅库次克就成为俄罗斯部队前往阿穆尔河一带和鄂霍次克海的主要根据地。”[②]有了雅库次克作为依托，沙俄开始不断派遣远征队继续向东推进，他们的主要目的是寻找传闻中美丽富饶的阿穆尔河流域，使其成为供沙皇征收实物税的地区。“阿穆尔河”就是中国的黑龙江，在达斡尔语里被称为克阿穆尔，意为“黑色的河”。由于俄国人最早是从达斡尔人那里了解到黑龙江，因此就以阿穆尔河来称呼。[③]

俄国人对黑龙江流域进行探索始于1638年。是年，布塔尔斯克堡[④]总管科培罗夫根据1636年从鄂温克人那里获得的情报，派出了莫斯克维京率领的由30名哥萨克组成的队伍到鄂霍次克海及周边地区进行探察。莫斯克维京的队伍于1640年返回，他们带回作为贡赋的480张貂皮，并出示鄂温克人的铜锅以及用于服饰的银环，作为阿穆尔河地区有银矿和铜矿的证明。[⑤] 在莫斯克维京之后，佩尔菲利耶夫、奥西波夫、巴赫捷亚罗夫、瓦西列夫、阿尼克耶夫等人先后奉派对黑龙江流域查探情况，寻找新的土地和矿藏。俄国人借助这些活动获取了大量情报，为沙俄政府和西伯利亚殖民机构大规模武装入侵黑龙江流域奠定了基础。[⑥]

1643年，担任雅库次克督军的彼得·戈洛文，派出文书官瓦西里·波雅尔科夫率领的共有133人的庞大远征队。戈洛文对这支远征队提出的任务是：寻觅银

---

① [苏]米亚斯尼科夫：《俄国最早的驻华外交官》(莫斯科，1966年)，转引自林军著：《中苏关系1689—1989》，黑龙江教育出版社1989年版，第11页。

② [苏]普·季·雅科夫列娃：《1689年第一个俄中条约》，商务印书馆1973年版，第12～13页。

③ [俄]史禄国：《北方通古斯的社会组织》，内蒙古人民出版社1985年版，第38页。

④ 布塔尔斯克堡位于阿尔丹河流域，距阿尔丹河口一百俄里(约107公里)。

⑤ [苏]普·季·雅科夫列娃：《1689年第一个俄中条约》，商务印书馆1973年版，第14～16页。

⑥ 详见刘民生、孟宪章、步平编：《十七世纪沙俄侵略黑龙江流域史资料》，黑龙江教育出版社1992年版，第12～18页。

矿、铅矿和铜矿,并使新地区的人接受沙皇的统治。① 波雅尔科夫率领的远征队渡过阿尔丹河,翻越外兴安岭,于当年 11 月侵入中国领土,开始对当地各族人民强征实物税,并大肆抢劫、绑架和扣留人质。波雅尔科夫一伙的暴行激起了中国各族人民的强烈反抗,沿江一带居民联合起来打击侵略者,使波雅尔科夫一伙处境极为狼狈。当这支远征队于 1646 年 7 月返回雅库次克时,全队仅余下 33 人,带回的是 3 个人质以及一些貂皮与食物。

波雅尔科夫返回雅库次克后,在给沙皇政府的报告中极力渲染中国黑龙江流域的富庶与美丽,并提出了征服黑龙江的计划。该计划不仅激发了雅库次克督军的占有欲,也令其他侵略者产生了狂热情绪。在波雅尔科夫之后,又出现了哈巴罗夫、斯捷潘诺夫等人率领的侵略军。他们不仅疯狂掠夺各种资源,严重破坏当地生产力,而且以残酷手段大肆屠杀当地居民,给黑龙江地区的中国人民造成了巨大灾难,也使中俄官方的矛盾激化,导致 1652 年两国军队的直接冲突——乌札拉村之战。在清政府和黑龙江当地人民的共同努力下,沙俄侵略军遭受到巨大打击。到 1659 年,黑龙江中下游的俄国侵略者基本被清除。据俄国斯洛夫错夫统计,在 1649 年至 1658 年间,沙俄先后派遣 1500 名哥萨克侵入我国黑龙江地区。②“他们肆虐一时,旋即被汹涌的黑龙江波涛吞没,中国军民坚持不懈的抗俄斗争,终于取得了伟大的胜利。”③至此,沙俄对中国黑龙江地区的侵略活动暂时受到遏制。

沙俄殖民势力武装侵略黑龙江地区的同时,沙俄政府于 1653 年派遣巴依科夫率团访华。这个使团的最突出特点就在于携带了沙皇致中国皇帝的国书,这份国书由俄文写成,附有鞑靼文译文,并盖有国家大印。巴依科夫出使之前,沙皇阿列克谢・米哈伊洛维奇对其下达训令,要求他只能将国书交给中国皇帝本人,当面向皇帝奏明沙皇的友好意图,并要推辞和拒绝不适当的礼节。此外,训令还要求巴依科夫打探有关中国的交通、贸易、资源、军事等情况。巴依科夫使团从托博尔斯克出发,于 1656 年 3 月 3 日抵达北京。抵京后,巴依科夫即要求面见中国皇帝呈交国书及礼物,但因其级别较低而没有获得清廷批准。由于巴依科夫访华期间,沙俄哥萨克依然在黑龙江地区从事侵略活动,并且“这些俄国人还在中国首都‘胡作非为’,扰乱治安,以至激起公愤”。④ 因此,巴依科夫使团的出访活动只能归

① [俄]瓦西里耶夫著:《外贝加尔的哥萨克(史纲)》第 1 卷,商务印书馆 1977 年版,第 84 页。

② [俄]瓦西里耶夫著:《外贝加尔的哥萨克(史纲)》第 1 卷,商务印书馆 1977 年版,第 147 页。

③ 佟冬主编:《沙俄与东北》,吉林文史出版社 1985 年版,第 38 页。

④ 中国社会科学院近代史研究所:《沙俄侵华史》第 1 卷,人民出版社 1978 年版,第 142 页。

于失败。该使团归国之后，沙俄政府又相继派遣佩尔菲利耶夫、阿勃林、斯帕法里等人出访中国，进一步了解和掌握中国政治、经济、地理、军事等方面的实际情况。斯帕法里访华期间还与在京耶稣会士进行广泛接触和联络，积极拉拢、收买这些耶稣会士为沙俄服务。

就在俄国使团频频访华之际，一度获得安宁的黑龙江地区再次受到沙俄亡命徒的入侵。从1665年起，以切尔尼戈夫斯基为首的一股匪徒窜入中国雅克萨城旧址，修建城堡作为基地，开始肆无忌惮地四处劫掠。面对当地中国各族人民的强烈反抗，切尔尼戈夫斯基一伙深感恐慌，为了获得沙俄政府的支持，这伙匪徒甘愿充当沙俄侵略中国的先遣部队。于是，亡命徒变成正规部队，雅克萨也成了沙俄政府扩大对华侵略的前哨，俄军在黑龙江流域及周边地区修建了大量城堡作为军事据点。沙俄侵略军的卷土重来，严重威胁着中国边境的安全，使当地各族人民再度陷入苦难之中。

面对如此严峻的局势，清政府试图通过外交途径和平解决无果后，决定进行武力反击。康熙皇帝提出"备足军食，永戍黑龙江"的战略思想，以求彻底解决边境安全隐患，保境安民。1683年，清政府任命原宁古塔副都统萨布素为首任黑龙江将军，加强对黑龙江地区军事力量的领导。萨布素上任后，通过扩充兵源、添置武器、囤积粮草、构筑完善军事设施及增设驿站等一系列方法，使东北军备为之重振，通讯支援能力大有提高。清政府的战略也得到当地各族人民的纷纷响应和大力支持，对俄反击的条件逐渐成熟。1685年6月和1686年7月，清军进行了两次雅克萨之战，均取得胜利。此时的沙俄还在为争夺波罗的海和黑海出海口以及克里米亚等问题困扰，无力同时多线作战，因此不得不接受清政府的建议，开始和谈。最终，中俄于1689年9月7日正式签订了《尼布楚条约》。该条约的各项条款主要涉及边界划分、贸易往来、越界处理等内容。沙皇政府对于条约内容非常满意，这使俄国不仅非法侵占的中国领土得以合法化，巩固其在东西伯利亚的统治，而且获得了渴求已久的与中国通商的权利。中国虽然做出让步，但也使沙俄承认黑龙江与乌苏里江流域为中国领土，并撤出了长期占有的雅克萨。《尼布楚条约》是中俄两国之间签订的第一个条约，它从法律的角度遏制了沙俄对黑龙江地区的进一步侵略扩张，清政府根据条约规定的边界线，在边境地区增设边关哨所和驿站，既巩固了边防，又加强了边疆与内地的联系，为中国东北地区赢得了近150年的安定。

沙皇俄国对中国领土的图谋不仅局限于东北地区，对西北边疆的广袤土地同样觊觎已久。1604年以后，俄国人对中国蒙古各部有所了解，并试图进行侵略活动。在进军西伯利亚的过程中，俄国深知占有广阔地区的蒙古各部的重要性，于是曾试用各种手段征服蒙古人，但均未得逞。沙俄没有就此放弃侵略计划，而后频繁派遣使节前往蒙古各部，打算吞并这些地区，却遭到蒙古各部的坚决反对。自17世纪20年代开始，沙俄采取武力侵略与煽动内乱相结合的方式，继续蚕食蒙古各部所在的中国领土。17世纪80年代，沙俄政府与厄鲁特蒙古准噶尔部贵族噶尔丹达成交易，满足噶尔丹在贸易、通使等问题上的要求，噶尔丹则应沙俄的要求把军事行动的矛头指向东方，开始对抵抗沙俄侵略的蒙古各部发动战争，由是对中国西北地区构成严重威胁。① 为尽快平定噶尔丹的叛乱活动，康熙皇帝利用刚订结的《尼布楚条约》迫使沙俄不敢公开支持噶尔丹。在此后的数年间，免除后顾之忧的清政府击败了噶尔丹势力，取得平叛的胜利。尽管准噶尔部后来又发动几次叛乱，但在康熙、雍正、乾隆三代皇帝的努力打击下均归于失败。其间，中俄于1728年6月25日签订《恰克图条约》，对中俄中段边界予以明确框定，并在贸易、宗教、引渡犯人等方面达成妥协。清政府在西北地区的平叛活动及《恰克图条约》的签订，既稳固了中国边境局势，也在一定程度上解决了中俄两国的争端，尽管代价不菲，毕竟巩固了西北地区的边防，换回了一个世纪的相对和平。尤为值得一提的是，《恰克图条约》给予沙俄在北京修建东正教教堂和派遣留学生的权利，这不仅使沙俄能够借助宗教、文化势力向中国渗透，以攫取更多的政治、经济利益，也在客观上为中国第一所俄语学校——俄罗斯文馆的建立与发展创造了相应的历史条件。

## 第二节　中俄教育交流的里程碑：俄罗斯文馆的办理

作为中国历史上第一所专门从事俄语教育的学校，清王朝于18世纪初建立的俄罗斯文馆在中俄教育交流史上无疑具有里程碑式的意义。自创立之日起，俄罗斯文馆就肩负起为国家培养俄语人才的重要使命，开启了中国俄语教育的先河。不仅如此，俄罗斯文馆还因其与俄国东正教驻北京布道团、俄国来华留学生之间的密切关系，而成为俄国的中国学发展的有力见证。由是可见，俄罗斯文馆在促进中俄教育交流乃至两国关系发展方面的贡献良多，其历史价值毋庸置疑。

---

① 宿丰林著：《早期中俄关系史研究》，黑龙江人民出版社1999年版，第50页。

## 一、俄罗斯文馆创立的背景

俄罗斯文馆[①]的创立有其特殊历史背景。自17世纪开始，随着沙俄不断东向扩张，中俄两国在政治、经济、文化等方面的碰撞日益频繁，尤其在边界划分、贸易往来、追索逃人等政治、经济问题上更是矛盾丛生、争端频发，这就使中俄官方会晤不断增多，语言交流问题由此凸显。“语言是人类最重要的交际手段”[②]，而文字又是记录和传达语言的书写符号，是扩大语言在时间和空间上的交际功用的文化工具。因此，语言与文字在促进人类文明发展方面起着极大的作用，是不同国家、地区和民族间文化交流或文明交融的主要媒介。如果没有语言文字作为中介，国家间的交流就无从谈起。为彻底解决语言问题，进而解决事关国家利益的重要问题，中国与俄罗斯都将培养本国外语译才视为当务之急。因此，建立外语学校培养外语人才就成了两国的必然选择。

### （一）中俄关系演变催生俄语教育

中俄两国的语言文字隔阂问题，早在彼特林使团访华时期即已存在，只是由于当时中俄领土并不接壤，也无涉及国家利益的争端，所以这种隔阂显得无关紧要，彼特林使团带回去的国书被搁置几十年也无人过问，更“无能通解者”。然而，当沙俄势力侵入中国后，中俄之间不可避免地会出现遣使、交涉、谈判乃至战争，这就迫切需要通过语言文字的交流来解决问题。此时，中俄两国都缺乏通晓对方语言的翻译人员，不得不借助于当时欧洲各国外交领域常用的拉丁语以及蒙古语作为沟通媒介。由是，熟谙拉丁语而又掌握汉语的在华耶稣会士，以相对独立于中俄之外的第三方身份肩负起翻译的职责。

以耶稣会士为代表于16至18世纪来华的大批西方传教士不仅在中国传播天主教，并且通过译述活动向中国导入大量的西方自然科学成就。此外，耶稣会士还担当起沟通中西的桥梁，帮助中国与西方各国加深相互认识与了解。如对西方自然科技知识十分感兴趣的康熙皇帝就曾询问传教士蒋有仁(Michel Benoist)“有关当时俄国和回教国家作战时双方的实力。近百年来俄国人何以在学术方面突飞猛进、俄国人和其他国家通信所使用的文字，以及在北京担任翻译中俄两国文

① 在清代档案和典籍中，俄罗斯文馆也有俄罗斯学、俄罗斯馆等其它称谓，有时在名称前还冠以“内阁”两字，称为内阁俄罗斯文馆。

② 列宁:《论民族自决权》,《列宁选集》第2卷，人民出版社1995年版，第370页。

书的耶稣会士是否会俄文俄语”等问题。[①] 在中俄交往初期，耶稣会士承担了很多翻译工作。比如在斯帕法里访华期间，清政府就委派兼通拉丁语、汉语与蒙语的耶稣会士比利时人南怀仁（Ferdinand Verbiest）担任翻译。尼布楚谈判之时，中俄两国同样借重耶稣会士法国人张诚（Jean-Francois Gerbillon）和葡萄牙人徐日升（Thomas-Pereira）的外语能力，由他们作为翻译和中间人。

当然，中俄进行尼布楚条约谈判时，并非只能启用耶稣会士作为沟通媒介，还存在其它可能的交流渠道。“中国人是很熟悉蒙文的，俄国人由于与外贝加尔区的布利亚特人接触的缘故，学蒙文比较方便，因此蒙文似乎是很合用的；可是，不知道是由于俄国人的无知，还是由于耶稣会教士阴谋的结果，最后却选中了拉丁文。这样一来在两个宫廷之间，耶稣会教士既充当了译员，又能够得知国家的机密。”[②]因此，中俄双方都对耶稣会士心存疑虑。耶稣会士也有内心矛盾之处。一方面，耶稣会士希望促成一份对中国有利的条约，这样有助于稳固耶稣会士在华地位；另一方面，耶稣会士从本教会利益出发，了解俄国开放西伯利亚必将带来的益处，所以还必须兼顾俄方利益。实际上，由于康熙年间的“礼仪之争”[③]，耶稣会士在华处境每况愈下。在这种形势下，耶稣会士不免对沙俄抱有憧憬，希望借助俄国力量对清王朝有所抑制，这种想法在斯帕法里访华期间就有所流露：“耶稣会士希望俄国大君主哪怕能有一次派出自己的军队攻打一下这些高傲的中国人，使他们认识一下到底沙皇陛下是什么人，他们自己又是什么人！”[④]在华期间，斯帕法里与南怀仁等耶稣会士联系密切。因南怀仁身居要职，斯帕法里对其百般拉拢收买，而南怀仁则“希望得到沙俄同意，为耶稣会开辟一条从罗马经莫斯科到北京的较近便的交通路线”[⑤]，因此多次将清政府的战略计划等机密用拉丁语告知斯帕法里，并呈上自己的天文学著作，表示“乐意为俄国大君主效劳，就像为上帝效劳一样”。[⑥]

由于耶稣会士将教会利益与中俄两国的国家利益搅和在一起，而具有向双方

---

① 白晋、冯作民译：《清康乾两帝与天主教传教史》，台北光启出版社 1966 年版，第 173～174 页。转引自王智仁：《清代内阁俄罗斯文馆之研究》，台湾淡江大学俄罗斯研究所 2000 年硕士毕业（学位）论文，正文第 21 页。

② ［法］加斯东·加恩著：《彼得大帝时期的俄中关系史》，商务印书馆 1980 年版，第 6 页。

③ 礼仪之争：是指天主教传入中国后，围绕着对孔子和祖先的崇拜、对天的祭祀、关于天主的名称及内涵等一系列问题的争论。这一事件持续了 100 多年，直至耶稣会被清廷明令解散，争论才彻底告结。

④ ［俄］卡缅斯基编著：《俄中两国外交文献汇编（1619—1792）》，商务印书馆 1982 年版，第 53 页。

⑤ 中国社会科学院近代史研究所：《沙俄侵华史》第 1 卷，人民出版社 1978 年版，第 154 页。

⑥ ［俄］卡缅斯基编著：《俄中两国外交文献汇编（1619—1792）》，商务印书馆 1982 年版，第 53 页。

讨好的两面性，因此不可能成为中国与俄罗斯长期依赖的外交力量，中俄的首选只能是借助教育来培养本国外交、翻译人员。对此，俄国就认识到，关于中国方面的情报，“俄国若能直接询问中国人自己，或是通过中国的出版物来取得它在外交和政治上所需要的资料，不是更好些吗？如果这样是可能的话，俄国就同时还能避免耶稣会教士的居间服务，因为他们的好意和势力有改变的可能”①。为实现这一目的，俄国于1725年在伊尔库次克开办了一所蒙文学校，培养蒙文译员。在北京的国子监也开设俄罗斯学，作为培养满文、蒙文和汉文译员的俄国学校，起到取代耶稣会士和拉丁文的作用。中国方面，随着“礼仪之争”愈演愈烈，清朝政府与耶稣会士之间关系日见紧张，最终促使康熙帝颁布禁教令。这样，在中俄都不再需要耶稣会士的前提下，耶稣会士只能就此退出，于是1730年后这种两国间的中间媒介在中国完全消逝：“从外交方面看，拉丁文被搁置一边，东方的语言被使用，耶稣会教士也完全丧失了他们过去作为必备的译员和中间人的重要地位。”②这就意味着，中俄两国都有意识开始培养本国的外语和翻译人才，为两国直接交涉做好外语方面的准备。

就在耶稣会士在华作用日渐衰微之际，另一种“非我族类”的人群出现在中华民族的社会生活中，这就是阿尔巴津人。他们的出现，为中国培养外务交涉所需的外语人才提供了解决最初难题的主体条件。

在长期的中俄军事冲突中，尤其两国军队在黑龙江及其支流作战时，中国方面曾俘获或接收到一些俄国军役人员及哥萨克人。由于这些俘虏或投诚者大多来自雅克萨，而俄国人称雅克萨为阿尔巴津，因此中国人称这些俄国降人为“阿尔巴津人”。在俄罗斯的档案史料中，也有过对俄罗斯被俘人员的描述：“中国皇帝……于1684年派遣一些军队溯阿穆尔河而上，命令他们摧毁俄国人建立的一切城堡，并占领阿尔巴津。中国人于7月7日乘坐木船来到阿尔巴津堡，将三十一名俄国人掳至北京。这些俄国人在当地被严密看守约两年之久，但并未受到任何折磨。”③

阿尔巴津人归顺清廷后，被纳入八旗编制。据《八旗通志·旗分志》可知，八旗中的镶黄旗满洲第四参领之第十七佐领，“系康熙二十二年(1683年)以尼布绰地方取来鄂罗斯三十一人，及顺治五年来归之伍朗格里、康熙七年之宜番等，编为

① [法]加斯东·加恩著：《彼得大帝时期的俄中关系史》，商务印书馆1980年版，第295页。
② [法]加斯东·加恩著：《彼得大帝时期的俄中关系史》，商务印书馆1980年版，第295～296页。
③ [俄]卡缅斯基编著：《俄中两国外交文献汇编(1619—1792)》，商务印书馆1982年版，第56页。

半个佐领，即以伍朗格里管理，后二次又取来鄂罗斯七十人，遂编为整佐领。伍朗格里故，以其子罗多珲管理。罗多珲故，以大学士马齐管理，今以丰伸济伦管理。”①根据清代学者俞樾的统计，康熙朝于1683至1684年间共得阿尔巴津人逾百名。这些人相继被编入镶黄旗第四参领之第十七佐领即俄罗斯佐领后，被安置到北京东直门内胡家圈胡同。

阿尔巴津人在中国的生活相当不错，在政治、宗教信仰、日常生活等方面获得种种优待：“受到和旗人同等的待遇，由清政府供给住房、衣食，发给年俸，允其与中国人通婚，并给予信仰自由。”②为了满足其宗教信仰需要，康熙皇帝还特别赐给阿尔巴津人一座庙宇。唯一不同之处在于，阿尔巴津人的姓氏源流不见于八旗氏族通谱。除生活上得到清政府的优待外，阿尔巴津人还在政治外交上得到清政府的重视，并被赋予诸多任务：“这些阿尔巴津人到了中国，即被安排担任俄使及俄商来华之译员、在清廷协助翻译中俄两国来往文书、在有新俄俘受降时进行审问的工作，甚至指导中国人如何发射火绳枪。”③正是由于阿尔巴津人的存在，清廷政府才在早期中俄关系中得以掌握主动，倍占优势。对于俄罗斯文馆而言，这些阿尔巴津人也发挥过重要作用，他们曾负责给俄罗斯文馆挑选教师，其中一些人还直接任教于俄罗斯文馆，对俄罗斯文馆的前期发展作出重大贡献。

### （二）沙俄留华生与俄国的中国学发展

康熙皇帝给予阿尔巴津人宗教自由的权利，无疑为东正教④在中国的传播打开了缺口，埋下了可供沙俄在宗教、文化方面入侵的隐患。康熙皇帝赐给阿尔巴津人的庙宇，始称“圣索非亚”教堂，由1683年投诚的神甫马克西姆·列昂节夫主持日常宗教事务，清政府授予这位神甫七品官衔。因教堂内有一幅阿尔巴津人从雅克萨带来的尼古拉圣像，所以“圣索非亚”教堂又被称为“圣尼古拉”教堂，北京人称之为“罗刹庙”。公元1695年，俄罗斯正教会托博尔斯克都主教伊格纳蒂·

---

① ［清］俞正燮撰：《癸巳类稿》，辽宁教育出版社2001年版，295～296页。

② 中国社会科学院近代史研究所：《沙俄侵华史》第1卷，人民出版社1978年版，第272～273页。

③ Eric Widmer, The Russian Ecclesiastical Mission in Peking during the Eighteenth Century, Harvard University Press(1976), P. 16. 转引自王智仁：《清代内阁俄罗斯文馆之研究》，台湾淡江大学俄罗斯研究所2000年硕士毕业（学位）论文，正文第26页。

④ 东正教又称为希腊正教，属于基督教的一个派别，与天主教、新教并称为基督教的三大教派。公元988年，基辅罗斯大公弗拉基米尔正式受洗，信仰基督教。1054年，基督教分裂为西部的天主教和东部的东正教，这标志着东正教的正式形成。此后随着俄罗斯君主专制和中央集权的不断发展，东正教成为俄国的“国教”。后来，沙俄通过宗教改革，使国家权力与教会势力结合在一起，教权彻底依附于政权，东正教逐渐成为沙皇俄国在精神控制和文化入侵方面的得力工具。

李姆斯基·哥萨阔夫托来华商队给马克西姆·列昂节夫司祭送来承认“圣索非亚”教堂的证书。“按照托博尔斯克都主教伊格纳蒂·哥萨阔夫的指示,这座教堂应该正名为‘圣索非亚’教堂。”[①]在给列昂节夫的信中,哥萨阔夫希望他为正教在中国的传播而继续努力。马克西姆·列昂节夫也确实认真贯彻了这个指示,为了活动的方便,“他极力模仿中国的生活习惯,甚至剃发留辫,乔装打扮成中国人”[②],并利用清政府的优待条件,积极在俄国人的中国籍妻子及亲属中发展教徒。由是,罗刹庙的出现使东正教以间接方式进入中国,这就在宗教文化方面留下了可供沙俄利用的漏洞。当彼得一世得知在华俘虏享有宗教自由,并拥有一座教堂之时,就准备利用宗教势力建立一条直接了解中国的信息渠道,以便攫取更多利益。或许康熙皇帝在赐给阿尔巴津人庙宇时没有意识到,一座看起来微不足道的宗教活动场所,竟会对中俄关系的走向将产生出重大影响。

不过,仅仅一座罗刹庙并不能满足沙俄的侵略野心,为使宗教侵略行径合法化,沙俄曾试图在中国建立永久性教堂。1692 至 1695 年访华的俄国使臣伊兹勃兰德·义杰斯曾向清廷提出要求:“请至圣皇帝降旨,准于中国地方建造教堂……如蒙至圣皇帝指给地址,我俄罗斯国君主等,将按价出资建造。”[③]清政府对此坚决拒绝:“查得,西洋各国之人来中国,只是永久居留者曾建教堂,并无与我国续建教堂之例。故此事亦毋庸议。”[④]虽然建立教堂的要求遭到拒绝,但沙俄政府并没有放弃,而是采取分步进行的方式。俄国先是通过赠送书籍、宗教用品以及请列昂节夫之子回国领受教职,加紧与北京东正教教堂联系。接着在 1702 年,沙俄又借口马克西姆·列昂节夫年迈体衰,无法继续承担主持北京东正教教堂的职责,希望清廷准许委派两名传教士予以接替,但此要求依然未获批准。在进行官方交涉的同时,俄国政府还在每次来华的商队中配备若干神父,继续加强与罗刹庙的联系。

1711 年,沙俄建立教堂的机会终于到来。俄国商队专员胡佳科夫于该年率队来华,此时康熙皇帝正准备派遣太子侍读殷扎纳、郎中纳颜和内阁侍读图理琛前往伏尔加河流域的土尔扈特部访问。彼得大帝授意胡佳科夫以在京教士须由俄

---

① 张绥著:《东正教和东正教在中国》,学林出版社 1986 年版,第 181 页。

② 中国社会科学院近代史研究所:《沙俄侵华史》第 1 卷,人民出版社 1978 年版,第 273 页。

③ 中国第一历史档案馆编:《清代中俄关系档案史料选编》第 1 编(上册),中华书局 1981 年版,第155~156 页。

④ 中国第一历史档案馆编:《清代中俄关系档案史料选编》第 1 编(上册),中华书局 1981 年版,第 154 页。

国派人接替,作为同意中国使臣过境的交换条件。康熙皇帝鉴于沙俄政府曾多次请求,且图理琛等人确须借道西伯利亚,因而予以批准。图理琛等结束出访活动后,于1714年12月2日经过托博尔斯克时,遵照康熙皇帝谕旨,带回修士大司祭伊拉里昂、司祭拉夫连季、辅祭菲利蒙及7名教堂辅助人员和仆役,于1715年4月20日抵达北京。这就是第一届俄国东正教驻北京布道团。1728年中俄签订《恰克图条约》,使沙俄政府获得定期换派布道团的权利,并定下"俄人来京就学额数"①。据该条约第5条规定:"由汗出资为俄国人建筑供使节和商人居住的馆舍及东正教教堂,并允许在那里自由信奉基督教;对于从事神事活动的四名俄罗斯族神甫,六名学习语言的学生②,均由博格德汗供以膳食。"③据此条款,沙俄政府不仅可以派驻布道团和留学生,而且还得到建造新教堂的权利,俄罗斯馆南馆由此建立。

相对于北馆"圣索非亚"教堂,南馆的历史更为悠久,其前身是建于明代的会同馆南馆,位于东江米巷④玉河桥西街北,早先曾接待俄国及高丽使团,中俄《恰克图条约》签订后便作为沙俄专署驻地,划归理藩院管辖,并于1732年建成"奉献节"教堂。此后,"圣索非亚"教堂的尼古拉圣像被移至新教堂供奉。新"庙"落成和圣像转移,使"罗刹庙"失去原来的独立性,正式被纳入俄罗斯馆的体制之内,变成附属于它的一处教堂,通称"北馆"。⑤ 理藩院管理俄罗斯馆的制度,康熙年间尚未完全建立,至乾隆年间才逐步完善。据《俄罗斯馆考》载,馆内设监督、领催各1名,馆夫2名。又因俄罗斯馆附设了国子监俄罗斯学,因此还设俄罗斯学提调官1名,以及满、汉助教各1名,负责教学。⑥ 俄罗斯馆的完善,为俄国东正教驻北京布道团的活动提供了便利条件,使俄国来华留学生拥有了稳定的学习和生活场所。

---

① [清]赵尔巽等:《清史稿》卷一百五十三"邦交志·俄罗斯"。

② 关于神甫与学生的人数,中俄双方的有关档案史料存异。据《清史稿》卷一百五十三"邦交志·俄罗斯"载:"……定俄人来学喇嘛者,额数六人,学生额数四人,十年更代为例。"而王铁崖主编《中外旧约章汇编》第1册(三联书店1957年版)收录的《恰克图界约》附件《喀尔喀会议通商定约》第5条记载:"……现在京居住喇嘛一人,其又请增遣喇嘛三人之处,著照所请……再萨瓦所留在京学艺之学生四名,通晓俄罗斯、拉替努字话二人,令在此处居住,给予盘缠养赡。"又《中俄边界条约集(俄文版)》(商务印书馆1973年版)所载《恰克图界约》第五条的俄文原文表明,神甫为四名(原居北京一名,后再增加三名),被俄国使臣萨瓦留在北京学习语言的有四名青少年学生和两名已经掌握了俄语与拉丁语的成年人。

③ [俄]卡缅斯基编著:《俄中两国外交文献汇编(1619—1792)》,商务印书馆1982年版,第182页。

④ 即东交民巷,位于北京市东城区南部。明代因米市得名东江米巷,清光绪年间更名东交民巷,俗称鸡鸣巷。

⑤ 蔡鸿生著:《俄罗斯馆纪事》,中华书局2006年版,第18页。

⑥ 何秋涛:《朔方备乘》卷十二《俄罗斯馆考》,《续修四库全书·史部·地理类》,上海古籍出版社1995年版。

沙俄政府派遣来华留学生肇始于1727年（雍正五年）。《朔方备乘》记载了第一批俄国东正教驻北京布道团随班学生的姓名："是年，俄罗斯国遣其官生鲁喀、佛多德、宜宛、喀喇希木四人来学。即旧会同馆设学。"①实际上这四人并非同时来华。② 1727年9月13日，卢卡·沃耶伊科夫、伊万·普哈尔特和费奥多尔·特列季雅科夫作为第一届东正教驻京布道团的随班学生，跟随兰格率领的商队前往中国。当年12月26日，三人来到北京，开始学习汉语和蒙语的留学生活，由此拉开俄国派遣来华留学生的帷幕。

清政府对俄国留学生比较重视，不仅由国子监主持俄罗斯学的教学事务，而且配备了满文、汉文教师，在生活待遇方面也给予相当照顾。据《朔方备乘》载："（雍正）六年，俄罗斯复遣陪臣子弟来京，始有观光国学之请。经理藩院议准，俄罗斯国学生俟送到时，令其在俄罗斯馆居住，交与国子监选满、汉助教各一人往馆教习清、汉文。乾隆六年国子监奏准，俄罗斯遣子弟入学习读清、汉书，本监于满、汉助教内拣选文理明白者引见，候旨简用满、汉各一人，令其兼管教习学生。衣服、饮食等项由理藩院给发。九年国子监奏准，俄罗斯学汉助教准为额外助教，咨部别行铨补。（乾隆）十五年奏准，俄罗斯学满洲助教即非专设之员，其汉助教亦不必额外专设，应行裁汰。嗣后以六堂内助教兼管俄罗斯学务。"③上述内容反映了国子监俄罗斯学学生的待遇以及教师编制的演变过程。事实上，俄国来华留学生的待遇比较优厚。自第一届东正教驻京布道团随班学生抵华起，他们就能够领受理藩院发给的薪饷：每人每月白银3两，白面1袋（约26.24公升）。④ 俄国来华留学生享受这种待遇的时间较长，直到1858年中俄签订《天津条约》，其中第十条规定："俄国人习学中国满、汉文义居住京城者，酌改先时定限，不拘年分……所有驻京俄国之人一切费用，统由俄国付给，中国毋庸出此项费用。"⑤至此，清政府才停止对俄国留学生发放银两。⑥ 在享受清政府的待遇同时，这些俄国来华留学生还得到沙俄政府的资助，初时年薪为130卢布，后增加到200卢布，另有50卢布的

---

① 何秋涛：《朔方备乘》卷十二《俄罗斯馆考》，《续修四库全书·史部·地理类》，上海古籍出版社1995年版。

② 参见肖玉秋：《1864年以前的俄国来华留学生》，《历史档案》2007年第1期。

③ 何秋涛：《朔方备乘》卷十三《俄罗斯学考》，《续修四库全书·史部·地理类》，上海古籍出版社1995年版。

④ ［俄］卡缅斯基编著：《俄中两国外交文献汇编（1619—1792）》，商务印书馆1982年版，第169页。

⑤ 商务印书馆编：《中俄边界条约集》，商务印书馆1973年版，第25页。

⑥ 徐万民：《清季俄国来华留学生与俄国汉学》，李喜所主编：《留学生与中外文化》，南开大学出版社2005年版，第463页。

服装费。①

自第一批俄国来华留学生开始,国子监俄罗斯学前后延续了 130 余年,接收随团学生 13 届②共计 49 名③。兹录名单如下(见“表一”):

表一:国子监俄罗斯学学生名录④

| 序号 | 班次 | 在华时间 | 俄文名 | 中文译名 | 去向 |
|---|---|---|---|---|---|
| 1 | 第一届 | 1715—1728 | 卢卡·沃耶伊科夫 | 鲁喀 | 1734 年卒于北京 |
| 2 | | | 伊万·普哈尔特 | 宜宛 | / |
| 3 | | | 费奥多尔·特列季雅科夫 | 佛多德 | / |
| 4 | | | 伊万·舍斯托帕洛夫 | / | / |
| 5 | 第二届 | 1729—1735⑤ | 伊拉里翁·罗索欣⑥ | / | 1740 年回国 |
| 6 | | | 格拉西姆·舒利金 | 喀喇希木 | 1736 年卒于北京⑦ |
| 7 | | | 米哈伊尔·波诺马廖夫 | / | 1738 年卒于北京 |
| 8 | | | 阿列克谢·弗拉德金 | / | 1732 年增派来华,1746 年回国 |
| 9 | | | 伊万·贝科夫 | / | 同上 |

① [俄]卡缅斯基编著:《俄中两国外交文献汇编(1619—1792)》,商务印书馆 1982 年版,第 186、276 页。

② 因沙皇于 1863 年下令:“自 1864 年 1 月 1 日,第 14 届传教士团的全体神职人员转由宗教部门管理,并由其决定北京人员的去留问题。将世俗人员召回亚洲司。”所以从 1864 年起包括学生在内的世俗人员一律停派,第 15 届至第 20 届传教士团成员完全由神职人员构成(详见肖玉秋:《1864 年以前的俄国来华留学生》,《历史档案》2007 年第 1 期)。

③ 关于随团学生总数的统计数据,有关文献存在差异。《俄苏中国学手册》(中国社会科学院文献情报中心编,中国社会科学出版社 1986 年版)和《俄罗斯馆纪事(增订本)》(蔡鸿生著,中华书局 2006 年版)均记为 49 人,而《1864 年以前的俄国来华留学生》(肖玉秋,《历史档案》2007 年第 1 期)认为是 48 人。其区别之处在于,《俄苏中国学手册》与《俄罗斯馆纪事(增订本)》都将伊万·舍斯托帕洛夫列入第一届东正教驻京布道团随班学生的名单中,而《1864 年以前的俄国来华留学生》则未列入。

④ 本表根据以下资料整理:中国社会科学院文献情报中心编《俄苏中国学手册》上册(中国社会科学出版社 1986 年版);蔡鸿生著《俄罗斯馆纪事(增订本)》(中华书局 2006 年版);肖玉秋著《1864 年以前的俄国来华留学生》(《历史档案》2007 年第 1 期)。

⑤ 据郭卫东主编《近代外国在华文化机构综录》(上海人民出版社 1993 年版),第二届俄罗斯正教驻京传教士团于 1721 年派出,首领为英诺森·库利奇茨基。但该团初期因中俄在逃犯和边界问题上发生分歧而未能进入北京,直到 1728 年《恰克图条约》签订后,才由安东尼·普拉特科夫斯基率领于 1729 年进驻北京。此次随团汉学学生有 9 人(见该书第 354~355 页)。录此备考。

⑥ 据郭卫东主编《近代外国在华文化机构综录》(上海人民出版社 1993 年版),伊拉里翁·罗索欣为第三届俄罗斯正教驻北京传教士团的随团学生(见该书第 355 页,译作伊拉里昂·罗索欣)。录此备考。

⑦ 《俄罗斯馆纪事(增订本)》载格拉西姆·舒利金为 1735 年卒于北京。

（续表）

| 序号 | 班次 | 在华时间 | 俄文名 | 中文译名 | 去　向 |
|---|---|---|---|---|---|
| 10 | 第三届 | 1736—1743 | 阿列克谢·列昂节夫 | / | 1755年回国 |
| 11 | | | 安德烈·卡纳耶夫 | / | 1752年卒于北京① |
| 12 | | | 尼基塔·切卡诺夫 | / | 1752年卒于北京 |
| 13 | 第四届 | 1744—1755 | 叶菲姆·萨赫诺夫斯基② | / | / |
| 14 | 第六届 | 1771—1781 | 费奥多尔·巴克舍耶夫 | / | 1781年回国 |
| 15 | | | 阿列克谢·帕雷舍夫 | / | 1782年回国 |
| 16 | | | 阿列克谢·阿加福诺夫 | / | 1782年回国 |
| 17 | | | 雅科夫·科尔金 | / | 1779年卒于北京 |
| 18 | 第七届 | 1781—1794 | 叶戈尔·萨列尔托夫斯基 | / | 1795年卒于北京 |
| 19 | | | 安东·弗拉德金 | / | 1795年回国 |
| 20 | | | 伊万·菲洛诺夫 | / | 1790年卒于北京③ |
| 21 | | | 阿列克谢·波波夫 | / | 1795年卒于北京④ |
| 22 | 第八届 | 1794—1807 | 帕维尔·卡缅斯基 | / | / |
| 23 | | | 卡尔普·克鲁格洛波洛夫 | / | / |
| 24 | | | 斯捷潘·利波夫措夫 | 四贴班 | 1807年回国 |
| 25 | | | 伊万·马雷舍夫 | 伊　完 | 1806年卒于北京 |
| 26 | | | 瓦西里·诺沃歇洛夫 | / | / |
| 27 | 第九届 | 1807—1821 | 马克尔·拉夫罗夫斯基 | / | 1807年卒于北京 |
| 28 | | | 列夫·济马伊洛夫 | 李业普 | 1820年回国 |
| 29 | | | 米哈伊尔·西帕科夫 | / | 1821年回国 |
| 30 | | | 叶夫格拉夫·格罗莫夫 | / | 1807年卒于北京 |
| 31 | 第十届 | 1821—1830 | 孔德拉特·克雷姆斯基 | 克哩木萨奇 | 1831年回国 |
| 32 | | | 扎哈尔·列昂节夫斯基 | / | 1831年回国 |
| 33 | | | 瓦西里·阿布拉莫夫 | / | / |

① 《1864年以前的俄国来华留学生》载安德烈·卡纳耶夫为1755年卒于北京。

② 据郭卫东主编《近代外国在华文化机构综录》（上海人民出版社1993年版），此届随团研习汉学的“官学生”有数名，而非止萨赫诺夫斯基一人（见该书第355页）。录此备考。

③ 《1864年以前的俄国来华留学生》载伊万·菲洛诺夫为1792年卒于北京。

④ 《1864年以前的俄国来华留学生》载阿列克谢·波波夫为1795年卒于离京途中。

(续表)

<table>
<tr><th>序号</th><th>班次</th><th>在华时间</th><th>俄文名</th><th>中文译名</th><th>去　向</th></tr>
<tr><td>34</td><td rowspan="4">第十一届</td><td rowspan="4">1830—1840</td><td>戈·米·罗佐夫</td><td>/</td><td>1840 年回国</td></tr>
<tr><td>35</td><td>保罗·库尔良采夫</td><td>/</td><td>1832 年提前离京</td></tr>
<tr><td>36</td><td>阿·伊·科瓦尼科</td><td>/</td><td>/</td></tr>
<tr><td>37</td><td>叶·伊·瑟切夫斯基</td><td>/</td><td>1841 年回国</td></tr>
<tr><td>38</td><td rowspan="4">第十二届</td><td rowspan="4">1840—1849</td><td>约·安·戈什克维奇</td><td>/</td><td>届满回国</td></tr>
<tr><td>39</td><td>弗·瓦·戈尔斯基</td><td>/</td><td>1847 年卒于北京</td></tr>
<tr><td>40</td><td>伊·伊·扎哈洛夫</td><td>杂哈劳</td><td>1849 年回国</td></tr>
<tr><td>41</td><td>瓦·巴·瓦西里耶夫</td><td>王西里<br>瓦习礼</td><td>1850 年回国</td></tr>
<tr><td>42</td><td rowspan="4">第十三届</td><td rowspan="4">1850—1858</td><td>米·达·赫拉波维茨基</td><td>晃　明</td><td>/</td></tr>
<tr><td>43</td><td>尼·伊·乌斯宾斯基</td><td>/</td><td>1851 年卒于北京</td></tr>
<tr><td>44</td><td>尼·伊·涅恰耶夫</td><td>/</td><td>1854 年卒于北京</td></tr>
<tr><td>45</td><td>康·安·斯卡奇科夫</td><td>孔　气<br>孔琪庭</td><td>1857 年因病回国</td></tr>
<tr><td>46</td><td rowspan="4">第十四届①</td><td rowspan="4">1858—1864</td><td>阿·费·波波夫</td><td>柏　林</td><td>1870 年卒于北京</td></tr>
<tr><td>47</td><td>康·巴甫里诺夫</td><td>/</td><td>/</td></tr>
<tr><td>48</td><td>德·阿·彼舒洛夫</td><td>孟　第<br>丕业什楚罗福</td><td>1863 年回国</td></tr>
<tr><td>49</td><td>尼·姆拉莫尔诺夫</td><td>/</td><td>/</td></tr>
</table>

国子监俄罗斯学的办学确实取得一定成效，为俄国培养了不少通晓汉、满等语及中国国情的外交、翻译人才，其中涌现出一些卓有成就的中国学名家，如罗索

① 自 1860 年《中俄北京条约》签订，伴随着沙皇政府驻中国正式外交使团的组成，“俄罗斯(东)正教驻北京传教士(道)团”的性质也发生较大变化，由原来的宗教、外交、商务、情报的综合机构逐渐转变为以宗教为主的机构，其驻地也由原来的俄罗斯南馆(位于今日的东交民巷，转由俄国驻华使馆占用)迁到俄罗斯北馆(即圣尼古拉教堂)，其经费由原来的中俄两国政府共同承担改为俄国政府单独提供。自后该机构管辖的事业除修道院、图书馆、天文馆等外，还有男女学堂(校)。至第 18 届俄罗斯正教驻北京传教士团时，所辖教育机构计有男子小学 17 所、女子小学 3 所以及神学院 1 所。1917 年俄国十月革命爆发，该机构采取抵制苏维埃政府的态度，收集在中国各地的沙俄流亡者，成为俄国侨民教会，并断绝同俄罗斯正教莫斯科牧首区的隶属关系。至 1924 年，俄罗斯东正教驻北京传教士团正式改称为“中国东正教会”(参见郭卫东主编《近代外国在华文化机构综录》，上海人民出版社 1993 年版，第 358～360 页)。

欣、列昂节夫、瓦西里耶夫等。他们在华期间虚心学习中国文化，努力掌握汉、满、蒙、藏等语言，对中国的政治、经济、历史、地理、文学、民族、宗教等领域的史料典籍也广为涉猎，从中汲取大量知识，并树立了扎实严谨的学风。这些人才的出现进一步增强了俄罗斯对中国的了解，促进了俄国的中国学发展，为中华文化在俄罗斯的传播作出不小贡献。现就其要者列表（见"表二"）以示。

**表二：部分俄国来华留学生中国学成果一览表①**

| 序号 | 俄文名 | 身　份 | 主要成果 |
|---|---|---|---|
| 1 | 伊拉里翁·罗索欣 | 第二届随班学生 | 《俄罗斯翻译捷要全书》；《满汉文的俄文转写》（手稿）；《五卷本准噶尔叛乱平定记》（手稿）；《八旗通志》（17 卷，与列昂节夫合译）；《异域录》；《三字经》（手稿，译自满汉文）；《千字文》（手稿）等。 |
| 2 | 阿列克谢·列昂节夫 | 第三届随班学生 | 《雍正帝传子遗诏》；《大清会典》；《大清律》；《大学》（第一次出俄译本）；《中庸》（第一次出俄译本）；《八旗通志》（17 卷，与罗索欣合译）等。 |
| 3 | 阿列克谢·阿加福诺夫 | 第六届随班学生 | 《中国皇帝简明年表》（摘自《资治通鉴》，并附中华帝国开始至 1786 年的中国纪年与罗马纪年）；《世祖圣训：求言》；《圣祖圣训：圣德》（1794 年再版时更名为《国君—臣民之友》）；《世祖圣训：论治道》等。 |
| 4 | 费奥多尔·巴克舍耶夫 | 第六届随班学生 | 1776 年完成俄国第一部《满俄大辞典》，约一万单词和成语（未出版）。 |
| 5 | 阿列克谢·帕雷舍夫 | 第六届随班学生 | 《大清国 1772—1782 秘密行动、企图、事件和事变录》（手稿，合著）；《满俄辞典》（手稿）。 |

① 本表根据中国社会科学院文献情报中心编《俄苏中国学手册》（中国社会科学出版社 1986 年版，上册）第 1～102 页的有关资料整理。对于著述较多者，仅收录其部分书目，详细内容见原文。

(续表)

| 序号 | 俄文名 | 身 份 | 主要成果 |
| --- | --- | --- | --- |
| 6 | 安东·弗拉德金 | 第七届随班学生 | 俄国第一个满语学家,是俄国第一批满语语法和教材的编写者,并编有满、汉、俄语的双语和多语辞典五部(均未出版)。 |
| 7 | 帕维尔·卡缅斯基① | 第八届随班学生 | 《中华帝国地理和统计概况》(手稿);《蒙古成吉思汗世系业绩史》(手稿);《明朝》(手稿);《俄华例句详解大辞典》(手稿);《蒙满俄拉丁语辞典》(手稿)等。 |
| 8 | 斯捷潘·利波夫措夫 | 第八届随班学生 | 《明史》(译稿);《科学院图书馆馆藏中日文数目》(与帕维尔·卡缅斯基合编,为俄国第三部中国书目);《满汉俄语辞典》(手稿);《满文识字课本》(石印)等。 |
| 9 | 米哈伊尔·西帕科夫 | 第九届随班学生 | 《中国皇帝嘉庆晏驾及其长子旻宁即位记》;《俄满辞典》(手稿)。 |
| 10 | 孔德拉特·克雷姆斯基 | 第十届随班学生 | 《孔学义解》(分别于1906年和1913年在北京用俄文刊印两次)。 |
| 11 | 扎哈尔·列昂节夫斯基 | 第十届随班学生 | 《满文诗歌散文体译文》(与诗人赫沃斯托夫合作);《汉满俄成语辞典》(手稿);《拉丁中国语辞典》(手稿);《露西亚国志》(俄译汉手稿)等。 |
| 12 | 戈·米·罗佐夫 | 第十一届随班学生 | 《金史》(手稿,译自满文,据汉文校订);《满俄辞典》(手稿);《满语语法》(手稿)。 |
| 13 | 叶·伊·瑟切夫斯基 | 第十一届随班学生 | 《中国吏部则律摘要》(手稿,译自满文);《中国地理概述》(手稿);《关于中国边界的历史笔记》等。 |

① 后任第十届俄罗斯正教驻北京传教士团领团修士大司祭。

（续表）

| 序号 | 俄文名 | 身　份 | 主要成果 |
|---|---|---|---|
| 14 | 瓦·巴·瓦西里耶夫 | 第十二届随班学生 | 《关于喀山大学图书馆馆藏佛教史书籍》;《中国史》(石印);《圣彼得堡大学东方书籍简介》;《中国象形文字的分析》(两卷);《伊犁归还中国论》(手稿)等。 |
| 15 | 弗·瓦·戈尔斯基 | 第十二届随班学生 | 《论当今统治中国的清朝的始祖与满族族名的起源》;《满洲王室的崛起和创业》;《吴三桂传》(手稿);《悉昙释义》(译稿)。 |
| 16 | 约·安·戈什克维奇 | 第十二届随班学生 | 《日俄辞典》(俄国第一部);《论日语的起源》。 |
| 17 | 伊·伊·扎哈洛夫 | 第十二届随班学生 | 《中国人口的历史考察》;《新疆详图》(获国际地理学会大会奖);《满俄大辞典》(获俄国地理协会金质奖);《满语语法》等。 |
| 18 | 康·安·斯卡奇科夫 | 第十三届随班学生 | 《论中国蚕的品种》;《我国在中国的贸易事务》;《中国天文学的命运》;《中国书目》(手稿);《东周列国志》(译稿)等。 |
| 19 | 米·达·赫拉波维茨基 | 第十三届随班学生 | 《明朝覆灭期间北京大事记》;《秦史》(译稿);《中国刑法史资料》(手稿);《黑龙江省见闻录》(译稿)等。 |
| 20 | 尼·姆拉莫尔诺夫 | 第十四届随班学生 | 《〈京报〉摘译(1861年8月—1862年12月)》(手稿);《元史》(手稿);《蒙古人征服华南事略》(手稿)。 |
| 21 | 康·巴甫里诺夫 | 第十四届随班学生 | 《北京来信(1862年5月26日)》;《中华帝国职官辞典》(手稿);《新岁朝贡与赏赐》(手稿);《清帝的甲胄》(手稿);《中国皇帝的御服》(手稿)。 |

（续表）

| 序号 | 俄文名 | 身 份 | 主要成果 |
| --- | --- | --- | --- |
| 22 | 德·阿·彼舒洛夫 | 第十四届随班学生 | 《中国明朝的地震》；《汉俄辞典》（第一部袖珍汉俄辞典）；《俄中条约汇编（1689—1881）》（俄汉满法文对照）；《1774 年中俄条约汉文文本》（石印教材）；《汉文文选资料》（教材）；《彼得堡大学东方语言系大学生汉语课本》（石印）。 |
| 23 | 阿·费·波波夫 | 第十四届随班学生 | 《论 1859 年中国的关税和盐税》；《南京城下四十六日战事记》（外十余篇）；《汉口和俄国茶场游记》（附作者生平）；《中国的新年》；《中国民间谚语和俗语》（手稿）；《北京的民间传统和迷信故事》（手稿）等。 |

这些俄国来华留学生还直接推动了俄国的中国学研究机构与汉、满、蒙等语言学校的建立与完善，并积极投身到中国学的研究和教学。如第二届随班学生罗索欣领导的汉满语学校于 1741 年在圣彼得堡建立，1751 年关闭，在这十年中培养了 4 名学生，这是俄国第一次在本土依靠自己的教师培养中国学人才。第三届随班学生列昂节夫于 1763 年在圣彼得堡开办汉满文学校，至 1767 年关闭，前后培养出 4 名学生。① 另外，列昂节夫和弗拉德金都曾在外交委员会附属的汉、满、波斯、土耳其和鞑靼译员学校任教，而第十届随班学生克雷姆斯基则于 1831 年在当时新设立的恰克图汉语译员学校担任教员，任教时间长达近 30 年。此后，随着俄国来华留学生的不断增多，这个群体对俄国中国学的影响力愈发增强。第十二届随班学生瓦西里耶夫于 1851 年担任喀山大学教授，1855 年出任圣彼得堡大学东方系②教授、汉语教研室主任，教授满语、中国史地和文学。他的学生米纳耶夫、波兹涅耶夫、格奥尔吉耶夫斯基等人也进入圣彼得堡大学东方系、符拉迪沃斯托克东方学院等著名中国学机构从事教学和研究，均颇有建树。由此可见，尽管这一时

① 阎国栋：《喀山大学与十九世纪俄国汉学》，《汉学研究通讯》总第 77 期（2001 年 2 月）。

② 1854 年 10 月 22 日，沙皇尼古拉一世给枢密院下令设立圣彼得堡大学东方系，除喀山大学讲授鞑靼语外，其它一切院校的东方语言教学均行停止。1917 年十月革命之后，圣彼得堡大学东方系改组为列宁格勒大学东方学院。

期俄国来华留学生的绝对数量不多，但对俄国的中国学发展产生了极其重要的影响，而且培养出一批人才。如圣彼得堡大学东方系存在的60余年中，汉满班毕业生中有近百名成为俄国各种机关通晓汉语的工作人员，其中一部分还成为著名的中国学家。另外值得注意的是，当时还有部分中国教师在圣彼得堡大学东方系任教，如贵荣、苏钟、高英齐、邵恒巽、蒯法、孟僖绍、陈先生等(均为音译)。这些中国教师进一步增强了俄国的中国学教学和研究实力，提升了圣彼得堡大学东方系的教学质量。①

不但如此，俄国东正教驻北京布道团与俄国来华留学生，对于俄罗斯文馆而言同样具有深远影响和重大意义，不仅为其提供了一定数量的教师，在教材等方面也颇有贡献，这些均在俄罗斯文馆的发展进程中起到了重要的推动作用。

## 二、俄罗斯文馆的建立与发展

中俄《尼布楚条约》签订后，随着双边贸易往来逐步兴旺，中国与俄罗斯之间的各种官方文书日渐增加。由于双方都缺少通晓对方语言文字的专门人才，因此这些文书中夹杂了满文、拉丁文、蒙文以及斯拉夫文，②翻译费时费力，容易产生歧义或误会。而阿尔巴津人大多文化水平不高，文理文法知之甚少，只能从事相对比较简单的口译任务，在翻译重要外交文件时往往束手无策。有鉴于此，康熙皇帝决意创办“俄罗斯学”培养俄语翻译，便于1708年下令开设俄罗斯文馆。直到1862年(同治元年)并入京师同文馆，俄罗斯文馆经历了长达154年的历史。在此绵长的发展过程中，它的组织运作、人事制度、教学活动等都随历史变迁而发生一定变化，这些变化不仅可以作为俄罗斯文馆发展阶段的划分标志，③更体现出俄罗斯文馆在中俄关系方面发挥的作用。

### (一) 俄罗斯文馆的初创

对于俄罗斯文馆的建立时间，学术界存在不同看法。顾树森在《中国历代教育制度》中写道：“至乾隆六年(公元1741年)，又在理藩院(兼司外务部执掌)下，

① 中国社会科学院文献情报中心编：《俄苏中国学手册》(上册)，中国社会科学出版社1986年版，第107页。

② 王之相、刘泽荣编译：《故宫俄文史料　清康乾间俄国来文原档》，国立北平故宫博物院1936年版，第1页。

③ 有关研究者以相关制度的变革为俄罗斯文馆开办历程的分界标准，以1708年(康熙四十七年)至1756年(乾隆二十一年)为第一期，1757年(乾隆二十二年)至1823年(道光三年)为第二期，1824年(道光四年)至1862年(同治元年)为第三期(参见王智仁：《清代内阁俄罗斯文馆之研究》，台湾淡江大学俄罗斯研究所2000年硕士毕业(学位)论文)。

建立俄罗斯学堂，聘请驻京俄人教授汉、满贵族子弟学习俄文，国子监又于满、汉助教内简选二人，专章教事。"[①]蔡鸿生在《俄罗斯馆编年事辑》中记载："1757 年（乾隆二十二年），清廷创办内阁俄罗斯学。供八旗学生专习俄罗斯文字。聘俄罗斯习满文人员协同教授。"[②]此外，俄国学者阿多拉茨基认为是 1758 年。前苏联的沃尔科娃称，苏联科学院亚洲民族研究所（今俄罗斯科学院东方写本研究所）保存的《俄罗斯翻译捷要全书》手稿上载，该馆创建于 1705 年。[③] 根据北京故宫博物院收藏的清内阁大库满文档案《康熙四十七年三月，设立俄罗斯学之上谕奏事档》的记载及学界的相关研究成果，可以确定俄罗斯文馆建立于 1708 年（康熙四十七年）。[④]

就其职能而言，俄罗斯文馆较之于国子监俄罗斯学，虽然名称相似，但俄罗斯文馆的职能定位在为清政府培养具有一定水平的俄语人才，以满足对俄交往中的翻译需要。据《朔方备乘》载："俄罗斯学有二，名虽同而执掌不同。国子监之俄罗斯学为俄罗斯来京读书子弟而设，所以柔远人也；内阁理藩院之俄罗斯学为八旗习俄罗斯字学生而设，所以通象译也。"[⑤]

俄罗斯文馆自 1708 年（康熙四十七年）创立，初称"俄罗斯学"，由内阁典籍厅管理，1716 年（康熙五十五年）划归内阁直接管辖，更名"内阁俄罗斯文馆"，这一时期大体上可以视为俄罗斯文馆的初创时期。在此期间，俄罗斯文馆经历了从无到有，从仓促上马到逐渐摸索的过程，行政级别也有提高，这就为其后续发展奠定了基础。

俄罗斯文馆从动议到建立，其间经历一定过程，兹综合相关资料[⑥]概述如次：

康熙四十七年（1708）三月初八，康熙皇帝在南苑召见大学士马齐，令其"询问

---

① 顾树森著：《中国历代教育制度》，江苏教育出版社 1981 年版，第 203 页。

② 蔡鸿生著：《俄罗斯馆纪事》，中华书局 2006 年版，第 228 页。

③ 详见肖玉秋：《清季俄罗斯文馆延聘俄人教习研究》，《史学月刊》2008 年第 12 期，第 81 页注释①。

④ 这份满文档案是由满文专家张玉全先生在故宫博物院整理内阁大库满文档案时发现的，原档案共 50 多页，时间跨度为康熙四十七年至五十六年，存于《满文俄罗斯档》中。张玉全先生将该档案题名汉译为"康熙四十七年三月，设立俄罗斯学之上谕奏事档"，并据此撰写了《俄罗斯馆始末记》，不仅对档案内容进行翻译，而且著有按语。这一研究成果意义重大，有学者给予高度评价："如果没有张玉全先生当初在浩瀚的清廷库藏里发现这一并不十分起眼的档册，并将它翻译成汉语，后来又及时通过文章将档案的内容详尽介绍给公众，很可能我们直至今天还在对俄罗斯文馆的创设年代争论不休，对俄罗斯文馆的早期发展更是不甚了了。"（详见许高渝：《张玉全及其〈俄罗斯馆始末记〉》，《俄语语言文学研究》2009 年第 2 期）

⑤ ［清］何秋涛：《朔方备乘》卷十三《俄罗斯学考叙》，《续修四库全书·史部·地理类》，上海古籍出版社 1995 年版。

⑥ 张玉全：《俄罗斯馆始末记》，故宫博物院：《文献专刊（故宫博物院十九周年纪念）》，和记印书馆 1944 年版，第 49～61 页。

蒙古旗内有愿习俄罗斯文者,具奏钦此”。马齐此时身为宰辅,专司与俄国交涉,同时接替罗多琫管理俄罗斯佐领。三月初九日,马齐将此事交付侍读学士鄂奇尔诺木奇岱办理。鄂奇尔诺木奇岱于第二天回报马齐,称已征得愿学者七人,并呈上名单供马齐审阅。三月十二日,马齐将此情况向康熙皇帝奏明。康熙帝认为人数“甚少”,命令马齐将选拔的范围扩大,“再于八旗蒙古、汉军内”征集。三月十三日,马齐委派内阁典籍厅行文吏部负责调查与征集的工作。三月二十一日,马齐携带吏部文选司上报内阁典籍厅的“愿习俄罗斯文语之监生、闲散子弟等六十八名”名册,前往西郊畅春园向康熙皇帝面奏,康熙下令“均令习之”。“俄罗斯学”的首批学员就此确定。

从康熙帝发出指示到选定学生,先后历时不足半月,这足以证明其时清廷对于开办“俄罗斯学”的重视。学生选定后,康熙皇帝又命令马齐即刻开始选择教师和校址。马齐派鄂奇尔诺木奇岱与俄国商团商务委员胡佳科夫进行会商,决定由胡佳科夫选择俄国商队“所来人位中有善于俄文者请派一名教之”。最终,俄国商队派出了一位名叫瓦西里的商队成员充任教师,他既是俄罗斯文馆开办史上第一位俄文教习,也是第一个俄籍教师,教学地点设在俄国商队居住的俄罗斯馆(东江米巷会同馆),于馆内“支搭席棚,开始教读”。这样,中国历史上第一所俄语学校在康熙四十七年三月二十四日正式开课,此时距康熙皇帝的提议仅隔十六天。马齐又“因学生众多,恐于馆内乱行出入”,耽误正常学习,因此派遣蒙古房中书常度负责学校的日常管理。

康熙四十七年四月二十一日,俄国商队离京回国,瓦西里因此辞去教师一职。其担任教职仅两个月,中国学员只来得及学完语音,如果没有教师接替任课,学校只能中途停办。为解决师资问题,马齐于七月初六向康熙皇帝上奏,建议从镶黄旗满洲俄罗斯佐领中遴选“善于俄文者,派为教授”,康熙准奏。马齐一方面在俄罗斯佐领中选择教师,另一方面鉴于在俄罗斯馆办学不甚适宜,又令蒙古房侍读学士“寻觅空房或寺庙,安置学馆,以便学习”。七月十二日,俄罗斯佐领的库兹玛①和伊凡②被选作教师,学校也迁至左翼马市西北大佛寺内的三间房屋。从七月十八日开始,一切准备就绪,“即行开始教读”。学校迁移后仍由中书常度监管。常度曾于九月二十四日提出,因自身不懂俄语,对于学校教学无甚帮助,希望能够返回府衙工作。马齐告知常度:“派汝非为通晓俄文俄语,特恐罗刹等欺凌学生,不勤于教授,学生轻视罗刹,怠于学习,故令汝监视。嗣后一切应禀应行事件,禀

① 又作库西玛、库石麻、库锡玛。

② 又作伊番。

呈办理。所呈所交之处,均行记档。"至此,学校基本步入正轨。

随着俄罗斯文馆办学活动的深入开展,对教师和学生的要求也愈发严格,一些教师和学生开始不适应文馆的要求。康熙五十年(1711 年)三月二十八日,库兹玛、伊凡和随后应选任教的雅科夫①提出,他们均系生长在中国的混血儿,教了近三年后已有力不从心之感,希望清政府能够"选择善于俄文俄语者二三名送京",共同参与翻译、教学工作。因此,清政府聘用了俄国降人尼堪,以及第一届俄国东正教驻北京布道团的修士司祭拉夫连季担任俄罗斯文馆的教师,加强教学力量。此外,教堂辅助人员约阿萨夫"也在蒙古衙门设立的俄语学校里教课"。② 而在学生方面,最初的 68 名学生中"能学者三十余名,不能者三十余名"。经过考试筛选后仅留下 27 人。自后俄罗斯文馆的学生数量保持在 25 至 27 人间,另有少量候补学生,以备补缺。

教师与学生群体的稳定,保证了俄罗斯文馆日常运作与教学活动的正常开展。为使教师和学生安心于学务,清政府在后勤保障和学生就业等方面提供相当优厚的政策性支持。至 1716 年(康熙五十五年),俄罗斯文馆由隶属于内阁典籍厅转而划归内阁直接管辖,更名为"内阁俄罗斯文馆",办学地点也从左翼马市西北大佛寺迁至东华门外北长街。

从俄罗斯文馆创立到更名的这段时间来看,在康熙皇帝的积极支持下,这所俄语学校的教师选聘、学生选择、校址确定以及管理制度、后勤保障等方面都在有条不紊中逐步完善。当然,建立学校与政务管理有着本质区别,要对教育规律予以遵循。因此,尽管有政府力量作为支撑,但俄罗斯文馆的教学管理依然需要不断摸索才能逐渐理顺。

### (二) 俄罗斯文馆的后续发展

自更名"内阁俄罗斯文馆"起,俄罗斯文馆不仅拥有固定的校址,而且师资、学生队伍也相对稳定,办学活动得以正常有序开展,但该馆在培养人才方面的发展有些迟缓,一段时间内还无法满足清政府对俄外交的需要。

1724 年(雍正二年),黑龙江将军陈泰向清廷呈送两份俄罗斯文书,称其为钦察汗(沙皇)之奏书。库兹玛等人翻译后发现,这两份文书实际来自尼布楚城。雍正皇帝审阅了奏书译文后认为:"黑龙江一带毗连俄界,不可缺少俄罗斯文通事,

---

① 又作雅稿、雅槁、雅果、雅郭布。

② 王希隆:《清代中俄文化交流述论》,《兰州大学学报(社会科学版)》1997 年第 12 期。

拟将京城两名俄罗斯文通事派往黑龙江,似于该地翻译俄罗斯来文为好。”[①]由此可见,雍正对黑龙江地区的俄语翻译水平并不满意,打算加强该地的翻译力量,然而这种意图并未达成。散秩大臣兼都统拉锡及隆科多启奏:“现能译俄罗斯文书者,仅有旧俄罗斯罗刹牛录之雅稿、库西玛,此外无人。此二人中,若派一人前往黑龙江,则另一人便不能翻译,致使两地均误。京城备有通译俄罗斯文书者,甚为要紧,且伊等本系俄罗斯人,若住边界地方,其与往来之俄罗斯人本为同族,或有掣肘通信之处,亦难逆料。”[②]拉锡与隆科多不建议派遣的原因有两条:一是高水平的俄语翻译人员数量不足,无法支援黑龙江地区;二是担心派遣出去的翻译可能因为同族的关系泄露国家机密。从前一条可见,从俄罗斯文馆更名到雍正二年,其间已经过了近 9 年时间,但能翻译俄罗斯文书的仍然只是俄罗斯文馆的教师,此外别无他人,这就表明该馆的教学尚无成效显现。因此,雍正皇帝只能放弃派遣俄罗斯文通事赴黑龙江的想法,并表示“教习俄罗斯语文实为紧要,当多招收学生,教习俄罗斯文,俟二、三年后,即行考核。学习优异者,应予勉励适用;其学业低劣者,或开除,或惩处。如此方能激励上进,学之有成。”[③]雍正皇帝关于加强俄语教育的观点,说明俄罗斯文馆的教学效果差强人意,尚不能为国家对俄外交提供应有帮助。1725 年,雍正帝下令对俄罗斯文馆的各项状况进行检查,经筛选后共留下 24 名学生,这在一定程度上有助于提高学生的质量。

俄罗斯文馆初期教学效果不理想,主要原因在于教师水平较低。针对这种情况,曾有官员提出解决方案。雍正十三年(1735)十二月十七日,镶蓝蒙古旗副都统多尔济奏议提出:“圣祖仁皇帝先知,特设俄罗斯文学校,赏教习人以官,予以嘉励,实为柔远之至意。教习俄罗斯文之二员,虽系俄罗斯血统,但生于京城,原对俄罗斯语文不甚精通,今惟余一员。学生内因无重视学习者,翻译不能无遗谬,甚涉异国之事。奴才愚思,俄罗斯同我国既然和好,由俄罗斯学校少年内,拣选学习略懂者四名,与今来之俄罗斯使臣同遣,勤习伊等语文三年而回。如此,翻译由俄罗斯国来文,不致遗谬。”[④]多尔济提出派遣学生赴俄留学的建议确实是学习外语的最佳方法,但受当时历史条件所限,这份奏议未能实行,清政府最终还是选择聘

① 中国第一历史档案馆编:《清代中俄关系档案史料选编》第 1 编(下册),中华书局 1981 年版,第 417 页。

② 中国第一历史档案馆编:《清代中俄关系档案史料选编》第 1 编(下册),中华书局 1981 年版,第 417 页。

③ 中国第一历史档案馆编:《清代中俄关系档案史料选编》第 1 编(下册),中华书局 1981 年版,第 417 页。

④ 中国第一历史档案馆译编:《雍正朝满文朱批奏折全译》(下册),黄山书社 1998 年版,第 2492 页。

请俄籍教师来解决问题。随着1728年《中俄恰克图条约》的签订,俄国东正教驻北京布道团和随团学生以十年一轮换的形式开始常驻北京,这就为俄罗斯文馆聘请俄籍教师创造了便利条件。从第一届布道团的修士司祭拉夫连季开始,先后有2名东正教驻北京布道团的神职人员和3名随团学生加入俄罗斯文馆的教师队伍。其中罗索欣、弗拉德金和列昂节夫这3名随团学生的水平更高,对教学教材方面投入的心力也更多,尤其是他们完成了《俄罗斯翻译捷要全书》的编译工作,使中国拥有第一本俄语教材。此后,"由于俄罗斯文馆的教学水平不断提高,中国教习已经可以独立胜任教学工作。因此,这种聘任制度于1764年就停止了。"①

俄罗斯文馆的发展还体现在规章制度的建立和健全。1757年(乾隆二十二年),大学士傅恒奏请为俄罗斯文馆设立章程,以规范管理、加强教学。关于俄罗斯文馆管理制度的具体内容,据《乾隆实录》载:"学习俄罗斯文字,原为翻译往来文移之用。康熙年间立学,设教习二人,将俄罗斯佐领下库锡玛、雅槁挑取。学生额二十四名,由八旗学生挑取,后因俄罗斯佐领下,无堪充教习之人,即以官学生暂行管理。应请立定章程,五年一考,列一等者作八品,二等者作九品,教习缺出即以考授八品官学生奏请充补,候升主事。以学生优劣,定教习黜陟,归内阁、理藩院管理。"②《朔方备乘》:"内阁俄罗斯学亦谓之俄罗斯馆。会典内阁云,俄罗斯馆专司翻译俄罗斯文字,选八旗官学生二十四人入馆肄业。五年后考试一次,一等授八品官,二等授九品官,三等不授官皆留学。八品官再考,列一等授七品官。九品官再考,列一等授八品官。其不及原考第者,各照现考第分别降级留学。七品官又考列一等,以主事即补。额设助教二人,于教习内奏补。教习即于考得职品各员内委派。以蒙古侍读学士或侍读一人充提调官,专司稽察课程。再由理藩院派委郎中或员外郎一人,兼辖此官制也。"③从上述规定可以看出,由傅恒奏议并颁布的章程在设立目的、主管机构、教师与学生的编制以及考试升迁等方面都作了详细规定,这些规定不仅规范了俄罗斯文馆的组织运作与教学活动,而且有助于提高教育教学质量。该章程其后一直被沿用,具体内容除在1803年(嘉庆八年)有所修订外,基本保持原有整体框架。

管理制度的颁布对提高俄罗斯文馆教学质量有明显帮助,文馆毕业生不仅能够承担翻译中俄往来文书的任务,而且有部分毕业生担任俄罗斯文馆的教师。此

① 臧颖:《中国俄文教育的开端与经验教训》,《黑龙江教育学院学报》2004年第4期。

② 《大清高宗纯(乾隆)皇帝实录》,台北华文书局1969年版,第7834页。

③ [清]何秋涛:《朔方备乘》卷十三《俄罗斯学考》,《续修四库全书·史部·地理类》,上海古籍出版社1995年版。

外，这些毕业生还满足了边疆地区对俄交涉的需要。1792年（乾隆五十七年），伊犁将军保宁奏请设立“伊犁俄罗斯学”，提出从俄罗斯文馆择优选派教师前往伊犁任教的请求。① 虽然此时俄罗斯文馆的学生质量已呈现下降趋势，执教能力难堪大用，但清廷仍据保宁申请予以派遣，从而为伊犁建立“俄罗斯学”提供了必要帮助。

至18世纪末期，随着“康乾盛世”的终结，清政府开始走向衰退。政治、经济方面日趋颓废，俄罗斯文馆也渐呈衰败之势，其教育功能不断下降，八旗子弟坐领粮饷，俄语能力已是无从谈起。1805年（嘉庆十年）发生在库伦地区的一次外交事件可以印证当时俄罗斯文馆学生的水平：“是年，俄国有一使团来到中国，当时库伦办事大臣蕴端多尔济让人从俄罗斯文馆找来俄文翻译，没想到在首次面见时，才发现俄罗斯文馆的译者一个俄文单字也听不懂，隔日，该译者随即被遣回北京。”②在俄罗斯文馆学习经年，却一个俄文单字也听不懂，这种情况无疑证明此时俄罗斯文馆的学生质量着实很差。这种情况在1824年（道光四年）有关俄罗斯文馆的记载中有着同样反映：“迨乾隆二十九年以后未经过俄罗斯人教授，即用本学出身之员，将所学俄罗斯文讲习记诵。迄今数十余年，为日已久，仅能以满文章法翻写俄罗斯字话。近日俄罗斯来文与本学抄记旧话日渐支离，遇有承翻事件，查照档案翻写间有疑问无从询问。”③由此可见，俄罗斯文馆的教学由于在教师和所使用教材方面出现较大问题，从而导致学生所学知识与实际应用之间存在相当距离，培养高质量俄语人才也就仅有其名而无其实。为改变现状，大臣托津提出：“请照旧历成案，仍于驻京学习满文之俄罗斯馆内挑选一名协同教授……俾学者得所传习。”这样，聘请俄国教习的制度在时隔多年后再度恢复，俄罗斯文馆里又出现了俄籍教师的身影。传教士韦尼阿明·莫拉切维奇（汉名魏若明）和俄国留华学生阿法纳西·波波夫（汉名柏林）先后到馆“协同教授”。④

除教学活动存在问题导致俄罗斯文馆教育质量下降，管理制度变化也有一定影响。1839年（道光十九年），清政府对俄罗斯文馆的学生选拔制度和内部升迁制度进行调整，学生入学方式从选拔改为考试，内部升迁的途径更为狭窄：“经吏部奏准，学生由七品官授为主事，遇缺班次过优，改为到部学习三年期满，与各项候

---

① [清]松筠修：《钦定新疆识略》（二），台北文海出版社1965年版，第639页。

② George · Timkowski, Travels of the Russian Mission through Mongolia to China and Residence in Peking in the Yeas 1820—1821, vol. 1. p.370. 转引自王智仁：《清代内阁俄罗斯文馆之研究》，台湾淡江大学俄罗斯研究所2000年硕士毕业（学位）论文，正文第55页。

③ 中央研究院历史语言研究所：《明清史料（庚编）》第八本，中华书局1987年版，第776页。

④ 臧颖：《中国俄文教育的开端与经验教训》，《黑龙江教育学院学报》2004年第4期。

补主事统较行走日期,以次挨补。”[①]当获取光明前途的可能性减少,学生学习俄语的积极性自然就会减弱,也就必然导致俄罗斯文馆的教学质量降低。

尽管俄籍教师的加入使得俄罗斯文馆的教学恢复了一丝生气,但只能起到止痛剂的作用,不能从根本上挽救俄罗斯文馆的命运。1862 年,总理各国事务衙门为建立京师同文馆,曾对俄罗斯文馆全体师生进行测试,除教习国世春因粗通俄语被留用外,其他人员一并裁撤,具有长达 154 年办学历史的俄罗斯文馆就此终结。

## 三、俄罗斯文馆的组织运作与教学活动

对于一所学校而言,维持其存在和发展的前提是组织运作和教学活动的正常有序。俄罗斯文馆作为中国第一所俄语学校,在组织运作和教学活动方面富有历史特色,为以后的外语学校提供了可资借鉴的经验与教训。

### (一)组织架构与日常运作

俄罗斯文馆的组织设置,基本依据初创时期确定的框架以及其后制定并几经修改的规章制度。至发展成熟时期,文馆内部人员包括提调 2 名,学生 24 名。从整体上看,组织架构可分为管理人员、教师及学生。管理人员方面,“俄罗斯文馆提调由内阁侍读学士、理藩院郎中员外郎内拣选,专司学馆一切事务”。[②] 教师由助教、教习和副教习组成,其职阶相应有所区分,助教一般为八品,教习为七至九品,副教习多为九品,教习和副教习均是在五年考试中取得优异成绩而获得晋升的学生。学生一般包括未经五年考试的新入馆学生,以及经过五年大考但未及原考第而降级留学的学生。

上述人员各司其职,各尽其能。提调负责俄罗斯文馆的教务、行政等方面的总体管理工作,保障文馆各项工作的正常运行,其任职年限并无明确规定,历任提调在位时间长短不一,几个月至几年均有之。教师由于具体职位不同,职责有所区别。一般来说,教习的工作比较单一,只承担教学工作。助教的工作则相对庞杂,其任务有以下几端:一为“翻译俄罗斯事件,教习学生”;二为在五年考试时,考前担任将钦命满文题目译写成俄文考题,考后担任校司阅员;三为中央京察时受检之对象;最后,“在伊犁俄罗斯学五年考试结束,试卷送往军机处时担任磨勘人

---

① [清]宝鋆等修:《筹办夷务始末》(同治朝),台北文海出版社 1966 年版,第 813 页。

② [清]宝鋆等修:《筹办夷务始末》(同治朝),台北文海出版社 1966 年版,第 810 页。

员”。[①] 从助教的工作职责可以看出，除和教师一样负有教习学生的任务外，助教还兼有翻译、出题、评卷等职责，其任务比照教师更为繁杂，责任也更重大。俄籍教师在文馆中只负责“协同教授”，这就决定了俄籍教师的地位和作用都低于助教，与教习基本相当。至于副教习，其职责并不在于教学，主要负责文馆行政工作。助教、教习和副教习均由内阁和理藩院共同委派，都具有升迁可能。例如，1757 年(乾隆二十二年)规定：“额设助教二员，由副教习内拣选，奏请补放。助教教导有方，奏请授为主事，分部遇缺即补，仍在馆行走。”[②]

根据俄罗斯文馆章程规定，学生可通过五年考试取得相应官品，再根据官品获取不同等级的职位，最高可升至主事，即“八品官考取一等者，升授七品官；七品官复考一等者，授为主事”。这项规定到 1839 年(道光十九年)改为：“到部学习三年期满，与各项候补主事统较行走日期，以次挨补。”[③]

俄罗斯文馆的日常运作方面，为使教师和学生安心于教育教学活动，清政府对后勤保障、学生就业等采取保障性措施。文馆在行政归属方面“隶内阁、理藩院管理，由内阁、理藩院派员管理馆务”；学生在馆学习和生活，“每月各支领饭费贰串，在馆食饭用度，仍给与马甲钱粮，帮助读书行走”。[④] 自康熙五十年五月初一起，清政府“按月每人给钱两千”，增加师生一份钱粮。鉴于过去“俄文学生无一正途，不肯勤学”，清政府决定“每人授给一职”，即学员在校期间可获得一项官职，以免除他们对前途的顾虑。[⑤] 而像库兹玛、雅科夫等长期从事教学工作但无官阶职级的教习，经由大学士马齐代为向雍正皇帝申请，都获得升迁。[⑥]

### (二) 教育教学活动

教育教学活动是一所学校最核心的活动内容，包括教师授教、学生研习、教材编写及学业考试管理等因素。为深入了解俄罗斯文馆的教育本质，有必要对俄罗斯文馆的教育教学活动进行分析，并对存在的各种现象和问题进行探究。

#### 1. 教师的遴选

俄罗斯文馆的教师在各个时期来源有所不同。文馆开办初期，俄国商人瓦西

---

① 王智仁：《清代内阁俄罗斯文馆之研究》，台湾淡江大学俄罗斯研究所 2000 年硕士毕业(学位)论文，正文第 63 页。

② [清]宝鋆等修：《筹办夷务始末》(同治朝)，台北文海出版社 1966 年版，第 812 页。

③ [清]宝鋆等修：《筹办夷务始末》(同治朝)，台北文海出版社 1966 年版，第 813 页。

④ 中央研究院历史语言研究所编：《明清史料(庚编)》第八本，中华书局 1987 版，第 760 页。

⑤ 张玉全：《俄罗斯馆始末记》，故宫博物院：《文献专刊(故宫博物院十九周年纪念)》，和记印书馆 1944 年版，第 55 页。

⑥ 中国第一历史档案馆译编：《雍正朝满文朱批全译》(下册)，黄山书社 1998 年版，第 2518 页。

里一度担任教师。瓦西里回国后,俄罗斯佐领库兹玛、伊凡、雅科夫等接任。作为生长在中国的混血儿,库兹玛、伊凡、雅科夫等人的口语虽然流畅,但并不精通语法,只能从事一般公文的翻译。因此,库兹玛等人在任教三年后已感到力不从心,不能完全胜任教学工作。康熙五十年(1711)三月二十八日,库兹玛等主动提出:"库石麻等生于北京,从前俄国来文内有难译之处,均咨询老俄人,现老俄人渐次亡故,俄国事件关系重大,倘再来文,诚恐难解之处不能成译。"[①]为解决这一问题,当时管理俄罗斯文馆的中书常度奏请在盛京、吉林、黑龙江等地寻找和招聘其他俄国降人,以充任文馆教师。十月二十六日,主管此事的大学士温达向康熙皇帝奏禀,称除盛京推荐一名俄人尼堪外,吉林、黑龙江均无此类投降俄人。尼堪虽然口语表达流利自如,但与库兹玛等人一样存在不通文理的问题,准备不予采用。康熙皇帝认为,处理此事必须慎重,命令将尼堪留下进行测试,以决定是否任用。在马齐主持下,库兹玛等和俄国商队头目共同对尼堪进行了测验。十二月二十六日,马齐回奏考试结果:"'据库石麻等称,我等生于北京,尼堪系属俘虏,语言当比我强'。同时又据俄商头目喀米萨尔禀称,'言语甚好,因不通文理,故精细之言不佳'。"但为了解决迫在眉睫的师资难题,康熙只得据此决定"尼堪留京",并指令改变其俘虏身份,编入镶黄旗俄罗斯佐领。[②]

虽然俄国降人及其后裔的加入暂时解决了俄罗斯文馆的师资问题,但这些人文化水平不高,仅擅长俄语口语,缺乏了解和掌握文理、语言等精细环节,这就导致他们只能在俄罗斯文馆开办初期发挥一定作用,而后无法为进一步提高俄罗斯文馆办学质量提供帮助。因此,聘请俄籍教师就成了办好文馆的首要选择。于是其时两类群体成为俄罗斯文馆俄籍教师的主要来源:一是随俄国东正教驻京布道团来华的留学生,一是布道团的神职人员。在随团留学生中,以罗索欣、弗拉德金和列昂节夫的作用最为突出。现对这些俄籍教师稍作了解,以见其时文馆教师素质一斑。

罗索欣作为第二届布道团的随班学生,于1729年与其他两名同学赴京学习满汉语言。到京后,他以优异天资、勤奋努力以及蒙古语基础,很快掌握了满语和汉语,并完成几部手稿。其出色表现引起了清政府官员的注意,于1735年被聘为理藩院通译,1738年又被聘为俄罗斯文馆教师。罗索欣不仅承担教学任务,对教

---

① 张玉全:《俄罗斯馆始末记》,故宫博物院:《文献专刊(故宫博物院十九周年纪念)》,和记印书馆1944年版,第52~53页。

② 张玉全:《俄罗斯馆始末记》,故宫博物院:《文献专刊(故宫博物院十九周年纪念)》,和记印书馆1944年版,第56~57页。

材也有卓越贡献。他与俄罗斯文馆学生、满人富勒赫(Fulohe)合作,将斯莫特利茨基的《俄语语法》编译成满语,称为《俄罗斯翻译捷要全书》,这是中国第一部俄语文法教科书。[①] 罗索欣不仅是18世纪俄国来华留学生当中的第一个学有所成者,更因其在中国学翻译和满汉语教学活动中的杰出贡献,而被誉为俄国中国学第一人。在其离京后,清政府选择了1732年来华的第二届布道团随班学生弗拉德金接替其位置,此人比较值得一提的贡献是曾参与《俄罗斯翻译捷要全书》的编译工作。需要指出的是,弗拉德金曾经伙同另一名学生伊万·贝科夫窃取过有关中国的相当重要的秘密情报,并提供给俄国商领队列勃拉托夫斯基。[②] 在弗拉德金与贝科夫于1746年随商团离京后,列昂节夫受清政府所聘,继任理藩院通译和俄罗斯文馆教师职务,并与富勒赫合作完成了《俄罗斯翻译捷要全书》最后3本正文的编译工作。列昂节夫在俄国人对中国的认识过程中发挥了十分重要作用,先后发表译著20余种,尤其在儒家典籍翻译领域具有开创性贡献。

1755年列昂节夫离开中国后,俄罗斯文馆开始停止聘用俄籍教师,并从1764年起逐渐启用文馆毕业生从事翻译与教学工作,其中比较著名的是员承宁:“乾隆五十六年三月二十日奉旨,新授直隶知州员承宁熟悉俄罗斯文字,向来遇有俄罗斯文件俱能逐一悉心妥译,今将员承宁留京,遇有此等事件尚属得力之员。员承宁著开其所补知州员缺仍留京以员外郎补用,但念伊家计维艰,行走未免拮据,著加恩交部,遇有各库员外郎缺或钱局监督员缺,即将员承宁奏请坐补,员承宁嗣后益当感激朕恩,于一切差使倍加奋勉,所有俄罗斯学生务须悉心训课,钦此,于本月二十一日抄出到部。”[③]由此可见,员承宁的俄语能力备受肯定,因而在官职和待遇上都获得优待,而其职责也很明确,就是对俄罗斯文馆学生“悉心训课”。但像员承宁这样出类拔萃的俄语人才毕竟很少,因此文馆的翻译和教学质量不断下降。就在俄罗斯文馆主要任用中国人从事翻译、教学的这段时间内,并非没有俄籍教师加入。1764年,一名俄国降人由于向清政府提供情报而被聘为文馆教师。据第5届俄国传教士团教堂差役齐明讲:“1764年一名叫彼得·卡尔曼的逃人被从恰克图解送至北京。他曾经是托博尔斯克商人弗拉基麦罗夫的养子,1771年被

---

① 罗索欣与富勒赫完成了《俄罗斯翻译捷要全书》前10本正文的翻译工作(详见[法]伯希和撰,冯承钧译:《俄国收藏之若干汉籍写本》,《图书季刊》1946年第1～2期)。

② 此事详见[俄]卡缅斯基编著:《俄中两国外交文献汇编(1619—1792)》,商务印书馆1982年版,第285页,注释①。

③ 中央研究院历史语言研究所:《明清档案》No. 095723。转引自王智仁:《清代内阁俄罗斯文馆之研究》,台湾淡江大学俄罗斯研究所2000年硕士毕业(学位)论文,正文第77页。

授予八品武官,任副教习之职,为此清廷赐予其妻室和大笔娶妻银两。"①这位卡尔曼究竟任职多长时间,其翻译和教学水平如何,由于缺乏相关资料而无从知晓。但在主要任用俄罗斯文馆毕业生的时期,清政府仍然聘用这位俄籍教师,显然说明中方教师的翻译和教学水平没有完全达到清廷要求,这也为俄罗斯文馆未来继续聘用俄籍教师埋下伏笔。

俄罗斯文馆教学质量的日益下降,使清政府不得不思考对应良方。1824年(道光四年),大学士托津等奏请依据旧例从俄国东正教驻京布道团中聘请教师,协同教授俄罗斯文馆学生,此议获准。从1825年(道光五年)开始,俄罗斯文馆的教师队伍中又出现了俄籍教师的身影,他们是魏若明、佟正笏、巴拉第和固礼。他们都是驻京布道团神职人员,分别为修士大司祭和修士司祭。魏若明是第十届驻京布道团修士司祭和第十一届修士大司祭,从1825年起担任俄罗斯文馆教师,他的执教成绩获得清政府充分肯定。在1830年驻京布道团第十届和第十一届换班之际,大学士托津等启奏:"旋经理藩院挑取现在驻京之俄罗斯魏呢雅明,移送到学协同教授官生,翻译文字。数年以来,该俄罗斯帮同教授,实属用心,所教官生亦渐长进。今魏呢雅明复经该国恳请再留一班,由理藩院奏准在案,臣等请将魏呢雅明仍令在学协同教授,翻译文字,以资熟手。伏思魏呢雅明在学教授官生,颇有微劳,无可鼓励,臣等会同理藩院堂官等,拟将魏呢雅明教授用心之处行知该国,令其自行酌量鼓舞。"②魏若明因此得以继续在文馆任教,前后长达15年,至1841年(道光二十一年)由佟正笏接任。佟正笏是第十一届驻京布道团修士辅祭和第十二届修士大司祭,在任期间他大力促成了中俄官方之间首次大规模赠书活动,其中包括1844年(道光二十四年)清政府赠与俄方八百余册藏文的甘珠尔经和丹珠尔经,以及1845年(道光二十五年)俄国回赠的357号俄文图书。佟正笏还大力推行中国学教育,为俄国培养了众多中国学人才,后于1849年届满回国。接任佟正笏的是巴拉第,他是第十二届驻京布道团修士辅祭和第十三届修士大司祭。巴拉第一方面为沙俄政府侵华活动不遗余力地提供帮助,在中俄《瑷珲条约》和《天津条约》的签订过程中发挥了重要作用,并将搜集到的大量中国内政外交情报汇报给沙皇俄国;另一方面,巴拉第对中国佛学和边疆历史地理颇有研究,成绩斐然,并主持出版俄国第一本汉学连续出版物《俄国驻北京传教士团成员著作集》,被苏联汉学奠基人阿理克视为"俄国汉学三巨头之一"。③ 在巴拉第之后接任

① 肖玉秋:《清季俄罗斯文馆延聘俄人教习研究》,《史学月刊》2008年第12期。

② 中央研究院历史语言研究所编:《明清史料(庚编)》第八本,中华书局1987版,第778页。

③ 肖玉秋:《清季俄罗斯文馆延聘俄人教习研究》,《史学月刊》2008年第12期。

的是固礼，他是第十二届驻京布道团修士辅祭和第十四届修士大司祭，也是俄罗斯文馆最后一位俄籍教师。固礼担任修士大司祭的任期是从1859年（咸丰九年）至1864年（同治三年），于1864年届满回国。其间，除承担俄罗斯文馆翻译和教学工作，他在东正教典籍汉译方面也卓有成绩，还参与了中俄《北京条约》的签订，并获得时任俄国驻华公使伊格那提也夫的称赞。

2. 学生的选择

较之于背景复杂、成分多样的教师队伍，俄罗斯文馆的学生群体就显得相对单一而稳定。作为中国历史上第一批在学校体制下接受正规俄语教育的学生，他们的使命就是争取学有所成，成为精通俄语的翻译人才，为国家的外交事业作出贡献。

俄罗斯文馆的学生由八旗子弟组成，包括满、汉、蒙古等民族。1708年（康熙四十七年）俄罗斯文馆最初创办时，先是征得7名学生，而后增为68名。经过3年学习，清政府通过甄试掌握了这些学员的情况，其中"能学者三十余名，不能者三十余名"，于是根据学生的实际情况分别对待，仅留下其中27名学生继续学习。此次调整后，俄罗斯文馆学员数量基本保持在25至27名间，另有一些候补学员作为预备，一旦遇到正式学员升迁、改途或病故，即抽调候补学员以补足缺额。

对于学生来源、人数、录取方式和待遇等，俄罗斯文馆都有相应规定："在八旗满洲、蒙古、汉军内共挑取学生二十四名，每月各支饭钱贰串，在馆食饭用度，仍给与马甲钱粮，帮助读书行走。"①此类规定的框架在俄罗斯文馆建立之初就已确定，直到1862年俄罗斯文馆宣告结束，除在1839年（道光十九年）经穆彰阿奏请由大学士挑选改为考选外，该馆学生的录取方式基本维持原有规定，整体上没有太大的变化。

3. 教材的使用

根据教材的来源途径，俄罗斯文馆的教材可分为两类：一是俄罗斯文馆的俄籍教师根据俄文原版教材重新编译整理的教学用书；二是俄国于1845年（道光二十五年）回赠的357号俄文图书。

从俄籍教师编译的教科书来看，最重要也是最著名的就是由罗索欣、弗拉德金、列昂节夫以及俄罗斯文馆学生富勒赫等人共同编译的《俄罗斯翻译捷要全书》。《全书》共分为十四册，系以满、汉、俄文写成，分三部分：第一部分'序言'为第一册；第二部分'语法'自第二至第十二册，以及第十四册；第三部分则为'学生

① 中央研究院历史语言研究所编：《明清史料（庚编）》第八本，中华书局1987版，第760页。

须知’，为第十三册。[①] 序言部分主要介绍了俄罗斯文馆的部分历史和俄文字母；语法部分则由在当时俄罗斯比较通行的斯莫特利茨基编写的语法书翻译而来；第三部分介绍了学习俄语需要注意的重点。《俄罗斯翻译捷要全书》的编写前后费时 8 年，其内容详尽科学，而且主要是为满足俄罗斯文馆的教学需要，具有较强针对性，因此对于提升俄罗斯文馆的教学质量和学生的俄语水平具有十分重要的作用。

《俄罗斯翻译捷要全书》为俄罗斯文馆提供了不可或缺的教科书，而 1845 年（道光二十五年）俄国回赠的俄文图书则进一步丰富了俄罗斯文馆的教学用书。据《朔方备乘》卷三十九《俄罗斯进呈书籍记》："道光二十五年，俄罗斯国王表言《丹珠经》乃佛教所重，而本国无之，奏求颁赐，上命发雍和宫藏本八百余册赐之。越数月，其国王因肄业换班学生进京，乃尽缮俄罗斯国所有书籍来献，凡三百五十七号，每号为一帙，装饰甚华，有书有图，惟通体皆俄罗斯字，人不尽识，当事者议发还之。或曰，斯乃以为报也，却之转拂远人之情，则奏请收存理藩院，以俟暇日翻译焉。于是军机处存注档册，例须先译书名，乃得其三百五十七号之数目，好事者争相传录。"[②]

这批俄文图书运抵北京后，最初由理藩院收存，后为方便皇帝查阅，由俄罗斯文馆对图书目录进行了翻译，这也是清政府对该批图书的首批翻译。[③] 经过翻译与整理，俄国回赠的 357 号图书实际共为 281 种，多数是每个编号为一种图书，少数情况下一种图书有几个编号，连同总书目在内，总计约 810 本（幅）。这批俄文图书共分为 21 大类，分别是政令、自然观、宗教观、历史、军政与军史、地理与行记方志、经济与财政、农林业、手工业与工业、植物与动物学、矿物学、医药学、数学与测量学、天文学与气象学、军事、音乐、文字学、语言学、文学、教育、综合、图幅、天文地理仪器及说明书等。这批图书主要反映了 19 世纪前期沙俄广阔的知识领域，而宣传宗教的只有 4 号，共 4 种 4 本。[④]

虽然俄国回赠的俄文图书具有珍贵的学术价值，却没有得到清政府的善加利

① [法]伯希和撰，冯承钧译：《俄国收藏之若干汉籍写本》，《图书季刊》1946 年第 1～2 期；王智仁：《清代内阁俄罗斯文馆之研究》，台湾淡江大学俄罗斯研究所 2000 年硕士毕业（学位）论文，正文第 128 页。

② [清]何秋涛：《朔方备乘》卷三十九《俄罗斯进呈书籍记》，《续修四库全书 · 史部 · 地理类》，上海古籍出版社 1995 年版。

③ 第二次为京师同文馆时期。

④ 羽离子：《俄罗斯首次对清政府赠书始末》，《近代史研究》1991 年第 4 期。赠书目录详见[清]何秋涛：《朔方备乘》卷三十九《俄罗斯进呈书籍记》，《续修四库全书 · 史部 · 地理类》，上海古籍出版社 1995 年版。

用，以致收藏入库后长期无人过问。对于俄罗斯文馆而言，除对图书的目录进行翻译外，似乎也只是根据清廷在外交方面的需要对图书内容进行了小规模翻译。例如在1858年（咸丰八年）咸丰皇帝御批圈出41种，“皆舆地图画之书，进呈乙览”。[①] 由于这批俄文图书长期存放于理藩院，因此俄罗斯文馆的师生有可能对其加以研究、学习。尽管俄罗斯文馆没有获得机会对这些俄文图书予以充分利用，但它们仍有助于拓宽文馆师生的眼界，加深对俄罗斯的了解与认识，并进一步提高俄罗斯文馆学生的俄语水平。

4. 考试的实施

作为专门培养俄语人才的学校，俄罗斯文馆考试制度十分严格，主要分为平常考试和升等考试。平常考试又分为月课、季考和岁试，升等考试则为五年一次。

据《筹办夷务始末》载：“俄罗斯文馆有月课、季考、岁试三项。月课则每月初一日，由该教习拟定文条，散给诸生翻译誊卷，该教习分别等第，注册备查。季考则于二月、五月、八月、十一月之初一日举行，出题等第均如月课，惟试卷则呈堂裁定，始行注册，是月停止月课。至岁试则于每年十月初十日前堂定日期面试，考列一等者，赏给笔墨纸张以示奖励，是月月课、季考均行停止。”[②]这种阶段性的考核方式能够及时检查文馆的教学效果，督促学生为顺利通过升等考试而努力学习，并且还以奖励的方式调动学生的积极性。

五年一次的升等考试对于俄罗斯文馆学生来说最为重要，因为这种考试直接决定学生的仕途命运。从1795年（乾隆六十年）至1849年（道光二十九年），俄罗斯文馆总共举行升等考试共11次。[③] 清政府依据升等考试成绩决定学生的级别与去留。据乾隆年间规定，学生考取一等者授八品官，二等者授九品官，三等者留馆继续学习。此后，清政府为俄罗斯文馆升等考试制定了更加详细的规定：“考取一等者，授为八品，二等者授为九品，三等者交学严加教导。五年再考不入等第者革退，其不及原考第者各照现考第之等第分别降级留学，至已经得授官品，五年复考，八品官又考居一等升授七品；九品官考居一等升授八品；若七品官又考居一等始准授为主事，即行移咨吏部，带领引见，俟奉旨准其分部后，再以应得部分签掣，行走三年期满，即以期满之日作为候补主事，与各项候补主事统较行走日期，以次

① ［清］薛福成：《庸庵全集》第五册。转引自蔡鸿生著：《俄罗斯馆纪事》，中华书局2006年版，第43页。

② ［清］宝鋆等修：《筹办夷务始末》（同治朝），台北文海出版社1966年版，第811页。

③ 王智仁：《清代内阁俄罗斯文馆之研究》，台湾淡江大学俄罗斯研究所2000年硕士毕业（学位）论文，正文第134页。

挨补。"[①]由此可见，俄罗斯文馆的学生既可通过升等考试获得升迁，也会因考试成绩不佳而被留级、降级乃至革退。

俄罗斯文馆借助严格的考试制度，既使学生能够积极认真地投入到俄语学习之中，又令他们有机会通过考试取得官职，这就进一步激发了学生的学习热情与兴趣，并为学成者创造了就业机会。因此，从考试制度可以看出，俄罗斯文馆并非单纯为清政府培养通晓俄语的翻译人员，还兼有培养同俄国政府办理外交、商务官员的目的。[②]

自1708年开创到1862年并入京师同文馆，俄罗斯文馆历时154年，其在中俄教育交流史上占有举足轻重的地位，对中国俄语教育乃至外语教育的发展具有深远的历史意义。其一，作为中国第一所俄语学校，俄罗斯文馆开创了正规化、制度化俄语教育的先河，它的办学体制、规章制度为伊犁俄罗斯学、京师同文馆等外语学校提供了参考范例，为这些学校的发展奠定了一定的教学基础。其二，在俄语人才匮乏的年代，俄罗斯文馆肩负起中俄两国沟通的重任，在中俄政治、经济、文化等方面的交流活动中发挥了不可替代的桥梁作用。其三，俄罗斯文馆为清政府培养了一批俄语翻译人才，他们的真实水平由于缺乏实证已无从查考，我们只能通过现有资料进行推测。北京故宫博物院清内阁大库现存乾隆、嘉庆、道光三朝19本俄文档案，以及道光、咸丰、同治三朝的《筹办夷务始末》和《清季外交史料》所收录的俄国外交文件中译本，这些译文流畅通顺，基本忠实于原件的内容和精神，由此可见译者的翻译水平之高，如果确系俄罗斯文馆学生或毕业生之作，则可充分证明该馆的教学成绩不逊。[③]

需要说明的是，曾获得俄罗斯文馆师资援助的伊犁俄罗斯学也有所发展，不仅招收一定数量的学生，还成为常设学校。据《总统伊犁事宜》载："乾隆五十七年(1792)，蒙将军公奏准，由京调来鄂罗斯教习一员，设立学馆一处，在八旗马、步甲壮丁内，挑取学生十六名，习学鄂罗斯话语字意。内额定，头等学生五名，每名纸笔一钱五分，二等学生五名，每月纸笔银一钱，每月茶水银二两，此项银两每月俱在官布铺，馀平火耗银两内请领。六十年(1795)正月，鄂罗斯学生考列等第，将试卷咨送军机处，核对并无舛错，是以奏明，将鄂罗斯教习撤回。其鄂罗斯学生，俱

① 中国第一历史档案馆：《内阁各房各馆目录》之《内阁俄罗斯馆档》房3620，道光二十九年八月。转引自王智仁：《清代内阁俄罗斯文馆之研究》，台湾淡江大学俄罗斯研究所2000年硕士毕业(学位)论文，正文第140页。

② 付克著：《中国外语教育史》，上海外语教育出版社1986年版，第12页。

③ 张玉全：《俄罗斯馆始末记》，故宫博物院：《文献专刊(故宫博物院十九周年纪念)》，和记印书馆1944年版，第61页；付克著：《中国外语教育史》，上海外语教育出版社1986年版，第13页。

系初学,今立定章程,令伊等常川学习,在于所有学生十数人内,挑选一等者一人,作为教习,暂给委笔贴式①空顶戴,并专派官员管理。学生内如有缺出,如数挑补,五年照前考试一次,将试卷咨送军机处查对,果能教习安协,将教习补放本处,部缺九品笔贴式。若教习疏懈平常,革退空顶,开除教习,重责示众。"②从上述内容可以看出:一方面,伊犁俄罗斯学的管理制度、教学方式、奖惩规定等均深受俄罗斯文馆的影响,带有明显的复刻印迹;另一方面,伊犁俄罗斯学作为新疆历史上最早设立的外语学校,不仅在培养西北地区外交、外语人才方面具有至关重要的奠基作用,而且其教学水平的高低,也能够直接或间接反映出俄罗斯文馆的办学成效。

## 第三节　清末民初的中俄教育交流

经过两次鸦片战争的打击,满清王朝统治在内忧外患不断加剧的情况下逐渐显现土崩瓦解的趋势。面对西方资本主义列强侵略行径逐步升级的态势,为维护自身统治秩序的稳定,清政府选择与外国侵略者相互勾结,将中国推向半殖民地半封建的社会。为便于与列强各国联系沟通,清政府开始发展外语教育,培养外语人才。在洋务派的直接主导下,一批外语学校相继建立,中俄教育交流由此出现了新变化。特别是随着沙俄势力在中国东北、西北边疆地区的进一步渗透,以及俄罗斯移民的不断涌入,使得中俄教育交流的形式日趋多样化。

### 一、"随使游历"与派遣学生留俄

清代末期的中俄教育交流活动,从"随使游历"与派遣留俄学生开始起步,自是中俄教育交流进入新的发展阶段,也由此拉开后来大批中国人赴俄留学的历史序幕。

#### (一)"随使游历"

晚清时期,为了考察西方资本主义列强的国情,加深对世界各国的了解,从而

① 笔贴式:清代官名。掌翻译满、汉章奏文字等事,置于京师各部、院,盛京五部,外省将军、都统、副都统官署。以满族、蒙古族、汉军旗人充任,宗人府则专用宗室。有翻译笔帖式、缮本笔贴式、贴写笔帖式等名目,为满员进身之阶。

② [清]永保:《总统伊犁事宜》,中国社会科学院中国边疆史地研究中心编:《清代新疆稀见史料汇辑》,全国图书馆文献缩微复制中心1990年版,第191页。

为办理外交事务创造有利条件，清政府曾多次派遣官员组团赴国外游历考察，这就直接促成“随使游历”活动的出现。“随使游历是中国近代留学初创阶段出现的一种短期游历的留学方式。一般说来，都是总理各国事务衙门向有关国家派遣使者时，责成他带领京师同文馆的有关学生若干名，与使团同行。学生到国外去，要随时注意考察各国的山川地势、风土民情和社会情况；了解各国的利弊得失；学习训练外交礼仪；实习办理中外交涉；以增加知识，扩充阅历，提高翻译和会话能力。”①由此可见，所谓“随使游历”既可以看作是一种短期访学，也可视为清政府给予京师同文馆学生的实践和实习机会。

“随使游历”前往的国家很多，俄国是其中最主要国度之一。此时的中俄关系已经与清代前期大有不同，俄国在第二次鸦片战争中充当了英法与中国之间的调停者，从中捞取到大量在华利益和特权，沙俄势力得以渗入中国并全面扩张。在这种形势下，清政府不得不改变以往“天朝上国”不肯轻易遣使出访的姿态，开始陆续向俄国派遣使团参观考察。由是，“随使游历”成为中国人留学俄国的最早形式。

第一个赴俄考察团出现于同治年间。1866 年 2 月 20 日(同治五年正月初六)，在《奏请派斌椿等随赫德出国前往泰西游历折》中，主管总理各国事务衙门的恭亲王奕䜣阐明了出国游历考察的必要性：“自各国缔约以来，洋人往来中国，于各省一切情形日臻熟悉。而外国情形中国未能周知，于办理交涉事件，终虞隔膜。臣等久拟奏请派员前往各国，探其利弊，以期稍识端倪，藉资筹计。”因此派员出国游历“令其沿途留心，将该国一切山川山势，风土民情，随时记载，带回中国，以资印证”。② 在折中，奕䜣提出，以往因在礼节等方面存有问题，故派遣使节前往各国一直无法成行，现在可以借助总税务司赫德回国休假之机，“由臣衙门派同文馆学生一二名，随伊前往英国，一览风土人情，似亦甚便”。在奕䜣看来，同文馆学生此前经过一段时间的学习，已粗通外国语言，如能出国学习游历，肯定会增广见闻，对学业大有裨益。不过，这些学生涉世未深，如若派遣出国，必须要有老成持重的长辈带领前去以资照料。“而行抵该国以后，得其指示，亦不致因少不更事，贻笑外邦”。因此，奕䜣推荐现年 63 岁的前任山西襄陵知县斌椿“同该学生与赫德前往”。斌椿之所以获得奕䜣的推荐，一个重要的原因是其与美国外交官卫廉士、京师同文馆总教习丁韪良等“洋儒”时有过从，并读过他们赠送的《地球略说》和《联邦志略》等书，在思想观念上比一般士大夫有所开放。

① 郝世昌、李亚晨著：《留苏教育史稿》，黑龙江教育出版社 2001 年版，第 6 页。

② [清]宝鋆等修：《筹办夷务始末》(同治朝)，台北文海出版社 1966 年版，第 3669～3671 页。

斌椿率领的考察团共有5人，包括被临时授予三品顶戴和总理各国事务衙门副总办官"头衔的斌椿，斌椿之子、内务府笔帖式、六品顶戴广英(叔含)，以及同文馆的3名学生："同文馆英馆八品官、六品顶戴、正黄旗蒙古凤仪(夔九)；英馆八品官、六品顶戴、镶黄旗汉军德明(在初)[①]；法馆学生、七品顶戴、镶黄旗汉军彦慧(智轩)。"[②]该考察团于1866年3月6日(同治五年正月二十日)从北京启程，先后游历了法国、英国、比利时、荷兰、德国、丹麦、瑞典、芬兰、俄国等国家。在俄期间，斌椿一行不仅会晤了俄国总理大臣和各国驻俄公使，参观了沙皇的宫殿和艺术作品，见识了俄军的操练和兵营，还接见、访问了俄国东正教驻京布道团的第十二、十三届随团学生孔气(斯卡奇科夫)、王书生(瓦西里耶夫)。回国后，斌椿撰写了《乘槎笔记》和游历诗，张德彝则写就了《航海述奇》。他们在自己的著作中详细记述了对西方文明在器物和制度等方面所留下的深刻印象，其中不乏对俄国国富兵强的记述。

斌椿考察团对俄国的访问具有重要历史意义。对此，俄国总理外交大臣在与考察团会晤时有言："中华与俄国原系邻邦，况又通商二百余年，然中土曾无一人辱临敝国。今贵国大皇帝简派诸君来此，则我两国之友谊更当敦笃矣。"斌椿在致辞中对此回应道："中国自古臣民，鲜有至外邦者。今大清国与欧罗巴各国互换和约，各国既有公使商民驻华，是以我国大皇帝命我等游历诸国，察访风俗，以通和好。我等既开其先，他日源源而来者，不难频临贵地矣。"[③]不仅如此，考察团出访俄国也加深了中国对俄罗斯的了解，这就为清政府向俄罗斯派遣留学生创造了有利条件。

继斌椿考察团之后，清政府于1868年1月5日(同治六年十二月二十一日)又派遣一个使团前往日本、美国、英国、法国、德国、俄国、比利时、意大利和西班牙等国，"办理中外交涉事务"[④]。这个出访的使团组成颇显滑稽，清政府竟然赏赐原美国驻华公使蒲安臣一品顶戴花翎，任命其为办理中外交涉事务大臣，充任该使团的首席使臣。此次随团出访成员中亦有京师同文馆英、法、俄馆的学生6名："英文馆八品官正黄旗蒙古凤仪(夔九)；英文馆八品官镶黄旗汉军张德彝(在初)；俄文馆八品官正蓝旗驻军塔克什讷(木庵)；俄文馆八品官镶蓝旗汉军桂荣(冬卿)；法文馆九品官正蓝旗蒙古廷俊(辅臣)；法文馆九品官镶白旗汉军联芳(春卿)。"[⑤]

---

① 德明(在初)，即张德彝。

② 张德彝著:《航海述奇》，湖南人民出版社1981年版，第1页。

③ 张德彝著:《航海述奇》，湖南人民出版社1981年版，第108页。

④ 张德彝著:《欧美环游记》，湖南人民出版社1981年版，第26页。

⑤ 郝世昌、李亚晨著:《留苏教育史稿》，黑龙江教育出版社2001年版，第10～11页。

斌椿考察团和蒲安臣使团对俄国的出访，使同文馆的随团学生得到了的历练，增长了对俄国的认识，加深了对俄语的熟悉，这就为此后专访俄国的使团打下了良好基础。在蒲安臣使团出访俄国七年之后，由总理各国事务大臣崇厚率领的访俄使团到达了圣彼得堡。

崇厚使团抵达俄国圣彼得堡的时间是 1878 年 12 月 31 日（光绪三年十二月初八），此行目的是受清政府指派与俄国交涉俄方强占伊犁地区一事。使团中有京师同文馆的随团学生 6 人，主要任务是担任翻译及实地学习。他们分别隶属于英、法、俄三馆：二等翻译官、兵部员外郎英文馆的张德彝（在初）和二等翻译官、员外郎衔工部主事法文馆的庆常（蔼堂）；三等翻译官、户部郎中俄文馆的桂荣（冬卿）和三等翻译官、工部员外郎俄文馆的塔克纳什（木庵）；同文馆八品官俄文馆的庚善（吉甫）和九品官俄文馆的觉罗福连（远峰）。这些同文馆学生不仅承担了翻译工作，还与俄国社会进行了广泛的接触。“同文馆的学生出国抵俄后，要在中国驻俄钦差公署当差，襄办馆务，见习翻译和交涉事务，又要进一步钻研俄罗斯语言文字，调查研究驻在国的国情，以期成为合格顶用的翻译和外交人才。”[①]由此可见，随使团出访的学生不仅能够在真实的语言环境中锻炼和培养语言文字能力，而且通过陪同使节、参赞等官员参加各种外事活动，掌握了一定的外交技能，同时还增进了对俄国政治、经济、文化、军事、教育、风俗等方面的深入了解。

“随使游历”开创了中国向俄国派遣学生实地游学的先河，尽管其首要目的是配合外交官员完成出访使命，但也确实负有学习外国语言文字的任务。虽然从严格意义上来说，“随使游历”的同文馆学生不能算作真正的留学生，但他们学习和积累的外语知识、外交技能，都成为后辈留俄学生可资借鉴的宝贵经验财富。

### （二）派遣留俄学生[②]

随着中外交涉日益增多，单靠“随使游历”已无法满足清政府对外语人才的需求。1890 年 3 月 16 日（光绪十六年二月二十六日），詹事府詹事志锐在奏折中谈道：“总理衙门同文馆之设，历有年矣，各省拔尤送到之人为数多矣。而出洋大臣奏带同文馆学生充当翻译者，卒不多见，佥谓学生文字虽精，语言不熟，每有临时传述而洋人茫然不解者。奴才曾经试验，令其与洋人对面交谈，诚有不解之时。推原其故，盖学生专习文字，一旦托之言语，只能按书翻译，多有与土音方言不合

① 郝世昌、李亚晨著：《留苏教育史稿》，黑龙江教育出版社 2001 年版，第 14 页。

② 此处所述留俄教育，只包括晚清时期清中央政府主导的官费、自费留俄生（以黑龙江、湖北等省为主），及民国初期获中央政府批准的少量留俄生。至于该时期的其他留俄生，将在本节“边疆地区的中俄教育交流”一段中论述。

之处，较之专习语言者，应答驳诘，殊于爽利。”[①]志锐认为，由于随使出访的机会太少，导致同文馆学生欠缺口语锻炼，无法同外国人流畅交谈，更谈不上快速准确地完成翻译工作，由是提出应该给予同文馆学生出国学习的机会：“每于轮换出使大臣之时，令其带出四人，仍照学生支给薪水，专习语言，三年之间，断无不能通晓之理。或翻译缺出，即令坐充；或参赞乏人，亦许拟补。量其能而加以鼓励，必有可用之材，较之在外物色翻译，为益不浅。至于支给薪水，则令出使大臣酌量匀拨，少带一二随员，即可匀出此四人薪水，应请不必格外议增经费。如此一变通间，学生皆归有用，翻译不假外求，似于设立同文馆本意尚为符合。”[②]志锐的设想确有合理之处，对具体安排也有周详考虑，因此获得清政府肯定。1896 年 2 月 7 日（光绪二十一年十二月二十四日），总理各国事务衙门呈报《奏派学生出洋片》，拟于英、法、德、俄四使馆各拨学生四名，分往学习语言、文字、算法，以三年为期，责成出使大臣严为稽核。在奏折正文部分，对留学资格、经费与后勤保障以及学生就业等有明确规定：“往来资装肄业之费，由各该出使大臣在出使经费内划给。即在使馆寄寓，以节旅费。如或不堪造就，即行咨回。如三年学有明效，出使大臣加具考语，咨送回京。再由臣等面加考试，果能精进，又不染外洋习气，应如同文馆三年大考之例，奏请奖叙。”[③]在奏折所附《出洋学生经费章程》中，又具体规定每名学生每月的薪水、路费、饭费、零用等开支的数额和出处。这样，在经过了“随使游历”的阶段之后，清政府为提高同文馆学生的外语能力，开始加强派遣同文馆学生留学的力度。如在 1896 年（光绪二十二年），总理各国事务衙门先后派遣两批学生前往俄国：第一批是邵恒浚、桂芳、陈嘉驹、李鸿模，第二批是张庆桐、傅师贤、陈瀚、郝树基。[④]

为提高留学生的质量和数量，光绪皇帝于 1899 年（光绪二十五年）和 1902 年（光绪二十七年）先后两次下旨，要求留学生从专门学习语言文字向其它行业转换，并诏令各省给予留学生一定经费支持。因此，进入 20 世纪后，从中央机构到地方各省纷纷按照清廷的旨意加大派遣留学生的力度。其时，鉴于各省所派出洋学生多以日本为主，而往泰西各国咨送者甚少，故清廷谕令各省督抚，为了“广开

① 中国史学会主编：《洋务运动》（二），上海人民出版社 1961 年版，第 69 页。

② 中国史学会主编：《洋务运动》（二），上海人民出版社 1961 年版，第 69～70 页。

③ 朱有瓛主编：《中国近代学制史料》第 1 辑（上册），华东师范大学出版社 1983 年版，第 51～52 页。

④ 据驻俄公使胡惟德于 1905 年 11 月 8 日（光绪三十一年十月十二日）致商部电文所示，郝树基在俄所学专业为矿务，于 1905 年 10 月学成回国；陈瀚所学专业为铁路，为获得高等文凭自愿继续留俄（详见金土整理：《驻俄公使胡惟德往来电文录》，中国社会科学院近代史研究所近代史资料编辑部编：《近代史资料》（总 92 号），中国社会科学出版社 1997 年版，第 163 页）。

风气","选择明通端正之学生,筹给经费,派往西洋各国"①,于是留俄学生渐渐增多。1903 年(光绪二十九年),署理湖广总督端方即在湖北各学堂中,选派锦铨等 8 人赴德、刘庆云等 10 人赴美的同时,选拔"萧焕烈、夏维松、严式超、刘文彬等四人派往俄国游学"。② 由于这四人系湖北地方政府所派,故其出国留学费用均由湖北官方负责,学费、宿费及生活费每半年汇寄一次,年需支出 6000 卢布,全部由湖北省财政项下拨出,通过国际银行兑换成所在国货币。③ 1904 年(光绪三十年),经总理学务大臣奉旨批准,京师大学堂译学馆亦选派柏山、魏渤两人前往俄国圣彼得堡皇家大学堂学习法政专业。④ 两生在俄每年学费、宿费及生活费共计 3240 卢布,通过汇丰银行转给出使大臣胡惟德。行前发给治装费 150 元,路费 750 元。⑤ 黑龙江将军程德全对派遣留俄学生同样十分重视。1906 年,他在《学生赴俄游学折》(光绪三十二年闰四月二十六日)奏道:"查各省咨送外洋肄业学生,若日若美,若英法德,为数约以万计,独于俄则寥寥无几。亦以内地离俄较远,交际无闻,固不必视为急务。江省界连壤接,密迩周旋,将来两国铁轨大通,界务、商务以及一切交涉事宜,接踵而起。若于彼都政事俗尚不加深究,何以收安内辑外之效?"⑥正是基于为东北边疆培养中俄交涉人才的考虑,1906 年(光绪三十二年)和 1907 年(光绪三十三年),程德全先后派遣王忠相、车席珍、朱绍阳、王佐文、车仁恭、刘雯、朱世昌、唐宝书、李毓华、钟镐等人前往俄国圣彼得堡学习勘探、矿物、理化、法政、商务、军事等专业。此外,1906 年(光绪三十二年)间,有原自费留学的江苏学生魏立功转为官费生,并于 1908 年(光绪三十四年)四月入圣彼得堡商学院学习商务专业。1907 年(光绪三十三年),有吉林官费生、肄业于京师同文馆的李垣入圣彼得堡大学。同年(光绪三十三年)八月,有江苏自费生李宝堂入圣彼得堡铁道学院学习铁路建设专业,后转为邮传部官费生。除这些官费生外,还有为数不少的自费留俄学生。为便于了解清末新政时期官费、自费留俄生的大致情形,

① [清]朱寿朋编、张静庐等校点:《光绪朝东华录》,卷 176,"光绪廿八年九月",中华书局 1958 年版,第 4932 页。

② [清]端方:《奏派学生前赴美、德、俄三国游学折》,《约章成案汇览》"乙篇"卷三十二(下)。

③ 中国第一历史档案馆:端方档(案卷号 27)。转引自张泽宇:《晚清留俄教育述论》,《河北学刊》2004 年第 1 期。

④ 据刘真主编、王焕琛编著《留学教育——中国留学教育史料》(台北"国立"编译馆,1980 年版)第 659 页所示,柏山和魏渤所学专业均为法政。而据《学务处为译学馆学生出洋游学请给护照事致外务部咨呈(附粘单)》(1904 年 4 月 8 日)载,柏山所学专业为铁路学(详见北京大学、中国第一历史档案馆编:《京师大学堂档案选编》,北京大学出版社 2001 年版,第 239 页)。录此备考。

⑤ 中国第一历史档案馆:学部档(案卷号 183、178)。转引自张泽宇:《晚清留俄教育述论》,《河北学刊》2004 年第 1 期。

⑥ [清]程德全著:《程将军(雪楼)守江奏稿》,台北文海出版社 1982 年版,第 1331~1332 页。

现将其中资料较全者列表如下(见“表三”):

**表三:晚清部分官费、自费留俄生情况一览表①**

<table>
<tr><th>姓名</th><th>籍贯</th><th>到俄<br>时间</th><th>何处<br>咨送</th><th>学费</th><th>到学<br>年月</th><th>所在院校</th><th>专业</th><th>毕业时间</th><th>毕业<br>去向</th></tr>
<tr><td>柏　山</td><td>广州驻防<br>镶白旗</td><td>光绪三十年<br>五月</td><td>京师大学<br>堂译学馆</td><td>学部<br>官费</td><td>光绪三十<br>年八月</td><td>森堡大学堂</td><td>法政科</td><td>宣统二年</td><td>回国</td></tr>
<tr><td>魏　渤</td><td>江苏<br>海门厅</td><td>光绪三十年<br>五月</td><td>京师大学<br>堂译学馆</td><td>学部<br>官费</td><td>光绪三十<br>年八月</td><td>森堡大学堂</td><td>法政科</td><td>宣统二年</td><td>回国</td></tr>
<tr><td>萧焕烈</td><td>湖南衡州<br>府清泉县</td><td>光绪二十九<br>年五月</td><td>湖北</td><td>官费</td><td>光绪三十<br>年七月</td><td>森堡大学堂</td><td>法政科</td><td>预计宣统三年</td><td>回国</td></tr>
<tr><td>严式超</td><td>湖北黄州<br>府黄冈县</td><td>光绪二十九<br>年五月</td><td>湖北</td><td>官费</td><td>光绪三十<br>年七月</td><td>森堡大学堂</td><td>法政<br>专科</td><td>拟于宣统元年</td><td>光绪三十三年暑假护送病重同学夏维松回国</td></tr>
<tr><td rowspan="2">魏立功</td><td rowspan="2">江苏<br>海门厅</td><td rowspan="2">光绪三十年<br>四月</td><td colspan="2" rowspan="2">初始为自费,光绪三十二年四月起转为江苏官费</td><td>光绪三十<br>一年八月</td><td>森堡中等<br>实业学堂</td><td>/</td><td rowspan="2">宣统二年</td><td rowspan="2">商务学堂毕业后入军医大学堂</td></tr>
<tr><td>光绪三十<br>四年八月</td><td>森堡商业<br>学堂</td><td>商务<br>普通科</td></tr>
<tr><td>朱世昌</td><td>安徽安庆<br>府桐城县</td><td>光绪三十二<br>年闰四月</td><td>黑龙江</td><td>官费</td><td>光绪三十<br>三年八月</td><td>森堡矿务<br>学堂</td><td>勘苗科</td><td>预计宣统五年</td><td>/</td></tr>
<tr><td>车席珍</td><td>黑龙江省<br>海伦厅</td><td>光绪三十二<br>年闰四月</td><td>黑龙江</td><td>官费</td><td>光绪三十<br>三年八月</td><td>森堡矿务<br>学堂</td><td>矿务<br>专科</td><td>预计宣统五年</td><td>/</td></tr>
<tr><td>唐宝书</td><td>广东<br>香山县</td><td>光绪三十二<br>年闰四月</td><td>黑龙江</td><td>官费</td><td>光绪三十<br>三年八月</td><td>森堡大学堂</td><td>格致科</td><td>预计宣统三年</td><td>回国</td></tr>
<tr><td>车仁恭</td><td>黑龙江省<br>巴彦州</td><td>光绪三十二<br>年闰四月</td><td>黑龙江</td><td>官费</td><td>光绪三十<br>三年八月</td><td>森堡大学堂</td><td>法政科</td><td>预计宣统四年</td><td>/</td></tr>
<tr><td>王佐文</td><td>黑龙江省<br>呼兰府</td><td>光绪三十二<br>年闰四月</td><td>黑龙江</td><td>官费</td><td>光绪三十<br>三年八月</td><td>森堡大学堂</td><td>法政科</td><td>预计宣统四年</td><td>/</td></tr>
</table>

① 本表根据刘真主编、王焕琛编著:《留学教育——中国留学教育史料》,台北“国立”编译馆 1980 年版,第 659～668 页的相关资料整理。

(续表)

| 姓名 | 籍贯 | 到俄时间 | 何处咨送 | 学费 | 到学年月 | 所在院校 | 专业 | 毕业时间 | 毕业去向 |
|---|---|---|---|---|---|---|---|---|---|
| 王忠相 | 黑龙江省海伦厅 | 光绪三十二年闰四月 | 黑龙江 | 官费 | 光绪三十三年八月 | 森堡实业学堂 | 商务法律 | 预计宣统四年 | 回国 |
| 朱绍阳 | 湖北武昌府兴国州 | 光绪三十二年闰四月 | 黑龙江 | 官费 | 光绪三十三年八月 | 森堡商业学堂 | 商务专科 | 预计宣统五年 | / |
| 李毓华 | 吉林省吉林府 | 光绪三十三年六月 | 黑龙江 | 官费 | 光绪三十三年八月 | 森堡大学堂 | 法政科 | 预计宣统四年 | 回国 |
| 刘 雯 | 吉林省吉林府 | 光绪三十二年闰四月 | 黑龙江 | 官费 | 光绪三十四年八月 | 森堡矿务学堂 | 矿务专业 | 预计宣统六年 | 回国 |
| 钟 镐 | 吉林满洲镶黄旗 | 光绪三十三年六月 | 黑龙江 | 官费 | / | 陆军马队学堂 | / | 照章四年毕业 | 回国 |
| 李宝堂 | 江苏上海县 | 宣统元年三月 | | 初始为自费,后转为邮传部官费 | 光绪三十三年八月 | 森堡铁路大学堂 | 铁路专门科 | 预计宣统七年 | 回国 |
| 程世模 | 四川夔州府云阳县 | 光绪三十二年闰四月 | 黑龙江 | 自费 | 光绪三十三年八月 | 森堡实业学堂 | 商务法政科 | 预计宣统四年 | 回国 |
| 牛文炳 | 山西汾州府汾阳县 | 光绪三十三年六月 | 学部 | 自费 | 宣统元年八月 | 森堡大学堂 | 物理专科 | 预计宣统五年 | 回国 |
| 胡世泽 | 浙江归安县 | 光绪二十六年 | / | / | 光绪三十一年 | 森堡中学堂 | 普通科 | 预计宣统四年 | 毕业后入专门大学堂 |
| 乌铭濬 | 镶黄旗蒙古霍隆武佐领 | 光绪三十三年 | / | 自费 | 宣统元年三月 | 森堡商务高等学堂 | 商务专科 | / | / |
| 乌益泰 | 镶黄旗蒙古霍隆武佐领 | 光绪三十三年 | / | 自费 | 宣统元年三月 | 森堡商务高等学堂 | 物理科 | / | / |
| 刘泽荣 | 广东肇庆府高要县 | / | / | 自费 | 光绪三十一年 | 俄南省白通府城中学堂 | 普通科 | 预计宣统三年 | 毕业后入森堡大学堂 |

（续表）

| 姓名 | 籍贯 | 到俄时间 | 何处咨送 | 学费 | 到学年月 | 所在院校 | 专业 | 毕业时间 | 毕业去向 |
|---|---|---|---|---|---|---|---|---|---|
| 陈　瀚 | 江苏江宁府江浦县 | 光绪二十五年十一月 | 总理衙门 | 外务部官费 | 光绪二十八年 | 俄京道路学堂 | 道路工程 | 宣统元年 | 光绪三十一年商部札调，三十二年伊犁将军奏调 |
| 范其光 | 江苏江宁府上元县 | 光绪二十五年五月 | 总理衙门 | 外务部官费 | 光绪二十八年九月 | 俄京道路学堂 | 桥工、铁路、海岸河工、机器电学营造 | 拟于宣统元年 | 光绪三十一年商部札调，三十二年分通艺司行走 |
| 李　垣 | 顺天府大兴县 | 光绪三十三年十二月 | 吉林 | 官费 | 光绪三十四年秋 | 森堡大学堂 | / | 照章四年毕业 | 回吉林省 |
| 毕文彝 | 汉军镶蓝旗春奎佐领 | 光绪三十三年四月 | / | 自费 | / | 俄国普通中学毕业并兼习俄、法文 | | / | 赴比利时留学 |
| 毕文鼎 | 汉军镶蓝旗春奎佐领 | 光绪三十三年四月 | / | 自费 | / | 俄国普通中学毕业并兼习俄、法文 | | / | 赴比利时留学 |
| 关鹤朋 | 广东广州府南海县 | 光绪三十三年十月 | / | 自费 | 光绪三十三年 | / | / | / | / |

上表所列留俄生共计 28 名。此外，尚有部分留俄生因资料不全等原因无法列入表内，现对其情形概述如次：与萧焕烈、严式超同批赴俄的夏维松因病于 1907 年（光绪三十三年）提前回国，刘文彬则未见有详细资料记载，具体情况不明。1903 年（光绪二十九年）8 月后，自费留俄生吴文璐、陈颇、陈渤等先后抵达俄国。① 其中，陈颇于 1904 年（光绪三十年）7 月选择入“俄国户部所设之学堂内”学习商

① 吴文璐、陈颇抵达俄国时，陈渤尚未到达（详见木化整理：《驻俄公使胡惟德函稿》，中国社会科学院近代史研究所近代史资料编辑部编：《近代史资料》（总 95 号），中国社会科学出版社 1998 年版，第 32 页）。

务、实业。[1] 同在1903年(光绪二十九年),伊犁将军马良之子、试用通判广荣从伊犁前往俄国留学。[2] 京师大学堂译学馆俄文科甲级学生陈大岩、陈浦等3人也于是年赴俄就学。[3] 1911年(宣统三年),管学大臣命京师大学堂提调从学堂内选派留俄官费生,最终只有从未学过外语的22岁体操教员刘光谦应征。刘光谦赴俄圣彼得堡留学后,因未将俄文习好,无法入学校听讲,只好申请改派法国。[4]

总体来看,这一时期留俄学生主要体现以下几个特点:一是留学俄国的人数较少,无法与留学美、英、德、法等欧美国家的学生数量相提并论,与其时留日热潮更不可比。据清政府驻欧洲各国留学生监督呈报,1908至1910年间中国留欧学生共计500余人,其中留法学生140余人,留英官费生124人,留德学生77人,留俄学生只有23人。[5] 二是由于缺乏明确的留学资格规定,使留俄学生的选拔缺乏必要的统一量化标准,从而导致中央和地方在派遣留俄学生时容易出现选人不准,甚至是滥竽充数的情形。三是留俄学生中官费生居多,体现出明显的官方主导倾向。四是留俄学生的来源地域相对狭窄,以黑龙江、吉林等东北省份为主。五是留俄学生选择的专业中工科占有相当大比重,这一方面缘于清政府在工业、国防等方面对西方先进科学技术的需要,而当时俄国发展最快的大学是与经济联系最密切的工业技术和农林冶矿等院校,[6]正好与清政府需要的人才相吻合;另一方面也是因为沙俄专制统治使俄国在学科建设上"法政不如工艺,文学不如武备"[7],因此学习工科专业的中国学生相较而言所占比例不小。但受其时废科举后中国社会"官本位"思想的影响,法政类学生在总人数上尚有相当的比例。据1910年留俄学生监督章祖申的报告,其时21名留俄生中,专业分别为法政6名,商务4名,物理3名,矿务2名,铁路、农林、军事、法律各1名、预科2名。[8] 此外,留俄学

---

① 木化整理:《驻俄公使胡惟德函稿》,中国社会科学院近代史研究所近代史资料编辑部编:《近代史资料》(总95号),中国社会科学出版社1998年版,第48～49页。

② 木化整理:《驻俄公使胡惟德函稿》,中国社会科学院近代史研究所近代史资料编辑部编:《近代史资料》(总95号),中国社会科学出版社1998年版,第36页。

③ 蔡璐:《京师译学馆始末》,《文史资料选辑》(第40卷),中国文史出版社1990年版,第198页。参见陈初辑:《京师译学馆校友录》之《五级同学姓名录》,台北文海出版社1978年版。

④ 潘敬:《京师大学堂忆述》,全国政协文史资料委员会编:《文史资料存稿选编:教育》,中国文史出版社2002年版,第765页。

⑤ 刘真主编、王焕琛编著:《留学教育——中国留学教育史料》,台北"国立"编译馆1980年版,第612页、第640页、第683页。

⑥ 孙成木、刘祖熙、李建主编:《俄国通史简编》(下册),人民出版社1986年版,第248页。

⑦ 刘真主编、王焕琛编著:《留学教育——中国留学教育史料》,台北"国立"编译馆1980年版,第654页。

⑧ 章祖申:《留俄学生学务报告》,陈学恂、田正平编:《中国近代教育史资料汇编·留学教育》,上海教育出版社1991年版,第286页。

生并没有像留学欧美、日本等国的中国留学生一样组织学会,原因在于沙俄政府为防止国内出现革命运动,对学生集会、游行、演讲、组织社团等活动予以严格禁止,而且在当时俄国房屋租赁费用极其昂贵的情况下,根本无力承担租借场地等各项支出,中国学生自然也就缺乏组织集会所需资金。因此,尽管留俄监督章祖申多次组织留学生商议建立社团事宜,但终究未能实现。

清政府为加强对留欧学生的管理,于 1910 年 4 月 24 日(宣统二年三月十五日)颁布了《管理欧洲游学生章程》,对学生管理、留学经费等予以明确规定。其中,留俄学生从国内启程时能得到治装费 300 银圆,川资 500 银圆,毕业回国时亦可获得川资 500 银圆。另外,留俄官费生在学习期间每月有 135 卢布的学费补贴,而自费生如果能够考入大学学习农、工、格致、医科等专业,并经管理游学生监督处查明确实勤奋好学、成绩优异,那么也可获得部分学费补助。①

民国建立初期,北洋政府也曾派遣一批学生到俄国的圣彼得堡大学和炮兵学校学习军事技术,但因人数较少,并未产生多大的影响。不仅如此,其时中国政府对留俄教育的管理似乎也作另类看待。据其时报载,1913 年时,民国教育部拟将欧洲留学生监督实行裁撤,“由部委派留学经理一人,经理留学各国学生费用事宜”,即“各国留学学费一律归经理发给”,但于留俄学费,“仍由使署兼管”。同时经理得负责“调查学生成绩、学校情形及学术事项以报告于教育部”,“学生抵国及离国均由经理员于教育部所发证书上批明进出年月以资考核”,而留俄学生只是任其自为。② 十月革命后,北洋政府仇视新生苏维埃政权,停止了官费留俄学生选派,于是有留俄者悉为自费。尽管其时北洋政府的驻俄使馆仍然存在,但在留学监理方面已是无能为力,故而原来规定的“留俄学生事务仍由驻俄使馆经理”,已成为一句实在的空话。是时,苏维埃联邦的远东共和国在北京设有远东通讯社及外交使团,少数中国青年即通过远东共和国驻北京外交使团获得签证而赴俄留学。③

虽然清末民初的留俄教育在规模、影响等方面无法与同时期留学美、日的大潮相媲美,但开创了中国学生赴俄国留学的先河,为近代中国培养了最早的一批俄语人才。很多留俄学生回国之后致力于俄语教育工作,不仅促进了中俄两国之间的文化交流,也为此后中俄暨中苏教育交流的发展奠定了基础。

---

① 陈学恂、田正平编:《中国近代教育史资料汇编·留学教育》,上海教育出版社 1991 年版,第 305～306 页。

② 《留学欧洲之经理员》,《申报》1913 年(民国二年)9 月 2 日第 3 版。

③ 参见黄平:《往事回忆》,人民出版社 1981 年版,第 5 页。

## 二、建立各类俄语教育机构

除派遣留学生赴俄国学习外，建立各类俄语学校也是晚清时期的中俄教育交流中培养俄语及外交人才的重要途径。这一时期的俄语教育既有直属中央政府管辖，也有由地方建立与管理的学校；既有独立设置的俄语学校，也有含有俄语教育成分的教育机构。其时由学校培养出的众多俄语人才，在中俄教育交流进程中起到了重要作用。

### （一）京师同文馆的俄文馆

清政府于1862年（同治元年）建立的京师同文馆，为近代中国新教育之肇端。作为近代第一所外国语学校，京师同文馆因其首开外语（包括英、法、俄、德等语）教育之先河，以及在规章制度上对俄罗斯文馆有所继承，而在晚清时期的各类俄语教育机构中处于特殊地位，是故将其单列，以示该馆与其它俄语教育机构之区别。

1862年8月20日（同治元年七月二十五日），恭亲王奕䜣等呈奏《遵议设立同文馆折（附章程）》，并获清廷批准，京师同文馆的办学活动由此开始。英文馆于1862年6月最先开学。此后，在合并原俄罗斯文馆的基础上，1863年又设立了法文馆和俄文馆，1872年则设立了德文馆。

虽然京师同文馆的俄文馆设立于英文馆之后，但在曾出任京师同文馆总教习的丁韪良看来："以成立年岁而论，俄文班本是各班之母。"其理由是："在一世纪以前，理藩院便设了一个俄罗斯馆，表示中国已经知道它的北邻的地位之重要了。那个学校正式并入了同文馆，但是里面一无教员、二无学生，真不知道凭着什么来归并。它的资产只是一些章程先例而已。"[1]通过对比两馆章程可知，丁韪良的观点确有合理之处。

表四：俄罗斯文馆与京师同文馆章程对比表

| 馆别<br>项目 | 俄罗斯文馆 | 京师同文馆 |
| --- | --- | --- |
| 学　生 | 从八旗挑选，学生额数24名，遇缺即补。 | 从八旗满、蒙、汉闲散内挑选，先传10名，俟有成效，再行添传，仍不得逾24名之数。 |

① 丁韪良著，傅任敢译：《同文馆记》，《教育杂志》1937第4期。

（续表）

| 项目＼馆别 | 俄罗斯文馆 | 京师同文馆 |
|---|---|---|
| 教　习 | 分为中国及俄国教习。中国教习由通过考试获得升迁的学生担任，可升至主事；俄国教习仅负责协同教授。 | 分为中外教习。中国教习教学有成，可获升迁以资奖励；外国教习“只图薪水，不求官职”。 |
| 提　调 | 由内阁侍读学士、理藩院郎中员外郎内拣选，专司学馆一切事务。 | 由总理衙门办事司员中拣选满、汉各一员担任，总管所有馆务。 |
| 考　试 | 有月课、季考、岁试。岁试定于每年十月初十日前，是月月课、季考均行停止。考列一等者赏给笔墨纸张，以示奖励。 | 除遇有考试毋庸停止月课、季考外，其余一切均仿照俄罗斯文馆办理。 |
| 升　降 | 五年考试一次，考取一等者授八品官，二等者授九品官，三等者留学读书。绩优者可依次升迁为副教习、助教、主事。 | 三年考试一次，优者授为七、八、九品官，劣者降革、留学。考取七品官者复考一等则授为主事。 |
| 俸　饷 | 助教每年俸银 80 两；七品官每年 45 两；八品官每年 40 两；九品官每年 32 两 3 钱；学生传补，咨旗坐补马甲钱粮。 | 仿照俄罗斯馆旧章办理。 |

由是可见，奕䜣等奏《遵议设立同文馆折》所附章程中的每一条几乎都是根据俄罗斯文馆的章程衍变而来。这一方面体现出俄罗斯文馆在中国外语教育史上的独特价值，及其对晚清外国语学校的巨大影响；另一方面也说明，在当时“因循守旧、墨守成规”的官场氛围下，奕䜣等人为减轻京师同文馆这个新生事物在办学过程中面临的压力和阻力，有意以“旧瓶装新酒”的手法尽量规避潜在风险，以实现建馆目的。正如丁韪良的评价：“章程则常被抄引，先例则常被援用，藉以避免攻击，以见同文馆之创设并非自我作古而已。恭亲王等关于同文馆的事，无论大小悉行奏陈，可见他们至少认为这是一件有关国计的大事。”①

就俄文馆的具体办学而言，因其建立时间较早，还有俄罗斯文馆的先例可供参考，而且原俄罗斯文馆助教国世春也被留用，因而整体较为完善。教习方面，俄文馆的洋教习从 1863 年起最初者为俄使馆的翻译柏林（Mr. A. Popoff），“继续任职五年之久”，自后有伟贝、第图晋、夏干、班铎、柯乐德、劳腾飞、单尔、部悌爱、葛诺发等人出任，另外后来在馆教习俄文的还有巴克他纳、萨荫图等人，②候补八旗杨亦铭充任汉教习。俄文馆的学生开始由八旗子弟组成，初期为 10 人，后又招

① 丁韪良著，傅任敢译：《同文馆记》，《教育杂志》1937 第 4 期。

② 朱有瓛主编：《中国近代学制史料》第 1 辑（上册），华东师范大学出版社 1983 年版，第 40～42 页。

收汉族学生，年龄由十三四岁放宽到二十岁，人数维持在15至20人左右。

俄文馆的教学内容较之俄罗斯文馆有所发展，不仅包括俄语学习，还有天文、地理、数学、化学、机器、航海测算、历史等自然科学和人文科学的课程，并突出强化翻译训练。俄文馆的管理制度依归于同文馆的总体制度，学制最初为三年，后改为八年。学生就学期间除正常上课外，还要接受定期考核："月督其课（每月由教习拟定文条，散给诸生，翻译誊卷，由教习分别等第注册），季试其能（季考定二月、五月、八月、十一月举行，出题等第，均如月课。惟试卷则呈堂裁定，乃注册。是月停止月课），岁考其程（岁试于每年十二月初十日前定期呈堂面试，考列一等者奖励。是月亦停止月课），届三年，则大考，分别等第，奏请奖叙。不列等者，降黜有差（大考由堂官出题，试以洋文译汉，汉文译洋，外国语言及天文、算学、格物、化学诸艺。总教习分而校之，合而衡之。汇其卷送堂官核定甲乙，优者奏请授为七、八、九品等官，咨行吏部注册，劣者分别降革留学。其由七品官历二次大考取一等者，应请授为主事，分部遇缺即补，仍留馆肄业）。"[①]由此可见，同文馆的考试制度承继了俄罗斯文馆的相关条例，既能检验学生的学业水平，又附有奖惩性质，有利于鼓励先进、激励后进。另外，同文馆对学生的学习和生活也都有明确规定和要求，学生在校期间一律住宿，由学校提供食宿、文具、月薪等后勤保障，并且要遵守严格的作息和请假条例，违者将会受到扣除膏火等相应处罚。

京师同文馆创办初期的教学成效并不显著。1865年10月11至19日，同文馆进行了为期九天的有史以来第一次总考试。"当时英、法、俄三馆学生均参加。初试时把外国照会译成汉文。复试是将某条约中的一个片断译成外文。最后口试，密出汉语条子，令考生口译成外语。这次总考试，学生的成绩不最突出，一般都授以八、九品官。"[②]此次考试成绩不突出的原因在于，"虽翻译尚无错误，然究属一知半解，于西洋文字未必全局贯通"[③]，因此无七品官，成绩较好的学生仅被授予八、九品官。而从俄文馆来看，初期教学效果确实不理想。据少年时期曾就读于京师同文馆的著名戏剧学家齐如山回忆："在西北科布多一带与俄国有交涉，需要会俄文的翻译人员，当然是由储备翻译人才的同文馆中去找，由总理衙门检了七个学生送到军机处考试，其中有一个人学过十三年之久的俄文，其余六人只学过七年，及一考试，其中只有一人能把俄文字母都念的上来，其余最多者，不过认识

① 高时良编：《中国近代教育史资料汇编・洋务运动时期教育》，上海教育出版社1992年版，第54页。

② 付克著：《中国外语教育史》，上海外语教育出版社1986年版，第17页。

③ 朱有瓛编：《中国近代学制史料》第1辑（上册），华东师范大学出版社1983年版，第80页。

一半。”[1]军机处对此大为震怒，以公文形式对总理衙门及同文馆进行一番申饬。这种状况直到1869年丁韪良出任京师同文馆总教习之后才有所好转。自后京师同文馆俄文馆的学生涌现出一批通晓俄语的人才。其中既有负责政府外交、翻译工作的中央和地方官员，也有随使团出访的翻译与学生，还有从事俄语教学的教师，以及派驻俄国使馆的留学生。此外，俄文馆的学生还翻译了部分俄文书籍，当中就包括道光年间俄方赠给的图书。

京师同文馆俄文馆于1900年八国联军侵入北京时随同文馆停办，自1863年设立算起，共历时37年。京师同文馆则在1901年并入京师大学堂，后于1903年改为京师大学堂译学馆，后归学部大臣管辖。

### （二）专门俄语教育机构

#### 1. 新疆俄文馆

新疆的俄语教育由来已久。早在1792年（乾隆五十七年），伊犁将军保宁上奏，请求建立俄罗斯学。伊犁俄罗斯学存在的时间并不太长，在培养俄语人才方面的成效也不显著，但开创了新疆地区俄语教学及中俄教育交流的先河。

伊犁俄罗斯学停办之后，直到光绪年间新疆地区才再度开办俄文学校。1885年（光绪十一年），新疆巡抚刘锦棠致函总理各国事务衙门调派同文馆学生前赴新疆受差，总署派户部郎中桂荣至新办理翻译。1887年（光绪十三年），刘锦棠仿照京师同文馆章程，就地取材挑选生徒，于新疆省城迪化（今名乌鲁木齐）设立俄文学馆，以桂荣为教习，并于候补人员内遴委汉文教习一员，分立课程，督令肄业。“当时因属试办性质，并未呈报总署”。[2] 经过近5年试办，乌鲁木齐俄文学馆已显成效。有鉴于此，时任头品顶戴、甘肃新疆巡抚陶模于1892年11月3日（光绪十八年九月十四日）上奏《设立俄文学馆酌拟章程请立案折》，请求清政府批准在新疆正式设立俄文学馆。在奏折中，陶模详细阐述了设立新疆俄文馆的必要性：“窃新疆西北紧与俄邻，现在交涉事繁，非有通晓俄文俄语之人，遇事动形隔阂。”[3]在折中他还禀报了刘锦棠、桂荣等人为创办俄文学馆付出的努力和取得的成绩，并奏明：“臣到任后，按月考试，学业均有可观。现择其优者，派赴伊犁、喀什噶尔充当翻译差使。并饬据署布政使饶应祺，详定学徒额数，课习功课，及膏火、薪资、岁

---

① 齐如山著：《齐如山回忆录》，宝文堂书店1989年版，第35页。

② 《〈清代同文馆之研究〉记新疆俄文学馆》，高时良编：《中国近代教育史资料汇编·洋务运动时期教育》，上海教育出版社1992年版，第252页。

③ 陶模：《设立俄文学馆酌拟章程请立案折》，高时良编：《中国近代教育史资料汇编·洋务运动时期教育》，上海教育出版社1992年版，第250页。

需各项经费数目。教习学徒三年期满，应予奖叙，仿照广东同文馆成案，略为变通，用资鼓励。仍由臣随时查察，务期文艺明通，翻译娴熟，仰副朝廷郑重交涉储才备用至意。"①随奏折所附四条章程，对新疆俄文馆的教师队伍、学生数量及来源、生活待遇、课程设置、作息制度、奖惩措施等都作出明确规定。其中教师定为2人（俄文、汉文教习各1名），学生定额8人。

陶模的奏折获得了光绪皇帝的钦准，新疆俄文馆得以正式成立。此时，在新疆俄文馆试办时期兼任教师的桂荣因已保候补知府，无法继续兼任教职，陶模咨请总署调派六品衔、同文馆八品翻译官桂煜到新疆俄文馆担任俄文教师。新疆俄文馆的教学质量尚属不错，很多毕业生被分派到伊犁、塔城、喀什噶尔等地任职，均能胜任其本职工作。1896年9月16日（光绪二十二年八月初十），时任甘肃、新疆巡抚饶应祺以俄文馆教习学徒颇有成效为由，申请照章奖励，并获得批准。1902年8月27日（光绪二十八年七月二十四日），饶应祺以"该馆教习学徒，六年期满，已著成效"，再度申请奖励，仍然获准。由此可见，新疆俄文馆的成绩确实得到了清政府的认同。

1905年（光绪三十一年）至1908年（光绪三十四年）间，新疆俄文馆曾经一度被裁撤，并入到高等学堂之中。后经甘肃、宁夏都统志锐奏请清廷批准，由新疆巡抚联魁与镇迪（化）道兼按察使荣霈于1908年复设为官立中俄专门学堂。复设后，学堂共有教习2人，学生18名。学堂每年所需经费从中俄通商局票费下提用，约为白银4450两。② 1910年9月24日（宣统二年八月二十一日），新疆巡抚联魁呈奏《新省筹修中俄学堂片》，请求清政府拨专款为中俄学堂修缮新学舍，改善办学条件，此议获准。③ 由此，中俄学堂的办学规模和各项设施发生了较大变化。

2. 珲春俄文翻译书院

东北与新疆同为中国与俄国接壤的边疆地区，与俄交涉亦相对繁多，同样需要掌握俄罗斯语言文字的外交、翻译人才，这就使得珲春俄文书院的建立具备了可能性与必要性。

珲春地处图们江下游，位于吉林省的东南部，最初并未与俄国交界。第二次鸦片战争之后，沙俄强迫清政府签订《中俄续增条约》（即《中俄北京条约》），强占黑龙江以北、乌苏里江以东的广大中国土地，珲春、宁古塔、三姓等地因此成为边

---

① 陶模：《设立俄文学馆酌拟章程请立案折》，高时良编：《中国近代教育史资料汇编·洋务运动时期教育》，上海教育出版社1992年版，第250页。

② 袁大化修、王树枏等纂：《新疆图志》，卷三十九"学校二"，台北文海出版社1965年版，第1402页。

③《新疆巡抚联魁奏新省筹修中俄学堂片》，《政治官报》第1047期，宣统二年八月二十四日。

陲重镇而与俄接壤，交涉事繁，各城当差人员均不熟悉俄语、俄文，每遇往来照会多有隔阂误会。这就导致当地急需俄语翻译。为解决这一问题，1887年（光绪十三年）五月，时任吉林将军希元获清政府批准，在珲春设立俄文学堂，奏调内阁中书庆全担任俄文翻译教习官，并挑选八旗子弟入堂学习。庆全于1888年（光绪十四年）正月抵达珲春，并于三月一日正式开课，学堂被命名为“翻译俄文书院”。院中一切规模经费均“援照京都同文馆删减酌拟”。庆全每月俸饷为白银六十两。①

处于草创时期的珲春翻译俄文书院显然不能完全满足其时其地对俄语人才的需求，而且教师方面仅靠庆全一人难免势单力孤，经费、人员等都需要清政府的支持。因此，1889年（光绪十五年）五月吉林将军长顺向清廷启奏，希望朝廷能解决其经费问题：“除洋教习一员月支薪水银六十两由防饷开支，曾经奏明外，所有该书院应设汉教习一员，月支薪水银十二两，司事、书手各一名，月支银七两，学生十五名，每月支膏火银二两，学生纸笔墨费心红月支银五两，厨夫、伙夫各一名，应役人二名，每名月给工食银三两，每月赁房租银十两，按年添买中外书籍需银三十两，每年共计需银一千零二十六两；初设书院，购置书籍陈设铺垫，共需银一百两；月课及年终岁考奖赏银两，难以预定准数，应随时核实报明。请于光绪十四年三月初一日起，按年由库存抵饷税银项下动支，每年年终造册报部核销。”对于长顺等人的请求，奕劻等认为：“臣等悉心酌度，边疆办理交涉，必须两国语言文字融会贯通，方无窒碍。珲春添设俄文书院，因地制宜，诚为当务之亟。惟事属创始，固须节省浮费，毋致虚縻，尤须妥议定章，俾可持久。”因此，军机处及总理衙门批准了吉林将军长顺关于人员设置、应支薪水等方面的请求。至于对“教习期满三年”的奖励，“拟比照广东同文馆翻译官奖叙之案办理，嗣后俄文书院教习，如系已有官职人员，三年教习期满，著有成效，准保加升阶一层；如由无官职人员，三年教习期满，拟比照同文馆准作为翻译官章程，再留三年，始终不懈，以府经历、县丞分发洋务省分试用，仍将教习衔名先行报部立案，以凭查核；如不得力，即行另拣通晓翻译之人充补”。②

获得清政府支持后，珲春俄文书院逐渐步入正轨。教师方面，俄文教习在庆全之后，由五品衔工部主事毛鸿遇接任。首任汉文教习为直隶河间府河间县民籍五品军功附生陈奎麟。1895年（光绪二十一年）七月，陈奎麟请长假探亲，珲春副都统恩泽札委珲春镶红旗瑞林佐领下举人凌善接任，陈奎麟假满后回任。学生方

① 《俄翻译生赓善到江片》（光绪十三年十一月二十八日），中国社会科学院中国边疆史地研究中心主编：《光绪朝黑龙江将军奏稿》（上册），全国图书馆文献缩微复制中心1993年版，第368页。

② 中国史学会主编：《洋务运动》（二），上海人民出版社1961年版，第146～147页。

面,每期招收十五名,年龄在十五六岁以上,且粗通满汉文字。其中珲春学生七名,宁古塔、三姓学生各四名。课程设置及教学方面,珲春翻译俄文书院课程年限定为六至九年,这是因为在西洋各国文字中,"俄文字母最多(三十六个),语规文法变转无穷,以致学者吃力","且肄业各生于到馆之先,在家塾读书时,皆无讲习工夫,其于对汉文字义茫然莫解",故在开馆时拟定:"三日中,二日习洋文,一日读中文。"①学生从俄文字母学起,由浅入深,直至掌握俄文文法,能熟练翻译公文、信札、照会。考试方式则与京师同文馆相同,分为月课、季考和岁考。在月课、季考中取得前五名或在岁考中取得前六名,均可获得相应的花红赏银。三年大考后,择优褒奖应升学生官阶,以示奖励。②

珲春俄文书院由于所处地理位置和历史条件的局限,并没有取得引人注目的教育成就,今日在历史长河中难以寻觅到其时办学的更多记载和踪迹,但其对于东北俄语教育乃至中国俄语教育的贡献仍然值得追溯和铭记,特别是该书院所立章程对其后成立的黑龙江俄文学堂起到了重要的借鉴作用。

3. 黑龙江俄文学堂

1896年(光绪二十二年),黑龙江将军恩泽与齐齐哈尔副都统萨保奏请清廷批准,在齐齐哈尔设立了黑龙江俄文学堂,以培养精通俄国语言文字的中俄交涉人才。该学堂由同文馆俄文翻译、候选笔贴式瑞安担任教习,并从八旗中挑选聪颖子弟10名作为学生。至1899年(光绪二十五年),这些学生经过3年学习"均能熟谙俄语,应对无滞,出题翻译华文俄文,亦各清通"。恩泽、萨保对学堂的教学成效十分满意,并将此归功于瑞安"训迪有方,克著成效",因此奏请清廷以升职作为奖励。③

1900年(光绪二十六年),黑龙江俄文学堂毁于战火,"经费荡然,师徒星散"。1902年(光绪二十八年),时任黑龙江将军萨保复建俄文学堂,委任有3次出洋经历的分省补用知府黄志尧,及熟悉本地情况的仓官候补主事瑞庆担任学堂总会办,聘请俄京高等师范生沙琲诺甫与山东福山县廪生柳旭和为俄文、汉文教习,并从旗营屯站挑选了20名年龄在20岁左右的聪颖子弟作为学生。为保证学堂的教学质量,萨保要求黄志尧、瑞庆按季考查学生的汉文功课,并请俄国驻省城官员协助按季考查俄文功课。至于奖励事宜,仍援照珲春俄文翻译书院之章程办理,每

① 常嘉林:《珲春俄文书院》,《历史档案》2005年第4期。

② 陈谷嘉、邓洪波主编:《中国书院史资料》(下册),浙江教育出版社1998年版,第2372~2373页。

③《恩泽萨保奏为俄文学堂三年期满克著成效吁请奖叙折》(光绪二十五年九月初二),中国社会科学院中国边疆史地研究中心主编:《光绪朝黑龙江将军奏稿》(下册),全国图书馆文献缩微复制中心1993年版,第609页。

隔3年奖叙一次,汉教习可擢升官阶,洋教习及协助稽查功课之俄官可获得对品宝星。而学堂的常年经费则为白银3500两左右[①],从租赋项下支出。[②]

黑龙江俄文学堂于1902年10月10日(光绪二十八年九月初九)复开。经过3个月试办后,萨保于1903年1月20日(光绪二十八年十二月二十二日)呈奏《为援照旧章筹办省城俄文学堂折》,向清廷阐明复设黑龙江俄文学堂的必要性,并汇报了复学情况。此议得到清廷的批准。此外,萨保还将黄志尧、瑞庆拟定的"开办章程二十条"分别咨外务部、吏部、户部、京师大学堂查核。

复学后的黑龙江俄文学堂继续存在了4年时间,最终于1906年(光绪三十二年)结束办学历程,改设为黑水中学堂。[③] 1908年(光绪三十四年)秋,黑龙江将军程德全又将其改设为满蒙师范学堂,校内附设小学一所。至民国初年,又改为中学校。[④]

虽然黑龙江俄文学堂的办学时间并不长,前后仅为8年,且命运多舛,不幸为战火摧残,但其为黑龙江乃至东北地区培养了一批外交、翻译人才,并直接促进了清末东北地区的俄语教育与中俄教育交流的发展。尤其是黑龙江俄文学堂所在校址为此后众多学校承继,间接保证了这些学校的存在与发展,从而促进黑龙江地区的教育事业逐渐兴旺,这当可算作该学堂为黑龙江教育事业留下的一份宝贵历史遗产。

4. 天津俄文馆

1896年(光绪二十二年),由俄国领事馆书记官维克多·费多罗维奇·格罗谢[⑤]建议、水师营务处道员潘志俊禀请,再由署理直隶总督、北洋大臣王文韶奏明,李鸿章批准成立天津俄文馆。[⑥]

天津俄文馆的设立与其时清政府的外交政策密切相关。1895年(光绪二十一年)中日签订《马关条约》后,沙俄联合德、法干预日本对辽东半岛的占领,即所谓

---

① 据万福麟监修、张伯英总纂、崔重庆等整理《黑龙江志稿》卷二十五"学校志"(哈尔滨:黑龙江人民出版社1992年版,第1099页)为3550两。录此备考。

② 《萨保奏为援照旧章筹办省城俄文学堂折》(光绪二十八年十二月二十二日),中国社会科学院中国边疆史地研究中心主编:《光绪朝黑龙江将军奏稿》(下册),全国图书馆文献缩微复制中心1993年版,第609页。

③ 万福麟监修、张伯英总纂、崔重庆等整理:《黑龙江志稿》,卷二十五"学校志",黑龙江人民出版社1992年版,第1099页;齐齐哈尔市政协文史资料委员会编:《龙沙教育史料》(《齐齐哈尔文史资料》第23辑),1995年印行,第242页。

④ 万福麟监修、张伯英总纂、崔重庆等整理:《黑龙江志稿》,卷二十五"学校志",黑龙江人民出版社1992年版,第1100页。

⑤ 又译作葛拉司。

⑥ 天津市地方志编修委员会编著:《中国天津通鉴》,中国青年出版社2005年版,第104页。

“三国干涉还辽”。沙俄本为与日本争夺在华利益,但对于自 1840 年以来饱受列强欺凌的清政府而言,此举无异于“救命稻草”,是挽清廷于水火之中的“义举”。因此,以李鸿章、张之洞、刘坤一等为代表的清朝大吏纷纷鼓吹与俄结盟,幻想“以俄制日”。在这种历史背景下,清政府加大了培养精通俄文的外交、翻译人才的力度。由此,建立天津俄文馆实属应然。

清政府十分支持天津俄文馆的创建,为此拨出专款,以北洋水师学堂空房作为校舍,并聘请李家鏊等中国教师和一批俄国教师,格罗谢即为俄文馆首任俄籍教师,水师学堂总办严复兼任俄文馆总教习。该馆日常开支为每月白银 700 两(按时价可折合为 1000 卢布左右),由清政府负担。① 天津俄文馆还曾接受过沙俄政府的资助。1897 年 5 月(光绪二十三年四月),俄国使臣乌赫道姆斯基公爵②向俄文馆捐资“一千两百金”③。

天津俄文馆招收学生 30 名,学制四年。④ 学校教授的课程有汉语、俄语、算术、地理、俄国历史等。因格罗谢办学认真有方,学堂很快受到了中国人的欢迎,“这 30 个学额总是满员的”⑤。严复对俄文馆的教学工作也是不遗余力,亲自拟定课程、聘请教师,并参加考务。据《国闻报》记载,1898 年 5 月 26 日至 27 日,严复亲自主持俄文馆学生的“季考”。⑥ 1898 年 9 月 9 日(光绪二十四年七月二十四日),营门外新盖俄文馆破土动工。⑦ 新馆建成后,天津俄文馆即迁此办学,该处“房基地亩共计地一十二亩一分一厘七毫五丝,房一百二十七间”⑧,其规模可谓庞大。

1900 年(光绪二十六年),俄国《新边疆》报记者德米特里·扬契维茨基前往天津俄文馆访问。期间,他在俄文馆一个刘姓教师(中国人,俄文名为列昂尼德·伊万诺维奇·刘)和新晋俄国教师柳鲍穆德罗夫的陪同下,拜会了监学,并参观了整个学堂。扬契维茨基在著述中对天津俄文馆描述道:“学校的建筑格式跟一般中

---

① [俄]德米特里·扬契维茨基:《八国联军目击记》,福建人民出版社 1983 年版,第 43 页。

② 在严复所撰《中俄交谊论》一文中被称为“吴王”,即吴克托穆亲王,又译作乌和他木斯科、乌赫托木斯基、乌赫道姆斯基(参见徐立亭:《晚清巨人传:严复》,哈尔滨出版社 1996 年版,第 190 页;[俄]德米特里·扬契维茨基:《八国联军目击记》,福建人民出版社 1983 年版,第 43 页)。

③ 严复:《中俄交谊论》,爰颖(熊元锷)编:《国闻报汇编》,台北文海出版社 1987 年版,第 28 页。

④ 天津市地方志编修委员会编著:《中国天津通鉴》,中国青年出版社 2005 年版,第 104 页。

⑤ [俄]德米特里·扬契维茨基:《八国联军目击记》,福建人民出版社 1983 年版,第 43～44 页。

⑥《国闻报》1898 年 5 月 30 日(光绪二十四年四月十一日),转引自孙应祥著:《严夏年谱》,福建人民出版社 2003 年版,第 109 页。

⑦ 天津市地方志编修委员会编著:《中国天津通鉴》,中国青年出版社 2005 年版,第 104 页。

⑧《蔡绍基为接收德界华俄学堂事禀北洋大臣那桐》(宣统元年六月十八日),天津档案馆、南开大学分校档案系编:《天津租界档案选编》,天津人民出版社 1992 年版,第 180 页。

国房屋一样,有几个铺砖的四合院,院落周围是学生和教师宿舍、教室、一个食堂、一间厨房和一条走廊。俄国教师柳鲍穆德罗夫先生单独住两个房间。他的房间里摆满书籍,挂着许多中国字画。门上挂着帘子。除了包括照明及一切设备俱全的住房外,这位俄国教师每月净得薪俸二百两,即三百卢布……教室宽敞明亮。黑板和中国式的黑色课座椅摆得十分整齐。墙壁上挂着地图和俄国历史的图片。每个房间都十分清洁、整齐和完好……我们走进学生住的小房间,每个房间住两人,学生年龄在十四岁至二十六岁之间。房间陈设简朴,有铺着席子的砖炕,摆着俄文书和中文书的桌子和板凳,以及挂在墙上的条幅。学生们穿着像俄国神甫穿的内长衣似的细绸大褂,恭敬地站在自己的桌子旁。我请一个学生把练习本拿给我看。他特别有礼貌地把练习本在我面前翻开,我看到上面书写得清楚工整的俄文句子。"①由此可见,天津俄文馆的办学和生活条件尚属不错,学生对学业也颇为专注。扬契维茨基还从刘姓教师那里了解到,俄文馆学生对学习俄语和俄国历史非常着迷,有人十分敬仰基辅大公雅罗斯拉夫一世的英明正直,有人则对彼得大帝极为崇拜,渴望有朝一日中国也出现如此伟大的皇帝。

扬契维茨基访问天津俄文馆时,正值义和团运动蓬勃开展之际。因此,扬契维茨基一方面对俄文馆学生给予高度评价,认为他们"将为亚洲两个伟大邻国之间的友谊和亲密的睦邻关系的伟大事业而积极工作";另一方面也为这些学生的前途感到担心,因为当时"凡是外国的东西都遭到义和团的斥责和辱骂"。在这次访问结束后仅过一周,天津俄文馆就遭到了灭顶之灾:"义和团在夜间袭击了学堂,把整个学堂捣毁,付之一炬。据说有几个学生来不及逃脱死在瓦砾堆中。"②此后,天津俄文馆于1903年(光绪二十九年)并入北洋大学俄文专科班。该班与同时设立的法文班统称为译学班,专门培养翻译人才,学制四年。1906年(光绪三十二年)春,俄文班14名学生毕业后,该班与法文班同被裁撤。③

5. 东省铁路俄文学堂

东省铁路俄文学堂由许景澄④于1899年(光绪二十五年)创办,由校名即可得

---

① [俄]德米特里·扬契维茨基:《八国联军目击记》,福建人民出版社1983年版,第44页。

② [俄]德米特里·扬契维茨基:《八国联军目击记》,福建人民出版社1983年版,第45页。

③ 参见张绍祖:《天津俄文馆——中国最早官办俄文专科学校》,《中老年时报》2007年5月4日;《本校学科沿革略》,《北洋大学—天津大学校史》编辑室编:《北洋大学—天津大学校史资料选编》(一),天津大学出版社1991年版,第76~77页。

④ 许景澄,浙江嘉兴人,同治进士,曾出使欧洲各国多年,后任俄国专使,并任总理各国事务衙门大臣,兼京师大学堂总教习及管学大臣。1900年八国联军侵华期间,因不同意对外宣战而被清廷处死,后获昭雪,1909年(宣统元年)谥文肃。

知，该学堂与东省铁路[①]有着极为深厚的渊源。

东省铁路肇端于俄国修建西伯利亚铁路的活动。19世纪末，沙俄政府为牢固控制整个西伯利亚地区，进而实施蚕食亚洲的“远东政策”，于1891年开始动工修筑西伯利亚铁路。1896年（光绪二十二年），俄国为使西伯利亚铁路与海参崴连通，请求清政府同意将西伯利亚铁路取道黑龙江、吉林等省。清廷拒绝了沙俄提议，只允许与俄国合作成立商办的东清铁路公司，中国方面入股白银500万两，委任许景澄为督办。许景澄为培养通晓俄文的翻译人才以服务于铁路建设与交涉事务，于1899年（光绪二十五年）奏请成立东清俄文铁路学堂，并获清廷批准，“招中国学生学习俄国语言文学，以备铁路调遣之用”[②]。学堂创办之初，以俄文为主课，辅以中文。由满人瑞鼎臣、塔木庵为正副监督，又聘请俄人卜朗特为俄文主科教员，并给予二品官俸待遇。校址位于北京崇文门内荣公府花园，后改称东省铁路俄文学堂。[③] 学堂的办学经费取自于清政府存在华俄道胜银行的500万两白银所产生的部分利息，由外务部按年拨给，计白银25000两。此外，许景澄还每年从自己的俸饷中提取5000两白银补充到学堂经费之中。[④]

1900年（光绪二十六年）八国联军侵华期间，东省铁路俄文学堂遭焚毁，被迫中止办学。八国联军撤离北京后，清政府认为仍有复办该校的必要，于1902年（光绪二十八年）在东单二条胡同租赁一所民房作为校舍，招收学生20余名。后因此处面积狭小，又在东单东总布胡同购地重建。新校舍于1903年（光绪二十九年）落成。东省铁路学堂从此再度焕发生机，开始增学额定校制，逐渐扩充规模。[⑤]据1907年（光绪三十三年）统计，东省铁路俄文学堂有教职员工27人，其中职员8人，教员19人；学生131人，包括中学生60人和高等小学生71人。中学课程有修身、读经、讲经、国文、算学、历史、地理、博物、理化、外国语、图画、体操；高等小学课程为修身、读经、讲经、国文、算术、历史、地理、格致、外国语、图画、体操。[⑥] 这些

① 又称东清铁路、中东铁路。于1896至1903年间修筑，以哈尔滨为中心，西至满洲里，东至绥芬河，南至大连。

② ［清］赵尔巽等：《清史稿》卷一百五十三“邦交志·俄罗斯”。

③ 陈芥荪：《俄文法政学院及其前身》，全国政协文史资料委员会编：《文史资料存稿选编：教育》，中国文史出版社2002年版，第171页。

④ 北京大学校史研究室编：《北京大学史料》第1卷（1898—1911），北京大学出版社1993年版，第520页；中国第二历史档案馆编：《中华民国史档案资料汇编》第3辑（外交），江苏古籍出版社1991年版，第8页。

⑤ 陈芥荪：《俄文法政学院及其前身》，全国政协文史资料委员会编：《文史资料存稿选编：教育》，中国文史出版社2002年版，第171页；中国第二历史档案馆编：《中华民国史档案资料汇编》第3辑（外交），江苏古籍出版社1991年版，第8页。

⑥《京师督学局一览表》第16页（光绪三十三年二月），《北京教育志丛刊》1992年第3～4期。

课程与学堂初开时大有不同，显然是在1903年(光绪二十九年)《奏定学堂章程》颁行后有所调整。据《学部官报》(光绪三十二年)载，时任东省铁路俄文学堂监督向学部禀称："本堂毕业生堪备译才之选。若改照实业学堂办理似与设立宗旨及历年办法均不相符"，因此"拟请照中学堂办法，所有课程、规制、奖励、出身，均遵奏定章程办理"。学部认为："查俄文学堂原为造就译才，与实业学堂稍有不同"，但"俄文学堂本以东省铁路为名，自不能不令其参酌实业学堂办法"。为解决这一矛盾，学部采取折中办法：如果东省俄文铁路学堂"课程及学生程度，果与中学堂相当，自可照准"，但保留"本部行知督学局，随时派员往查"的权利。[①] 东省俄文铁路学堂的办学问题由此解决。

辛亥革命后，外交总长陆征祥于1912年8月将东省铁路俄文学堂交予外交部管理，由该部负责委任校长，整理一切，并以部令第五十一号予以宣告。后经外交部与教育部协商，将东省铁路俄文学堂设为高等专门学校，改称外交部俄文专修馆，即后来的北京俄文法政学院。

6. 汉口华俄商业中学堂

汉口华俄商业中学堂创办于1908年，由汉口俄国茶商在沙俄政府的支持下出资兴办。学校的学制为四年，开设了俄语、中文、英文、数学、历史、地理等课程。学生入学一年之后，除中、英文两门课外，其余课程均用俄文授课，重点学习俄语会话和俄文翻译(以汉译俄为主)。俄文课的教材均选自武汉、上海两地的日报，由教师指定学生对有关商业事项的内容进行翻译，学生译出后再由教师、翻译员整理校订，并编辑为一种不定期的刊物——《扬子江流域》，除分发给学生阅读学习之外，还提供给俄商、俄国洋行及沙俄政府部门参考使用。汉口华俄商业中学堂仅存在3年时间，前后共招收学生100名，后因1911年辛亥革命爆发而停办。[②]

**(三) 综合性教育机构的俄语教育**

1. 京师大学堂译学馆

京师大学堂译学馆成立于1903年(光绪二十九年)，为京师同文馆之后身。同文馆自1901年(光绪二十七年)12月归并京师大学堂后，在馆舍及办学经费方面存在诸多困难，以致影响到办学活动的正常开展。为使同文馆之外语教学得以赓续，学务大臣孙家鼐等于1902年(光绪二十八年)奏定变通办法，从清廷储于华

---

① 《学部官报》文牍第4期37页(光绪三十二年九月十一日)，《北京教育志丛刊》1992年第3～4期。

② 周肇文：《汉口华俄商业中学堂的回顾》，《武汉文史资料》编辑部编：《武汉文史资料》(1991年第4辑)，武汉文史资料服务部1991年版，第124～126页。

俄道胜银行的余利项下拨出白银4万4千两作为办学经费，[①]又在东安门内北河沿处购置房屋，稍加修理之后充当校舍。同文馆搬入该校区后，即更名为译学馆，“习英、俄、德、法、日本五国语言文字兼他科学”，“复经过外务部议覆，所有学生均与大学堂学生一律予以出身”。[②] 曾广铨、朱启钤、黄绍箕、章梫、王季烈、邵恒浚等曾出任译学馆监督。译学馆开办期间招考了五批学生，分为甲、乙、丙、丁、戊级。

译学馆独立建置后，继续肩负起原京师同文馆的外语教学使命。根据《奏定译学馆章程》规定，译学馆“以译外国之语文，并通中国之文义为宗旨，以办交涉教译学之员均足供用，并能编纂文典，自读西书为成效”[③]。该馆学制为五年，学习科目以国文和外国文为主，国文分讲课和作文，而英、俄、德、法、日五种外国文，每名学生限学一科。作为译学馆的重要组成部分，俄文科的教学总体上遵循于学馆章程的要求。至于具体教学内容，尚未见有确切记载，只能通过有关史料进行推测。京师大学堂中设有译书局，该局“为学堂而设，当以多译西国学堂功课书为主”[④]，即为学堂各科翻译教学用书。1904年2月（光绪二十九年十二月），该译书局从英国购买了一批图书，其中与俄语教育相关的图书有：伊番福著《俄文规》（全1卷），李倭拉著《俄文问津》（全1卷）、《俄文读本》（全1卷），郎博著《俄罗斯史》（3卷本）。由译书局的功能当可推论，这些图书经翻译后应为俄文科所用教科书。

俄文科教师由俄国人和中国人共同组成，俄国人有伊凤阁和葛理格，中国人则为余大鹏、范绪良、郝树基、陈嘉驹等京师同文馆的毕业生。[⑤] 此外，俄国政府曾向译学馆推荐过俄语教师。1910年1月13日（宣统元年十二月初三日），俄国公使廓索维慈致函清政府外务部，以“（译学馆）俄文教习一席迄今年余尚未延聘，惟他国文教习一经离馆当即续聘，似于俄文教习亦应一律办理乃属公允”为由，推荐俄国教师克尔到译学馆任职。[⑥] 1910年2月4日（宣统元年十二月二十五日），学部以“查译学馆俄文教习并未缺席待聘，即遇有各门教员缺席时，照章亦应由该馆

---

① 张宗平、吕永和译；吕永和、汤重南校：《清末北京志资料》，北京燕山出版社1994年版，第198页。

② 李希圣：《京师译学馆沿革略》，陈初辑：《京师译学馆校友录》，台北文海出版社1978年版，第5～6页。

③ 舒新城编：《中国近代教育史资料》（中册），人民教育出版社1981年版，第631页。

④《总理衙门奏请大学堂译书局归并梁启超办理片》（光绪二十四年五月十四日），北京大学、中国第一历史档案馆编：《京师大学堂档案选编》，北京大学出版社2001年版，第40页。

⑤ 蔡璐：《京师译学馆始末》，《文史资料选辑》（第40卷），中国文史出版社1990年版，第197页。另参见陈初辑：《京师译学馆校友录》之《教职员姓名录》、《已故职员》，台北文海出版社1978年版。

⑥《俄国公使廓索维慈为推荐克尔充任译学馆教习事致外务部函》（宣统元年十二月初三日），北京大学、中国第一历史档案馆编：《京师大学堂档案选编》，北京大学出版社2001年版，第355页。

监督随时酌量延聘”，婉言回绝了廓索维慈的推荐。①

学生方面，俄文科前后招收了五级学生，但总人数尚无详细统计数据，现将《京师译学馆校友录》中有明确记录的俄文科学生列表（见“表五”）如下，仅供参考。

**表五：京师译学馆俄文科部分学生名录②**

| 序号 | 级别 | 姓名 | 籍贯 | 从前职业 | 现在职业 |
|---|---|---|---|---|---|
| 1 | 甲 | 朱式瑞 | 湖南湘潭 | / | 中东铁路管理局工务处翻译 |
| 2 | 甲 | 吕　崇 | 河北固安 | 外交部主事 | / |
| 3 | 甲 | 秦锡铭 | 山东广饶 | 教育部佥事科长 | 平汉铁路管理局工务处科员 |
| 4 | 甲 | 常鼎新 | 河北丰润 | / | / |
| 5 | 甲 | 常作舟 | 河北丰润 | / | / |
| 6 | 甲 | 陈　浦 | 江苏江浦 | 京汉铁路局工务处工程师；交通部路政司科员 | / |
| 7 | 甲 | 陈大岩 | 福建闽侯 | 海军部部员 | / |
| 8 | 甲 | 汤用彬 | 湖北黄梅 | 执政府秘书 | / |
| 9 | 甲 | 杨世震 | 河北宛平 | 哈尔滨特别区警察厅科长 | 中东铁路哈尔滨商务事务所副主任 |
| 10 | 甲 | 赵世棻 | 江西南丰 | 财政部佥事 | 北平财政部保管处主任 |
| 11 | 甲 | 蔡　璐（蔡宝瑞） | 浙江桐乡 | 交通部技士 | / |
| 12 | 甲 | 权世恩 | 河北良乡 | / | 驻黑河总领事 |
| 13 | 丁 | 王恕仁 | 河北易县 | / | / |
| 14 | 丁 | 王润丰 | 山东诸城 | / | / |
| 15 | 丁 | 王汝明 | 山东福山 | 外交部主事 | 财政部关务署科员 |

① 《学部为译学馆不缺教习请转覆俄使事致外务部咨》（宣统元年十二月二十五日），北京大学、中国第一历史档案馆编：《京师大学堂档案选编》，北京大学出版社 2001 年版，第 359 页。

② 本表根据《京师译学馆校友录》之《五级同学姓名录》整理，详见陈初辑：《京师译学馆校友录》，台北文海出版社 1978 年版。《五级同学姓名录》中未见俄文科乙、丙两级学生的记载，而表中“从前职业”与“现在职业”两栏，均为制作校友录时之统计。

(续表)

| 序号 | 级别 | 姓名 | 籍贯 | 从前职业 | 现在职业 |
|---|---|---|---|---|---|
| 16 | 丁 | 田　乘<br>(田　玉) | 湖北蕲春 | 外交部主事 | 北平师范大学校职员 |
| 17 | 丁 | 米逢泰 | 河北定县 | 农商部佥事 | / |
| 18 | 丁 | 何霁峰 | 河南滑县 | / | / |
| 19 | 丁 | 余彭龄 | 江西奉城 | / | / |
| 20 | 丁 | 李佩珂 | 河南开封 | 内务部科员 | 北平师范大学<br>图书课课员 |
| 21 | 丁 | 金体乾 | 浙江长兴 | 江苏司法厅秘书 | 江苏省政府秘书长 |
| 22 | 丁 | 唐仰杜 | 山东邹县 | 山东省会市政厅总办 | / |
| 23 | 丁 | 高焕会 | 河北临榆 | / | / |
| 24 | 丁 | 高文垣 | 辽宁辽阳 | / | / |
| 25 | 丁 | 张泽嘉 | 江苏吴县 | 外交部佥事 | / |
| 26 | 丁 | 许明德 | 四川万县 | 哈尔滨警察厅 | 中东铁路管理局<br>机务处翻译 |
| 27 | 丁 | 陈国莹 | 四川荣昌 | 四川省议会会计科科长 | / |
| 28 | 丁 | 裔寿康 | 江苏盐城 | 参谋本部科员 | / |
| 29 | 丁 | 刘其湘 | 河南林县 | 中东铁路局秘书 | 中东铁路稽核局<br>第三科科长 |
| 30 | 戊 | 柴启垚 | 山东章邱 | / | / |
| 31 | 戊 | 杨兆年 | 河北宁河 | / | 安徽财政厅<br>驻芜湖金库主任 |
| 32 | 戊 | 赵国安 | 山西浑源 | / | / |
| 33 | 戊 | 刘蓟生 | 河南罗山 | 河南省政府秘书 | / |

其中,甲级的陈大岩、陈浦等 3 名学生①入学半年后,即被译学馆选派赴俄国留学。

译学馆的办学活动一直持续到 1911 年(宣统三年)10 月才告终结,历时十年。

① 另一人资料不详。

该馆俄文科毕业生的俄语水平究竟如何，因沧海桑田、时过境迁而湮没在历史长河中，已难为后人知晓。

2. 湖北自强学堂（湖北方言学堂）

1893 年（光绪十九年），洋务派代表人物张之洞考虑到湖北处长江上游，南北冲要之地，且汉口、宜昌均为通商口岸，洋务日繁，动关大局，造就外交及商务人才甚为必要，故在武昌创立湖北自强学堂，内设方言、算学、格致、商务四斋。其中方言斋学生住馆肄业，其余各馆按月考课。方言斋初始分立英、法、俄、德四门，后又增添日语，每门额定招收学生 30 名。张之洞对俄语极为重视，他认为："中俄近邻，（俄语）需用尤殷，况俄文原本希腊（文字），与英法德文之原本拉丁者不同，更为专门之学，自宜延访俄人之通华语者为教习，庶裨指授。"①因此，俄文专业聘请了俄籍教师，俄人波利沙、萨哈哪甫斯祁、喀凌呵等先后在学堂任教。② 根据 1899 年（光绪二十五年）的俄语专业课程表显示，每周上课时间为周一至周六的上下午，上午 3 节下午 4 节。其中，俄语课程均在上午的前 2 节进行。③

1902 年张之洞将自强学堂改设为方言学堂，所授学科为英、法、俄、德、日五门，每门招收 30 名学生，学制为 5 年，以培养交涉人才为办学宗旨。根据《奏定学堂章程》的有关规定，湖北方言学堂的程度与高等学堂略同。④ 湖北方言学堂的办学持续至 1911 年辛亥革命之前，此后即停办。

3. 奉天方言学堂

奉天方言学堂成立于 1908 年 2 月（光绪三十四年正月），在原蒙文学堂的基础上扩充改建而成，分设英、日、俄三科，录取"中学程度较优之学生"，共计 130 余人。此后不久，时任盛京将军赵尔巽以奉省交涉事务繁多而学习外语人数太少，向清中央政府申请免将方言学堂改为中学堂，但此议未获批准。⑤ 清廷以学堂"未奏请立案"及"以学部定章应注重高等学堂及中学堂之课程不必再立方言学堂，以一统系"为由，于 1909 年（宣统元年）将方言学堂改为高等学堂，而原有学生按照学年程度重新分班。此外，还将已经在中学堂修业 3 年或 4 年的学生并入高等学

① 朱有瓛主编：《中国近代学制史料》第 1 辑（上册），华东师范大学出版社 1983 年版，第 310 页。

② 朱有瓛主编：《中国近代学制史料》第 1 辑（上册），华东师范大学出版社 1983 年版，第 317 页。

③ 粟高燕著：《世界性与民族性的双重变奏——世界化视野中的近代中国基础外语教育研究》，光明日报出版社 2009 年版，第 58 页。

④ 高晓芳著：《晚清洋务学堂的外语教育研究》，商务印书馆 2007 年版，第 178 页。

⑤ 徐世昌：《筹办奉省学务情形折》，李毓澍：《东三省政略》，卷九"学务"，台北文海出版社 1965 年版，第 5639 页。

堂。1912年9月,奉天方言学堂被并入法政学堂。①

4. 奉天方言肄习所

1908年(光绪三十四年)冬,奉天方言肄习所在沈阳书院前图书馆内(现大南门内)开办,内设英、日、俄文等科。这是一所专为"造就吏才"而设的官办外语学校,"在省充差以及候补人员"均可自愿报名。方言肄习所设甲乙两班:甲班为白天授课,学制两年;乙班课程在晚间进行,学制三年。②

这所学校因性质特殊而颇受官方重视。锡良担任总督东三省事务的钦差大臣时,曾在1909年4月向方言肄习所提调黄仕福详细询问该所的开办日期、班次员数、学员水平等问题,并指出培养俄语人才的重要性,他还要求方言肄习所必须认真办学,甚至表示将亲自前往参观考察。③ 奉天方言肄习所的俄语教学确实取得了一定成绩。1909年4月,3名俄国学生到方言肄习所参观,他们不仅旁听了俄文教习罗忠文的授课,还与俄语专业的学生进行了现场对话。这3名俄国学生对方言肄习所教师和学生的俄语水平深表佩服,赞叹不已。④ 奉天方言肄习所还曾一度面临缺乏师资的窘境,为解决这一问题,该所于1909年8月聘请交涉司的俄文翻译胡国禄担任教师,由他在晚间为学生授课。⑤

5. 新疆养正学堂

新疆地区教授俄语学校除新疆俄文馆外,还有一所养正学堂。这所学校始建于1887年(光绪十三年),由伊犁将军包愣额在绥定城建立,因有传承原伊犁俄罗斯学之意,所以初期定名为俄罗斯学堂。该校当时共招收满、锡伯族学生20余人,并从京城聘请了一位俄语教师。1903年(光绪二十九年),清政府批准俄罗斯学校改建为养正学堂,学制为四年,招生定额40名,学生在校期间兼习满、汉、蒙、俄等文字。⑥ 此外,养正学堂曾以公派方式选送学生赴俄国阿拉木图等地留学。⑦

除上述学校外,清末民初时期的公立、私立俄语学校还有很多,因资料所限仅简述如次。1903年秋,东省铁路交涉局总办周冕在铁路交涉局的后院建立了哈尔滨俄文学堂,聘请中东铁路局局长霍尔瓦特为学董,办学经费全为周冕筹集。这

---

① 金毓黻主编:《奉天通志(影印本)》"教育志",辽海出版社2003年版,第3556页。

② 徐世昌:《奉省设立方言肄习所折》,李毓澍:《东三省政略》,卷九"学务",台北文海出版社1965年版,第5681页。

③《锡帅注意方言学》,《盛京时报》宣统元年四月初五,总第768号。

④《俄学生参观方言肄习所》,《盛京时报》宣统元年四月二十四日,总第784号。

⑤《译员兼充教员》,《盛京时报》宣统元年八月十三日,总第874号。

⑥ 葛丰交、永梅兰:《新中国成立前俄罗斯族教育概述》,《民族教育研究》2004年第6期。

⑦ 袁澍:《近代新疆教育事业的三次盛衰》,《西域研究》2001年第3期。

所学堂前后共办7期,1907年改为吉、江合办哈尔滨中学堂,后又改为合办译学堂。[①] 1905年,私立华俄学堂在北京西单牌楼复兴公司内设立。[②] 1907年吉林建立了方言学堂,从俄领事馆聘请一名武官担任俄文教习。[③] 1912年,刘士珍在长春开设了一所俄文学校,周边各县共有二十余人入校学习。这所学校的规模在1913年有所扩充,不仅学生人数增加,而且为满足学生需求添设了英文专业及夜校。[④] 总体来看,在清末民初的兴学活动中,俄语(文)教育得到了一定程度的重视,这一时期俄语(文)教育的发展,尤其在东北、新疆等与俄国临近的边疆省区形成了一个小高潮。

## 三、沙俄在中国边疆地区的教育活动

中国的东北、西北等边疆地区因与俄国接壤,故而富有侵略殖民扩张性质的沙俄政府对这些边邻地区怀有一种特殊的目的和心态,积极地进行着各种形式的教育活动,不仅建立了相关学校,还包括参观考察、访学游历等有关教育交往的内容,这些教育活动及事业,自然不同于其时一般意义上的中俄教育交流,体现出明显的殖民色彩,带有"特殊关照"的地方特色。

### (一) 沙俄在中国东北地区的教育活动

自17世纪起,沙俄对中国东北领土的蚕食一刻都没有停止。中日甲午战争之后,帝国主义列强纷纷加入瓜分中国的行列中,沙俄更是不甘人后。1896年,沙俄通过《中俄密约》取得了在中国东北修筑中东铁路的特权。1898年3月和5月,沙俄又与清政府签订了《旅大租地条约》和《续订旅大租地条约》,取得了修筑中东铁路支线的特权。1898年6月9日,俄国中东铁路建设总局由符拉迪沃斯托克(海参崴)迁到了哈尔滨。随着中东铁路的施工,大批俄国工人聚集到铁路沿线各地,沙俄势力由此伸入到东北全境,从而为其后续侵略创造了便利条件。此后,沙俄以义和团运动危害到中东铁路建设和本国侨民利益为借口,于1900年7月由沙皇尼古拉二世亲自挂帅,兵分五路入侵东北三省。9月底,东北三省全境沦陷。沙俄在占领东三省之后,为使其侵略行径合法化,于当年11月11日胁迫清政府签订了中俄《奉天交地暂且章程》(亦称《增·阿章程》),随之在13日俄国政府外交、财政、陆军三大臣会议通过了《俄国政府监理满洲之原则》,意欲全面控制我东北地

① 黑龙江省人民政府办公厅调研室:《黑龙江省情》,黑龙江人民出版社1986年版,第929页。

② 《北京女报》1905年12月8日,转引自《北京教育志丛刊》1992年第3～4期。

③ 《方言学堂聘妥俄文教员》,《盛京时报》光绪三十三年四月初六,总第169号。

④ 《俄文学校大加扩充》,《盛京时报》1913年9月18日,总第2059号。

区全境。但在中国人民的极力反对以及其他帝国主义势力的干涉下,沙俄没有彻底实现鲸吞中国东北领土的目的。1904 年日俄战争爆发,沙俄战败之后不得不退居长春以北,中国东北地区自此形成了日本与沙俄共同侵占的局面。

沙俄对中国东北地区进行侵略和殖民统治的时期,在中东铁路沿线地区开办了大量学校。据不完全统计,1898 至 1911 年间,俄国人通过路立、公立、私立等办学手段开办了中小学和职业学校 30 多所。至民国初期,俄国人又新开办各级各类学校近 80 所,包括大、中、小学、幼儿园和职业学校。这些学校一律贯彻俄国教育方针,执行俄国教学计划,使用俄国学校教材,遵照 1902 年沙俄制定的《中东铁路附属地俄国学校章程》办学。其中,路办俄校接受中东铁路局学务处领导,其它学校归市公议会学务科管理,中国方面均无权过问。①

1898 年,中东铁路局在哈尔滨的香坊创办了东北地区第一所俄国小学。这所学校由中东铁路总工程师尤格维奇的夫人担任教师,最初只有男女学生 20 名,其后不久就扩充到 5 个班,共 194 名学生。1899 年 10 月,为了满足俄侨数量增长而带来的教育需求,中东铁路管理局在哈尔滨南岗开办了第二所小学——松花江小学。1903 年,中东铁路管理局建立了六年制中等预备校和第一新哈尔滨小学。同年 8 月,又有俄侨结聂罗佐瓦中学校在哈尔滨炮队街成立,由托克马阔瓦任校长,该校于 1920 年改成私立中学。1905 年,各各瓦兹簿记(财会)传习所在哈尔滨商务街成立,这是中东铁路沿线由俄国人开办的第一所私立专科学校。② 同年,船坞小学建立。与之同时,俄国人还在哈尔滨等地开办女子学校。如 1903 年,盖涅罗佐娃女校在哈尔滨道里区炮队街(现通江街)举行开学典礼,清一色的俄罗斯女学生和年轻女教师,这是哈尔滨最早的俄国私立女子小学校。③ 1906 年 8 月,俄国人在哈尔滨南岗新市街开办了奥克萨阔夫斯卡雅女子中学。当年 10 月,俄国侨民阿克沙阔夫创办了十年制的阿克沙阔夫女子中学和阿克沙阔夫实科中学(又称实业中学校)。④ 这两所学校,前者规模较大,主要招收俄侨子女,学生最多时在 1928 年有在校生 238 人,后者规模较小,学生一般只有五六十人。两校均在伪满统治时期为日人所控制,后与 1940 年左右停办。⑤ 中东铁路管理局还于 1906 年 3 月和 10 月分别开办了哈尔滨男子商业学校、哈尔滨女子商业学校以及临时电信

---

① 哈尔滨市地方志编纂委员会:《哈尔滨市志》(教育、科学技术卷),黑龙江人民出版社 1998 年版,第 7 页。

② 郭蕴深:《中东铁路与俄罗斯文化的传播》,《学习与探索》1994 年第 5 期。

③ 李锡文:《小儿郎背着书包上学堂》,《今晚报》副刊 2009 年 5 月 31 日。

④ 李兴耕等著:《风雨飘萍——俄国侨民在中国》,中央编译出版社 1997 年版,第 342 页。

⑤ 郭卫东主编:《近代外国在华文化机构综录》,上海人民出版社 1993 年版,第 301 页。

学校,建立这些学校主要是为解决因中东铁路营运日趋繁忙而导致商务经营人才短缺问题。1907 年 8 月,以中东铁路局局长名字命名的霍尔瓦特中学在哈尔滨南岗开办。

为了进一步控制哈尔滨及中东铁路沿线的附属地,俄国财政部顾问希鲍夫和中东铁路局局长霍尔瓦特等人不顾中国政府的再三抗议,于 1907 年 11 月 7 日擅自通过了《哈尔滨自治会议章程草案》,规定市董事会的董事长必须由俄国人充任,而董事会受中东铁路局的监督。这个处于中东铁路控制下的董事会在 1908 年 7 月召开的第五次会议上,通过了对俄国人的免费教育案,并决定创办市立学校。1908 年 10 月,《草案》通过后的第一所市办学校——哈尔滨警察学校成立;1912 年建立了市立第五小学、特立足立中学校;1914 年开办了市立第一高级小学;1916 年在南岗海关街建立俄侨第一实科(业)学校;1917 年第一高等小学、地包小学、第三高等小学等成立。[①]

俄国人在哈尔滨及中东铁路沿线地区开办的这些学校,主观上是为了维护沙俄的殖民统治,由于这些学校也接纳部分中国人子弟,因此对当地教育的发展也有某些积极作用,从学生接受文化知识的角度也可归类为中俄教育交流。据 1910 年 11 月 24 日的《远东报》记载,俄国人开办的"哈尔滨第二小学堂有华俄学生 200 余名,其中华人有 20 余名"[②]。东三省总督赵尔巽在 1911 年从奉天选送了 20 名男生和 10 名女生到哈尔滨男子、女子商业学校学习 8 年制的商业经济专业,如曾任中东铁路理事会俄文秘书、《哈尔滨公报》社长、哈尔滨副市长的关鸿翼,就是其中一员。[③]

此外,俄国人建立的一些私立学校也吸收了不少中国学生。由此,到哈尔滨上学成了一种间接的留学方式,当地和周边地区的一些中国学生都选择到哈尔滨的俄国学校就读。

沙俄殖民教育的魔爪还伸向了东三省的其他地方。1898 年沙俄强行租借旅大地区后,又于 1900 年进占金州城,从而将旅大地区完全置于掌控之中,成为俄国的海外殖民地——"关东洲"。为巩固在当地的殖民统治,沙俄于 1898 年在旅顺建立了第一所殖民学校——普希金初等学校。[④] 此后,沙俄为培养关东州各衙

① 郭蕴深:《中东铁路与俄罗斯文化的传播》,《学习与探索》1994 年第 5 期;李兴耕等著:《风雨飘萍——俄国侨民在中国》,中央编译出版社 1997 年版,第 342 页。

② 郭蕴深:《中东铁路与俄罗斯文化的传播》,《学习与探索》1994 年第 5 期。

③ 张福山编著:《哈尔滨文史人物录》(《哈尔滨文史资料》第 20 辑),政协哈尔滨市委员会文史资料委员会 1997 年印行,第 71 页。

④ 王毅:《沙俄对大连的殖民统治》,《辽宁师范大学学报(社科版)》1991 年第 5 期。

门的俄语翻译人员及部分官吏，在旅顺、大连、金州、皮子窝、普兰店等地建立了近20所俄华学校（亦称俄清学校）。[①] 为构筑起庞大、严密的殖民教育网络，在沙皇尼古拉二世的批准下，黑龙江阿穆尔总督府学监乌里格里托夫与阿列克赛耶夫等人于1901年8月炮制了一份具有“俄国殖民政策远大目标”的《关东洲学校建校纲领》。在这份纲领的指导下，旅大地区的建校工作在1904年已接近完工，沙俄教育大臣负责的选拔教师工作也告完成，后因日俄战争爆发而使建校纲领中的计划未能全部落实。[②]

俄国之所以在旅大地区建立大批学校，一方面是为了解决俄国人的教育问题，为殖民统治培养人才。因此，陆军直属预备学校、拉里奥诺夫娅私立预备女学校、旅顺市立两级普希金学校（1903年7月分成旅顺市立两级普希金男小学校、旅顺市立初等女学校和俄清学校）、旅顺市立两级普希金学校附属夜校、旅顺实业学校、大连小学校等专门吸收俄国学生的学校纷纷建立。[③] 另一方面，沙俄的目的在于：“以这种机关对中国青年传播俄国思想，对中国人普及俄语和常识，并由此使之了解俄国生活，以造就中国人适于省内之下级行政官吏及铁路之下级职员。”[④]换句话说，就是为沙俄培养一批帮凶、爪牙，以巩固其在旅大地区的殖民统治。

日俄战争之后，由于俄国战败，不得不将长春至大连的南满支线连同旅大港割让给日本。在沙俄势力退出东北南部以后，当地的俄国学校自然中止了办学活动。为增强对东北地区乃至中国的影响，战败后的沙俄政府也曾尝试在其势力范围之外开设俄语学校，但受制于政治、外交因素而收效甚微。1907年7月，俄国驻奉天领事馆在馆内设立了俄文学堂，开始对外招募学生。[⑤] 俄国还于1909年初向清政府提出申请，拟在黑龙江和吉林两省开设两所大学堂，这两所大学堂除按照学部大学堂章程开设规定课程之外，另设俄文、农业两科，只招收中国学生，以五百人为限，学堂所需一切费用则由俄国政府筹拨，但清政府必须允准该学堂毕业生具有考试登庸的权利。[⑥] 几个月后，这项提议被清政府以侵害中国教育权为由严辞拒绝。

除了在东北地区尤其中东铁路沿线广泛设学外，沙俄还通过派遣学生来华访

---

① 王鸿宾等著：《东北教育通史》，辽宁教育出版社1992年版，第346页。

② 齐红深主编：《东北地方教育史》，辽宁大学出版社1991年版，第174页。

③ 齐红深主编：《东北地方教育史》，辽宁大学出版社1991年版，第174～175页。

④ 《阿列克塞也夫上奏文》，转引自王毅：《沙俄对大连的殖民统治》，《辽宁师范大学学报（社科版）》1991年第5期。

⑤ 《俄领开办俄文馆》，《盛京时报》光绪三十三年七月二十九日，总第264号。

⑥ 《俄人于吉黑两市分设大学之决心》，《盛京时报》宣统元年正月二十六日，总第685号。

察、游览等方式，借以刺探和收集中国各类情报。于是在这一时期内，还有大批俄国学生经哈尔滨前往奉天等地参观访问，他们大多借以游览、考察为名。例如，俄国学生多布我思罗克[①]于 1908 年 6 月到奉天游历，经俄国驻奉总领事与交涉司、提学司交涉，多布我思罗克获准到各学堂参观考察。[②] 1909 年 7 月，俄国海参崴高等东语学堂派出 30 多名学生，一半前往北京一半留在哈尔滨，专门调查中国官商界各种秘密消息，一方面将这些信息提供给沙俄政府参考，另一方面也是通过调查活动增长学生的阅历，这些学生每人都获得了由沙俄政府资助的四百余元食宿费用。[③] 1910 年 5 月，40 余名俄国女学生在奉天游历数天后乘坐南满火车返回哈尔滨。[④] 1910 年 6 月，哈尔滨俄国商业学堂 6 名教师率领 23 名学生乘坐南满火车抵达奉天。在奉期间，他们先后参观了故宫、东陵、北陵以及各个学堂，并受到了提学、交涉两司的宴请。[⑤]

### （二）新疆地区的中俄教育交往

比较东北地区而言，同样与沙俄接壤、位于中国西北地区的新疆，在清末民初时期与俄国的教育交往，无论其性质或形式都有所不同。其时，新疆地区的中俄教育交往活动以俄语教育、移民教育和留学教育等形式为主，而且大多为中国方面处于主动地位，而非如东北地区以沙俄推行殖民教育为重心。

新疆的俄国移民教育开展较早。1864 年中俄《勘分西北界约记》签订后，俄国人就在伊犁地区建立了一所俄文学校，旨在向当地人传授俄语，当时就有 30 多个当地孩子被收为学生。[⑥] 此后，俄罗斯移民只在聚居的城镇或农牧区开办一些私立学校，使用俄国的教材和俄语授课，这种情况一直持续到十月革命后大批俄国人迁入新疆居留才有所改变。

这一时期新疆伊犁地区的民族教育受中俄关系的影响较大，对俄国教育经验有所借鉴，开始出现附带开设文化课的经文学校和按照俄国学校教学大纲讲授的文化学校，其中相关学校所使用的课程表大多援引自俄国喀山市。与此相应，当

---

① 此人可能为俄国东方学协会发起人之一多布罗洛夫斯基之中名别译。录此备查。

② 《俄学生到沈参观各校》，《盛京时报》光绪三十四年五月二十七日，总第 499 号。

③ 《俄派东语学生秘密之调查》，《盛京时报》宣统元年五月二十八日，总第 820 页。

④ 《俄女生离奉》，《盛京时报》宣统二年四月二十七日，总第 1071 号。

⑤ 《俄国商业学生来奉考察》，《盛京时报》宣统二年五月十八日，总第 1087 号。

⑥ 琳达・本森、英格瓦尔・斯万伯格：《新疆的俄罗斯人——从移民到少数民族》，《民族译丛》1990 年第 6 期。

地一些有识之士还从俄国聘请教师到宗教学校任教。[1] 进入民国之后,在新疆地方开办的一些学校中,有的学校为与俄国交往便利,在学校教学过程中设置有俄文课程,如在伊宁的锡伯族尚学会于1914年成立时即开办有一所色公学校(以锡伯营总管色布西贤之名命名),该校即开设有俄文课程,另外伊宁地区还有专为境内俄罗斯族办理的新学校,其中俄文俄语教育为其教学内容更不必说。[2]

在开办学校的同时,新疆的留俄教育也在蓬勃开展,留俄学生中以锡伯族为最。早在1866年,锡伯族人福善随父母前往俄国,直到1880年回国,此后一直在塔城从事汉、满、维、俄等多种文字的翻译工作。[3] 1883年,在新疆阿图什县伊克莎克乡出现了一所既授宗教课程又讲科学知识的新式教育机构,至1885年时,该校创办人胡赛英·木沙巴耶夫兄弟即派出7名学子赴俄喀山师范学校留学。到1892年,该地方派往国外求学者的队伍有所扩大,自后在清末先后派出50余名学子分往俄国、土耳其等国留学。由此可见,其地不仅为新疆地区近代出国留学之先行者,而且为后来新疆的留学教育事业打下了深远的历史基础。据有关研究资料反映,到20世纪30年代初期新疆向苏联中亚各共和国高、中等专业学校派遣留学生时,仅伊克莎克乡一处就选送了10名。[4] 1902年,时任锡伯营领队大臣、副都统色布西贤为培养锡伯族人才,经与索伦营领队大臣协商并报请伊犁将军马亮批准,从锡伯、索伦两营和新老满营中选拔了关清廉、春保、伊力山、殷德山、崇纳等11名品学兼优的学生,于当年保送俄国阿拉木图学习俄语,并派索伦营的巴图沁、锡伯营的萨拉春担任监学并照料留学生的起居。色布西贤还将自己的孙子帕尔塔里也送往俄国留学,以开其风气。这些留俄学生分别于1909、1914年回国后,或担任驻苏领事,或致力于教育、翻译工作,都为新疆各项事业的发展作出了贡献。[5] 1913年,锡伯营三牛录阿昌阿、觉洛、德全、文合尔图自费到俄国阿拉木

---

① 艾沙江·木沙、伊明·依不拉音:《伊犁近代文化教育史简介》,政协伊犁哈萨克自治州文史资料委员会:《伊犁文史资料》第7辑,1990年印行。

② 苏德善:《解放前伊犁锡伯族的教育》,《伊犁师范学院学报》1987年第3~4期;佟加·庆夫、瓜尔佳·文明:《锡伯族杰出的教育家——色布西贤》,政协伊犁哈萨克自治州委员会文史资料委员会:《伊犁文史资料》第6辑(锡伯族专辑),1990年印行。

③ 葛丰交:《新疆锡伯族教育纪事(1764—2000)》,政协伊犁哈萨克自治州文史资料委员会:《伊犁文史资料》第18辑,2002年印行。

④ 伊卜拉欣·尼雅孜:《阿图什县伊克莎克乡开办近代新学教育的情况》,政协新疆维吾尔自治区委员会文史资料研究委员会编:《新疆文史资料选辑》第13辑,新疆人民出版社1985年版。

⑤ 佟加·庆夫、瓜尔佳·文明:《锡伯族杰出的教育家——色布西贤》,政协伊犁哈萨克自治州委员会文史资料委员会:《伊犁文史资料》第6辑(锡伯族专辑),1990年印行。

图上中学。[①] 此外，塔塔尔族也曾派出留俄学生。如在1910年，塔塔尔族的吾玛尔阿杰在塔城地区建立了第一所新式学校。为解决师资问题，吾玛尔阿杰派其子阿不都热合曼等一批学生到俄国喀山留学。这批学生学成归来后，充实到学校的教学第一线，极大地推动了这所新式学校的发展。[②] 另外，前述养正学堂也曾以公派方式选送学生前往俄国阿拉木图等地留学。

综观清末民初时期中俄之间的教育交往，其具体内容与中俄两国之间政治、经济、军事、外交等关系密不可分，并随着这些关系在各个历史时期的演变而表现出不同特点。特别是在近代以来沙俄侵华野心日益膨胀的情况下，中国在两国之间的教育交往活动中不可避免地呈现出单向性、被动性等特征，其中表现最为明显的就是沙俄在中国东北地区的办学活动，无论其目的、内容和形式，都具有迫使中国忍受的侵略性和殖民性。总体而论，就中国方面而言，这一时期中俄教育交流还处于以“师夷长技以制夷”为主要目的的历史时期，这就与新民主主义、社会主义时期中国“以俄为师”、通过教育交流主动向苏联学习革命和建设经验的发展特征形成鲜明的对比。

---

① 葛丰交：《新疆锡伯族教育纪事(1764—2000)》，政协伊犁哈萨克自治州文史资料委员会：《伊犁文史资料》第18辑，2002年印行。

② 阿布力米提·哈吉也夫口述；塔依尔、杨任志整理：《塔城教育的四十年》，政协伊犁哈萨克自治州文史资料委员会：《伊犁文史资料》第3辑，1987年印行。

# 第二章

# 民国时期的中苏教育交流

就世界历史的进程而言，一个国家政权的更迭往往意味着该国与别国关系的重新确立与发展，对于进入20世纪的中俄两国来说亦是如此。中国和俄罗斯的国内政治格局在20世纪的最初20年都发生了巨大变化，这既改变了两国的发展走向，也为此时期中俄—中苏教育交流活动的兴起提供了必要的客观条件。在此基础上，中苏教育交流获得了快速发展，相对于早期中俄教育交流，双方活动更具主动性，形式更加多样性，涉及范围更为广泛性，而且深刻影响了中国的政治、经济、军事、文化、教育等各个领域，直接或间接地推动了20世纪中国社会的变革，并为新中国建立后两国间大规模教育交流活动奠定了一定的历史基础。故而此时期的中苏教育交流，在整个中俄(苏)交流史上起着承前启后的衔接作用。

## 第一节　20世纪二三十年代的留苏教育

20世纪二三十年代的留苏教育是中苏教育交流史上最具代表性的历史事件，影响可谓深远。20世纪20年代，在俄国十月革命、中国五四运动的共同推动下，中国国内掀起了研究、学习马克思主义与苏俄革命经验的热潮。借助于苏联提供的支持援助，中国共产党与国民党于二三十年代分批派遣了一批留苏学人，以留学方式培养政治、军事等方面的骨干力量。这批留苏生不仅是最早一批前往苏联学习的中国留学生，而且其中大部分人归国后成为国共两党的中坚力量，对20世纪中国的发展产生了极其重要的作用和影响。

### 一、留苏热潮的时代背景

辛亥革命以后，中国推翻了绵延久远的封建帝制，却没有摆脱被专制独裁势力窃取革命果实的境遇，广袤的中国大地依然呈现战乱纷争的历史景况。在这种形势下，一批有良知的知识分子逐渐意识到，仅仅推翻封建统治、建立共和政体，还不能完成救亡图存的历史重任，实现强国富民的政治理想。因此，一场以学习西方民主科学精神、批判封建传统文化为主旨的“新文化运动”拉开了序幕。与此同时，俄国十月革命也在中国引发了强烈的反响，使得众多爱国的先进知识分子看到了新希望，于是纷纷将关注中国前途的目光转而投向可以引为样式的苏俄。李大钊、陈独秀等一批时代先进分子纷纷发表文章，表达对俄国十月革命的肯定和对社会主义制度的向往。北京、天津、上海、武汉、长沙、四川等地区相继出现了研究马克思主义和苏俄革命的团体，如李大钊等人在北京大学创立的马克思学说研究会、毛泽东与何叔衡在长沙组织的俄罗斯研究会等，无不对俄国“庶民”的革命予以赞扬，对引导俄国革命的马克思主义加以研讨。此外，部分在日本、法国等国留学的中国学子也接触到了马克思主义，并深受影响。除了通过西方译著学习马克思主义和苏俄革命经验之外，部分革命者和知识分子还亲自前往十月革命的故乡俄国，实地考察苏俄社会的真实状况。如在1920至1921年间，瞿秋白以北京《晨报》记者的身份前往俄国进行实地采访，他深入到苏俄社会生活的各个方面，撰写了大量反映新俄国面貌的通讯报道，这些报道此后被收录到《饿乡纪程》和《赤都心史》两部书中。1919年后出现的俄国文学翻译热，以及对苏俄教育思想专著的翻译与引进，又进一步扩大苏俄文化教育在中国的影响。

这一时期,中苏外交关系也发生了具有历史转折性的根本变化。为稳定边境局势,巩固苏维埃政权,彻底摧毁国内外反动势力妄图颠覆社会主义苏联的野心,苏俄政府根据列宁的指示与中国北洋政府进行积极沟通,承诺废除沙俄时代签订的一系列不平等条约,放弃在华一切特权,以谋求与中国建立友好、平等、互相尊重领土主权的新型双边关系。1917 年 12 月,中苏两国代表在彼得格勒举行谈判,但数月之后谈判中断,依赖帝国主义列强的北洋政府召回谈判代表。两国之间这一历史性谈判以如此结局收场,表明北洋政府依附于西方帝国主义势力,害怕俄国十月革命会激发中国人民的革命意志,因此对苏俄政府抱有敌对心态,甚至一度加入到帝国主义对苏俄进行武装干涉的活动中。与此反是,代表其时中国进步的政治势力,孙中山领导的广东革命政府对苏俄政权持欢迎态度。早在 1918 年夏,孙中山就通过在美国的中国侨民向列宁发去一封电报,其中指出:"中国革命党对贵国革命党所进行的艰苦斗争,表示十分钦佩,并愿中俄两党团结,共同斗争。"[①]孙中山的这番表态,对后来苏俄与广东革命政府合作起到了至关重要的历史奠基作用。

与此同时,苏俄政府一直在努力谋求得到北洋政府的外交承认。早在 1918 年 1 月 19 日,苏维埃政府就正式通知中华民国驻俄使馆,表明将撤销沙俄在中国的领事裁判权和退还租界,并请中方协商解决中东路办法。1919 年 7 月 25 日,加拉罕以苏俄副外交人民委员的身份发表了"第一次对华宣言",明确宣布放弃沙俄时代因不平等条约而攫取的在华利益,提出希望能够与中国进行合作。1920 年,这份宣言经各大报纸转载得以在中国广泛转播,引起了中国社会各界的强烈反响。北洋政府面对苏俄政府展现的对华新姿态,不得不进行回应。1920 年 4 月,张斯麟率领军事外交代表团前往苏俄政府建立的远东共和国考察访问,并于 9 月 5 日抵达莫斯科,与苏俄政府进行非正式的谈判。就在张斯麟代表团赴苏的同时,苏俄政府也于 1920 年 6 月派出了由优林率领的远东共和国代表团前往中国访问。优林一行的主要目的是为了在远东共和国和中国之间在政治、经济等方面建立起友好合作的官方联系。

在击退外国武装干涉势力及平定白匪叛乱之后,苏俄政权得到巩固,经济实力也随着政局的稳定而日益增强,这些因素使苏俄的国际活动空间得以扩展,对华外交也更为直接主动。北洋政府迫于苏俄实力的不断增强,及其与中国南方革命政权、日本之间的关系,不得不与苏俄政府进行正式的官方谈判。1924 年 5 月

---

① 《孙中山全集》第 4 卷,中华书局 1985 年版,第 500 页。

31日，中国外交总长顾维钧与苏俄政府特命全权代表加拉罕在北京签订《中苏协定》(《中俄解决悬案大纲协定》)、《暂定管理中东铁路协定》及其附件。至此，中苏政府使中断多时的两国外交关系得以恢复。

在与北洋政府建立正式外交关系的同时，苏俄政府也与孙中山领导的广东革命政府成为政治上的合作伙伴，这不仅有助于苏联巩固政权、发展对华外交和拓展国际空间，也对中国革命的发展起到了重要的推动作用，并为马克思主义在中国的传播以及中国共产党的成立与壮大创造了有利条件。由此，二三十年代的留苏教育具备了产生与发展的良好环境和有利条件。

## 二、留苏学生的派遣过程

20世纪二三十年代的留苏教育，按照派遣主体的不同与时间顺序，可分为中国共产党率先派遣阶段、第一次国共合作时期两党共同派遣阶段、第一次国共合作破裂后中国共产党单独派遣阶段，分期标志则为莫斯科中山大学的成立和国共两党第一次合作的破裂。①

### (一) 中国共产党率先派遣阶段(1920—1924)

中国共产党率先派遣留苏学生并非偶然。俄国十月革命激发了马克思主义在中国的传播，最先觉醒的中国先进知识分子和革命青年十分渴望到苏俄学习革命的理论和实践经验，苏俄政府对此也表示出欢迎的态度，并提供了实际帮助。这些因素综合之力的推动，使中国共产党主导的留苏活动从设想变成了现实。

1. 上海外国语学社与留苏教育的准备

首批留苏学生的成行发生在中国共产党正式建党之前，是在中国共产党的早期组织推动下实现的。毛泽东、何叔衡等人于1920年9月在长沙创立了俄罗斯研究会，将研究俄罗斯的一切事务作为宗旨，并在研究会简章中明确规定会务为："一、研究所得后，发行俄罗斯丛刊；二、派人赴俄实地调查；三、提倡留俄勤工俭学。"②俄罗斯研究会的出现推动了留苏教育的产生和发展，据肖劲光回忆："我们在俄罗斯研究会听了几次课，初步知道了俄国革命是建立工农当家作主、没有压迫剥削的社会。要想实现这样一个平等的社会，就要像俄国那样进行革命。没过多久，也是在八月份，俄罗斯研究会准备派第一批学生赴俄勤工俭学，我和弼时同

---

① 这种阶段划分参考了张泽宇：《留学与革命——20世纪20年代留学苏联热潮研究》，人民出版社2009年版；许风霜：《20世纪20年代留苏教育研究》，华中师范大学2009年硕士(毕业)学位论文的有关观点。

② 邵维正著：《中国共产党创建史》，解放军出版社1991年版，第134页。

志都被选上了。和我们一批的共六个人，还有任岳、周昭秋、胡士廉和陈启沃。”① 1920年8月，肖劲光、任弼时等一行六人从长沙启程，经岳阳转乘江轮前往上海，一所专门为赴苏留学青年举办的外国语学校正在那里等待他们的到来，这就是上海外国语学社。

上海外国语学社是中国共产党早期组织最先创办的培养革命干部的学校。该机构由上海共产主义小组于1920年9月创办于霞飞路新渔阳里六号。此处起先由戴季陶租为寓所使用，1920年4月俄共(布)远东局派出维经斯基及其夫人库兹涅佐娃和翻译杨明斋②前来中国了解共产主义运动情况，维经斯基一行到达上海之后租赁此处作为活动地点。该机构由杨明斋总负责，工作人员的具体职责如下：杨明斋担任校长，俞秀松为秘书，并在校攻读俄文。俄文教员有杨明斋、库兹涅佐娃(维经斯基的夫人)、马迈耶夫(维经斯基秘书)和王元龄(张作霖驻俄公使李家鳌的外甥女)。此外，还有日文教员李达、法文教员李汉俊和英文教员袁振英。外国语学社表面上公开招生，上海《民国日报》曾刊登过学社的招生广告，内容是：“本学社拟分设英、法、德、俄、日本语各班，现已成立英俄日本语三班。除星期日外每班每日授课一小时，文法读本由华人教授，读音会话由外国人教授，除英文外各班皆从初步教起。每人选习一班者月纳学费银二元。日内即行开课，名额无多，有志学习外国语者请速向法界霞飞路新渔阳里6号本社报名。此白。”③当然，所谓的公开招生广告只是一个很好的掩护，实际上外国语学社的学生基本由上海共产主义小组成员及其他相关革命团体和个人介绍入学。除肖劲光、任弼时等6人外，还包括刘少奇、罗觉(罗亦农)、卜士奇、任作民(任弼时的叔伯兄弟)、吴芳、谢文锦、彭述之、廖化平、许之桢、傅大庆、马念一、曹靖华、韦素园、蒋侠僧(蒋光慈)、王一飞、何今亮、李启汉、李中、梁柏台、柯庆施、彭澎、华林、丁玲、韩慕涛、周伯棣、曹平、蒋热血、韩平、汪寿华等。④ 总体上看，学生主要来源于湖南、湖北、安徽、浙江、广东、河南等省区，数量上则时有变化，最多时曾达到五六十人，少的时候也有二三十人，很多人后来成为中国共产党的骨干和领导者。

---

① 肖劲光著：《肖劲光回忆录》，解放军出版社1987年版，第13页。

② 杨明斋(1882—1938)：原名杨好德，山东平度人，旅俄华工联合会成员，俄共党员，为中国共产党的创立和早期革命事业做出过重大贡献，曾入莫斯科东方劳动者共产主义大学学习，著有《中国社会改造原理》等书，后在苏联肃反运动中因捏造的罪名被捕，于1938年5月惨遭杀害。

③ 《民国日报》1920年9月28日～10月2日第1版。

④ 此名单根据以下资料整理：肖劲光著：《肖劲光回忆录》，解放军出版社1987年版，第17页；中央文献研究室第二编研部编：《话说刘少奇——知情者访谈录》，中央文献出版社1999年版，第153页；付克著：《中国外语教育史》，上海外语教育出版社1986年版，第47页。

外国语学社的学习相当紧张。一方面，学生们要学习外语和政治理论知识。其课程主要以俄语和马克思主义基础知识为主，除了学习外语教材和《共产党宣言》等马列著作之外，还能阅读到《新青年》、《时事新报》副刊《学灯》、《民国日报》副刊《觉悟》等报刊。另一方面，这些学生还要经常参加社会活动。据肖劲光回忆："我们一般是上午学俄文，下午除学习外，有时刻钢板、印传单，有时还要到工厂联络、上街散发传单。遇到纪念日，就参加游行。每当游行时走在前边举旗杆的经常是我们这些人。那时做工并不多，只是帮助上海共产主义小组编辑出版的《劳动界》、《华俄通讯社》等刊物做过抄写、校对工作。"①在紧张的学习之时，外国语学社的学生还忍受着比较艰苦的食宿等生活条件。该学社的校舍分为两部分，一楼作为教室，二楼则是办公室和宿舍。由于住宿条件的局限，学生们除睡在棕绷床、板床上，还有部分学生打地铺。后来由于学生人数越来越多，宿舍已无法容纳，刘少奇等人就在学社附近另觅住处。他们每个月的生活费不到6元，只能吃最便宜的包饭。有时为能省下钱用于购买书报等其它用途，不得不5个人包4个人的饭，以节省费用。紧张而艰苦的学习生活磨炼了这些青年学子的意志，他们怀着学成归来、改变祖国落后面貌的宏愿，以刻苦钻研的精神在学业道路上孜孜以求。

2. 东方大学的建立与首批留苏学生的派遣

就在上海外国语学社的莘莘学子为留苏理想努力学习之时，苏联方面也在进行着为其它国家培养大批革命者的准备工作。1920年7月召开的共产国际"二大"第一次会议上，印度共产党代表马林提出："第三国际应该为那些来自远东(因而也来自中国)的人创造条件，使他们在这里(苏维埃俄国)呆上半年，听一听共产主义教程，以便使他们正确理解这里所发生的一切，并能实现提纲(共产国际"二大"关于殖民地半殖民地问题的提纲)的思想，使他们能够在殖民地实现苏维埃组织并进行共产主义工作……在俄国这里，我们应该为东方革命者接受理论教育创造条件，以便使远东成为共产国际的生气勃勃的成员。"②1920年9月，共产国际在阿塞拜疆的首府巴库举行东方各民族代表大会，此次会议产生了48名委员组成的东方各民族宣传和行动委员会，委员会的一项重要使命就是"将为东方的革命分子开办一所社会科学大学"③。

根据世界形势的变化和共产国际会议的要求，俄共(布)开始建设这所学校。

① 肖劲光著：《肖劲光回忆录》，解放军出版社1987年版，第17页。

② [苏]班佐夫：《苏联培训中国革命的马克思主义干部史略(一)》，《黑河学刊》1990年第3期。

③ 牛寅生：《东方各民族代表大会》，《当代世界与社会主义》1985年第3期。

1920年底至1921年初,苏联民族事务人民委员部着手研究专门的短期学校的教学大纲,“打算同时培训一千左右各个民族——包括汉族人——的代表”①。1921年2月,俄共(布)中央决定建立东方培训班,不久即改名为东方劳动者大学,而最终确定的名称是东方劳动者共产主义大学(俄文名为 Коммунистический Университет Трудящихся Востока,缩写是 КУТВ),简称东方大学。曾就读于东方大学的张仲实回忆:“东方大学——全名是‘斯大林东方劳动者共产主义大学’,‘东大’是我们中文的简称。共产主义大学是党校性质的,共有三所,即‘东大’、西方劳动者共产主义大学、斯维尔德洛夫共产主义大学,只招收国内学生。”②肖劲光也有类似回忆:“为了培养东方民族民主革命的骨干,1921年5月,便成立了莫斯科东方大学,它的全称是‘莫斯科东方劳动者共产主义大学’,是一所政治性的大学。来学习的大部分是苏联远东各少数民族的骨干,也有一部分是远东各国来的学生,如中国、日本、朝鲜等国的。”③可见俄共(布)设立东方大学的主要目的,就是为苏俄的东部地区及东方各国培养革命干部。这所学校的建立,“标志着在苏维埃国家对中国革命者进行的理论培训工作进入了新的阶段”④。

首批中国留苏学生的选派肇始于1921年。当年初春时节,共有20多名留苏生从吴淞港登船启程,包括刘少奇、任弼时、肖劲光、罗觉、蒋光慈、曹靖华、吴葆萼、彭述之、卜士奇、吴芳、胡士廉、廖化平、任岳、任作民、谢文锦、华林、韦素园、梁柏台、陈启沃、陈为人、汪寿华、柯庆施、许之桢、王一飞、傅大庆、周昭秋、袁达时、杨放之等。⑤ 当时中国还处于帝国主义和反动军阀的控制下,为确保此行的安全,这批留苏生均乔装成裁缝、理发匠等手工业劳动者。他们乘船经日本长崎到达海参崴,之后经陆路于1921年7月到达莫斯科。当时共产国际第三次代表大会正在莫斯科召开,首批留苏学生适逢其会,以东方民族代表的身份轮流出席了本次会议。此后,这些学生于1921年8月1日在东方大学登记注册,领取学生证,正式成为东方大学的学员。在首批就读于东方大学的留苏学生中,除刘少奇、罗觉、彭述

① [苏]班佐夫:《苏联培训中国革命的马克思主义干部史略(一)》,《黑河学刊》1990年第3期。

② 张仲实:《二十年代赴莫斯科留学的回忆》,《党史研究资料》1981年第10期。

③ 肖劲光著:《肖劲光回忆录》,解放军出版社1987年版,第24页。

④ [苏]班佐夫:《苏联培训中国革命的马克思主义干部史略(一)》,《黑河学刊》,1990年第3期。

⑤ 此名单根据以下资料整理:郝世昌、李亚晨著:《留苏教育史稿》,黑龙江教育出版社2001年版,第70页;黄利群:《中国人留学苏(俄)百年史》,中国文史出版社2002年版,第38页;汪乾明:《20世纪20年代初期的留俄学生与中国革命——以莫斯科东方大学中国班为中心的历史考索》,李喜所主编:《留学生与中外文化》,南开大学出版社2005年版,第479~482页。另据[苏]B·H·乌绍夫:《20~30年代苏联为培养中国党和革命干部所提供的国际援助》(《党史研究资料》1988年第12期),其时东方大学学生共达622人,包括44个民族,其中中国学生36人。录此备考。

之、卜士奇、任弼时等因国内革命形势的需要，应党中央的召唤提前归国外，其他学生大多按时完成学业，于 1924 年毕业回国。肖劲光、任岳、周昭秋、胡士廉曾一度被选入苏联红军军事学校学习军事，但在陈独秀的强烈反对之下，他们又不得不继续回到东方大学。①

3. 中国共产党旅欧支部与留苏学生的后续派遣

首批留苏学生进入莫斯科东方大学学习之后，鉴于 1921 年中国共产党的成立以及国际革命形势的新变化，中共派遣留苏学生的途径开始从单一的国内选送转为国内、国外两面派出："在国内派遣留苏学生的工作主要是由中央宣传教育委员会负责；在国外则由中共旅欧总支部具体负责。"②

中共旅欧支部对留苏学生的派遣经历了相当曲折的过程。中国共产党旅欧支部成立于 1922 年秋冬时节，由 1921 年成立的旅法共产主义小组和 1922 年成立的旅德共产主义小组联合组建而成，成员主要包括张申府、刘清扬、周恩来、赵世炎、熊雄、张伯简等人，其中张申府、刘清扬、周恩来兼有旅法、旅德共产主义小组成员的双重身份，旅欧支部书记则由张申府担任。③ 旅欧支部成立后，借助于旅欧中国共产主义青年团的基础，开始不断扩大党的队伍，逐渐增强党组织的力量，选派革命青年骨干赴苏学习就成为中共旅欧支部培养干部的主要途径。赵世炎是较早提出选送留欧勤工俭学生和华工中的骨干分子到苏联学习深造的旅欧支部成员，早在 1922 年 4 月，他就多次致函已经回国的李立三、陈公培，希望他们能够向中共中央建议派遣"寿康、伯简、子暲、披素"等四名同志以团代表的名义前往苏联学习考察。他在信中特别注明他们去俄的重要任务，"是希望运送大批同志——勤工同学及工人——入俄"④。虽然这项提议由于种种原因未能转化为实际行动，但并没有打消旅欧支部派遣留苏学生的积极性。此后，萧三（萧子暲）在同志和国际友人的帮助下成为第一个抵达莫斯科的留欧学生。

在法国共产党中央管理殖民地事务的负责人勒利彻以及法共理论家拉波波的帮助下，萧三于 1922 年冬在法国启程，1923 年 1 月抵达莫斯科。此时恰逢共产国际第四次会议结束、青年共产国际代表大会召开之际，他在中国代表团的驻地受到了瞿秋白、陈独秀、刘仁静、任弼时、张太雷、罗亦农等人的热烈欢迎。萧三向

① 肖劲光著：《肖劲光回忆录》，解放军出版社 1987 年版，第 26 页。

② 郝世昌、李亚晨著：《留苏教育史稿》，黑龙江教育出版社 2001 年版，第 70 页。

③ 关于中共旅欧支部的建立，详情可参见蒋国海、刘园园：《中国共产党旅欧支部的建立与主要活动》，《湖南师范大学社会科学学报》2008 年第 3 期。

④ 详见清华大学中共党史教研组编：《赴法勤工俭学运动史料》（第 2 册下），北京出版社 1980 年版，第 833～836 页。

瞿、陈等人介绍了此次行程的经过和留法勤工俭学生的情况，转达了旅欧支部同志前往苏联学习的迫切愿望。瞿秋白、陈独秀、任弼时、张太雷等均表示赞同。随后，萧三在瞿秋白的安排下进入东方大学学习。

进入东方大学后，萧三给赵世炎、陈延年、陈乔年等旅欧支部同志发去信件，介绍了东方大学和中国留苏学生的学习生活情况，转达了瞿秋白等同志关于安排旅欧支部成员前往苏联学习的意见。萧三的来信在德、法等国的中国留学生群体中产生了广泛影响，使旅欧支部的同志和许多渴望寻求真理的革命青年欢欣鼓舞。在萧三的沟通协调下，中共旅莫支部与旅欧支部建立起必要的联系，开始共同筹划旅欧同志赴苏学习的具体安排。旅莫支部主要负责与共产国际、苏联政府及东方大学落实入境、入学等相关事宜，为旅欧同志提供学习和生活保障；制定赴苏学习人员名单、路线行程以及办理签证等任务，则由旅欧支部完成。与此相应，征得共产国际和苏联政府的同意之后，陈独秀也以信件形式向巴黎中共旅欧支部发出指示，旅欧支部根据指示决定分批派遣同志赴莫斯科东方大学学习。①

1923 年 3 月 18 日，首批由旅欧支部派遣赴东方大学学习的同志从巴黎北站出发，共有赵世炎、王若飞、陈延年、陈乔年、余立亚、高风、陈九鼎、王凌汉（黄万平）、郑超麟、袁庆云、王圭等 12 人，②他们经柏林于 4 月上旬顺利抵达莫斯科。1923 年 11 月，旅欧支部又派出了第二批人员，包括尹宽、李慰农、汪泽楷、薛世纶、刘伯坚、李合林、于履中、王人达等 10 人。③ 从 1924 年起，旅欧支部派遣留苏学生的力度开始增强，1924 年 9 月派出的第三批赴苏留学人员共有 28 人，其数量超过前两批的总和。这支留苏学生团体由穆青带队，成员为傅烈、王自言、喻和卿、熊味根（熊味耕）、王西屏、王锡三、郭玉昌、郭达垓、胡伦、徐东、粟泽、饶来杰、饶竟群、孟杰亭、华鄂阳、黄品铭、陈家珍、彭树敏、聂荣臻、李林、范易、冉钧、廖仁光、李传龄、黄平民、石琼、朱琪。④ 此外，1924 年底至 1925 年初，蔡畅、李富春、郭隆真、马致远、周世昌等也先后抵达莫斯科。⑤ 与此同时，国内选派留苏学生的行动也在继续。据有关研究者考实，1923 年到 1924 年从国内到莫斯科东方大学学习的有

---

① 参见张锡岭：《东方大学中国班及其对中国革命的作用》，《华东师范大学学报（哲学社会科学版）》1988 年第 3 期。

② 郑超麟著，范用编：《郑超麟回忆录》（上），东方出版社 2004 年版，第 175～183 页。

③ 郑超麟著，范用编：《郑超麟回忆录》（上），东方出版社 2004 年版，第 404 页。据黄平《往事回忆》（人民出版社 1981 年版）所讲，1923 年时，东方大学中的中国学生已增至 52 人。

④ 郝世昌、李亚晨著：《留苏教育史稿》，黑龙江教育出版社 2001 年版，第 91 页。

⑤ 参见郝世昌、李亚晨著：《留苏教育史稿》，黑龙江教育出版社 2001 年版，第 91 页；蒋国海、刘园园：《中国共产党旅欧支部的建立与主要活动》，《湖南师范大学社会科学学报》2008 年第 3 期；苏平著：《蔡畅传》，中国妇女出版社 1990 年版，第 38 页。

吴丽石、叶挺、张浩、李求实、吴化之、朱克靖、张宝泉、龙大道、颜昌颐、肖明、陈碧兰、秦贻君、武止戈、严信民、关向应、江震寰等百余人，这批留苏者大多于1923年秋冬间抵达。①

后续派遣的这几批留苏学生的学习时间不尽相同，学习经历也有所差异。从学习时间上看，除赵世炎、陈延年、吴丽石等少数人因国内革命斗争需要，1924年夏秋被中共中央调回国内外，其他大部分学生均完成全部学业，于1925年夏返归国内。从学习经历上看，共产国际和中国共产党在1925年2月抽调部分学生到莫斯科红军军事学校中国班学习，其中包括聂荣臻、叶挺、熊雄、范易、颜昌颐、张善铭、杨善集、纪德福、钟汝梅、奚佐尧等"一共二三十个人"②。之所以抽调这些学生，主要是因为共产国际，包括斯大林，以及中国共产党的有识之士，"开始看到在中国革命中，我们党必须掌握武装的重要性，提出不仅要为中国革命培养一般工作干部，还要注意培养军事斗争干部"。同时，"在国内，孙中山先生接受了苏联顾问鲍罗廷的建议，在黄埔办起了军官学校，党需要一批懂军事的同志去帮助办好这所学校"。③ 这些学生在苏联红军军事学校的学习时间并不长，大概只有几个月左右。"五卅"运动爆发后，中国国内反帝爱国运动高涨，为增强革命力量，苏联驻上海总领事馆副领事维尔德向共产国际转发了鲍罗廷的绝密电报，要求从东方大学调回40名毕业生，以充实到广东革命政府和冯玉祥的国民军。④ 因此，这些被抽调学习军事的学生根据共产国际的决定分批回国，加入革命工作。

### (二) 第一次国共合作时期两党共同派遣阶段(1925—1927)

就在中国共产党向苏联派遣留学生的同时，孙中山领导的广东革命政府也与苏俄政府进行着密切联系。1923年《孙文越飞宣言》的发表，标志着孙中山联俄政策的正式确立。为积极支持中国的革命运动，苏联应孙中山要求派出经验丰富的外交家鲍罗廷担任顾问。在鲍罗廷的帮助下，孙中山开始改组国民党的工作，并委托鲍罗廷起草国民党第一次全国代表大会的宣言。国民党一大于1924年1月20日至30日在广州举行，会议上确立联俄、联共、扶助农工的三大政策，国共第一次合作至此正式形成。

---

① 张锡岭:《东方大学中国班及其对中国革命的作用》,《华东师范大学学报(哲学社会科学版)》,1988年第3期。

② 张锡岭:《东方大学中国班及其对中国革命的作用》,《华东师范大学学报(哲学社会科学版)》,1988年第3期。

③ 聂荣臻著:《聂荣臻回忆录》(上册),战士出版社1983年版,第38页。

④ 详见中共中央党史研究室第一研究部译:《联共(布)、共产国际与中国国民革命运动(1920—1925)》,北京图书馆出版社1997年版,第612页。

国民党与苏联政府、共产党之间联合关系的确立，以及黄埔军校的筹建，使中国革命事业获得了强大推动力，开始步入高潮期。就在此时，孙中山于1925年3月12日不幸逝世。他的逝世无疑使苏联在中国失去了一位最亲密的朋友。于是苏共领导集团很快作出决策，对中国革命投入更大资本："除了枪炮支援之外，更亟待创办一所学校，以孙中山的旗帜，招徕大批中国先进青年到该校学习。"①因此，苏联和共产国际决定以孙中山的名字为这所全新的大学命名。这所学校的俄文官方名称为 Университет Трудящихся Китая Имени Сун Ят Сена（缩写是 УТК），直译过来就是孙中山（孙逸仙）中国劳动者大学（也有逸仙大学、孙文大学等其它称呼），中国学生则通称其为莫斯科中山大学，或简称为中山大学（或中大、或孙大）。为办好这所大学，俄共（布）批准成立了孙逸仙中国劳动者大学促进会，并由越飞、拉狄克、布哈林、克鲁普斯卡娅、托姆斯基等7人组成了校董事会。在苏联政府大力支持下，莫斯科中山大学的建设进展很快。1925年10月7日，鲍罗廷在国民党中央政治会议第66次会议上宣布该校成立，随之在当年11月该校于莫斯科正式开学。由是，在第一次国共合作时期，中国学生前往苏俄留学又增添了一块培育园地。

1. 国共两党对留学莫斯科中山大学学生的选派

就在国民党中央政治会议第66次会议上，国民党中央通过了鲍罗廷提出的由国民党选派学生到新学校学习的建议，并成立了由谭延闿、古应芬、汪精卫组成的选拔委员会，鲍罗廷出任该委员会的顾问。② 而此前，鲍罗廷已经先期通知中共中央选派党、团员到莫斯科中山大学学习。于是国共两党开始了留学莫斯科中山大学学生的选派工作。在两党合作期间，留学莫斯科中山大学学生主要分为两批：第一批招生和选送的时间为1925年，第二批的时间为1926年的下半年。

（1）莫斯科中山大学第一期中国学生的选派。

莫斯科中山大学第一期中国学生的选派，选拔的学生以国民党员为主体，中共党员以国民党员身份加入其中。由于当时中国政局较为混乱，很多地区还处于军阀割据势力的反动统治下，因此选拔方式在不同地区有所差异。广州是当时中国的革命中心，因此广东地区的学生选拔采取公开考试方式。考试由国民党中央委员会负责，国民党选拔委员会具体实施。上海、北京及周边省份则由国民党各省党部负责，采取秘密选派的形式。具体选拔程序是：首先由中共中央通知各地党组织，要求选调一批年轻的党员、共青团员和进步青年赴苏学习；然后由各地党

① 周重礼：《扑朔迷离的莫斯科中山大学》，《世纪桥》2003年第3期。

② 盛岳著，奚博铨等译：《莫斯科中山大学与中国革命》，东方出版社2004年版，第17页。

组织对所属党、团员及青年骨干进行研究，初步确定人选之后通知本人，并在征得个人同意后正式确定名单。名额分配上，每省均有10个名额，如果某省出现名额空缺，则其它省份可以添人填补，以免浪费学额。待选送名单完全确定后，按照统一时间和指定地点集中，然后集体赴苏。①

北方各省选送的留苏学生共40余人，均在北京会合。其中北京选送马骏、马骅(2人均为回族)、乌兰夫、康根成、多松年、云照、张丙三(以上5人均来自北京蒙藏学校，除张丙三为汉族，其余均为蒙族)、朱务善、于树功、张锡瑗、张锡瑞、邹岱云、罗方中、徐云作、王学文、王长熙、杨大乾、张梵、王秀青、张庚由、武恩茂、张秀岚、胡斌、皮以书、何瑞琪、唐健飞、侯鸿业、贾鸿猷、柴时敏；河北选送石道睿、王绍华、赵凤培(赵云霄)、曹永顺；山东选送庄东晓、王辩；陕西选送潘自立、张云青、董建平、周文华；河南选送刘少文、李祥梧、李培之。1925年9月13日，由国民党中央执行部在北京的委员丁淮芬和于树德(共产党员)出面，在北京南河沿欧美同学会主持召开北方各省留苏学生派遣大会，公布了留苏40人名单，并当场发放到上海的旅费30块现洋，次日他们即由北京出发到上海集中。

南方各省选送的留苏学生亦有40余人，均在上海会合，等待集体出发。其中江苏选送俞秀松、董亦湘、张闻天、孙冶方、恽雨棠、王稼祥、吴亮平、张琴秋、傅学文、沈联春、李锦蓉、西门宗华；湖北选送伍修权、贝云峰、熊效远、梁仲民、潘文育、濮世铎、胡彦彬、高衡、黄励、杜琳、宋伟、陈绍禹(王明)②；湖南选送陈炳祥、王希闵、李弼廷、刘仲容；江西选送王经燕、袁赋秋、王弼；安徽选送陈原道。在南方省份的学生中，还有孙树勋、屠庆祺(杜畏之)、祝廷章(竺廷璋、祝百英)、胡世杰、刘辉、曾洪易(曾鸿毅)、罗文炳等人选送省份不详。③

广东地区的公开招考分为报名和考试两个阶段。报名手续比较简单，只要到中国国民党中央委员会办公厅填写一张报名卡片即可，毋须出示文凭等各种证书，也没有具体的年龄限制。考试分为初选、笔试、口试，考生填报名单后，首先接受国民党中常委指定高级官员的甄别，以判定其是否合格。然后，笔试在广东大

---

① 详见孙耀文著:《风雨五载——莫斯科中山大学始末》，中央编译出版社1996年版，第10～11页。

② 最初的名单中并没有王明，他是后来经党组织特批补充进去的(详见曹仲彬、戴茂林著:《王明传》，吉林文史出版社1991年版，54～57页)。

③ 此名单根据以下资料整理:孙耀文著:《风雨五载——莫斯科中山大学始末》，中央编译出版社1996年版，第12～21页；伍修权著:《我的历程》，解放军出版社1984年版，第20页；于树功:《回忆莫斯科中山大学》，政协北京市委员会文史资料委员会编:《文史资料选编》第9辑，北京出版社1981年版，第62～63页；杨大乾:《莫斯科中大生活回忆》，中华民国留俄同学会编:《60年来中国留俄同学之风霜踔厉》，台北中华图书出版社1988年版，第225页。

学风雨操场举行，题目是作一篇题为《什么是国民革命》的论文。笔试结果公布后再举行口试，由国民党高级官员担任主考官。经过三轮筛选后，最初的报名者只剩下十之一二。① 据当时毛泽东任主编的《政治周报》第 2 期（1925 年 12 月 13 日在广州出版），刊登题为《中国国民党选派学生赴莫斯科孙文大学》②的文章（作者署名子任），可以了解到当时有 1030 人报名，招生名额为 150 名，最终录取者则为 147 名：

梁福文　梁干乔　钟树棠　黄永伟　朱国贞　区就宪　邹仕恬　林耀寰
刘泮珠　白　瑜　郭明生　朱　瑞　谢振华　龙其光　陈　复　陈璧光
林爱民　邓公武　缪任衡　钟其本　汤学海　梁少强　刘马欧　黄甘棠
郑重民　林　侠　林协文　叶恩溥　周学鎏　廖化机　邵贡昌　吴仲良
黄　发　李　琳　方　陶　聂甘雨　冯德恭　曾任良　陈正业　徐　康
沈苑明　冯声南　陈造新　杨华波　张民权　翟荣基　林叔山　林道文
李文达　甄兆权　董良史　郑　奇　董正兴　李文瑄　黄大钧　董　熠
韩亮兼　郑介民　杨家腾　梁振鸿　唐君粹　邓文仪　马维禹　刘慕强
徐　莹　李惠芳　阮　篪　张任权　黄仲理　岑廷藻　张恕安　曾　上
黄毅民　萧　豪　叶君好　刘达元　李彦良　黄永洪　黄　菊　黄文杰
张　星　刘福鑫　方　檀　罗　英　王志鸿　吴　鲁　张引岚　陆那杰
邓汉钟　郑仁波　廖　开　钟琨瑜　冯洁芬　韦碧辉　刘缦舒　黄鼎新
周　爱　赵　愚　陈道守　吕魁文　黄夷白　萧爱贤　康　泽　骆德荣
吴　肃　王光樾　万徐如　张元良　李冠英　郑国琛　彭文畅　王觉源
陈声孚　张远猷　邓敦厚　徐君虎　余　鹳　余楚帆　李　焜　彭寿高
杨振西　杨振藻　胡铭勋　周咏南　高云裳　蔡日秋　段世援　陈海洲
潘新卫　段　平　王佐才　吴国谦　吴君实　陈志陆　黄昌光　温　忠
赖芳庚　陈显尚　张思南　刘武琨③

除公开招考外，还有部分留苏学生以保送方式进入莫斯科中山大学。这批学

① 详见盛岳著，奚博铨等译：《莫斯科中山大学与中国革命》，东方出版社 2004 年版，第 18 页。

② 孙武霞、许俊基编：《中国现代革命史资料丛刊　共产国际与中国革命资料选辑（1925—1927）》，人民出版社 1985 年版，第 72～77 页。

③《中国国民党选派学生赴莫斯科孙文大学》一文记载的这份名单共有 140 人，另有 7 人姓名因"待查"而未列入其中。有关研究者经过考证，认为这 7 人是张镇、刘咏尧、刘舫西、王禄丰、陈意遐、吴淡人、李秉中（详见张泽宇著：《留学与革命——20 世纪 20 年代留学苏联热潮研究》，人民出版社 2009 年版，第 166 页）。

生一部分由鲍罗廷和国民党高层人士直接推荐，总人数“不下三十余人”①，分散在第一、二批留苏学生之中，包括汪精卫的亲信林柏生、陈春圃，蒋介石的长子蒋经国，李宗仁的弟弟李宗义，李宗义之妻韦秀英、妻弟韦永成及其好友王公度，冯玉祥的儿子冯洪国、女儿冯弗能，于右任的女儿于芝秀、女婿屈武及亲信随员王陆一，叶楚伧的儿子叶楠，国民党左派、著名岭南画家陈树人之子陈复，邵力子之子邵志刚，邓演达之弟邓明达，张发奎之弟张发明等人。② 另一部分保送生则为军事院校推荐，“黄埔、湘军、滇军三军官学校各考选十名”③。左权当时与陈启科、李拔夫、萧赞育等人一同由攻鄂军总司令、湘军军官学校校长程潜保送，原本要进入伏龙芝军事学院学习，但因语言未熟的缘故，所以临时转入中山大学学习。④ 黄埔军校最初贯彻校长蒋介石的命令，“严禁第一、二期学生自愿报考，违反者将受军纪处罚”⑤。后在邓文仪等学生的强烈要求下，也保送了 10 名学生留苏，⑥其中包括“黄埔一期的邓文仪、张镇、刘咏尧，黄埔二期的郑介民、聂绀弩（聂甘雨），黄埔三期的康泽等”。⑦ 当中有部分人已列入上述 140 人名单中。综上可知，广东地区选送的留苏学生实际上已经接近 200 人，如果再加上北京、上海及其周边省份秘密选送的学生数，总人数大概在 330 人⑧或 340 人⑨左右，他们中的绝大多数均进入莫斯科中山大学。

这批留苏学生于 1925 年秋冬从国内出发。第一期留苏学生分别在上海和广州集结，然后从上海登船出发。除广东省外，选送的留苏学生 1925 年 10 月初在上

① 刘真主编、王焕琛编著：《留学教育——中国留学教育史料》，台北“国立”编译馆 1980 年版，第 1702 页。

② 此名单根据以下资料整理：孙耀文著：《风雨五载——莫斯科中山大学始末》，中央编译出版社 1996 年版，第 24～26 页；乌兰夫著：《乌兰夫回忆录》，中共党史出版社 1989 年版，第 77 页；张泽宇著：《留学与革命——20 世纪 20 年代留学苏联热潮研究》，人民出版社 2009 年版，第 166～167 页。

③ 刘真主编、王焕琛编著：《留学教育——中国留学教育史料》，台北“国立”编译馆 1980 年版，第 1702 页。

④ 李拔夫：《留学苏联的片段》，政协湖南省委员会文史资料研究委员会编：《湖南文史资料选辑》第 3 集第 6 辑，湖南人民出版社 1982 年版，第 173 页。

⑤ 张华、王晓东著：《天子门生——蒋介石的十三太保》，团结出版社 2008 年版，第 135～136 页。

⑥ 也有 20 名的说法，详见李拔夫：《留学苏联的片段》，政协湖南省委员会文史资料研究委员会编：《湖南文史资料选辑》第 3 集第 6 辑，湖南人民出版社 1982 年版，第 173 页。

⑦ 孙耀文著：《风雨五载——莫斯科中山大学始末》，中央编译出版社 1996 年版，第 24 页。

⑧ 刘真主编、王焕琛编著：《留学教育——中国留学教育史料》，台北“国立”编译馆 1980 年版，第 1702 页。

⑨ 盛岳著，奚博铨等译：《莫斯科中山大学与中国革命》，东方出版社 2004 年版，第 17 页。

海集中,当年 10 月底出发,这批赴苏人员共计 100 多人。[①] 俞秀松、胡彦彬、刘铭勋、朱务善、张琴秋受中共中央指派,担任旅行期间的领导人。[②] 这批留苏学生于 1925 年 11 月底抵达莫斯科,随后中山大学教务处的负责人将他们安排到位于莫斯科沃尔洪卡大街 16 号的中山大学校舍住下。

在广州集结的留苏学生则分成数批从上海乘船启程,到海参崴后转乘火车前往莫斯科。出发前每人"由国民党中央发给治装费每人一百元,其余旅费自备"[③]。第一批共有 22 个人,1925 年 10 月 19 日出发,[④]其中包括蒋经国、王觉源、周天僇、胡世杰等人。[⑤] 左权、陈启科、彭文畅、李拔夫、萧赞育[⑥]等分在第二批出发,11 月中旬启程。[⑦] 第三批前往苏联的是朱瑞、康泽、丁祝华等人,于 12 月 4 日从珠江登船,至次年正月 12 日到莫斯科,14 日入学。[⑧] 1925 年 12 月 31 日,当年的最后一批也就是第四批留苏学生从上海登船出发,这批学生包括林柏生、陈春圃、徐莹、韦碧辉、李蕙芳、聂绀弩、邓文仪、王光樾、骆德荣、张元良、黄夷白、吴淡人、李秉中等人。[⑨] 第一期中从广州出发的最后一批也即第五批学员没有如前几批一样顺利启程。由于安全、生活条件等问题,以及国共两党的个别党员之间出现矛盾纠纷,鲍罗廷不得不暂停最后一批留苏学生的派遣,转而借用广州东山的申大医学院开办留苏补习班,安排他们进入这个补习班学习。这批学生包括白瑜、郑介民、张民

---

① 关于出发的具体情况,在有关的回忆录和史料中存有争议。具体人数上有二百余人、一百余人、六七十人等差异较大的记述,出发批次上也有一批、两批的不同说法(参见孙耀文著:《风雨五载——莫斯科中山大学始末》,中央编译出版社 1996 年版,第 29～32 页;乌兰夫著:《乌兰夫回忆录》,中共党史出版社 1989 年版,第 82 页;伍修权著:《我的历程》,解放军出版社 1984 年版,第 22 页;曹仲彬、戴茂林著:《王明传》,吉林文史出版社 1991 年版,第 57 页)。

② 中共中央党史研究室第一研究部译:《联共(布)、共产国际与中国国民革命运动(1920—1295)》,北京图书馆出版社 1997 年版,第 728 页。

③ 李拔夫:《留学苏联的片段》,政协湖南省委员会文史资料研究委员会编:《湖南文史资料选辑》第 3 集第 6 辑,湖南人民出版社 1982 年版,第 173 页。

④ [美]江南著:《蒋经国传》,中国友谊出版公司 1984 年版,第 36 页。

⑤ 孙耀文著:《风雨五载——莫斯科中山大学始末》,中央编译出版社 1996 年版,第 38 页。

⑥ 据邓文仪回忆,他和萧赞育同为第二批出发的留苏学生,启程时间是 1925 年 12 月中旬(详见刘真主编、王焕琛编著:《留学教育——中国留学教育史料》,台北"国立"编译馆 1980 年版,第 1697 页)。而据萧赞育的回忆,出发时间是在 12 月上旬(详见萧赞育:《赴俄留学及归国后经历纪略》,中华民国留俄同学会编:《60 年来中国留俄同学之风霜踔厉》,台北中华图书出版社 1988 年版,第 330 页)。

⑦ 孙耀文著:《风雨五载——莫斯科中山大学始末》,中央编译出版社,1996 年版,第 39 页。

⑧ 朱瑞:《我的历史与思想自传》,中共中央党史资料征集委员会编:《中共党史资料》第 9 辑,中共党史资料出版社 1984 年版,第 227 页。

⑨ 详见孙耀文著:《风雨五载——莫斯科中山大学始末》,中央编译出版社 1996 年版,第 40 页;刘真主编、王焕琛编著:《留学教育——中国留学教育史料》,台北"国立"编译馆 1980 年版,第 1697 页;张泽宇著:《留学与革命——20 世纪 20 年代留学苏联热潮研究》,人民出版社 2009 年版,第 172～173 页。

权、李宗义、韦永成、王公度、刘舫西等人。直到 1926 年 7 月，这批留苏生才从广州启程，其中另有部分学生的家眷，像李宗义之妻韦秀英、刘舫西之妻蔡炳彤等，均随此团一同赴苏。① 此行共 75 人于 1926 年 9 月 22 日抵达莫斯科。②

除上述种种，国内还有少数学生以分散的方式前往莫斯科中山大学，其中包括沈泽民、屈武、刘仲荣等人。沈泽民于 1926 年随刘少奇参加在莫斯科召开的国际职工（赤色）代表大会，会后就留在莫斯科，先在中山大学学习，后来考上了红色教授学院。③ 屈武留学中山大学则属偶然。自 1922 年考入北京大学以后，屈武在李大钊的领导下积极投身到革命活动之中。因无法兼顾革命与学业，他决定放弃学业，打算出国到苏联和西欧进行考察。他的想法得到了李大钊的同意。在岳父于右任的帮助下，他与同学邹均顺利拿到教育部颁发的英国留学护照，于 1926 年 3 月下旬从上海出发，4 月下旬抵达莫斯科。当时已经从东方大学转到中山大学的中共旅莫支部书记任卓宣热情地接待了屈武和邹均，并建议他们留在中山大学。屈武的妻子于芝秀和邹均的妻子张秀逸早前已经进入中山大学学习，她们和蒋经国等人也都劝说屈武和邹均留下。于是二人改变原来的计划，加入到中国留学中山大学群体中。④

此外还有部分留苏学生从欧洲转道进入中山大学。1926 年 1 月 7 日，中共旅欧支部派出了邓小平、傅钟、李卓然、肖鸣、周介涟、戴坤忠、何嗣昌、傅纶、覃仲霖、陈家齐、傅汝霖、宋法明、滕功成、邓邵圣、汪泽巍、季苏、孙发力、傅继英、欧阳泰、岳少文等人从巴黎出发前往苏联学习。⑤ 在这 20 名留苏学生中，留在莫斯科学习的有邓小平、傅钟、李卓然、戴坤忠、傅汝霖、傅继英等。⑥ 此外，在中山大学学习的中国学生中，甘瑞、乔丕成，徐冰（邢西萍）由比利时转入，谷正刚、谷正鼎兄弟则由德国转入。

（2）莫斯科中山大学第二期中国学生的选派。

第一期学生全部入校学习后，莫斯科中山大学随即于 1926 年下半年着手招收第二期学生，其选拔方式沿袭第一期做法。

此时中国革命形势高涨，北伐军在湖南、湖北、江西等地节节胜利，极大地鼓

---

① 详见中华民国留俄同学会编：《60 年来中国留俄同学之风霜踔厉》，台北中华图书出版社 1988 年版，第 38～39 页、第 291～296 页。

② 张泽宇著：《留学与革命——20 世纪 20 年代留学苏联热潮研究》，人民出版社 2009 年版，第 175 页。

③ 茅盾著：《我走过的道路》（中），人民文学出版社 1984 年版，第 61 页。

④ 陈江鹏著：《屈武——从爱国主义者到共产主义者》，团结出版社 1992 年版，第 43～44 页。

⑤ 王永祥等著：《中国共产党旅欧支部史话》，中国青年出版社 1985 年版，第 253～254 页。

⑥ 孙耀文著：《风雨五载——莫斯科中山大学始末》，中央编译出版社 1996 年版，第 42 页。

舞了革命士气。这种革命形势大好的情况也激发了众多有志青年前往苏联留学的信心与决心,“很多人看到了《政治周报》和报纸关于中大情况的报道,和第一期同学的通讯,都希望有到苏联学习的机会”①。北京、上海、湖南、湖北、广东、广西、江西等省市,以及国民革命军、冯玉祥的国民军都选送了学生。

在中共中央所在地上海,中国共产党共选派了60多人,其中既有党的干部,也有青年学生,因此采取考试与保送相结合的选派方式。据当时刚刚考入上海大学的张仲实回忆:“一天在宿舍里听吉国桢说,中央正在送一批同志去莫斯科学习。我听到了这个消息,十分高兴,就直接向中央写了申请书,两三天后接到中央的通知,要我参加考试。我参加考试的那次有二十多个人(用工人补习班的名义招考),由罗亦农(当时的中央组织部部长)主持,试题有两个(一个是国共两党的关系,另一个是中国国民革命的出路),任答一题。”②据谢怀丹回忆,考试地点在上海大学,考试的论文题目是《当前中国阶级之分析》。③ 在最终确定的60余人名单中,中共干部有刘仁静、顾顺章、罗汉等,青年学生则包括秦邦宪、杨尚昆、沈志远、沈霭春、张超、方英、吉国桢、崔晓立、廖苏华、焦敏之、俞季女、胡建三、樊警吾、陈西媛、李伯钊、王履冰、谢怀丹、王新衡、张仲实、鲁易等人。④ 这60多人中,刘仁静去国际列宁学院,张仲实等6人到东方大学,陈赓与顾顺章则分别去学习军事和特工技术,其余人进入中山大学。⑤

当时湖南地区由于北伐军的进入而革命形势日趋高涨,要求留学苏联的人比较多。于是由国民党湖南省党部负责,在周以粟、谢觉哉、王凌波、凌炳四人主持下,湖南以公开考试的方式招考留苏学生。除湖南大学国民党特别区党部能够单独考选8名外,其余凡设有国民党特别区党部的各中等以上学校均可推荐党员应考,应考资格为加入国民党一年以上、著有革命成绩、学业优良、思想纯正的青年学生和教师。因条件严格,只有200多人前往应试。最终被录取的有:湖南大学的姜凤威、雷通鼎、杨道南、于均祥(女)、谷家儒、程大森等8人;其它学校的何汉文、刘之盘、易定三、马景山、张佑忠、蒋锡宠、周光亚、周砥、章章、萧范和曾月琴

① 何汉文:《记留苏学生》,政协湖南省委员会文史资料研究委员会编:《湖南文史资料选辑》第3集第6辑,湖南人民出版社1982年版,第140~141页。

② 张仲实:《二十年代赴莫斯科留学的回忆》,《党史研究资料》1981年第12期。

③ 谢怀丹著:《岁月屐痕——一个莫斯科中山大学女生的回忆》,福建人民出版社1991年版,第22页。

④ 此名单根据以下资料整理:刘仁静:《往事漫忆——回忆1926到1929年》(上),《人物》1996年第1期;孙耀文著:《风雨五载——莫斯科中山大学始末》,中央编译出版社1996年版,第44~46页。

⑤ 详见刘仁静:《往事漫忆——回忆1926到1929年》(上),《人物》1996年第1期;张仲实:《二十年代赴莫斯科留学的回忆》,《党史研究资料》1981年第12期。

(最后四名为女性)。[①]

在武汉地区,莫斯科中山大学共招收留苏生20名左右,包括袁溥之、吴绍益、张国庶(张国焘之弟)、彭道之(彭述之之弟)、彭克定、黄慕兰、薄之贯、王一鸣、吴警钟、刘先觉、张述周、晏碧芳等。其中黄慕兰到上海后又被电召回汉,并未去成苏联;薄之贯到苏联后未进中山大学,而是转入红军军校。[②]

北京地区由于仍处于北洋军阀的控制之下,因此仅选派了刘亚雄、雷瑜、郑德音、蒲振声等4名女青年作为莫斯科中山大学第二期学生,她们均为北京女子师范大学的学生。[③]

上述地区总共选送110余名莫斯科中山大学学生。为了安全,这些学生分成三批从上海出发。第一批由刘仁静带队,成员包括上海选送的部分学生和北京选送的学生。他们于1926年10月10日从上海出发,依然走先到海参崴再到莫斯科的路线,最终于11月上旬抵达莫斯科。第二批学生于12月上旬出发,其中包括谢怀丹、廖苏华、杨尚昆等上海剩余的几名学生,以及从广东、广西、四川、湖南、湖北等地来的学生,总计七八十人,既有共产党员、共青团员,也有国民党中央指派的国民党员。[④] 他们于1927年1月到达莫斯科。第三批学生则由袁溥之率领,由湖南、湖北等地的50余人组成,于1927年1月从上海出发,2月初抵达莫斯科。[⑤]

同时,国民党在上海、武汉、广东等地区也选拔了部分国民党员进入中山大学及其它苏联院校学习。根据出发时间,可以将这些学生划分为三批:第一批有金戈、吴家钰、何声扬、盛岳等一行60余人,他们在1926年10月下旬从上海启程,当年12月中旬抵达莫斯科;第二批包括屠义方、赵睿、叶楠等24人,他们于12月初到达上海,逗留了十多天之后才启程前往苏联,最终于1927年1月初到达莫斯科;[⑥]第三批由广东航空学校校长林伟成率领教师黄光锐、杨官宇以及学生余世沛、毛邦初、张廷孟等十余人,出发的时间是1927年2月,3月下旬到达莫斯科后,进入列宁格勒军事航空技术学校就读。[⑦]

---

① 何汉文:《记留苏学生》,政协湖南省委员会文史资料研究委员会编:《湖南文史资料选辑》第3集第6辑,湖南人民出版社1982年版,第141页。

② 孙耀文著:《风雨五载——莫斯科中山大学始末》,中央编译出版社,1996年版,第47页。

③ 孙耀文著:《风雨五载——莫斯科中山大学始末》,中央编译出版社,1996年版,第48页。

④ 谢怀丹著:《岁月屐痕——一个莫斯科中山大学女生的回忆》,福建人民出版社1991年版,第23页。

⑤ 孙耀文著:《风雨五载——莫斯科中山大学始末》,中央编译出版社1996年版,第49页。

⑥ 屠义方:《冰雪松风录》,中华民国留俄同学会编:《60年来中国留俄同学之风霜踔厉》,台北中华图书出版社1988年版,第173~188页。

⑦ 余世沛:《俄共格别乌狱中追忆》,中华民国留俄同学会编:《60年来中国留俄同学之风霜踔厉》,台北中华图书出版社1988年版,第115页。

另有部分学生无法确定其具体的赴苏时间和批次。其中包括李国柱、胡锡奎、伍仲文、蔡博真、王兰英、刘思慕、嵇文甫、安娥、顾淑型、李敬永、林仲、李一凡、林友梅、叶淑勋、沈千常、侯玉琦、王幼直、缪云淑、吴清友、瞿云白（瞿秋白的二弟）、樊英、李汉辅、顾我、李元杰、高承烈、于佩贞、秦曼云、俞重华、朱汉杰、赵云容、刘月华、李竹声、顾谷宜（顾淑型之侄）等。①

在国内选送莫斯科中山大学第二期学生的同时，也有部分中国留学生和华工从其它国家及苏联其它院校转入中山大学。这些学生大致来源于法、德、日、美、英等国，而以留法学生和华工最多，大概有几十人。② 中共旅欧支部于 1926 年 9 月派遣在比利时的江泽民和谢泽源前往中山大学，接着又通知在法国的方志刚（方释之）、胡大智、杨品荪、覃远猷、汤震坤、海荆州（华工）、张茂林、袁惇怀等人一同前往。此行 10 人在方志刚带领下于 10 月中旬抵达莫斯科。由法国转往的陈微明比这两批稍晚一点进入莫斯科中山大学，武止戈则从东方大学转入中山大学。③

此外，冯玉祥在 1926 年 5 月访问苏联期间，也将儿子冯洪国、长女冯弗能以及亲信陈天智送入中山大学，他的次女冯弗伐则进入一家苏联飞机制造厂当工人。④

与第一期相比，莫斯科中山大学的第二期中国学生在人员构成、知识层次等方面都有明显变化：在人员构成方面，共产党员和共青团员所占比例明显高于第一期；从知识层次来看，第二期学生中教师、大学生占有很大比重，平均文化程度较高。

（3）莫斯科中山大学对中国学生的安置。

莫斯科中山大学对第一期和第二期学生的安置大致相同。鉴于学生数量较多且文化水平参差不齐，中山大学采取按照文化程度和外语水平编排班级的方法。现对第一期学生分班情形加以说明。

中山大学第一期中国留学生分为 11 个班，每班 20 至 40 人不等。由于学生来自中国国内和由其它国家转入，外语水平不一，因此分为英语、法语、德语班及普通班。据伍修权回忆，从法、德等国来的同志外语水平较高，编为法语、德语班；从中国去的英语较好的则编成英文班，直接用外语上课；缺乏外语基础的同学则被编入普通班，由苏联教师直接使用俄语上课，教学翻译负责转述课程内容，周达

① 此名单根据孙耀文著：《风雨五载——莫斯科中山大学始末》（中央编译出版社 1996 年版）第 49～51 页的有关内容整理而成。

② 何汉文：《记留苏学生》，政协湖南省委员会文史资料研究委员会编：《湖南文史资料选辑》第 3 集第 6 辑，湖南人民出版社 1982 年版，第 141 页。

③ 详见孙耀文著：《风雨五载——莫斯科中山大学始末》，中央编译出版社 1996 年版，第 51～53 页。

④ 谢怀丹著：《岁月屐痕——一个莫斯科中山大学女生的回忆》，福建人民出版社 1991 年版，第 32 页。

文、潘家臣等人都承担过翻译工作。外语班由于直接使用外语授课,因此学生的学习进度比较快,而普通班学生的学习进度则要慢许多。虽然中山大学尝试强化俄语教学以尽快提高普通班学生的俄语水平,但效果不尽如人意。[①] 为解决这一突出问题,中山大学先是挑选张闻天、王稼祥、吴亮平、沈泽民等外语水平较好的学生担任教学翻译,然后俄共(布)又于1926年2月11日决定,从中山大学现有学生中挑选50人组成翻译班,以培养教学翻译。李培之、庄东晓、俞秀松、董亦湘、刘少文、陈绍禹、西门宗华、傅胜蓝、曾洪易等均被选入此班学习。[②] 尽管如此,很多学生仍无法熟练掌握俄文,更谈不上深刻理解教学内容。据聂绀弩回忆:"半年过去了,俄文还一点门都没有,我就决心不学俄文了,回转来看中文书。我反正无知,学什么都一样。"[③]这字里行间明显流露出因无法掌握俄语而产生的低落情绪。

第一期有一个特殊的班级,就是被称为"理论班"的第七班。朱瑞对第七班的评价是:"这是政治上最强、斗争最剧烈、人才最集中的一个班。"[④]原因在于国共两党的主要学生骨干均在此班。据盛岳回忆,第七班大部分学生都是有长期党龄和革命经验之人,有的还是教授。[⑤] 其中,中共党员有左权、邓小平、傅钟、周达文、董亦湘、周天僇、沈泽民、李俊杰、俞秀松、屈武、王辩、潘自力等,国民党员有康泽、谷正刚、谷正鼎、陈春圃、林柏生、邓文仪、李秉中、吴淡人等。[⑥] 从名单上看,基本为国共两党精英,因此常常发生激烈争论,这就使第七班表现出有别于其它班的特殊性。

中山大学第二期学生入校后,同样被校方按照第一期类似的方法分为几种班型,教学方式也如出一辙。据谢怀丹回忆,第二期主要分为普通班、外文班、理论班、特别班以及预备班等12个班级。[⑦]

(4) 莫斯科中山大学一、二期中国学生的回国。

在莫斯科中山大学一、二两期就读的中国学生,他们回国时间及经历,因政治

---

① 伍修权著:《我的历程》,解放军出版社1984年版,第26页。

② 中共中央党史研究室第一研究部编:《联共(布)、共产国际与中国国民革命运动(1926—1927)》(上),北京图书馆出版社1998年版,第66页。

③ 周健强编:《聂绀弩自叙》,团结出版社1998年版,第225页。

④ 朱瑞:《我的历史与思想自传》,中共中央党史资料征集委员会编:《中共党史资料》第9辑,中共党史资料出版社1984年版,第231页。

⑤ 盛岳著,奚博铨等译:《莫斯科中山大学与中国革命》,东方出版社2004年版,第72页。

⑥ 此名单根据以下资料整理:孙耀文著:《风雨五载——莫斯科中山大学始末》,中央编译出版社1996年版,第69~70页;盛岳著,奚博铨等译:《莫斯科中山大学与中国革命》,东方出版社2004年版,第72页;朱瑞:《我的历史与思想自传》,中共中央党史资料征集委员会编:《中共党史资料》第9辑,中共党史资料出版社1984年版,第231页。

⑦ 谢怀丹著:《岁月屐痕——一个莫斯科中山大学女生的回忆》,福建人民出版社1991年版,第29页。

局势、个人信仰等原因而显得千差万别。

先从国民党选派的留苏学生来看。在经过入校一段时间的学习之后,国民党与共产党之间的矛盾开始显现,双方围绕着“三民主义”等问题展开了激烈的争论。[①] 此时在中山大学学习的国民党党员由于理念不同出现了分化:以韦永成、叶楠、冯洪国为代表的一部分人开始追求个人享受;黄埔军校出身的贺衷寒、邓文仪、萧赞育、郑介民、温中、康泽,与谷正刚、谷正鼎、王启江、唐健飞、张恕安等人联合在一起,在中山大学组织孙文主义学会分会,试图以此与中共主导的中山大学特别支部相抗衡。[②] 1926 年秋,中山大学宣布该组织为反共反苏的反动组织,并将贺衷寒、邓文仪、萧赞育、吴淡人、张恕安、谷正刚、谷正鼎、唐健飞等 8 人提前遣送回国。

1927 年震惊中外的“四一二”反革命政变爆发,蒋介石背叛革命,第一次国共合作就此破裂。此时就读于中山大学的国民党员留学生出现了人心不稳的迹象,大多数人因前途未卜而根本无心就学,校内谣言四起。有的说,“联共已经决定把所有国民党员同学都送到西伯利亚作苦工”;有的说,“某些国民党员同学已经失踪,可能是被格柏乌抓去了”。在这种形势下,国民党员留学生的去留成了亟待解决的问题,而他们在回国问题上也显得态度不一:一部分人认为国共分裂既然已成定局,以自己的国民党员身份自然不适合留在苏联,于是干脆向中山大学申请退学。张镇、鲁岱、谢振华、陈声孚、彭克定、廖开、韩亮兼等几十人率先提出退学申请。不仅如此,这些人还在国民党员留学生中散布所谓保持“气节”的劝勉论调,对一些踌躇不定的人产生了相当大的影响。韦永成等一贯追求个人享受的国民党员留学生,对此抱无所谓态度,依然延续平时的享乐作风。还有张佑忠等少数国民党员留学生,对蒋介石为首的国民党反动派极为愤慨,决心献身革命,请求加入中共,继续留校学习。[③] 而对蒋经国等部分国民党要员子女来说,此时此刻最为煎熬。不久,蒋经国发表了致蒋介石的公开信,表明与其父划清界限的革命决心,叶楠、冯洪国等人也陆续以此种方式表明自己的态度。

鉴于中国革命形势的恶化,联共(布)中央政治局于 1927 年 6 月 16 日决定遣送 68 名国民党右派学生回国,其中有 36 名是即将毕业的学生,其余 32 名则为一

---

① 盛岳著,奚博铨等译:《莫斯科中山大学与中国革命》,东方出版社 2004 年版,第 102～104 页。

② 何汉文:《记留苏学生》,政协湖南省委员会文史资料研究委员会编:《湖南文史资料选辑》第 3 集第 6 辑,湖南人民出版社 1982 年版,第 146 页。

③ 何汉文:《记留苏学生》,政协湖南省委员会文史资料研究委员会编:《湖南文史资料选辑》第 3 集第 6 辑,湖南人民出版社 1982 年版,第 151～153 页。

年级生。[①] 1927 年汪精卫发动“七一五”反革命政变不久，接替拉狄克出任中山大学校长的米夫宣布，国民党员留学生可自愿选择留校或在一定期限内提出回国申请。通知发布后，共有一百七八十人要求回国，中山大学决定分批遣送这些学生。当时可以选择四种回国路径：一是从海参崴直达上海；二是从蒙古入境；三是从东北入境；四是从欧洲转道回国。申请回国的学生均能获得一张出苏联国境的车票以及 50 卢布，路费的不足部分则由个人自行筹措。第一批被遣返的就是前述 68 名国民党右派分子。与此同时，已经被右派控制的国民党中央于 1927 年 7 月 26 日宣布正式取缔中山大学，并禁止向莫斯科派遣留学生。此后中山大学从 1927 年 9 月开始分批遣送国民党员留苏生，每批约一二十人左右。学校每隔几天就宣布一次名单，并当即办理离校手续，这种遣返一直持续到 1927 年底。由于国民党政府在 1927 年 12 月杀害苏联驻广州领事馆工作人员，并宣布中苏断交，因此尚未离开苏联国境的最后一批国民党员留学生被苏联扣留。其中，蒋熙中等人在海参崴遭逮捕，被判到西伯利亚从事伐木、挖煤等强制劳动。1928 年夏蒋熙中逃出所在劳动营，历经种种艰辛回到南京。[②] 在列宁格勒学习的余世沛、王运尧、黎国培、林李甫于 12 月下旬遭逮捕，被分别囚禁于列宁格勒的“格别乌”监狱中。王运尧、黎国培于 1929 年 1 月被先行释放，余世沛、林李甫被转移至海参崴监狱。直到 1929 年 3 月初，余、林两人与李毓九、萧伯岩、栗丰等其他 20 余人同被释放，4 月 10 日抵达上海。最后一批国民党员留学生的回国，标志着国共两党共同派遣留苏学生阶段的结束。除蒋经国、鲁易、高维翰、董良史、金戈、张恕安、王启升、施越等国民党员留学生选择留在苏联外，[③]自后中山大学的学生均为共产党员和青年团员。

不同于国民党留苏学生的被迫回国，共产党留苏生多是应国内革命形势的需要分批返归国内。第一批回国的共产党留苏生出现在 1926 年。根据莫斯科中山大学的学制，1925 年入校的第一期共产党留苏生应该于 1927 年毕业，其中有一部分受中共中央指派提前结束学业。1926 年冯玉祥访苏时，向蔡和森提出希望能够选派一批东方大学、中山大学的学生随他回国，以帮助其完成对西北军的政治改造。中共方面同意了冯玉祥的请求，先后派遣了刘伯坚、邓小平、萧明等人。于是自 1926 年底至 1927 年春夏间，邓小平、萧明、多松年、恽雨棠、潘家辰、刘国璋(刘

---

① 中共中央党史研究室第一研究部编：《联共(布)、共产国际与中国国民革命运动(1926—1927)》(下)，北京图书馆出版社 1998 年版，第 315 页。

② 盛岳著，奚博铨等译：《莫斯科中山大学与中国革命》，东方出版社 2004 年版，第 102～104 页。

③ 张泽宇著：《留学与革命——20 世纪 20 年代留学苏联热潮研究》，人民出版社 2009 年版，第 216 页。

少文)、马骏和陈绍禹(王明)等先后回国。①

对因国共分裂影响无法按时回国工作的留苏学生,联共(布)中央政治局也进行了安排。一方面,联共(布)中央政治局于1927年5月26日决定,派遣64名中山大学毕业生回国供武汉革命政府使用。由于受"宁汉合流"影响,先期抵达库仑的41名留苏学生不得不暂时滞留。联共(布)中央政治局在1927年9月15日决定,从中国委员会的经费中拨出4000美元作为这41个人的派遣费用,将他们分成几个小组派往广东,听候南昌部队革命委员会的调遣。另一方面,联共(布)中央政治局从中山大学毕业生中挑选100名共产党员和共青团员进入苏联各类军校学习。② 具体去向如下:左权、陈启科、屈武进入苏联工农伏龙芝军事学院;刘鸣先、朱务善、韩沅波、卢贻松、傅钟、李俊哲、高维翰、蒋经国等8人进入列宁格勒托尔马乔夫军政大学;朱瑞、于树功、邹岱云、王长熙、周策等16人进入莫斯科克拉尔炮兵学校;③伍修权、梁振鸿、甘瑞、傅汝霖、郭景淳、罗文炳、李星若、尤赤、董汝诚、彭文畅等11人进入莫斯科步兵学校。④ 此外,王弼进入列宁格勒苏联空军机械学校,熊效远等进入莫斯科工兵学校。⑤

还有一些中山大学学生受党组织的委派,或进入其他学校学习,或留校工作。俞秀松、董亦湘、周达文、潘家辰、庄东晓(潘、庄二人于1928年又返往苏联)先后进入列宁学院。张闻天、王稼祥、沈泽民、吴亮平、黄励、杨放之、方英、沈志远、刘鼎、谢泽源、盛忠亮等人留校工作。乌兰夫、孙冶方、甘泗淇、綦树功在东方大学政治班任教。张闻天、王稼祥、沈泽民、郭绍棠、卜士奇、祝廷章、李民昌等人,于1928年被共产国际东方部和联共(布)中央选送到红色教授学院学习。⑥

2. 中国共产党对留学莫斯科东方大学学生的选送

除莫斯科中山大学外,这一时期中共对留学莫斯科东方大学学生的选送沿袭了此前两批的做法,依然从旅欧支部和国内两个途径分别进行派遣。

---

① 孙耀文著:《风雨五载——莫斯科中山大学始末》,中央编译出版社1996年版,第160页;中共中央党史研究室第一研究部编:《联共(布)、共产国际与中国国民革命运动1926—1927》(下),北京图书馆出版社1998年版,第121页。

② 中共中央党史研究室第一研究部编:《联共(布)、共产国际与中国国民革命运动1926—1927》(下),北京图书馆出版社1998年版,第275页、第71页。

③ 孙耀文著:《风雨五载——莫斯科中山大学始末》,中央编译出版社1996年版,第160页;高维翰:《苏俄军事政治学运杂录》,中华民国留俄同学会编:《60年来中国留俄同学之风霜踔厉》,台北中华图书出版社1988年版,第164页。

④ 伍修权著:《我的历程》,解放军出版社1984年版,第33页。

⑤ 孙耀文著:《风雨五载——莫斯科中山大学始末》,中央编译出版社1996年版,第168页。

⑥ 孙耀文著:《风雨五载——莫斯科中山大学始末》,中央编译出版社1996年版,第168~171页。

在此期间，中共旅欧支部派遣了朱德、刘鼎、邢西屏（徐冰）、武兆镐、熊正心、林修杰、乔培正、王士嘉、潘锡光、任竹先等人进入东方大学。中共中央则从国内选送了彭干臣、罗士文、向警予、赵毅敏、施益生、涂作潮、胡子原、汤正清、左正男、罗寿如、王子祥、荣法庭、张士强、王亚梅、丁昌文、漆景林、朱怀瑞、连德生、罗井、李福生等。① 除彭干臣、罗士文、向警予、赵毅敏四人外，其余都是工人，这就与前面几批留苏学生产生了一定区别。此外，任卓宣（叶青）也是在同一时期从法国来到苏联，先入东方大学，后转到中山大学。②

在这批进入东方大学学习的留苏生中，有些人被抽调到一个短期军事训练班进行秘密军事学习。1925 年 9 月，联共(布)决定补充 1.5 万卢布为中国共产党人组织军事训练班，次年初，共产国际和中国共产党即从东方大学中国班的第三批学员中抽调了朱德、彭干臣等人进入其中学习。③ 经过几个月的训练，这些学员于 1926 年夏返回国内，充实到北伐战争的最前线。至于其他学生，除部分工人学员因没能按时完成学业而延期至 1928 年回国外，大部分人基本上均于 1927 年返回国内。

### （三）第一次国共合作破裂后中国共产党单独派遣阶段（1927—1930）

随着第一次国共合作破裂以及大革命的失败，国内白色恐怖日趋严重，中国共产党为了适应革命斗争的新需要，保存和壮大自身实力，又陆续派出了一批共产党员、共青团员赴苏联学习。

#### 1. 东方大学学生的选派与东方大学的撤销

大革命失败后，东方大学针对中国革命形势的新变化，将原来的中国班改编成中国特别军事政治训练班，以满足共产国际和中国共产党在短期内培养一批军事干部的要求。1927 年 10 月，中共选派的学员抵达莫斯科。据张仲实回忆："1927 年 9、10 月间，从武汉一下子去了一百多名同志，他们大半是在武汉政府时期担任过各个部门的负责工作的。1927 年下半年，'东大'中国班又成立了军事班，学生有一二百人。"④作为此批学生的一员，王文元（王凡西）在回忆录中写道："我们大概在十月初旬到了莫斯科，被招待在史脱拉斯那雅广场附近的一座楼房

---

① 张锡岭：《东方大学中国班及其对中国革命的作用》，《华东师范大学学报（哲学社会科学版）》1988 年第 3 期。其中朱德，有学者认为他并没有进入东方大学学习（详见杨奎松：《关于朱德去苏联学习的背景资料》，《党的文献》1994 年第 3 期）。录此备考。

② 参见孙耀文著：《风雨五载——莫斯科中山大学始末》，中央编译出版社 1996 年版，第 43 页。

③ 张锡岭：《东方大学中国班及其对中国革命的作用》，《华东师范大学学报（哲学社会科学版）》1988 年第 3 期。

④ 张仲实：《二十年代赴莫斯科留学的回忆》，《党史研究资料》1981 年第 10 期。

里。几天之后,陆续又来了几批中国学生,大家住在一起,全数该有六七百人了。我们全都是准备进军事速成班的。这个军事班附设于东方大学,预定六个月毕业。大概是因为中国革命失败得太快,一切事超过了预计,学生到齐之后,学校却尚未准备就绪。我们闲住着。正在此时,上面决定要从我们这群人中选拨出数十人,进东大当正式学生(二年级)。我也被挑中了。"①张仲实和王凡西估算的具体人数与事实有所出入。据同为当事人的黄火青回忆:"学校共分为7个班,每班40多人,各编为一个排,三个排合编为一个连。第一、二、三排为第一连,第四、五、六排为第二连,第七班单独编成一个排。"②也就是说,进入军事速成班的学生一共有300人左右。其中,第一连大部分是参加过上海暴动的工人,以及从各地调来的先进分子;第二连大部分是国共分裂前夕从武汉来的工人、士兵和学生;第七班主要是国共分裂以后选送赴苏的,包括大学生、黄埔学生和南昌起义失败后的革命干部。负责管理军事班的主任是苏军上校、犹太人马尔舍夫,副主任是马马也夫,另外还有一个苏联人负责射击教学,两个曾参加过苏联内战的中国人担任生活和教学翻译。

东方大学中国特别军事政治训练班属于短期速成性质,专门进行军事教学,经常进行野外演习和实弹射击。政治课也是重要的教学内容,包括中国革命运动史、马列主义、政治经济学、社会发展史等课程。为使学员掌握其它职业技能,以作为革命工作的掩护,训练班还开设了汽车驾驶、修表、照相等课程。训练班不设俄语课,教师的授课都用俄语进行,为提高讲授效率,赵毅敏、刘鼎等上届学员也加入到教学翻译的行列之中。③

这个特别军事政治训练班在培养中国军事干部方面起了重要作用,但也引发出激烈的矛盾。在学习过程中,校方"对学生管理过严、纪律苛刻,对课程却不重视,讲课内容粗浅"④,尤其是教学内容严重脱离中国革命实际,引起了曾参加过国内革命军事斗争的同志及部分知识分子的强烈不满。这些学员提出进东方大学正规班学习的要求遭到校方拒绝后,学员与校方之间的矛盾激化,而这种矛盾又和联共(布)党内的斗争交织在一起,形成了错综复杂的局面。中山大学校长米夫与王明(陈绍禹)等人借机以统一中国同志在苏联学习为名,提出东方大学中国特

① 王凡西著:《双山回忆录》,东方出版社2004年版,第48~49页。

② 黄火青著:《一个平凡共产党员的经历》,人民出版社1995年版,第38页。

③ 黄火青著:《一个平凡共产党员的经历》,人民出版社1995年版,第39页

④ 孙耀文著:《风雨五载——莫斯科中山大学始末》,中央编译出版社1996年版,第182页。

别军事政治训练班结束后，将东方大学的中国班合并到中山大学。① 于是，联共(布)中央经过调查之后决定撤销东方大学中国班，并于1928年夏结束特别军事政治训练班的课程。这些学员一部分进入中山大学，②一部分转入苏联正规军事院校，其余回国。

2. 莫斯科中山大学学生的选派与中山大学的停办

由于蒋介石、汪精卫等人悍然发动反革命政变，进行清党活动，因此导致国共合作关系的破裂与中苏关系的断绝。这种政治形势上的剧烈变化，不得不使莫斯科中山大学重新调整办学宗旨，由为国共两党培养人才转向仅帮助中国共产党培养干部。根据革命形势的需要和招生标准的要求，中国共产党于1927、1928年派出两期留苏学生进入莫斯科中山大学。

1927年10月9日，第一批共200多名学生从上海出发，其中绝大多数是共产党员，少数为共青团员，只有个别人不在党、团员之列。他们基本上都是从武汉、上海、江苏、浙江等地撤出的干部，出发前已经在上海集中了一个多月。这批学生由阮仲一、张崇德、袁家镛(袁孟超)、陈修良(陈逸)等5人组成的主席团率领，其中包括原黄埔军校人员曾中生、应修人、杨林、李秋岳等；上海工人起义的参加者李剑如、黄浩、乐少华、葛耀山、张明、宋三妹、江元青、张崇文、张崇德、张明等；在湖北工作过的陈修良、余笃汉、赵一曼、唐义贞、何克金、宋盘铭、胡南生、王善宁、张阿毛、朱阿根、吕万林、李贵临、戚水宝、王小四子、张正洪等。③ 同船还有向忠发、李振瀛率领的赴苏学习代表团，包括帅孟奇、朱家瑞、韩铁声等人。据韩铁声回忆，曾爱华、陈伯达(陈尚友)、易定山、赵云容、李震夫也在这条船上。他们在10月12日到达海参崴之后，分成三批前往莫斯科。④ 该年还有一些人以分批或个别的方式前往苏联，其中有金贯真、胡识因、谢唯真、刘子载、谭国甫、方仲如、刘志敏、朱仲止、蔡树藩、孙静工、陈昌浩、聂洪钧、王立祥(曾秀夫)，以及北京女子师范大学的李慧(李沫英)、彭涟青(彭慧)等。原东方大学毕业生曹靖华偕妻子尚佩秋

---

① 张锡岭：《东方大学中国班及其对中国革命的作用》，《华东师范大学学报(哲学社会科学版)》1988年第3期。

② 据张泽宇考证，从东方大学中国班转入中山大学的共有137人(详见张泽宇著：《留学与革命——20世纪20年代留学苏联热潮研究》，人民出版社2009年版，第253页)。录此备考。

③ 孙耀文著：《风雨五载——莫斯科中山大学始末》，中央编译出版社1996年版，第173～176页；张明：《在莫斯科中国共产主义劳动大学学习期间的一些情况》，《党史资料丛刊》1980年第1辑，上海人民出版社1980年版，第93页。

④ 韩铁声：《旅苏24年》，政协全国委员会文史资料研究委员会编：《革命史资料》(16)，中国文史出版社1986年版，第177页。

也在1927年赴苏。①

1928年进入中山大学的学生主要是合并过来的东方大学中国班学员，总计137名。其时，由于中苏关系紧张导致交通不便，从国内派遣赴苏的学生甚少，他们是黄民益、施简、吴福海、罗石冰、何叔衡、杨之华、瞿景白(瞿秋白三弟)、陆更夫、许权中、唐有章、周保中(奚李元)、李荫南、杨子烈、叶剑英等。1929年进入中山大学的有钱瑛、孔原、刘英、夏之栩、危拱之、袁仲贤、刘畴西、傅维钰等。在此期间，还有从欧美等国转入中山大学的学生：从法国转入的有柳溥庆、郑一俊、徐孝祥、谢清、汪盛荻等学生以及一批华工；从美国转入的有章汉夫、冀朝鼎、章友江、黄恭寿、李法寰、罗静宜等人；另有潘芳是从德国转入的。②

1927年至1929年间进入中山大学学习的中国学生还有毛子芳(毛齐华)、方洛舟、李铁民、刘文平、毛宗平、朱自纯、李国楀、诸有能、诸有仁、郭妙根、何能、杨安卿、杨莲卿、吴近、张茜元、章芋苍、傅继尧、杨素兰、殷鉴、章克、万志凌、李俊夫、刘楚衔、陆梦衣、黎采莲、杜作祥、史璜、徐世惠、裴济华、解叔达、冯俞相、曹世祥、胡淑英、郑育才、徐以新、姚素贞、钟鉴、黄理文、何子述、贺昌炽、李锡元、吴裕民、王人璇、高萦久、王剑秋、王明仙、费侠、费克勤、王云程、孙际明、王宝礼、孟庆树等人。③

根据中山大学及当年学生的习惯说法，1927年以后进入莫斯科中山大学的中国学生被划为第三期和第四期。其中，1927年下半年入学者为第三期；1928年入学者为第四期；1929年的学生因人数较少没有重新编排班级，而是归入前一年入学的班次中，因此也属于第四期。这两期学生中，大部分人为共产党员或共青团员，工人出身的居多。他们富于革命斗争经验，但文化水平较低，有的学生近乎文盲。这些特点使得第三、四期学生在个人成份、文化水平等方面与前两期有明显的区别，中山大学根据情况改变过去的编班方式，将新的班次分为四种。

一是正规班：这类班基本上延续前两期的设置模式，成员主要是具有一定文化水平的知识分子，分为俄文班、英文班、德文班、法文班。④

二是特别班：又被称为“老头子班”。这个班设立于1928年，成员都是大革命失败以后到中山大学学习的中共高级领导干部，包括叶剑英、林伯渠、吴玉章、董必武、徐特立、夏曦、方维夏、何叔衡、杨之华、帅孟奇、江灏、赵如芷、李国暄、李哲

① 孙耀文著：《风雨五载——莫斯科中山大学始末》，中央编译出版社1996年版，第176页。
② 孙耀文著：《风雨五载——莫斯科中山大学始末》，中央编译出版社1996年版，第177～178页。
③ 孙耀文著：《风雨五载——莫斯科中山大学始末》，中央编译出版社1996年版，第179页。
④ 韩泰华编：《中国共产党若干历史问题写真》(上卷)，中国言实出版社1998年版，第15页。

时、王观澜、江浩、钱亦石、钱家潭、李文宜等。① 校方对这个班的俄语学习要求不高,他们以座谈、专题讨论、自学为主。

三是工人预备班:由 1928 年以后进入中山大学的国内工人和欧洲华工组成,共两个班,约八九十人。这些学生的文化水平较低,所以课程主要为中文、历史、地理、算术、政治常识、自然科学常识、军事课等,另有少量的俄文课。一些中山大学的毕业生负责教授此班,如张闻天、盛忠亮教政治常识,李一凡、方英教中文,谢泽源教自然常识,王志涛教军事,刘鼎和江泽民教算术。②

四是速成班:亦成立于 1928 年,其前身就是合并过来的东方大学军事速成班。为了便于学生尽快结业,速成班学习期限较短,课程内容则在一定程度上沿袭了原东方大学军事速成班的特点,以军事训练为主,辅以政治课程。

在上述四种班型外,还设有一个翻译班。中山大学挑选了一些外语水平较好的学生编入此班,这些学生自学有关课程,或者担任助教,参加到各个教研室的工作之中。③

东方大学中国班学生转入中山大学后,中山大学于 1928 年改名为中国劳动者共产主义大学,俄文名称是 Коммунистический Университет Трудящихся Китая(缩写为 КУТК)。此后,中山大学在清党活动中遭受严重打击,许多无辜的中共党、团员学生遭到处分和迫害,党团组织也基本被摧毁,即使侥幸没有受到牵连的学生也无心继续学习,学校的留学生管理工作彻底瘫痪,整个学校陷入极度混乱的状态之中。加之其时中苏关系持续恶化,以及中共对学生质量并不满意,于是联共(布)中央政治局在 1930 年 2 月 25 日经讨论,决定停办莫斯科中山大学,“尚未毕业的学生全部转入列宁学院”④。莫斯科中山大学停办之后,在校的中国学生此后命运各不相同:有的直接启程回国;有的为苏联工作一段时间之后返回国内;有的则终生留在苏联。还有一些学生由于“清党”等原因遭到了逮捕、判刑和流放,备受残酷迫害,或客死他乡,或下落不明,只有少数人能劫后余生回到祖国。莫斯科中山大学正式宣告停办,昭示了持续近十年之久的中国学生留苏热潮的终结。

---

① 韩泰华编:《中国共产党若干历史问题写真》(上卷),中国言实出版社 1998 年版,第 15 页;杨尚昆:《回忆旅莫岁月》,《党史天地》2002 年第 1 期。

② 江泽民:《回忆在莫斯科中山大学时期》,政协全国委员会文史资料研究委员会编:《革命史资料》(17),中国文史出版社 1987 年版,第 186 页。

③ 韩泰华编:《中国共产党若干历史问题写真》(上卷),中国言实出版社 1998 年版,第 15 页。

④ 张泽宇:《莫斯科中山大学停办原因论析》,《徐州师范大学学报》2006 年第 3 期。

## 三、留苏学生的留学情况

20世纪二三十年代，大批中国留学生进入东方大学、中山大学及其它各类院校学习。由于赴苏时间和就读学校的不同，这些中国留苏学生在学习和生活等方面也存在一些差异。

### (一)中国留学生在东方大学的学习生活

东方大学坐落于莫斯科市中心的高尔基大街，与普希金广场毗邻。学校主楼是一栋雄伟壮观的六层大厦，集行政办公室、教室、教研室、图书馆等功能于一身，另外在地下室设有供教授和学生休息的咖啡馆。学校的餐厅位于普希金广场附近一所大教堂的后院。学生宿舍设在普希金广场花园路旁一座颇具规模的三层楼内，宿舍楼前后均有花园和空地可供学生锻炼、休息使用。① 东方大学健全的基础设施，为教师和学生提供了相当理想的教学、生活环境，使苏联及其它国家、地区的学生在此接受到良好的教育。

#### 1. 东方大学中国班的教学活动

东方大学成立的初衷和办学宗旨是为苏联远东地区和东方各殖民地国家培养革命干部。斯大林明确指出“这个大学有两个工作方针”：“一个方针就是造就能为东方各苏维埃共和国的需要服务的干部；另一个方针就是造就能为东方各殖民地和附属国的劳动群众的革命要求服务的干部。”②因此，其时东大设“两部”：“一是国内部，招收苏联境内东方各少数民族的学生”；“二是外国部，招收苏联境外东方各民族的学生”。③

东方大学的学制经历了一个演变的过程。学校初建时学制为7个月，只对学员进行短期的政治培训。1922年学制变为三年，并增设二年制的专修班和一年制的预科班。④ 1926年，考虑到东方各国尤其是中国留学生学习俄语的困难，共产国际远东局将东大基础部的学制延长为4年。⑤ 而1927年设立的中国特别军事政治训练班，学制则为1年。

东方大学的教师力量雄厚，集中了一批当时比较著名的苏联革命家和学者。其中包括共产国际领导人布罗伊多、舒米亚茨基，在中共建党过程中颇有贡献的

---

① 关素质：《莫斯科“孙大”、“东大”见闻》，中华民国留俄同学会编：《60年来中国留俄同学之风霜踔厉》，台北中华图书出版社1988年版，第356页。

② 《斯大林全集》第7卷，人民出版社1958年版，第114页。

③ 张仲实：《二十年代赴莫斯科留学的回忆》，《党史研究资料》1981年第10期。

④ 郝世昌、李亚晨著：《留苏教育史稿》，黑龙江教育出版社2001年版，第116页。

⑤ 张泽宇著：《留学与革命——20世纪20年代留学苏联热潮研究》，人民出版社2009年版，第117页。

维经斯基，苏联科学院院士、东南亚研究所所长瓦西里耶娃，东方学专家古别尔，中国问题专家米夫，著名汉学家伊凡诺夫、波里丽诺夫，中国军事问题专家戈列夫，以及鲁迅先生的朋友、俄国盲诗人爱罗先珂等。① 这些专家学者不仅理论水平高，而且对中国及中国革命的实际情况有较多的了解，这就使中国班的教学具有了针对性。由于全部课程均采用俄语教学，中国班学生在听讲上有困难，因此聘请瞿秋白、李宗武担任中国班的教学翻译。

中国班主要学习政治理论和俄语。政治理论课上学习《共产主义宣言》、列宁的《青年团的任务》、布哈林的《共产主义 ABC》、波格丹诺夫的《政治经济学》，还有西方革命史、俄国十月革命、中国革命史以及关于工会运动的小册子。② 1922 年，东方大学对学校的教学体系进行了完善，设立基础部、预科部和专修部。基础部作为学校主体，主要开设联共(布)党史、国际共产主义运动史、俄语和一种西方语言(英、法、德)、中国革命运动史、东方革命运动史、西方革命运动史、社会发展史、哲学、政治经济学、经济地理、列宁主义、军事课和劳动技术课等课程。自 1925 年开始，中国学生中的工人、士兵人数不断增多，鉴于这些学生文化水平较低，东方大学在他们就读的预科部只开设汉语、算术、历史、地理和社会科学基础知识等课。至于 1927 年开设的中国特别军事政治训练班，由于其性质特殊，则主要以军事课为主，另设有政治课。

东方大学的教学方法比较特殊，称为“四段教学体制”。所谓四段，是指教学过程由讲授、自学、辩论、总结这四个部分组成。③ 在“四段教学体制”中，教师负责讲解基本教学内容，指点学生掌握知识要点和阅读参考书目，并组织学生讨论及对讨论进行总结；学生则在课余根据知识要点和参考书目进行自学，并提出问题，参与讨论。这种教学方法既体现了教师在教学活动中的主导作用，又能激发学生积极主动地进行学习、研究和思考，还能培养学生的语言表达能力，可谓一举多得。

2. 东方大学中国班的生活状况

早期就读于东方大学的中国学员生活比较艰苦。当时苏联尚处于百废待兴的经济困难时期，各种物资都很匮乏，衣食等方面更是如此。中国班学生的饮食待遇与红军战士相同。每天分给四分之一磅的黑面包作为一天的主食，午餐时每

---

① 此名单根据以下资料整理：郝世昌、李亚晨著：《留苏教育史稿》，黑龙江教育出版社 2001 年版，第 117 页；张泽宇著：《留学与革命——20 世纪 20 年代留学苏联热潮研究》，人民出版社 2009 年版，第 116 页。

② 肖劲光著：《肖劲光回忆录》，解放军出版社 1987 年版，第 24 页。

③ 郝世昌、李亚晨著：《留苏教育史稿》，黑龙江教育出版社 2001 年版，第 123 页。

人会分到一勺加有海草、土豆的汤，有时汤里还会有一点咸鱼。这种待遇在当时算是最高的。学生们经常不去吃这种午餐，因为吃的东西还不够走路消化。食物不足使得这些年轻学子只能在忍饥挨饿的状态下坚持学习。“韦素园有一次回忆，他说看书不能坐着看，那样消耗太多。春天时，趴在公园的草地上看，这样，肚内食物消化慢一点。”①中国班学生所穿的衣服、鞋子，大部分都是由欧洲工人捐献的，尺码常常出入很大。除衣食外，住宿条件也不理想。中国班的学生冬天只能在宿舍烧柴烤火，然后每人盖一件大衣和毯子，大家挤在一起取暖。这种艰苦生活直到 1923 年才随着苏联经济的好转而得以改善。此外，中国班的学生课余还要参加一些活动，比如晚上要站岗执勤，周日则要进工厂做工等。

东方大学艰苦的生活条件虽然使中国班的学生倍感艰辛，但也磨炼了他们的意志，使他们看到了苏联在共产党领导下焕发出的强大生命力和战斗力。因此，他们在精神上是很愉快的。这些年轻学子一方面努力学习，俄语水平和政治理论素养提高很快；另一方面还积极参加到学校组织的晚会等娱乐活动中，以自编自演的节目丰富了课余生活，愉悦了精神。

### （二）中国留学生在中山大学的学习生活

莫斯科中山大学位于莫斯科河西岸的沃尔洪卡大街 16 号，距离克里姆林宫不远，前身是沙俄时代的一个企业公司。学校的主楼是一栋规模相当大的四层洋楼，总共有 100 个房间，正面挂有俄文书写的校牌。其中，餐厅在一楼，图书室、教室、学习室、办公室分别设在二、三、四楼。② 图书室内藏有近万册的图书，大会堂、俱乐部、卫生所也位居这栋洋楼之中。学校前面是皇家大教堂和圣彼得铜像，附近还有一处广场作为学生的操场。莫斯科中山大学直接由共产国际东方部领导，同时接受中共驻共产国际代表团的指导。

中山大学在校长的领导下设有秘书处、教务处和总务处。历任校长有拉狄克、米夫、威格尔、基尔山诺娃，教务处长阿戈尔在拉狄克离任时曾短暂代理过校长职务。另设两名副校长，最初均由俄国人担任，自 1928 年起其中一名由中国人担任，王保礼和李竹声曾先后任职。秘书处负责处理学校的一切重要行政事务以及安全保密工作，扑古里雅也夫、叶先科和阿卜朗姆松先后担任处长；教务处负责学生编班、安排教学计划、选派教师、准备教材等工作，由阿戈尔任主任，伊格纳托夫任副主任，中国学生殷鉴在 1928 年后曾担任过副主任；总务处负责学生的衣食

① 中央文献研究室第二编研部编：《话说刘少奇——知情者访谈录》，中央文献出版社 1999 年版，第 156 页。

② 傅学文著：《永恒的纪念》，团结出版社 1990 年版，第 29 页。

住行等后勤工作，由维索塔任处长，杨明斋也曾在此工作。中山大学还有一个学生组织——学生公社(学生会)，主要职能是帮助校方开展管理工作、经办学生福利、组织文体活动，以及受理学生的违纪事件。①

1. 中山大学的教学活动

莫斯科中山大学的办学宗旨是为中国革命培养大批干部，学制最初定为 2 年，在改为中国劳动者共产主义大学之后，学制变为 3 年。基于办学宗旨的要求，中山大学的课程偏重于政治理论，尤为注重对苏联式革命理论的讲授。学校开设有七大类课程：②

一是语言。包括俄语、英语、法语、德语、汉语。其中俄语是必修课程，中山大学在第一学期以强化教学法专门培养学生的俄语能力，要求学生每周要用 6 天、每天 4 个小时的时间来学习俄语，具体内容是俄文读报、名著阅读、语法讲授等，学有余力者还可以选择学习其它语种，汉语课则是为文化程度较低的中国学生开设。

二是历史。包括社会发展史、中国革命史、俄国革命史、东方革命史、西方革命史等。中国革命史由首任校长、中国问题专家拉狄克讲授，由于其知识渊博、擅长援引案例，因此这门课颇受中国学生的欢迎。

三是哲学。主要讲授马克思主义哲学，包括辩证唯物主义、历史唯物主义。

四是政治经济学。为了使中国学生能够尽快理解和掌握马克思主义政治经济学理论，中山大学没有采用精深而难懂的《资本论》原著，而是选用考茨基的《马克思的经济学说》以及苏联学者拉皮达斯和奥斯特罗维强诺夫的《政治经济学大纲》作为教材。

五是世界经济地理。这门课主要是向学生普及世界各地的有关知识，使他们对现时世界形势有所了解。

六是列宁主义。这门课由时任中山大学副校长米夫讲授，以斯大林的《论列宁主义的基础》为教材。

七是军事学。鉴于学生回国后将面临军事斗争的考验，因此中山大学开设了军事学课程，对学生进行军事理论的讲授和实战训练。不仅校内设有军事教研室，陈列有供学生训练用的各种武器，而且每年夏天还要到附近的兵营接受野战训练，过真正的军事生活。

---

① 孙耀文著：《风雨五载——莫斯科中山大学始末》，中央编译出版社 1996 年版，第 61 页。

② 参见范青、陈辉汉编著：《陈昌浩革命生涯》，中共党史出版社 2002 年版，第 27～28 页；孙耀文著：《风雨五载——莫斯科中山大学始末》，中央编译出版社 1996 年版，第 71～72 页。

中山大学还开设了苏维埃建设、民族与殖民地问题等科目，以多样的教学内容和灵活的教学手段提高学生的综合素质。比如，苏维埃建设这门课就是以现场参观为主，中山大学组织学生先后参观了工厂、监狱、大型水电站等苏联建设成就，以及东宫、夏宫、阿芙乐尔号巡洋舰等历史遗迹和革命见证。①

中山大学的课程内容受到中共党、团员的欢迎和喜爱，与此同时也遭到相当多的国民党员尤其是右派的质疑。据屠义方回忆："科目方面，我看过以后，内心总觉得缺憾很多。中山大学，顾名思义，对总理中山先生的学说思想，革命言行，以及国民党的革命方针和组织路线，这一类的科目，无论如何，总不应该缺乏。但事实上，课程表所列的课目，我暗中统计，第一：讲共产主义理论与实际的课目，占十分之六七。第二：将社会发展及一般革命史与俄文学习的课目，占全课目十分之三四。从这些课目和所占的比例看来，如果站在国民党的立场来讲，我们来学习什么呢？"②基于这样的逆反心理，中山大学的课程并没有改变相当多的国民党员尤其是右派分子的世界观与政治立场。

为保证教学质量，中山大学从其它大学调来一批颇具声望的老党员教授，其中包括沃林、达林、库丘莫夫（曾任中山大学副校长）、白林、利浦曼、瓦克斯等著名学者。1927 年前后，中山大学的教职工总数达到了二三百人。为适应教学工作需要，学校又按照教学内容设置了联共（布）党史、列宁主义、党的建设（内分组织工作和宣传鼓动工作）、社会形态发展史、东方革命运动史、西方革命运动史、政治经济学、经济地理、辩证唯物主义和历史唯物主义、苏维埃法制与国家建设、军事、中文等教研室，并成立了翻译局、印刷所、中国问题科学研究所等为教学工作服务的附属机构。中山大学在政治理论课程的教学上采取与东方大学相近的方法，即由讲授、自学、辩论、总结组成的四段教学法，以此培养学生的独立思考与语言表达能力。

2. 中山大学的生活状况

相对于东方大学首期学员遭遇到的艰苦环境，中山大学学生在物质条件和生活待遇上要优越很多。该校招生之时，苏联经济形势已经趋于好转，因此这些学生获得了完全公费的优待，在衣食住行乃至娱乐方面都由校方供给，享受高于普通苏联人民的特殊待遇。

---

① 黄秀珍：《我在莫斯科中山大学学习的前前后后》，政协山东省诸城县委员会文史资料研究委员会编：《诸城文史资料》第 9 辑，1986 年印行。

② 屠义方：《冰雪松风录》，中华民国留俄同学会编：《60 年来中国留俄同学之风霜踔厉》，台北中华图书出版社 1988 年版，第 189～190 页。

衣着方面：中山大学的学生报到后即可领取一套呢子西装、两件衬衫、一双皮鞋、一件厚呢大衣，还有一双御寒的橡胶套鞋。① 此外，还提供雨鞋、凉鞋、手帕、梳子、牙膏、牙刷等日常穿着和生活用品。②

饮食方面：学校起初为中国学生安排每日五餐，后由于学生并不习惯且觉得浪费，于是改回一日三餐。中山大学学生的伙食颇为丰盛，无论是数量、质量都远远高于一般大学。每人每月的标准是 60 卢布③，比一般大学高出一倍，主食不仅是白面包，而且不限量，还提供牛奶、黄油以及鸡、鱼、牛肉等。此外，校方担心中国学生吃不惯西餐，每月供应两次米饭，并设有特别茶座，提供咖啡、红茶、点心等食物。④ 校方还曾专门派人到苏联远东采购海参、香菇等名贵食品，为学生们改善伙食。⑤

住宿方面：学校选择了依利恩加街一座公寓和彼得罗夫斯基街一座很讲究的洋楼，作为男生宿舍；加加林斯基街一座沙皇皇族的华丽住宅，作为女生宿舍。宿舍里的卫生、暖气、床褥等设备齐全，生活很舒适。⑥ 宿舍用的铺盖、毛毯、被单，每周替换一次。

出行方面：学生多乘坐电车出行，车票则由校方提供。⑦

除上述优越的生活条件外，学校每月还发给学生 12 卢布作为生活津贴，每年暑假带领学生前往黑海之滨的克里米亚或者莫斯科郊外的工人干部疗养院修养，并提供一日四餐和进口水果。⑧ 校内还设有俱乐部，负责组织学生开展照相、无线电收发报、活报剧、唱歌、音乐、跳舞、绘画、打球、滑冰等丰富多彩的娱乐活动。⑨

---

① 杨大乾：《莫斯科中山大学生活回忆》，中华民国留俄同学会编：《60 年来中国留俄同学之风霜踔厉》，台北中华图书出版社 1988 年版，第 226 页。

② 江泽民：《回忆在莫斯科中山大学时期》，政协全国委员会文史资料研究委员会编：《革命史资料》(17)，中国文史出版社 1987 年版，第 183 页。

③ 据张崇文回忆，第三期学生的伙食标准是每人每月 120 卢布(详见韩泰华编：《中国共产党若干历史问题写真》(上卷)，中国言实出版社 1998 年版，第 14 页)。

④ 肖范：《回忆留俄始末(1926—1928)》，政协益阳县委员会文史资料委员会编：《益阳县文史资料》第 7 辑，1990 年印行。

⑤ 孙耀文著：《风雨五载——莫斯科中山大学始末》，中央编译出版社 1996 年版，第 58 页。

⑥ 何汉文：《记留俄学生》，政协湖南省委员会文史资料研究委员会编：《湖南文史资料选辑》(第 3 集第 6 辑)，湖南人民出版社 1982 年版，第 144 页。

⑦ 杨大乾：《莫斯科中山大学生活回忆》，中华民国留俄同学会编：《60 年来中国留俄同学之风霜踔厉》，台北中华图书出版社 1988 年版，第 226 页。

⑧ 肖范：《回忆留俄始末(1926—1928)》，政协益阳县委员会文史资料委员会编：《益阳县文史资料》第 7 辑，1990 年印行。

⑨ 韩泰华编：《中国共产党若干历史问题写真》(上卷)，中国言实出版社 1998 年版，第 14～15 页。

(三) 中国留学生在苏联其它院校的学习生活

在东方大学和中山大学外,还有其它一些苏联院校接收了部分中国留学生。这些中国留学生大部分来源于东方大学和中山大学的毕业生,只有少数为中国国内直接选送,他们主要进入列宁国际学院,以及莫斯科红军军事学校、伏龙芝军事学院、列宁格勒军事政治学院、航空军事理论学校、高级炮校、基辅军官学校等军事院校。此外,海参崴的中国列宁学校也有中国学生的身影。这些学校的学生,累计也有数百人之多。

1. 中国留学生在莫斯科列宁国际学院

莫斯科列宁国际学院成立于1925年,是共产国际专为培养各国党的高级干部而设的教育机构,又被称为国际大学或列宁学校。① 这所学校坐落于莫斯科市内伏洛夫斯基大街的一栋五层大楼内,距离普希金广场很近。该学院学制2年,也可根据各国革命发展的实际需要开设各种班型。由于学生来自多个国家,因此学院开设有用英、俄、德、法四种语言讲授的教学班。②

中国留学生进入莫斯科列宁国际学院始于1926年。是年4月24日,维经斯基在给陈独秀的信中提到,列宁国际学院将在新学期招收中国留学生,并告知陈独秀可以派两名同志赴列宁国际学院。③ 由是中共中央经研究决定,派遣刘仁静与在苏联修养的蔡和森进校学习。当年9月,刘仁静从上海出发,抵达莫斯科后先到共产国际东方部报到,然后进入列宁国际学院,蔡和森则在入学后不久即奉调回国。此后,中国留学生分批进入列宁国际学院进修深造,包括董必武、陈郁、李维汉、李立三、王若飞、周达文、董亦湘、俞秀松、林铁、杨秀峰、黄平、张国焘、陈潭秋、陈云、吴玉章、朱大杰、彭泽湘、阮仲一、马员生等人。④

列宁国际学院除开设有俄、英、德、法四种语言课外,还设有列宁主义、俄共党史、西欧工人运动史、政治经济学、哲学等课程。学生的日常学习以自学为主、讲授为辅,兼有小组讨论、问题解答、专题讲座等形式。教师由苏联方面派出,联共(布)中央领导有时也到学院授课。该学院的教学较为正规,只是由于缺乏理论联

---

① 黄利群著:《中国人留学苏(俄)百年史》,中国文史出版社2002年版,第72页。

② 刘仁静:《往事漫忆——回忆1926到1929年》(上),《人物》1996年第1期。

③ 中共中央党史研究室第一研究部编:《联共(布)、共产国际与中国国民革命运动(1926—1927)》(上),北京图书馆出版社1998年版,第221页。

④ 此名单根据以下资料整理:刘仁静:《往事漫忆——回忆1926到1929年》(上),《人物》1996年第1期;黄利群著:《中国人留学苏(俄)百年史》,中国文史出版社2002年版,第73页。

系实际而使教学活动缺乏生机与活力。①

中国留学生在列宁国际学院的生活待遇很好，伙食标准较高，基本与中山大学相同。中国学员除伙食免费外，每月还可领到 50 卢布的零花钱，“如果学员在国内有子女，学院还每月寄钱给予接济”。②

2. 中国留学生在苏联军事院校的学习生活

中国留学生进入苏联军事院校的时间要晚于进入政治院校，这一方面是由于中国共产党在建党之初缺乏军事斗争经验，另一方面也源于共产国际和苏联方面起初没有重视。虽然肖劲光等四人曾于 1922 年在苏联红军学校短期学习，但在陈独秀的强烈反对下不得不返回东方大学继续学业。直到 1924 年国共合作后，为帮助孙中山更好地管理黄埔军校，共产国际才于 1925 年 2 月从东方大学中国班抽调一批学生进入莫斯科红军军事学校学习，这是首批就读苏联军事院校的中国留学生，共有二三十人，包括叶挺、聂荣臻、熊雄、范易、颜昌颐等。

莫斯科红军军事学校设在莫斯科城内，对外实行保密。红军军事学校首批中国留学生的学习生活很紧张，经常进行野外演习，学习技术与战术。野外演习时，所有学生都和红军战士一样，住帐篷铺草垫，轮流站岗值班。负责教学的教官都具有师级以上的级别，有着丰富的实战经验，并以深入浅出的方式教授课程，再加上理论学习与实际训练相结合，学生收获很大。同时，中国留学生在红军军事学校的生活待遇也不错，在伙食供应上享有特别优待，由于他们已经被纳入红军编制，因此在其它生活方面与红军战士相同。

在中国留学生就读的苏联军事院校中，比较著名的还有伏龙芝军事学院、列宁格勒军事政治学院、莫斯科苏联红军步兵学校等。

伏龙芝军事学院是苏联培养高级军事人才的最高学府，也是一个庞大的军事科研中心，开设战略学、战术学、社会经济学、军事学术和军制术等五门主课，通常由红军参谋部、政治部、各兵种司令部司令员和部门首长担任教师。首批进入伏龙芝军事学院的中国学生本应是左权、陈启科、李拔夫、萧赞育，由于需要掌握俄语才能入学，因此他们先期进入中山大学学习。但一年后，由蒋介石保送的贺衷寒、杜从戎、周明和王懋功因官阶更高而顶替了左权等人。这样，左权、陈启科、萧赞育不得不继续选择在中山大学学习，后与下一届保送的刘云、屈武、黄第洪等人

① 刘仁静：《往事漫忆——回忆 1926 到 1929 年》(上)，《人物》1996 年第 1 期。

② 黄利群著：《中国人留学苏(俄)百年史》，中国文史出版社 2002 年版，第 73 页。

一同进入伏龙芝军事学院的中国班,[①]李拔夫则在苏联军事委员会的批准下转入基辅军官学校。[②] 1927 年 11 月,刘伯承在南昌起义失败后被派往莫斯科苏联红军步兵学校学习,之后于 1928 年下半年转入伏龙芝军事学院中国班。当时由国民党选送的学生已经回国,中国班只剩下左权、陈启科、刘云、屈武、黄第洪、刘伯承这 6 名共产党员,他们成立了党支部,由刘云担任支部书记。[③] 在校期间,中国班学生曾多次在教师的带领下前往高加索、乌克兰、敖得萨、明斯克等地进行野外战术作业和战术训练。为了配合中国班学生的训练,苏联先后动用了步兵、骑兵等陆军兵种,其中有两三次还动用了海、空军,耗资巨大。[④]

列宁格勒军事政治学院全称为列宁格勒托尔马乔夫军事政治学院,是苏联培养军队政治工作人员的高级军事院校,与伏龙芝军事学院齐名。该学院学制 3 年,不分科系,还开设了短期研究班。学院课程由社会科学、军事科学和政治工作三部分构成,社会科学和军事科学各占 40%,政治工作占 30%。另有参观演习作为实习课程,并设有马术、游泳、射击、驾驶等方面的技能训练。教师多为知名教授及沙俄时期的军事专家。学院从 1927 年开始招收中国学生。第一期中国学生共有 13 人,包括中山大学毕业生刘鸣先、朱务善、韩沅波、卢贻松、傅钟、李俊哲、高维翰、蒋经国,东方大学毕业生武止戈、宗甫和一名廖姓学生,基辅军官学校的李特,以及莫斯科红军军事学校的肖劲光。第二期学生有鲁易、李侠公、孔祥鲁、董良史、李秋萍以及一名童姓学生等数人。1929 年,学院又从莫斯科红军军事学校招收了 10 余名中国留学生,此后停招。这些中国学生在校期间的学习紧张而忙碌。学院的理论课程采用听讲和研读相结合的方式,中国学生或与苏联学生一班,或单独一班上课,然后依照研究大纲和参考书籍独自研读,撰写读书笔记和心得,最后由指导教师组织全班同学进行讨论,并形成结论。军事训练课上,由于中国学生多非军人出身,因此均从基础学起。他们下连队与苏联士兵共同生活,参与实地军事训练,并参观苏联军队的对抗作战演习。中国学生的生活待遇也较优厚,不仅各类食品和日用品供应充足,而且学院还在暑假期间安排他们赴各名胜

① 王孝柏、刘元生著:《左权传》,人民出版社 1990 年版,第 65～66 页。

② 李拔夫:《留学苏联的片段》,政协湖南省委员会文史资料研究委员会编:《湖南文史资料选辑》第 3 集第 6 辑,湖南人民出版社 1982 年版,第 176 页。

③ 程蕊编著:《刘伯承传》,贵州人民出版社 2001 年版,第 47 页。

④ 屈武口述、陈江鹏执笔:《屈武回忆录》(上册),团结出版社 2002 年版,第 193～194 页。

地区休养。①

莫斯科苏联红军步兵学校位于莫斯科市郊，与炮兵学校比邻而居。校舍均为兵营式建筑，主楼只有二层，楼上是学生宿舍、学校各类机构办公室和食堂，楼下设有教室、礼堂和室内运动场，院内另有可作为足球场使用的大操场。莫斯科苏联红军步兵学校从 1927 年 9 月开始招收中国留学生，第一批入学有伍修权等 11 名中山大学毕业生，学校将他们单独编为中国班。1928 年又有 100 多名中国学生从东方大学军事政治速成班、中山大学和基辅军官学校转到红军步兵学校。由于学生较多，因此学校将他们集中编为一个连，称作“中国连”。红军步兵学校为中国学生开设了军政两大类课程，军事课占教学总时数三分之二，政治课占三分之一。军事课有步兵战术，制式教练、兵器学、射击学、地形学、筑城学以及内务条令、纪律条令、卫戍勤务等规定或守则；政治课有马列主义基础、政治经济学、联共(布)党史、党的建设和军队政治工作等。因苏联红军中科班出身的军事人才较少，所以红军步兵学校的军事课教员多为过去的白军军官，他们的军事知识丰富，教学态度严肃认真，注重形象化的直观教学方法，善于启发诱导学生自主思考和解决问题，使学生能够扎实地掌握各类知识。还有一些军事课程需要在室外进行，如步兵队列教练、瞄准射击、投弹练习等需要在操场上进行，而地形学、筑城学则必须到野外开展。此外，实弹射击、马术等课程都有特殊要求。每年冬夏两季，学生还要到校外或远郊进行野营训练和攻防演习，有时还与苏联红军一同训练。相对于丰富多样的军事课，政治课的内容则单一许多，基本上从书本上照搬。中国学生在红军步兵学校的生活还算丰富，除了遵守军队式的作息制度外，课余可以开展足球、篮球、网球以及单双杠等体育运动，周末不定期举行文艺晚会，有时还可以观看电影和文艺演出。生活待遇也不错，不仅每人每月有 30 卢布的零用钱，而且伙食供应比较丰富，每月能吃到 10 公斤左右的肉类，对于体力消耗量大的军校学生来说是十分必要的。红军步兵学校第一期中国学员于 1929 年夏毕业，大多数人陆续回国参加革命，此后中国学生陆续减少，到 30 年代初期，负责管理中国学生的中国科也被撤销。②

在上述几所著名的军事院校之外，就读于基辅军官学校的中国学生也不在少数。这所学校原名混成军官学校，校址位于基辅，于 1925 年开始招收中国学生。

---

① 高维翰：《苏俄军事政治学院杂录》，中华民国留俄同学会编：《60 年来中国留俄同学之风霜踔厉》，台北中华图书出版社 1988 年版，第 163～167 页。

② 伍修权著：《回忆与怀念》，中共中央党校出版社 1991 年版，第 55～66 页。

初期入学的中国留学生绝大多数由冯玉祥、胡景翼、于右任保送,再加上后续入学的李拔夫等人,总数大概有 40 多人,主要在步、骑、炮、工等科学习。1927 年国共分裂之后,一部分中国学生被遣送回国,其余学生则分别进入中山大学等其它苏联院校,或担任军事教官,或继续求学深造,基辅军官学校培养中国学生的历史就此终结。①

另外还有一些苏联军事院校招收过少量中国学生,其中包括莫斯科红军高级指挥训练班、莫斯科工程兵学校、莫斯科炮兵学校、苏联飞行军事学校、列宁格勒陆军通信学校、莫斯科骑兵学校等。据统计,苏联各级各类军事院校在 1925 至 1932 年间共为中国培养各种军事人才 229 名。需要指出的是,这 229 名仅指曾在苏联系统学习过一段时间的学生,并不包括参加速成班的短期培训学员。②

20 世纪二三十年代的留苏教育,对此后中国的发展走向产生了极其深远的影响。在留苏学生群体中,有的人成为并肩作战的亲密战友,有的人变成战场上兵戎相见的对手;有的人为中国革命和建设事业英勇献身,有的人则为一己私利放弃理想、出卖灵魂;有的人成长为中国共产党、新中国和人民军队的领导者与骨干,有的人堕落为出卖国家、民族利益的汉奸、帮凶与傀儡。而最为重要的是,很多留苏学生作为国共两党的中坚力量,成为政治家和军事家,他们从政治、经济、军事、文化、教育等方面推动了中国在 20 世纪的发展,对历史进程起到了无可估量的巨大作用,这是其他留学生群体所不具备的最突出特点。正如莫斯科中山大学首任校长卡尔·拉狄克在与美国赴苏联考察团团长交谈时所言:"在俄国的中山大学留学生虽然只有 600 余人,但你要知道,美国之中国留学生毕业回国,只从事教书或实业方面的工作,而我们俄国之中国留学生 600 人毕业回国时要领导中国之政治——这是马列主义东方化的步骤之一。"③仅就中共领导高层而言,据有关学者研究,在 20 世纪二十到四十年代从国外回国的 118 位中共领导人中,就有 80 位经由苏联培养,约占总数的 70%,他们多半在后来的年代成为中共中央委员或是候补委员,乃至中央政治局委员。④

---

① 李拔夫:《留学苏联的片段》,政协湖南省委员会文史资料研究委员会编:《湖南文史资料选辑》第 3 集第 6 辑,湖南人民出版社 1982 年版,第 176 页。

② 详见奎松:《1925—1932 年在苏联军校学习的中国学员调查表》,《军事历史》1994 年第 1、2、3 期。

③ 丁晓禾主编:《中国百年留学全纪录》,珠海出版社 1998 年版,第 797 页。

④ [苏]B·H·乌绍夫:《20～30 年代苏联为培养中国党和革命干部所提供的国际援助》,《党史研究资料》1988 年第 12 期。

## 第二节　国民政府治辖下的中苏教育交流

就在20世纪二三十年代留苏教育大潮汹涌澎湃之际，中苏教育交流活动也在国民政府统治下的中国国内同步进行，这就使得20世纪上半叶的中苏教育交流活动更加丰富多样。

### 一、苏俄教育思想的译介传入

中国学习俄国的教育思想，早在清末时期已显端倪。1906年1月23日（光绪三十一年十二月二十九日），清学部电告驻俄公使胡惟德，以“本部创办伊始，亟需博采各国学制，以资参考”为由，请胡惟德“将俄国最新学部章程表簿及各种学堂章程表簿代购全份，从速寄京”。① 此外，受沙俄势力渗透等因素影响，东北、新疆等边疆地区的教育也自觉或不自觉地向俄国教育思想学习。至民国时期，马克思主义指导下的苏俄教育思想开始以专著形式传入中国，并在所有进入中国的苏联著作中占有重要一席。据不完全统计，1927至1949年出版的苏俄教育著作约有37种，具体如下表（见“表六”）所示：

**表六：1927至1949年间中国出版苏俄教育著作情况一览表②**

| 序号 | 图书名称 | 作者 | 出版单位 | 出版时间 |
|---|---|---|---|---|
| 1 | 苏俄新教育（欧游丛刊第5集） | 顾树森编 | 中华书局 | 1927 |
| 2 | 苏俄之教育（现代教育名著）③ | [美]尼林著<br>许崇清译 | 商务印书馆 | 1928 |
| 3 | 苏俄教育概观 | 王权中编 | 北新书局 | 1929 |
| 4 | 苏俄的活教育 | 英国教育视察团编<br>王西政译 | 华通书局 | 1929 |
| 5 | 苏俄新学校 | [英]威尔逊<br>易鸿译 | 上海联合书店 | 1930 |

① 金土整理：《驻俄公使胡惟德往来电文录》，中国社会科学院近代史研究所近代史资料编辑部编：《近代史资料》（总92号），中国社会科学出版社1997年版，第179页。

② 本表转引自周谷平著：《近代西方教育理论在中国的传播》，广东教育出版社1996年版，第277～280页。

③ 此书又有杜佐周译《苏俄的教育》（民智书局1928年版）和潘梓年译《苏俄新教育》（北新书局1928年版），参见周谷平著：《近代西方教育理论在中国的传播》，广东教育出版社1996年版，第277页。

（续表）

| 序号 | 图书名称 | 作者 | 出版单位 | 出版时间 |
|---|---|---|---|---|
| 6 | 苏俄新教育之研究 | ［日］仲曾根源和著<br>金溟若译 | 上海神州国光社 | 1930 |
| 7 | 新兴俄国教育(教育丛书) | ［日］山下德治著<br>祝康译 | 中华书局 | 1931 |
| 8 | 苏俄新兴教育之理论与实际 | ［日］山下德治著<br>朱一民译 | 上海黎明书局 | 1932 |
| 9 | 苏俄的教育 | 蔡葵士著<br>张迪虚译 | 新生命书局 | 1933 |
| 10 | 苏俄新教育概观(师范小丛书) | 史美煊编 | 商务印书馆 | 1933 |
| 11 | 苏俄新教育大观 | 苏联教育研究所编<br>焕平、叶森译 | 思潮出版社 | 1934 |
| 12 | 教育学新论 | ［苏］品克微支著<br>卢哲夫译 | 辛垦书店 | 1935 |
| 13 | 苏联的科学与教育 | ［苏］品克微支著<br>尚仲衣译 | 商务印书馆 | 1936 |
| 14 | 苏俄性教育的理论与实际 | 日本苏俄问题研究所译<br>张郁光重译 | 商务印书馆 | 1936 |
| 15 | 苏联公民教育(公民教育丛书) | ［美］哈尔柏著<br>马复、曹建译 | 商务印书馆 | 1937 |
| 16 | 苏联生产教育的理论与实际 | 谢春满编著<br>汪辑熙校订 | 国立编译馆 | 1941 |
| 17 | 苏联的教育 | 陈友松著 | 商务印书馆 | 1944 |
| 18 | 苏联教育制度 | ［苏］梅丁斯基著<br>庄季铭译 | 开明书店 | 1947 |
| 19 | 苏联教育介绍 | 新教育学会编 | 大众书店 | 1948 |
| 20 | 苏联国民教育 | ［苏］卡拉施尼可夫著<br>任歌译 | 时代书报出版社 | 1948 |

（续表）

| 序号 | 图书名称 | 作者 | 出版单位 | 出版时间 |
|---|---|---|---|---|
| 21 | 战后苏联的国民教育（国民教育文库） | 孙运仁编 | 商务印书馆 | 1948 |
| 22 | 苏联的国民教育 | [苏]沃尔柯娃等著<br>龚远英译 | 三联书店 | 1949 |
| 23 | 苏联的大学 | 英文研究会编译 | 沈阳东北书店 | 1949 |
| 24 | 苏联大学生活 | 上海晨光出版公司编 | 编者自刊 | 1949 |
| 25 | 苏联小学生活教育 | [苏]叶西洛夫、冈查洛夫著<br>牛荦、魏征译 | 中外出版社 | 1949 |
| 26 | 论苏联儿童教育 | [苏]葛洛尼茨卡雅著<br>容之译 | 旅大中苏友好协会 | 1949 |
| 27 | 我的儿童教育工作 | [苏]葛洛尼茨卡雅著<br>高亚夫译 | 新华书店 | 1949 |
| 28 | 苏维埃的教育 | [美]索尔著<br>林举岱译 | 商务印书馆 | 1949 |
| 29 | 苏联学校教育讲座 | [苏]索柯洛夫著<br>小英译 | 新中国书局 | 1949 |
| 30 | 苏联文化教育之发展 | [苏]卡夫坦诺夫著<br>岑熙译 | 大东书局 | 1949 |
| 31 | 论苏联教育 | 江山编著 | 关东中苏友好协会 | 1949 |
| 32 | 苏联教育工作的基本问题 | 东北教育社编 | 东北新华书店 | 1949 |
| 33 | 苏联的新道德教育 | [苏]叶西波夫等著<br>柏园译 | 三联书店 | 1949 |
| 34 | 苏联学生的思想政治教育 | [苏]阿尔纳多托夫编<br>金诗伯等译 | 新北平印刷厂 | 1949 |
| 35 | 关于国民教育联共党之指令及苏联政府之决议 | 东北人民政府教育部 | / | 不详 |
| 36 | 苏俄国民教育委员会组织条例 | 吴家镇著 | 油印 | 不详 |
| 37 | 苏联儿童教育讲座 | 崔晓立译 | 商务印书馆 | 不详 |

在这些介绍苏俄教育的专著之外,另有一些介绍世界教育状况的著作涉及到了相关内容。与此同时,还有一些原创或翻译性质的学术文章也对苏俄教育的各个方面进行了研究探索,以更加快捷的方式传播了苏俄教育思想。以《教育杂志》为例,该杂志在1913至1931年间共刊登了17篇有关沙俄、苏俄教育的译介文章,具体如下表(见"表七")所示:

表七:1913至1931年间《教育杂志》刊登苏(俄)教育文章一览表①

| 序号 | 文章名称 | 作者 | 杂志期数 | 时间 |
|---|---|---|---|---|
| 1 | 俄罗斯教育之概况 | 太玄 | 5卷11期 | 1913 |
| 2 | 劳农俄国对于文化之设施 | 得一 | 12卷1期 | 1920 |
| 3 | 俄国教育界现状谈 | 俞颂华 | 14卷7期 | 1922 |
| 4 | 新俄教育现状 | 枹朴 | 15卷12期 | 1923 |
| 5 | 苏俄的教育政策及其设施 | [日]昇曙梦<br>任白涛译 | 16卷4期 | 1924 |
| 6 | 苏俄的教育计划 | / | 18卷1期 | 1926 |
| 7 | 苏联最近的教育 | 赵健孟译 | 19卷12期 | 1927 |
| 8 | 苏联的普及教育运动 | N. K. Krupskara<br>牟永锡译 | 20卷7期 | 1928 |
| 9 | 苏俄教育之理论与实际 | 杨人楩 | 20卷11期 | 1928 |
| 10 | 苏俄教育一瞥 | H. F. Clark<br>于化龙译 | 20卷11期 | 1928 |
| 11 | 苏俄之新教育 | Ona W. Ranrds<br>朱然黎译 | 21卷1期 | 1929 |
| 12 | 苏俄教育之最近概况 | Carleton Washburne<br>林仲达译 | 21卷1期 | 1929 |
| 13 | 苏俄最近教育之鸟瞰 | 赵演 | 22卷1期 | 1930 |
| 14 | 苏维埃共和国的新教育 | [苏]品克微支<br>柳其伟译 | 22卷2期 | 1930 |

① 本表引自周谷平著:《近代西方教育理论在中国的传播》,广东教育出版社1996年版,第281~282页。另参见吴保障、陈东原、蒋元卿主编:《教育杂志索引》(第一卷至第二十三卷),商务印书馆1936年版,第42~43页。

（续表）

| 序号 | 文章名称 | 作者 | 杂志期数 | 时间 |
| --- | --- | --- | --- | --- |
| 15 | 苏联新兴教育之一般理论 | ［苏］品克微支<br>李谊译 | 22 卷 8～9 期 | 1930 |
| 16 | 俄国新兴教育之根本原理 | ［日］山下德治<br>赵德明译 | 22 卷 10 期 | 1930 |
| 17 | 新俄成人的公民教育 | 郑一华 | 23 卷 8 期 | 1931 |

上述学术专著和文章尽管从绝对数量上看并不算多，但内容广泛，从不同角度对苏俄教育进行细致分析与描述，“包括了从理论到实际，内容到方法，整个学制体系到各项方针政策，大、中、小学到成人民众教育等众多的领域和方面”①。这些学术专著和文章将苏俄教育理论与实践系统地介绍到中国来，对中国社会各界认识和了解苏俄教育起到了极为重要的推动作用，也进一步促使马克思主义教育思想在中国的传播。一些教育家从苏俄教育中汲取营养，开始深入思考如何以马克思主义思想为指导发展中国的教育事业，杨贤江、钱亦石就是其中的代表人物。

杨贤江是著名的马克思主义教育理论家，尽管在人世间仅仅度过了 36 个春秋，但他在马克思主义教育理论方面具有杰出贡献。他于 1930 年 2 月以笔名李浩吾出版了《新教育大纲》，这是杨贤江平生最重要的一本著作，也是中国最早一本系统地使用马克思主义理论阐释教育问题的学术专著。在《新教育大纲》中，杨贤江不仅介绍了马克思主义的教育思想，而且以此批驳了一些教育改良论点，并结合对苏联教育的介绍，论述了中国教育究竟应该走何种发展道路。例如为了传播马克思主义思想，为了给中国教育展示出一条新的道路，杨贤江对比了苏联的教育和美国的教育，明确地指出：“美国的教育是为了少数资本家的利益；而苏联的教育却为了百分之九十五的工农大众的利益。那才是民主主义的，是为了全体的启蒙而准备着的。”②

钱亦石也是一位优秀的无产阶级教育家，曾在莫斯科中山大学留学。留学期间，钱亦石阅读了大量马列著作，这为他后来从事教育研究奠定了深厚的马克思主义理论基础。在其代表作《现代教育原理》中，钱亦石坚持以马克思主义为指导，对教育的本质与目的、教育原理的基础、中国需要何种教育以及教育与人类前途等问题进行了深刻的剖析与思考。从此书的内容可以看出，苏俄教育对钱亦石

① 周谷平著：《近代西方教育理论在中国的传播》，广东教育出版社 1996 年版，第 282 页。

② 李浩吾编：《新教育大纲》，南强书局 1930 版，第 453 页。

产生了较大影响。比如在论述教育原理的哲学基础时,他就引用了苏联教育家布隆斯基的观点:“学校不可传授一堆零碎的知识。它首先必须以传授统一的、完全的世界观为目标。”①钱亦石不仅对此深表赞同,而且作了进一步阐释。此外,在《现代教育原理》的13种参考书目中,与马克思主义、苏俄教育直接相关的著作就有7种。其中,外文书目有苏联教育家品克微支的《苏维埃共和国的新教育》、恩格斯的《反杜林论》、布哈林的《历史唯物论》,中文书目有杨贤江著的《新教育大纲》及其翻译的《新兴俄国教育》、金溟若翻译的《苏俄教育之研究》以及李达翻译的《辩证法唯物论教程》。② 这些参考书目也在一定程度上表明了苏俄教育思想对钱亦石的教育理念的影响。

苏俄教育思想通过翻译进入到中国,既成为传播马克思主义思想的重要载体,也令中国社会对苏俄教育有了更为深入的了解,并促使一些教育工作者开始着手学习和研究其优长之处,杨贤江、钱亦石正是其中的杰出代表。他们的著作在当时产生了广泛的社会影响,激发了广大读者和青年学子投身革命和教育事业的热情。即使对于此后的中国教育来说,《新教育大纲》和《现代教育原理》这两本书“对教育本质、教育与政治经济关系方面的论述,对帝国主义国家和旧中国教育的揭露,对资产阶级教育万能、教育救国等改良主义教育思想的批驳,对教师和学生的指导,对现代教育原理有关生物、社会和哲学诸方面基础的构建,等等,仍有不可忽略的参考价值”③。

## 二、苏联支持下的军事教育

中国国民革命和抗日战争期间,苏联向孙中山领导的国民党及国民政府提供了大量军事教育援助。在苏联扶持下,黄埔军校得以建立,国民军也在苏联顾问指导下日渐壮大。尤其是在抗日战争时期,苏联向中国派遣了大量军事顾问,有效提高了中国部队的战斗力:

### (一) 援建黄埔军校

孙中山自踏上革命道路开始,就已认识到武装斗争的重要性。因此,他十分重视培养军事人才,曾在日本、檀香山以及中国国内建立多家军事教育机构,如“军事教育会”、青山革命军事学校、陆军军官学校、“军事浩然社”、“军事研究社”

① 钱亦石编:《现代教育原理》,福建教育出版社2006年版,第41页。
② 钱亦石编:《现代教育原理》,福建教育出版社2006年版,第75页。
③ 王炳照、阎国华主编:《中国教育思想通史》(第七卷),湖南教育出版社1996年版,第409页。

等。[①]

护国、护法等革命斗争的失利,进一步激发了孙中山建立军事学校的决心,在与苏联及共产国际建立联系之后,孙中山派蒋介石于1923年8月率团前往苏联学习考察。9月2日,蒋介石一行抵达莫斯科,先后参观了红军步兵第144团、步兵第二学校、军用化学学校、高级射击学校、海军大学、海军学校、海军机器学校,亲身见证了苏联强大的军事实力和先进的军事教育。代表团回国后的报告,对孙中山建立黄埔军校起了较大推动作用。1924年6月16日,黄埔军校举行开学典礼,正式宣告军校成立,蒋介石任校长,廖仲恺为驻校国民党党代表。

黄埔军校作为一所培养革命人才的专业军事院校,在中国历史上尚属首次,因此办学经验、管理人才、办学经费、后勤供应等都极度匮乏。此时广东的财政大权为军阀杨希闵把持,为阻止革命力量壮大,杨对孙中山、廖仲恺筹措黄埔军校经费的行动处处掣肘,使黄埔军校的办学一度陷入窘境。就在此时,苏联和共产国际为支援中国革命运动,向黄埔军校提供了大量人力、物力援助,解决了孙中山的燃眉之急。

1924年1月,第一批苏联军事顾问来到黄埔军校,他们是捷列沙托夫、捷尔曼、波良克和契列帕诺夫,由总政治顾问鲍罗廷介绍给孙中山。[②] 同年4月16日,鲍罗廷和加拉罕向苏联发出电报,提出选派50名工作积极的军事人员组成顾问团来广东,并要求"让具有丰富的作战经验,能使孙中山敬服的同志率领这个顾问团"[③]。苏联方面先是派出巴甫洛夫来到广州,担任孙中山的军事总顾问,之后又派出鄂利金、卡拉绰夫(政治顾问)、普列贝列夫(步兵顾问)、贝斯查斯特诺夫(炮兵顾问)、雅阔夫列夫(工程兵顾问)、波里亚克(首席顾问)等参与黄埔军校的建设。巴甫洛夫于当年7月18日不幸遇难东江后,苏联又派出加伦将军率领的顾问团,其中包括夏斯特诺夫、基列夫、格米拉、泽涅克、马来伊利克、齐列别尔特等人。[④] 这些苏联军事顾问均具有丰富的实战经验和较高的理论水平,他们积极参与到黄埔军校的教育活动中。

就在苏联顾问分批来华的同时,苏联方面的物质援助也分批到位。当时黄埔军校的经济状况十分艰难,除缺少办学经费,连必要的武器装备都无法满足,开校时仅发下30支枪。1924年10月,苏联提供给黄埔军校8000支配有刺刀的长枪、

① 参见史全生主编:《中国近代军事教育史》,东南大学出版社1996年版,第208～209页。

② 广东革命历史博物馆编:《黄埔军校史料(1924—1927)》,广东人民出版社1985年版,第40页。

③ [苏]贾比才等著:《中国革命与苏联顾问(1920—1935年)》,中国社会科学出版社1981年版,第27页。

④ 史全生主编:《中国近代军事教育史》,东南大学出版社1996年版,第225页。

10支手枪，每支步枪还配有500发子弹。[①] 此后，苏联又相继拨款210万卢布，以解决黄埔军校的经费困难。[②]

有了苏联援助的人力、物力，黄埔军校的办学条件大为好转。苏联支援的经费和武器保障了军校的正常运作，苏联顾问从政治教育、军事教育以及实战等方面为黄埔军校提供有效帮助。在苏联顾问参与下，军校制订了政治教育大纲，由这些顾问亲自担任授课教师，为学生开办相关课程和讲座。苏联顾问还向黄埔军校提供了苏联红军的有关资料，帮助编写各种军事教育的教材，并承担起教学和辅导的责任，向中国教官、学生讲解课程要点、示范武器装备。这些顾问甚至直接参加革命军东征等多次战役，战功卓著。[③]

### (二) 抗日战争中的军事教育援助

抗日战争爆发后，南京国民政府迅速与苏联于1937年8月21日签订《中苏互不侵犯条约》，作为苏联向中国提供援助的政治基础。此后，中国军事代表团和苏联国防人民委员部代表又在莫斯科达成向中国提供军事技术、弹药和装备的协议，并约定要将四分之一或五分之一的武器分给中国共产党领导的部队。[④]《中苏互不侵犯条约》及补充协议的签订，标志着抗战时期苏联对华援助的开始，苏联在政治、经济、外交乃至精神方面给予中国大力支持。

除必要的物质援助，苏联还派遣军事干部到中国直接参与到抗日战争中。1937年11月底，德拉特文以苏联大使馆武官的身份来到中国，并兼任中国军队军事总顾问一职。从1938年起，军事顾问体系正式建立。德拉特文回国后，切列潘诺夫、卡恰诺夫、崔可夫先后接任军事总顾问。到1941年初，在中国的苏联军事顾问共有140人。[⑤] 在总顾问领导下，其他苏联军事顾问和专家迅速融入到中国军队中，他们以丰富的实战经验和卓越的军事才能得到中国官兵的信任与好评。到1939年1月中旬，在中国不同兵种中有3665名苏联军事专家，“他们直接参与了拟定作战计划和指挥对日作战”[⑥]。

与此同时，另有很多苏联军事顾问在中国高等军事院校任教，为培养中国军事人才、提高中国部队作战实力而呕心沥血。在当时陆军大学里的苏联教官中，

---

① 广东革命历史博物馆编：《黄埔军校史料》，广东人民出版社1985年版，第71～73页。

② 史全生主编：《中国近代军事教育史》，东南大学出版社1996年版，第226页。

③ 史全生主编：《中国近代军事教育史》，东南大学出版社1996年版，第226～227页。

④ 田保国著：《民国时期中苏关系(1917—1949)》，济南出版社1999年版，第61页。

⑤ [苏]杜宾斯基著，吴能节译：《抗日战争期间苏联驻华军事顾问的活动》，《党史资料研究》1987年第6期。

⑥ 田保国著：《民国时期中苏关系(1917—1949)》，济南出版社1999年版，第69页。

史达维斯基担任要塞筑城科目，多马舍夫斯基讲授高等战术，布尔宁讲授情报业务。苏联军事顾问和专家还协助南京国民政府在全国各地建立军事学校。如在新疆，苏联军事专家于1939年8月帮助中国在伊宁成立了航空学校。至1940年时由苏联教官指导进行航空训练的中国人员已达328名。为继续培训中国航空人员，苏联政府还于1940年8月同意中国政府的请求，决定将苏联教官在伊宁航空学校的工作时间延长一年。此外，也有一部分飞行员直接在苏联受训。到1938年春，就有200名中国飞行员在苏联各航空学校训练班结业。至1939年夏，在苏联受训的中国飞行员已有1045人、领航员81人、射手和无线电员198人，还有各类航空技术人员8354人。① 截至苏德战争爆发之前，共有9万名中国军事学员在苏联顾问和教官指导下接受了军事训练，涵盖陆、海、空等兵种的众多专业。通过苏联专家培训，他们的作战指挥能力普遍得到提高，这就为中国取得抗日战争的胜利提供了直接有力的支援。因此，"许多苏联军事顾问和专家获得了中国的'陆海空军建设和作战有功'勋章"。②

1941年6月，苏德战争爆发。德军在短短几个月内就占领了苏联的大片领土，苏联国内形势岌岌可危。苏联政府不得不将全部精力用于抵御德国侵略，再无余力顾及中国，于是于1942初召回了全部在华军事顾问，被迫中断对中国的军事教育援助。

## 三、民国时期的俄语教育

民国时期的外语教育以英语、日语为主，俄语所占比重并不大。随着美国在"一战"后成为世界教育科学中心，以杜威、孟禄为代表的美国教育家纷纷来华讲学，扩大了美国教育在中国的影响力，加之中国留美学生归国之后大量进入教育领域，致使国民政府的对外教育交流主要面向美国、日本及欧洲各国。据南京国民政府教育部统计，1929至1937年间派往国外的留学生多达7533人，包括庚款留学生、省费留学生、自费留学生等。其中自费生为6806人，占派出总数的90.3%，且多集中于日本、美国。③ 在这种情况下，国内的俄语教育处于从属地位，无法与英、日语教育相提并论。尽管如此，民国时期的俄语教育仍得到一定发展。

① 彭训厚：《纪念二战胜利60周年：胜利的回忆》，文章来源：中国网 http://www.china.com.cn/chinese/zhuanti/slzn/856527.htm

② [苏]杜宾斯基著，吴能节译：《抗日战争时期苏联驻华军事顾问的活动》，《党史资料研究》1987年第6期。

③ 中国第二历史档案馆编：《中华民国史档案资料汇编》第5辑第1编(教育)，江苏古籍出版社1994年版，第394～397页。

## （一）俄语教育类图书的出版

民国时期出版的俄语教育类图书大致分为俄语学习、字词典、语法、俄语教学以及读本与对照读物，具体情况如下表①所示：

**表八：民国时期俄语教育类图书出版情况一览表**

### 1. 俄语学习

| 序号 | 书名 | 作者 | 出版单位 | 出版时间 |
|---|---|---|---|---|
| 1 | 俄语自通 | 程耀臣 编译 | 哈尔滨：商务印书局 | 1917 |
| 2 | 新俄罗斯（大学适用之俄文读本） | 张西曼 编著 | 北京：编著者刊 | 1925 |
| 3 | 华俄合璧 | [苏]吴索福 [中]郑爱堂 合编 | 哈尔滨：秋林洋行 | 1930 |
| 4 | 俄文实习读本(第1册) | [苏]吴拉塞夫 编 | 哈尔滨：商务印书馆 | 1934 |
| 5 | 标准俄文读本 | 张允行、张孙煦民 编著 | 北平：立达书局 | 1934 |
| 6 | 俄语一月通 | 舒重野 编译 | 上海：世界语言学社 | 1936 |
| 7 | 现代俄文报读法入门 | 何万福、郭佶诚 编 | 北平：编者刊 | 1937 |
| 8 | 俄语自习(上、下册) | 吴清友 编著 | 上海：珠林书店 | 1939 |
| 9 | 学习俄语基本手册 | 舒悟波 编 | 上海：珠林书店 | 1939 |
| 10 | 俄文读本(第1册) | 贺青 编著 | 桂林：新知书店 | 1940 |
| | | | 大连：新知书店 | 1946 |
| 11 | 怎样学习俄文 | 牛光夫译 | 重庆：联友出版社 | 1943 |
| 12 | 俄文教程 | 牛光夫 编译 | 成都：自立语文学会出版部 | 1944 |
| 13 | 俄文读本(军训部审定陆军军官预备学校专用课本) | / | 军训部陆军军官预备学校筹备总处 | 1944 |
| 14 | 俄文读本 | [苏]柯席乌洛夫 [中]顾用中 编 | 上海：时代社 | 1945 |
| 15 | 最新俄文读本(第1册) | 于之汾 编著 | 哈尔滨：商务印书局 | 1947 |

① 以下各表均据北京图书馆编《民国时期总书目(1911—1949)》(书目文献出版社 1986 年版)第 263～267 页内容整理。

（续表）

| 序号 | 书　名 | 作　者 | 出版单位 | 出版时间 |
|---|---|---|---|---|
| 16 | 俄文新课本 | 禹夫、师哲 编 | 大连：关东中苏友好协会 | 1948 |
| 17 | 注解俄文课本 | 庆光 编译 | 大连：关东中苏友好协会 | 1948 |
| 18 | 俄文单字简捷记忆法 | 王世馥 编 | 北京：五十年代出版社 | 1949 |
| 19 | 俄文津梁（增订版）第 1 册 | ［苏］吴索福 著 | 哈尔滨：东北书店 | 1949 |
| 20 | 俄文课本（第 1 册） | 哈尔滨市人民政府教育局 | 哈尔滨教育用品供应社 | 1949 |
| 21 | 俄文读本（广播用）第 1 册 | / | 长春：东北新华书店 | 1949 |
| 22 | 自修俄文通（中英双解、英文注音） | 徐同邺 注释 | 上海：徐氏英语研究所 | 1949 |

2. 词典、字典

| 序号 | 书　名 | 作　者 | 出版单位 | 出版时间 |
|---|---|---|---|---|
| 1 | 华俄合璧商务大字典 | 程耀臣 编译 | 哈尔滨：广吉印书馆 | 1917 |
| 2 | 新俄华辞典检字表 | 柏烈伟 编 | 北京：编者自刊 | 1927 |
| 3 | 俄汉新辞典 | А. П. Хиония | 哈尔滨：商务印书局 | 1927 |
| 4 | 新中俄大字典 | 路大和等 编译 | 哈尔滨：商务印书局 | 1930 |

3. 语法

| 序号 | 书　名 | 作　者 | 出版单位 | 出版时间 |
|---|---|---|---|---|
| 1 | 中等俄文典 | 张西曼 编著 | 北京：作者自刊 | 1923 |
| 2 | 俄文简易文法（第 1 册） | ［苏］札月尔年耶夫<br>谢越留国夫 编著 | 哈尔滨：商务印书局 | 1933 |
| 3 | 俄文文法（中俄文讲述） | 刘泽荣 编 | 北平：编者刊 | 1936 |
| 4 | 俄文文法中变格问题之研究 | 杨间钟 著 | 科学出版社 | 1938 |
| 5 | 初级俄语文法 | 柳思 编 | 大连：关东中苏友好协会 | 1947 |

(续表)

| 序号 | 书　名 | 作　者 | 出版单位 | 出版时间 |
|---|---|---|---|---|
| 6 | 俄语语法(词源学)第3分册 | 中国东北民主联军指挥部所属外语学校 编 | 编者刊 | 1947 |
| 7 | 初级俄语文法(修正版) | 柳思 编 | 大连:旅大中苏友好协会 | 1949 |
| 8 | 俄文文法 | 柳思 编译 | 东北:新中国书局 | 1949 |
| 9 | 俄文文法(上、下册) | 龚人放 编著 | 北平:国立清华大学外文系 | 1949 |
| 10 | 初等俄语文法 | 舒重野 编 | 上海:中华书局 | 1949 |

4. 俄语教学

| 序号 | 书　名 | 作　者 | 出版单位 | 出版时间 |
|---|---|---|---|---|
| 1 | 中苏实用会话 | / | 上海:沪西书店 | / |
| 2 | 中苏实用会话(增编) | 黄玺清 增编 | 汉口:中西图书印刷社 | / |
| 3 | 俄文通用尺牍 | [苏]卜朗特 著<br>赵季和 注释 | 北京:俄文法政专门学校 | 1924 |
| 4 | 日语露语速成学习读本 | 南满洲教育会教科书编辑部 编著 | 编著者刊 | 1936 |
| 5 | 俄文会话教程 | 顾用中 编著 | 上海:世界书局 | 1940 |
| 6 | 俄华航空会话 | 葆和甫 编译 | 成都:航空委员会训练监编译科 | 1940 |
| 7 | 我说俄国话(俄华对照) | 樊元彰著 | 重庆:著者自刊 | 1944 |
| 8 | 实用中俄会话 | 刘辽逸 编译 | 大连:光华书店 | 1947 |
| 9 | 简明中俄会话 | 黄铁城 编著 | 旅顺 | 1948 |
| 10 | 俄文会话进阶 | 梁秀彦 编 | 上海:时代书报出版社 | 1949 |
| 11 | 中俄常用会话(无师自通) | 王玉麟 编译 | 北京:京城印书局 | 1949 |

5. 读本、对照读物

| 序号 | 书 名 | 作 者 | 出版单位 | 出版时间 |
|---|---|---|---|---|
| 1 | 阿霞 | [俄]屠格涅夫 著<br>温佩筠 译 | 译者刊 | 1934 |
| 2 | 俄文读本(东北大学边政系俄文组讲义) | / | / | 1936 |
| 3 | 俄文实用读本(第1册) | 查伊范、许怡曾 编著 | 上海:编著者刊 | 1939 |
| 4 | 屠格涅夫散文选(俄华英对照) | [俄]屠格涅夫 著<br>牛光夫 译 | 国立语文学会 | 1945 |
| 5 | 高尔基早期作品集(中俄文对照)第1集 | [苏]高尔基 著<br>林陵等 译 | 上海:时代书报出版社 | 1945 |
|  |  |  | 大连:中苏友好协会 | 1947 |
| 6 | 高尔基早期作品集(中俄文对照)第2集 | [苏]高尔基 著<br>林陵等 译 | 上海:时代书报出版社 | 1946 |
| 7 | 高尔基早期作品集(中俄文对照)第3集 | [苏]高尔基 著<br>白寒等 译 | 上海:时代书报出版社 | 1947 |
| 8 | 村姑小姐(中俄文对照) | [俄]普希金 著<br>磊然 译 | 上海:时代书报出版社 | 1947 |
| 9 | 驿站长(中俄文对照) | [俄]普希金 著<br>水夫 译 | 上海:时代书报出版社 | 1947 |
| 10 | 暴风雪(中俄文对照) | [俄]普希金 著<br>梁香 译 | 上海:时代书报出版社 | 1947 |
| 11 | 俄文选(俄文读本第1册补充读物) | [苏]柯乌希洛夫<br>[中]顾用中 编译 | 上海:时代社 | 1947 |
| 12 | 活的书 | [苏]伊林 著<br>庆光 编译 | 大连:旅大中苏友好协会 | 1949 |
| 13 | 阿Q正传(中俄文对照) | 鲁迅 著<br>[苏]罗果夫 译<br>刘辽逸 注释 | 大连:新中国书局 | 1949 |

根据上述信息可知,民国时期出版的俄语教育类图书至少已达60种,其中俄

语学习22种，字、词典4种，语法10种，俄语教学11种，读本与对照读物13种。这些俄语教育类图书包罗广泛，既有入门类的，也有提高类的；既有教科书，也有课外读物；既有专业性质的，也有普及性质的；既有中国人编订的，也有自国外翻译而来的，还有中苏（俄）学者合作编写的。从出版的地区来看，由东北和上海出版的俄语类教育图书占绝大多数，这主要是由于上述地区的俄国移民较多，拥有开展俄语教育的天然条件。在这些图书当中，尤为值得一提的是由张西曼编著的《中等俄文典》和《新俄罗斯》（大学适用之俄文读本）。这两本著作分别出版于1923年和1925年，均为作者自费印行。从内容上看，《中等俄文典》是俄语语法书，而《新俄罗斯》则是标准的学习读本。这两书是最早由中国人编写的系统完备的俄语教材，这对于长期缺乏教材的中国俄语教育来说是极为珍贵的。因此，“在编写俄语教材、配套成龙、形成系列方面，张先生是我国学界第一人”。①

### （二）俄语专门学校的建立与大学俄语系科的开设

民国时期专门的俄语学校和开设俄文系科的大学并不多，主要集中在俄国移民较多的东北、西北、上海等地，北京也有几所。正是这些学校承担起了培养俄语人才的重要职责，很多毕业生加入到赴苏留学的行列之中，有的还成为中国革命的中坚力量。

#### 1. 北京俄文专修馆

北京俄文专修馆为建于1899年（光绪二十五年）的东省铁路俄文学堂之后身，是北洋政府时期专门培养俄文外交人才的专科学校，因隶属于外交部，故又称为外交部俄文专修馆。② 辛亥革命之后，邵恒濬出任该校校长，学制也改为五年，仍由华俄道胜银行拨付办学经费。学生毕业后，除由外交部择优留用外，其余分配至中东铁路及各使领馆任用。在此期间，中国共产党的早期领导人瞿秋白曾就读于这所学校。瞿秋白的学习成绩很好，每次考试均名列前矛。其时俄专每星期日上午有作文课，全校学生均参加，瞿秋白的作文几乎每次都油印传观，以致誉满全校。③

1921年，外交部俄文专修馆增设法律课程，改为外交部俄文法政专门学校，在培养俄语人才之外，还造就外交和司法人才。1925年，受革命形势发展的影响以

① 李明滨：《纪念俄语教学前辈张西曼教授》，张小曼编：《张西曼纪念文集》，中国文史出版社1995年版，第142页。

② 中国第二历史档案馆编：《中华民国史档案资料汇编》第3辑（外交），江苏古籍出版社1991年版，第8页。

③ 朱钧侃、刘福勤等主编：《总想为大家辟一条光明的路——瞿秋白大事记述》，南京大学出版社1999年版，第81页。

及苏联驻华大使加拉罕的努力，该校基本为中国共产党所掌控。加拉罕对这所学校非常重视，曾打算将中国支付给沙俄的全部庚子赔款作为办学经费，并将学校的毕业生送到苏联留学，但此计划最终未能施行。[①] 1928年，俄文法政专门学校改归教育部管辖，被并入国立北平大学，成为国立北平大学俄文法政学院，学院内分法律、政治、经济三系及预科四班。1931年，教育部将俄文法政学院改组为商学院，至1935年又与法学院合并，成立国立北平大学法商学院。

北京俄文专修馆自创立伊始就以培养俄语人才为第一要务，因此课程方面以俄文为主。此后虽增设法律学科，但仍偏重于俄语教育，即使并入到国立北平大学之后依然如此。1930至1931年间，俄文法政学院的俄文主干课程有俄文会话、翻译、俄文文选、文法、文牍、俄国史，还有属于法律、政治、经济三系共同课的俄文法学通论、苏俄宪法、民法、商事法、劳动法、土地法、政府组织法、政治状况等课程。此外，每个系还有自己的单独俄文科目。法律系有刑法、劳工法、俄国经济地理、法学经济学名词等；政治系有俄文政治学、俄文世界政治名著提要（其中有马列著作）、国际法、社会学、经济组织等；经济系有俄文经济史、俄国经济组织、俄国经济状况等。由此可见，学院的俄语课程充实完备。尤其是使用了苏联原文教材，这对学生了解苏联的实际状况和马列主义思想很有帮助。法商学院成立之后，时任院长的王之相对课程作了进一步调整，在介绍苏联政治经济制度和社会状况的基础上，将苏联第一个五年计划的执行情况增加到教学内容之中，从而使俄文课程的内容更具新意，更贴近实际。[②]

北京俄文专修馆在其存在的几十年间，不仅培养了一批俄语、法律、经济、政治等方面的人才，而且在客观上传播了马列主义思想，介绍了苏联革命和建设的经验，这既是该校的办学特色，同时也是其历史价值所在。

2. 新疆俄文法政学校

新疆自与俄国接壤以后，交涉往来日渐增多。俄国十月革命之后，随着苏联驻新疆领事馆的设立和双边贸易活动的频繁，精通俄语的外交人员更加空缺紧俏。当时新疆地区从事外交工作的政府官员主要由两类人士组成：一部分出身于清末的俄文学堂以及北京俄文专修馆、俄文法政专门学校，他们的汉语水平和法政专业知识较高，但俄文口语较差。而另一部分则是如音德善、春宝等自幼学习俄文的新疆锡伯族人，虽然俄文口语流利，但汉语水平较低，同样不能完全胜任外

① 郝世昌、李亚晨著：《留苏教育史稿》，黑龙江教育出版社2001年版，第59页。

② 陈芥荪：《俄文法政学院及其前身》，全国政协文史资料委员会编：《文史资料存稿选编：教育》，中国文史出版社2002年版，第172～173页。

交工作。[①] 作为新疆的统治者,杨增新深知对俄外交的重要性,他明确指出:“新疆与俄接壤亘数千里,自俄乱发生(指俄国 1917 年革命——引者注),政潮迭起,狂澜横溢,新疆首当其冲。审时度势,非造就深通俄文人员,并娴习法政国际诸学,不足以资驱策而应世变。”[②]因此,为解决外交人员匮乏问题,造就一批边疆内政外交人才,杨增新于 1924 年秋在迪化重新建立了新疆省立俄文法政专门学校。

对这所俄文法政专门学校的筹建,杨增新颇费心思,采取了分步进行的办法。1920 年,杨增新在迪化开办了新疆省立中学第一班,以此为将来成立的俄文法政专门学校培养生源。经过招考,共录取正取生 49 名、备取生 20 多名,此后又通过补考从伊犁、南疆、镇西等地录取 8 名学生。这所学校学制四年,前三年主要开设俄语课及普通课程,俄语课由前俄国驻迪化副领事米杰德讲授,分两班上课,每日两学时。汉语教师由前清举人出身的宋兴周、王云潭担任。从第四年开始,开设法制、经济课程,为学生将来入法政专门学校学习打基础。[③] 在开办省立中学第一班的同时,杨增新也在筹备建立俄文法政专门学校,以官费保送的形式送常膺祥、常膺禄、广禄等三人赴北京俄文法政专门学校学习,并一边向教育部呈报建校申请,一边命新疆教育厅厅长刘文龙抓紧筹备。尽管杨增新的申请被教育部以新疆师资缺乏、设备不够为由驳回,但他仍然于 1924 年秋正式宣布学校的开办。[④]

1924 年,新疆教育厅科长张金镛受杨增新的委托,从省立中学第一班的 40 多名毕业生中挑选出 33 人作为俄文法政专门学校的学生。杨增新对这些学生非常重视,为他们提供了优厚的物质待遇,不仅学、宿费用全免,而且还提供给每人每月 12 两省票津贴(当时可购买面粉 200 斤)。[⑤]

新疆俄文法政专门学校设教务主任一人,主管教学;事务主任一人,管理学生;庶务一人,负责学校的会计出纳及其它杂务。教育厅厅长刘文龙兼任校长一职,具体工作由教务主任张纯熙负责。学校开设的课程包括俄语、法律、国文三类。俄语课程有俄罗斯地理、历史、古典文学、中日抚顺煤矿外交谈判记录(俄文)、俄文报纸选读等。法律课程完全采用北京朝阳大学讲义,设有心理学、伦理

① 刘德恩:《略述新疆省立俄文法政专门学校》,政协新疆维吾尔自治区委员会文史资料研究委员会编:《新疆文史资料选辑》第 3 辑,新疆人民出版社 1979 年版,第 69 页。

② 杨增新:《补过斋文牍》三编,卷一。转引自袁澍《近代新疆教育事业的三次盛衰》(《西域研究》2001 年第 3 期)。

③ 刘德恩:《略述新疆省立俄文法政专门学校》,政协新疆维吾尔自治区委员会文史资料研究委员会编:《新疆文史资料选辑》第 3 辑,新疆人民出版社 1979 年版,第 69 页。

④ 陈慧生:《杨增新与新疆俄文法政专门学校的创立》,《西域研究》2002 年第 4 期。

⑤ 刘德恩:《略述新疆省立俄文法政专门学校》,政协新疆维吾尔自治区委员会文史资料研究委员会编:《新疆文史资料选辑》(第 3 辑),新疆人民出版社 1979 年版,第 70 页。

学、法学通论、宪法、民法、民事诉讼法、刑法、刑事诉讼法、国际公法、国际私法、世界语等课程。国文课程主要由古典文学组成，考试内容中经常出现四书方面的题目。①

学校在教师选用方面也颇为用心，聘请的教师既有迪化当地的知名人士，也有从内地前往的专业人员。其中，俄语教师包括俄国的米杰德、尼克莱以及中国的康恩泉，法律教师有易尔虔、张馨、赵国柄、张宝琪，国文教师有屈汉骧、钱汝功、宋兴周，心理学教师由景逢春担任，张永修任宪法教师，张贤集、清廉则分别承担国际法与世界语课程的教学工作。② 相对于庞大的教师阵容，学校在图书等教学设施方面就显得较为简陋，缺乏必要的教学参考资料，也无提高学生口语能力的措施。因此，尽管这些学生经过前后长达 8 年的学习，但能流畅进行俄语口语表达的人依然很少。

新疆俄文法政专门学校首批 33 名学生，除 2 人病故、1 人被开除外，其余 30 名均于 1928 年 7 月顺利毕业。杨增新对这些学生寄予厚望，以高官厚禄极力拉拢引诱，希望他们能够成为其统治新疆的有力助手，但这种培植个人势力的意图最终落空。1928 年 7 月 7 日，杨增新在俄文法政专门学校毕业生典礼上被军务厅长、外交署长樊耀南刺杀。之后不久，掌握军队的金树仁讨樊成功，接掌了新疆军政大权。政局的突变使俄文法政专门学校首批毕业生的出路成了问题。金树仁在当权初期并不信任这些学生，因而一概不予录用。后在他人的建议下，通过考试先后录用了马万禄、刘德恩、冯祖文、李如桐等人。此外，金树仁在迪化自行设立国民党省部之时，为了应付国民党中央的调查，将那些未曾录用的毕业生招入短期党务培训班进行三民主义学习，结业后将他们分配到各县任国民党党务指导委员，或派往各区行政长公署工作。

1930 年初，国民政府教育部曾以第 946 号训令要求新疆俄文法政专门学校限期停办，但新疆力争求保，并于当年请教育部改校名为俄文法政学院。得到批准后，俄文法政学院于 1931 年 1 月 1 日正式成立。到 1934 年 7 月，应其时新疆主政人物盛世才的邀请，何语竹出任该学院院长，开展学院整顿工作。是年底该学院改名为新疆学院，并于 1935 年 1 月 1 日正式成立。自是这所专科性质的学校改办为一所综合学院。③

---

① 刘德恩：《略述新疆省立俄文法政专门学校》，政协新疆维吾尔自治区委员会文史资料研究委员会编：《新疆文史资料选辑》第 3 辑，新疆人民出版社 1979 年版，第 71 页。

② 陈慧生：《杨增新与新疆俄文法政专门学校的创立》，《西域研究》2002 年第 4 期。

③ 教育部教育年鉴编纂委员会编：《第二次中国教育年鉴》第五编“高等教育”，商务印书馆 1948 年版，第 228 页；马文华：《民国时期的新疆学院》，《新疆大学学报（哲学社会科学版）》1991 年第 4 期。

3. 高校俄语专业系科的开设

除上述两所学校外，民国期间全国还有部分大学开设有俄语专业系科，具体情形见下表：

表九:民国时期高校开设俄语专业系科一览表①

| 校名 | 教师 | 学生 | 校名 | 教师 | 学生 | 校名 | 教师 | 学生 |
|---|---|---|---|---|---|---|---|---|
| 哈尔滨外国语专科学校 | 65 | 1442 | 东北师范大学 | ? | 125 | 华东大学 | ? | 39 |
| 哈尔滨医科大学 | 16 | 167 | 北方交通大学 | 6 | 27 | 民国大学 | 1 | 2 |
| 大连大学 | 18 | 196 | 华北大学工学院 | 8 | 92 | 西南师范学院 | 6 | 18 |
| 延边大学 | 5 | 40 | 西北大学 | 7 | 27 | 苏南文化教育学院 | 4 | 26 |
| 兰州大学 | 9 | 83 | 东北大学 | 9 | 112 | | | |

在解放区高校中，哈尔滨外国语专科学校和大连大学的功能尤为特殊。根据1949年8月中共中央东北局和东北行政委员会所作的第一个《关于整顿高等教育的决定》，这两所学校被确立为专门培养与训练俄文翻译人才和师资的高等学校，②这就与其它学校产生了明显区别。

另外需要说明的是，位于沈阳的东北大学早在1923年建校之初就设立了俄文系，当时归属于文法科。俄文系的教学较为扎实且灵活，为了使学生能够熟悉苏联的风俗人情，实地研究俄语，曾在1926年12月由教师带领学生赴哈尔滨参观学习。③ 1929年东北大学根据教育部通令改行大学院制后，俄文系更名为俄文学系，并与中国文学系、英文学系、哲学心理系、史学系共同组成了文学院，当时在俄文学系任教的俄籍教师有艾勒勘、敖斯福、巴克道诺夫、葩戊洛戊。④"九一八"事变之后，东北大学被迫迁至北平。在北平复校的东北大学重新调整了院系设置，俄文专业改设在前身为外国文学系的边政系下，除中国教师曹靖华、王之相在此任教外，白俄教师卜内特和苏联教师雅萨阔夫也承担俄语教学工作。俄文组的课程主要有俄文讲读、俄文文法、俄语会话、俄文尺牍、俄国文学、苏联文学、苏联历

① 这13所大学包括部分解放区高校。本表主要内容转引自付克著:《中国外语教育史》，上海外语教育出版社1986年版，第65页。

② 陈元晖主编:《老解放区教育简史》，教育科学出版社1982年版，第148页。

③《俄文班定期赴哈》，《盛京时报》1926年12月21日，总第6157号。

④ 王振乾等编著:《东北大学史稿》，东北师范大学出版社1988年版，第5页，第8页，第189～190页。

史、苏联地理等,另外还包括苏联革命活动方面的材料。

东北大学招收过 3 届俄语专业学生,按照年级分为俄四、俄三和俄一。俄四学生入学最早,当时外国文学系尚未改为边政系,他们因接触了较多的苏联文学,所以其中进步学生较多。俄三和俄一入学后,同样受到苏联革命的感召,因而大多思想进步。此后,俄文组的学生成为"一二・九运动"和护校运动的骨干。为更好地开展革命斗争,俄四同学在邹素寒、王振乾等人的带领下成立了俄文组"级友会"。这个"级友会"表面上是学术团体,实际上是进行政治运动的合法组织,并设有会章。在 1934 年俄三同学入学后,"级友会"升格为"俄文学会"。东北大学拨给"俄文学会"两间房屋和部分经费用以开展活动,"俄文学会"购置了大量俄文图书和报刊放在活动场地供学生阅览。当时"俄文学会"购买俄文资料的途径有三:一是从苏联侨民柏烈伟处购买;二是从上海美国图书杂志公司订阅《真理报》、《消息报》、《红星报》、《文学新闻》、《国际出版通讯》、《莫斯科新闻》等报刊杂志,以及列宁、斯大林的著作;三是在北京饭店购买苏联图书。[①] "俄文学会"不仅通过这些俄文书刊传播了苏俄文化,也将苏联的革命思想引入到校园之中,潜移默化地影响了这些在校学生,促使他们的思想倾向于进步。

这些设立俄文系科(包括俄文师范科)的大学与前述俄语专门学校一道,在民国时期为中国培养了一批掌握俄语的各类人才,直接或间接地促进了留苏教育的发展与中苏教育交流的进行,这在当时英语占据主要地位的形势下确为难能可贵。

## 四、其它领域的教育交流活动

南京国民政府时期的中苏教育交流活动,随着中国对外交往渠道扩充和在国际舞台上活动的增添,还在其它领域有所展现,并与前述几类活动一起构成民国时期的中苏教育交流日渐宽阔的流域和体系。

### (一) 中苏文化协会对中苏教育交流的促进

1932 年中苏两国恢复外交关系之后,南京国民政府为了进一步改善中苏关系,开始积极推动两国文化交流。在这种背景下,中苏文化协会于 1935 年 10 月 25 日在南京成立,时任国民党立法院院长的孙科当选为会长。中苏文化协会相继在长沙、重庆、成都、广州、桂林、贵阳、昆明、西安、迪化、延安等地设立分会,不仅出版会刊《中苏文化》,而且积极开办讲座,介绍苏联的经济、文化等成就,并与苏联对外文化协会保持经常联系,为增进中苏友谊和团结国内抗战力量作出了巨大

---

① 王振乾等编著:《东北大学史稿》,东北师范大学出版社 1988 年版,第 47～49 页

贡献。① 中苏文化协会的活动不只局限于文化交流的层面,还涉及到政治、经济、军事、教育等领域。其中,中苏文化协会对中苏教育交流的发展起到了一定的促进作用。

中苏文化协会首先积极与苏联科学界、教育界进行交流,进行发展中苏教育交流的尝试。1937 年初,中苏文化协会上海分会会长黎照寰在拜会苏联驻华大使鲍格莫洛夫时表示,希望苏联能派专家来华对中国的师范教育和科研规划工作提供帮助。1937 年 7 月,中苏文化协会又提出派遣中国大学生赴苏联学习的计划,并与苏联大使就苏联高校接受中国学生的有关条件进行了磋商,但受日本侵华战争的影响,此计划被迫搁浅。②

中苏文化协会还开办了俄文专修学校,培养俄语专业人才。这所学校的总校设在重庆,另在桂林、西安、贵阳、兰州等城市设立了分校。1941 年,为了纪念已故校长张冲(字淮南),俄文专修学校的总校和各分校均更名为"淮南俄文专修学校"。③ 俄文专修学校的总校设有初级班、中级班和高级研究班,其中中级班和高级研究班的学员每月可获津贴 15 元。而各分校除收取学费作为办学经费外,每月另享有军委会津贴 1000 元和中苏文化协会津贴 100 元,以资充补。④ 限于篇幅,现以桂林俄专为例,以示其时俄语人才培养之大致情形。

桂林俄专成立于 1938 年,附设在一所小学内。小学白天上课,俄专夜晚教学。该机构设置极为简单,除负责管理的主任及教师外,只设办事员和会计各一名。俄专每逢寒暑假公开招生,学生来源相对复杂,以职员、中小学教师、公务员、自由职业者为主。因为在俄专学习需要 3 至 4 年的时间,再加上学校、机关及相关人员经常因战事而不断迁移,所以很多学生都不能坚持到毕业。桂林俄专的教师大部分为国民党军事委员会顾问事务处的译员,由于这些教师还要承担顾问事务处的工作,为了减轻他们的负担,学校又于 1942 年聘请了一些俄专毕业生留校担任助教。1941 年至 1944 年,桂林俄专工作由孙亚明负责,他对俄专的教学工作进行了一系列改革。首先从俄文教材入手,用新出版的俄文课本取代旧式教科书,并主张从苏联报刊杂志和文学作品中选取资料作为补充学习材料。他还将语法课单独开设,以刘泽荣编写的《俄文文法》为基础重新编写语法教材。课余时间,

① 张震:《中苏文化协会始末》,中共中央党史研究室编:《中共党史资料》第 42 辑,中共党史出版社 1992 年版,第 30 页。

② 田保国著:《民国时期中苏关系(1917—1949)》,济南出版社 1999 年版,第 296 页。

③ 蒋路:《记桂林淮南俄文专修学校》,政协桂林市委员会文史资料研究委员会编:《桂林文史资料》第 11 辑,1987 年印行,第 144 页。

④《中苏文化协会第三次年会会务报告》。

孙亚明积极组织学生开展歌咏、读书等文娱活动，既丰富了学生们的业余生活，也使他们在这些活动中借以提升自己的俄语水平和思想境界。桂林俄专的办学是卓有成效的，抗战时期桂林出版的报刊、杂志、书籍中，俄专师生的译作及其它作品随处可见。不仅如此，俄专的毕业生大多在新中国成立后积极投身到俄语翻译、教学等工作之中。1944 年，因日军进犯桂林，学校师生不得不先行撤离，桂林俄专就此停止办学。①

除桂林俄专外，其它地区的俄文专修学校也在中苏文化协会的支持下，有条不紊地开展着俄语教育工作。总体而论，中苏文化协会建立的俄文专修学校，虽然存在的时间并不太长，且其教学活动正值抗战时期，但这些学校为中国培养了一批精通俄语的专业人才，推动了中苏教育交流的开展。

### (二) 地区性的中苏(俄)教育交往活动

随着 20 世纪二三十年代留苏热潮的退隐，南京国民政府时期的对外教育交流逐渐转以欧美为主，由中央政府组织的官费留苏活动基本处于停止状态。然而东北、上海、新疆等地区，此时以俄侨教育和留苏教育为主要形式的中苏教育交流活动依然在进行中，不仅使清末民初时期地区性中俄教育交流得以延续，而且随着时代的发展发生了一些新变化。

#### 1. 东北地区

东北地区的俄侨聚居地主要分布在黑龙江的哈尔滨等地，随着 1917 年俄国十月革命的爆发，以旧贵族、官员、商人、知识分子和白军等为代表的大批俄国人被迫逃离祖国，哈尔滨作为沙俄时期开辟的中东铁路附属地，自然成了这些俄国难民首选的落脚之地。从 20 世纪 20 年代中期开始，陆续有大批俄国人迁入中国东北地区，其中很多为边境农民，这种状况一直持续到 30 年代末期。

俄国侨民的迁入对东北地区的政治、经济、文化等方面都产生了重要影响，教育领域亦是如此。在俄侨人口不断增加的情况下，东北地区的俄侨教育得到进一步发展，初中等教育、中等专业技术教育以及高等教育的学校陆续建立。

从初中等教育来看，主要分为公立和私立两种，公立学校由中东铁路管理局主办，私立学校由俄国侨民中热心教育的人物建立。在两方力量共同努力下，这一时期建立的公立、私立初中等学校甚多，如 1921 年由诺司阔夫和库兹涅佐夫开办的普希金中学，1922 年 4 月在道里正阳河建立的沃斯特罗乌莫夫小学校(以当

① 蒋路:《记桂林淮南俄文专修学校》，政协桂林市委员会文史资料研究委员会编:《桂林文史资料》第 11 辑，1987 年印行，第 146～152 页。

时中东铁路管理局局长的名字命名),1923年开办的中东铁路新马家沟小学、松花江第二高等小学、普育学校、马家沟第一中学等。另外针对俄侨孤儿众多的情况,还成立了波多力斯基孤儿院,为孤儿提供四年制的初级小学教育,以帮助他们实现自食其力。① 哈尔滨及中东铁路沿线的私立学校还有很多,如1917年创建的博克图中学,1924年在黑龙江珠河县(今尚志县)建立的十年制一面坡俄侨中学,1925年创立的海拉尔中学,等等。自1925年起,苏联开始接管沙俄时期在中东铁路沿线创办的学校,改设为苏联路员子弟学校。据1928年的统计,其时归属东省特别区教育厅管理的区立俄侨小学有11所,75个班,学生2182名,教职工128人。苏联路员子弟学校15所,其中中学5所,学生3543名,教职工201人;小学9所,学生1563名,教职工85人;幼儿园1所,学生50名,教师3人。此外,还有私立中、小学21所(含1所孤儿院、1所聋哑学校),共有学生2332名,教职工289人。私立职业学校27所,学生1961名,教职工205人。② "九一八"事变后,苏联于1935年将中苏共有的北满铁路产权单方面卖给伪满洲国,路员子弟学校由此关闭,只有俄侨学校留存。伪满洲国先后颁行《东省特别区外侨教员注册规程》、《东省特别区外侨学校规程》等制度,将俄侨学校纳入管理体系,使这些学校必须完全遵照伪满洲国的教育宗旨、制度办学。③ 据1938年统计,哈尔滨市根据伪满"新学制"建立的俄侨学校有30所。其中小学15所,共计62个班级,学生1384名,教师83人;国民优级学校3所;国民学校12所。④

从中等专业技术教育来看,俄侨素有重视此类教育的传统,早在清末民初时期就在哈尔滨设立了33所职业学校,包括医科、商科、工艺、音乐、美术、按摩、美容、外语等门类,而且大多为私立性质。这些职业学校所设专业与当时俄侨的生活与就业紧密相连,反映出俄国人妄图将哈尔滨改造为永久居留地的险恶用意。⑤ 至南京国民政府统治时期,俄侨所办的中等专业技术教育在承袭既往特点的基础上,既对原有教育机构有所发展,又根据实际需要建立了一批新学校。其中,以哈尔滨男子商务学堂和女子商务学堂为代表的原有中等专业技术学校,自俄国侨民

① 石方等著:《哈尔滨俄侨史》(第二版),黑龙江人民出版社2003年版,第288页。

② 哈尔滨市地方志编纂委员会:《哈尔滨市志》(教育、科学技术卷),黑龙江人民出版社1998年版,第135页。

③ 详见吉林省图书馆伪满洲国史料编委会编:《伪满洲国史料(17)》"满洲国文教年鉴"(上),全国图书馆文献缩微复制中心2002年版,第562~580页。

④ 哈尔滨市地方志编纂委员会:《哈尔滨市志》(教育、科学技术卷),黑龙江人民出版社1998年版,第135页。

⑤ 哈尔滨市地方志编纂委员会:《哈尔滨市志》(教育、科学技术卷),黑龙江人民出版社1998年版,第135页。

大批迁入之后在校人数均有所增长，满足了俄侨学习专业技术的需要。而新成立的中等专业技术学校则包括外语、医学、手工业、商业、艺术、教育等诸多专业。据统计，1936 年时俄侨办理的公立、私立中等专业技术学校仅在哈尔滨一地就添至 55 所之多，具体情形见下表：

**表十：俄侨在哈尔滨公立、私立中等专业技术学校一览表(1936 年)①**

| 序号 | 校名 | 地址 | 校长（设立者） | 教职员数 | | | 学级数 | 学生数 | | |
|---|---|---|---|---|---|---|---|---|---|---|
| | | | | 男 | 女 | 计 | | 男 | 女 | 计 |
| 1 | 私立圣弗拉基米尔专门学校神学部 | 道里水道街 72 号 | 巴夫罗夫斯基 | 15 | / | 15 | 4 | 53 | 4 | 57 |
| 2 | 私立圣弗拉基米尔专门学校工学部 | 南岗车站街 64 号 | 舍勒果夫 | 23 | 1 | 24 | 4 | 78 | 10 | 88 |
| 3 | 私立圣弗拉基米尔专门学校东方文学部 | 南岗吉林街 53 号 | 希欧尼恩 | 11 | 3 | 14 | 4 | 31 | 20 | 51 |
| 4 | 哈尔滨私立俄侨第一齿科学校 | 南岗义洲街 9 号 | 阿尔诺里德 | 17 | 1 | 18 | 3 | 44 | 25 | 69 |
| 5 | 私立俄侨护士学校 | / | 鲁日 | 16 | / | 16 | 3 | 23 | 46 | 69 |
| 6 | 哈尔滨私立俄侨第二齿科学校 | 道里石头道街 112 号 | 葛拉彻 | 8 | 2 | 10 | 3 | 12 | 17 | 29 |
| 7 | 哈尔滨医学专门学校 | 南岗大直街 | / | 34 | / | 34 | 4 | 141 | 45 | 186 |
| 8 | 俄侨私立哈尔滨商船学校 | 道里面包街 | 布德里果夫 | 14 | / | 14 | 3 | 31 | / | 31 |
| 9 | 俄侨私立哈尔滨第一商务学校 | 道里商务街 7 号 | 木哈切夫 | 19 | 7 | 26 | 7 | 82 | 72 | 154 |
| 10 | 第一妇女裁缝传习所 | 道里商市街 33 号 | 沙布洛瓦 | / | 1 | 1 | 1 | / | 28 | 28 |
| 11 | 维布列勒照相传习所 | 道里监狱街 16 号 | 维布列勒 | / | 1 | 1 | 3 | 6 | 3 | 9 |
| 12 | 雅洛茨基商务传习所 | 道里炮队街 52 号 | 雅洛茨基 | 4 | 4 | 8 | 5 | 17 | 52 | 69 |

① 《哈尔滨特别市市势统计月报》(第 1～10 号)，1936 年(伪康德三年)。转引自石方等著：《哈尔滨俄侨史》(第二版)，黑龙江人民出版社 2003 年版，第 291～293 页。

(续表)

| 序号 | 校名 | 地址 | 校长(设立者) | 教职员数 | | | 学级数 | 学生数 | | |
|---|---|---|---|---|---|---|---|---|---|---|
| | | | | 男 | 女 | 计 | | 男 | 女 | 计 |
| 13 | 商业簿记传习所 | 道里商市街52号 | 哈沾 | 1 | / | 1 | 2 | 22 | 9 | 31 |
| 14 | 别洛瓦女子裁缝传习所 | 道里斜纹街99号 | 别洛瓦 | / | 1 | 1 | 1 | / | 3 | 3 |
| 15 | 沙莫依洛瓦女子裁缝传习所 | 道里斜纹街50号 | 沙莫依洛瓦 | / | / | / | / | / | / | / |
| 16 | 科斜列瓦女子裁缝传习所 | 道里马街42号 | 科斜列瓦 | / | 1 | 1 | / | / | / | / |
| 17 | 瓦嘎诺瓦技术打字传习所 | 道里沙曼街24号 | 瓦嘎诺瓦 | / | 1 | 1 | 1 | 4 | 1 | 5 |
| 18 | 医术化妆整容传习所 | 道里斜纹街43号 | 楚尼西恩 | / | / | / | / | / | / | / |
| 19 | 依瓦诺瓦妇女刺绣传习所 | 道里小透笼街2号 | 依瓦诺瓦 | / | / | / | / | / | / | / |
| 20 | 波鲁尔传习所 | 道里斜纹街43号 | 那勒布特 | / | / | / | / | / | / | / |
| 21 | 汪索维赤速记打字传习所 | 道里商务街28号 | 汪索维赤 | / | 1 | 1 | 2 | 3 | 19 | 22 |
| 22 | 郭得次卡亚次杂维果按摩整容所 | 道里面包街35号 | 郭得次卡亚次杂维果 | 4 | 2 | 6 | 1 | / | 20 | 20 |
| 23 | 哈尔滨英文商务传习所 | 道里中国八道街31号 | 果波洛夫 | 1 | 1 | 2 | 5 | 16 | 12 | 28 |
| 24 | 第二齿科学校附设看护妇传习所 | 道里石头道街112号 | 葛拉彻 | 5 | / | 5 | 1 | / | 9 | 9 |
| 25 | 英文商务传习所 | 道里商务街12号 | 米切勒 | 6 | 5 | 11 | 7 | 37 | 19 | 56 |
| 26 | 克鲁别尼娜女子手工传习所 | 道里斜纹二道街 | 克鲁别尼娜 | / | / | / | / | / | / | / |
| 27 | 立陶宛语学传习所 | 道里商务街13号 | 马日那司 | / | / | / | / | / | / | / |

（续表）

| 序号 | 校名 | 地址 | 校长（设立者） | 教职员数 | | | 学级数 | 学生数 | | |
|---|---|---|---|---|---|---|---|---|---|---|
| | | | | 男 | 女 | 计 | | 男 | 女 | 计 |
| 28 | 蒙裕洛瓦女子手工传习所 | 南岗大直街52号 | 蒙裕洛瓦 | / | / | / | / | / | / | / |
| 29 | 米由列勒妇女手工传习所 | 南岗大直街27号 | 米由列勒 | / | / | / | / | / | / | / |
| 30 | 赤维洛果美容化妆传习所 | 南岗庙街4号 | 赤维洛果 | / | / | / | / | / | / | / |
| 31 | 由士阔瓦妇女裁缝传习所 | 南岗义洲街与河沟街拐角处 | 由士阔瓦 | / | / | / | / | / | / | / |
| 32 | 斯库尔托夫私立满语传习所 | 南岗大直街41号 | 斯库尔托夫 | / | / | / | / | / | / | / |
| 33 | 阿尔西保夫外国语传习所 | 南岗大直街52号 | 阿尔西保夫 | / | / | / | / | / | / | / |
| 34 | 别雷舞蹈传习所 | 南岗大直街40号 | 别雷 | 1 | 2 | 3 | 2 | 11 | 13 | 24 |
| 35 | 哈尔滨音乐传习所 | 南岗吉林街53号 | 特拉和得别尔格 | 6 | 7 | 13 | 1 | 23 | 46 | 69 |
| 36 | 布达耶娃妇女手工传习所 | 南岗大直街52号 | 布达耶娃 | 1 | 1 | 2 | 1 | / | 16 | 16 |
| 37 | 英语传习所 | 南岗大直街78号 | 谢依芝保切勒尼 | 1 | / | 1 | 2 | 9 | 5 | 14 |
| 38 | 哈尔滨音乐传习所 | 南岗龙江街18号 | 巴拉诺瓦 | 1 | 3 | 4 | 3 | 14 | 17 | 31 |
| 39 | 基督教青年会私立商业外国语传习所 | 南岗花园街59号 | 米兰多夫 | 7 | 13 | 20 | 4 | 62 | 130 | 192 |
| 40 | 基督教青年会私立国语专科传习所 | 南岗花园街59号 | 米兰多夫 | 7 | 8 | 15 | 3 | 25 | 47 | 72 |
| 41 | 俄侨难民救济会私立看护妇传习所 | 南岗邮政街53号 | 郭鲁别夫 | 8 | 2 | 10 | 1 | / | 15 | 15 |
| 42 | 俄侨难民救济会妇女裁缝传习所 | 南岗邮政街53号 | 兹拉莫夫 | / | 1 | 1 | 1 | / | 7 | 7 |

（续表）

| 序号 | 校名 | 地址 | 校长（设立者） | 教职员数 | | | 学级数 | 学生数 | | |
|---|---|---|---|---|---|---|---|---|---|---|
| | | | | 男 | 女 | 计 | | 男 | 女 | 计 |
| 43 | 阿克沙阔夫斯基中学校附设夜校 | 南岗吉林街53号 | 安那士达谢夫 | 8 | 2 | 10 | 2 | 4 | 3 | 7 |
| 44 | 秋林洋行职员日语讲座 | 南岗义洲街31号 | 别列瓦洛夫 | 3 | / | 3 | 2 | 138 | 65 | 203 |
| 45 | 露西亚赤十字会看护妇传习所 | 南岗阿什河街24号 | 保伯瓦 | / | / | / | / | / | / | / |
| 46 | 伯布拉夫斯基打字传习所 | 马家沟国课街118号 | 伯布拉夫斯基 | 1 | / | 1 | 2 | 3 | 17 | 20 |
| 47 | 哈尔滨工业传习所 | 马家沟协和街17号 | 芝维列瓦 | 5 | / | 5 | / | / | / | / |
| 48 | 洛特节结利女子裁缝传习所 | 马家沟国课街74号 | 洛特节结利 | / | / | / | / | / | / | / |
| 49 | 荣依金妇女打字裁缝传习所 | 马家沟国课街144号 | 荣依金 | / | / | / | / | / | / | / |
| 50 | 紫道尔妇女裁缝传习所 | 马家沟小戎街144号 | 紫道尔 | / | 1 | 1 | 1 | / | 5 | 5 |
| 51 | 聂耶洛瓦妇女裁缝传习所 | 马家沟巴陵街26号 | 聂耶洛瓦 | / | 1 | 1 | 2 | / | 5 | 5 |
| 52 | 哈尔滨英文商务传习所 | 马家沟比乐街120号 | 果彼洛夫 | 1 | 1 | 2 | 2 | 3 | 3 | 6 |
| 53 | 聂德兹悦次卡亚裁缝传习所 | 马家沟中和街51号 | 聂德兹悦次卡亚 | 1 | / | 1 | / | / | / | / |
| 54 | 沙维恩果女子手工传习所 | 新安埠安国街7号 | 沙维恩果 | / | 1 | 1 | 1 | / | 1 | 1 |
| 55 | 自然体育传习所 | 新安埠安国街65号 | 结果切夫 | / | / | / | / | / | / | / |
| 合计55处 | | | | 229 | 75 | 304 | 94 | 892 | 809 | 1701 |

上表所列学校只是 1936 年时的“静态”描写，其中不少学校也可谓“历史悠久”。如私立俄侨第一齿科学校即创办于 1911 年，原设邮政街 27 号，后迁义洲街 9 号。学校分修业两年半的医科和半年的镶牙科，招收俄人中学毕业生，至 1938 年停办前夕，有在校学生 165 人。停办之后，学生并入 1928 年 5 月创设的第二齿科学校。[①] 总体来看，在上表学校当中，哈尔滨的俄侨音乐教育最富有特色，其教育机构也较多。自 1921 年起，哈尔滨第一音乐学校、格拉祖诺夫高等音乐学校、哈尔滨音乐训练班、哈尔滨音乐专科学校、哈尔滨苏联音乐高等音乐学校等一批公立、私立音乐学校纷纷建立。[②] 这些音乐学校不仅是中国最早的西洋音乐学校，而且以其雄厚的师资力量和高质量的正规教育培养了众多优秀的中俄音乐人才，向中国人民传播了西洋音乐艺术，促进了中苏(俄)之间的文化教育交流。

从高等教育来看，20 世纪 20 年代哈尔滨是整个东北地区的文化中心，大量青年从中国其他城市、地区，以及铁路沿线城镇来到哈尔滨求学。再加上一批俄国教授于 1920 年来到哈尔滨避难，这就使得俄侨高等教育的发展非常迅速，并且始终保持着高质量的教学水平。在中东铁路管理局的支持下，哈尔滨法政学院、哈尔滨工业大学等高等院校得以建立。其中，哈尔滨法政学院初称哈尔滨高等经济法律学校，建校于 1920 年 3 月，1922 年更名为法政学院。该校设置了经济、法律两个系，并设有东方研究部。自 1923 年起，学校开设“中国法”学科，包括国家法、行政法、民法、诉讼法、商法、刑法，还开办面向中国青年的培训班。该校初由白(旧)俄侨民主办，后中国地方政府根据《中苏学务协定》，收并于哈尔滨工业大学，“其中法律、经济、政治及预科由中国人主办，东方经济、铁道运输由俄人主办”[③]。

哈尔滨工业大学同样建立在中等专业技术学校的基础之上，其前身为沙俄经营的中东铁路于 1902 年创立的工业学校。为了满足中东铁路建设和发展对人才的需求，以及铁路员工子弟接受高等教育的迫切愿望，在中俄双方的共同努力下，这所学校于 1920 年 10 月改办成为高等技术学校。1922 年 4 月又更名为哈尔滨中俄工科大学校，学制由四年改为五年，招收中学毕业生，原来的两个系分别改为铁路建筑系和机电工程系。铁路建筑系培养交通工程师，机电工程系培养电气工程师和机械工程师。1927 年《中苏学务协定》订立，次年 2 月该校为中苏两国共管，校长由俄人担任。“九一八”事变后，又成为苏联人控制的私立哈尔滨高等工业学校。日本帝国主义入侵东北之后，这所学校逐渐为日本人接管。从 1937 年 1

① 郭卫东主编：《近代外国在华文化机构综录》，上海人民出版社 1993 年版，第 288～289 页。

② 李述笑：《哈尔滨俄侨音乐教育史初探》，《西伯利亚研究》2001 年第 2 期。

③ 郭卫东主编：《近代外国在华文化机构综录》，上海人民出版社 1993 年版，第 286 页。

月开始,学校完全采用日式方法办学,并停止招收俄国学生。1938年1月,学校更名为哈尔滨工业大学。同年12月,最后一批采用俄语教学的学生毕业,此后学校完全以日本式国立高等工业学校的模式运行。① 抗日战争胜利后,该校仍由中苏共管,后苏联将学校全部移交给中国政府。②

伪满统治时期,为了满足俄侨子弟接受高等教育的需要,伪满洲国在哈尔滨设立了俄侨学院,以传授高等商业知识为主,开设日语商业、经济、法律等科,学制3年,凡中等学校毕业生均可报考。该校办学经费由伪满洲国文教部提供,为每年16000元。院长由前哈尔滨学院教授清水三三担任,并聘请了日籍、俄籍教师。清水三三于1904年(明治三十七年)毕业于东京外国语学校俄文科,日俄战争期间担任日军翻译官,战争结束后任职于满铁会社。1907年(明治四十年),他奉命前往圣彼得堡留学,学成后在哈尔滨创立日俄协会学校(即哈尔滨学院)。他在哈尔滨前后居住了15年,号称"在哈日人研究俄语第一人"③。

除上述几所学校外,这一时期建立的俄侨高等教育院校还包括教育学院、医学院、商学院、东方学院、符拉基米尔神学院、北满大学等,④这些学校共同构成了20世纪上半叶东北地区的俄侨高等教育体系。

这一时期的东北俄侨教育并不仅仅局限于哈尔滨,其时以哈尔滨为中心,东至绥芬河,西至满洲里,南至大连,几乎中东铁路沿线地区的重点城镇,都有此类教育机构的开设。如作为东三省主要城市的奉天,尽管俄国侨民数量并不太多,但俄侨教育同样有所发展。在1925年9月,俄国侨民在奉天富士町地区租赁房屋开办了一所招收俄侨子弟的学校,这所学校每月开支达到700元,主要依靠学费供给;⑤同年10月14日,一所由俄侨主办的实业中学在奉天宇治町五番地开学。⑥ 又如在绥芬河,当地俄侨公会于1915年创立有绥芬河俄侨中学,初为7年制(小学4年,初中3年),后改为10年制,招收俄侨子弟,后期则主要招收白(旧)俄子弟。该校约于1940年停办,转由伪满接管,实由日本人控制。再如在今日内蒙境内的中东铁路各站:在博克图有由当地俄侨公会于1917创设的博克图俄侨中学,该校于1924年改成10年制,至1939年左右才停办;在海拉尔仅就中学而言,有由当地俄侨公会于1925年创设的海拉尔俄侨中学,该校亦为10年制,至

① 刘家琦主编:《哈尔滨工业大学》,浙江大学出版社1999年版,第15~17页。
② 郭卫东主编:《近代外国在华文化机构综录》,上海人民出版社1993年版,第285~286页。
③《为白系俄人开设俄侨学院》,《盛京时报》1937年2月4日,总第9663号。
④ 李兴耕等著:《风雨飘萍——俄国侨民在中国》,中央编译出版社,1997年版,第335页。
⑤《俄旧党注重教育》,《盛京时报》1925年9月22日,总第5726号。
⑥《俄人中学开课》,《盛京时报》1925年10月16日,总第5747号。

1939年左右停办，转由伪满接管，实由日本人控制；在满洲里则有当地俄侨公会于1914年8月创设的满洲里俄侨中学，同样为10年制，到1939年左右停办，转由伪满接管，实由日本人控制。① 第二次世界大战结束后，苏俄在东北地区的办学活动并未中止，而且开始以新的力量和形式从事着正常的学校教育。如在1946年春，苏俄即在旅顺开办了一所俄国中学，这所中等学校“设在旅顺警备队军官大厦内”，校中教职员“一部分为红军军官”，为了加强文化科技知识的教学，该校开办有物理实验室和生物实验室。其中生物实验室陈列有鸟类及其它采集品“数十种”。②

2. 新疆地区

新疆地区的中苏教育交流活动主要由留苏教育和俄侨教育构成。

从留苏教育来看，民国时期新疆地方政府曾多次派遣留学生前往苏联学习，当中既有汉族学生，也有维吾尔、锡伯、蒙古、哈萨克、柯尔克孜、乌兹别克、塔吉克、塔塔尔等族学生。新疆早期留苏生主要由锡伯族构成。1924至1926年，关清廉出任驻苏联阿拉木图领事期间，带领伊敏政、图奇春、佟荣昌等10余名锡伯族青年到苏联留学。1926至1930年，萨拉春出任驻苏联阿拉木图领事期间，带领中孚、舒幕同、春布尔等锡伯族青年到苏联留学。1933年萨拉春同苏方商定，从伊宁中俄学校毕业生中选派贺继忠、四善等十余人到塔什干留学。同年，巴图沁出任驻苏联阿拉木图领事，带领文连、郭文明等青年到阿拉木图留学。此外，广禄于1936年出任驻苏联塔什干总领事之时，带领六善、八善、九善、三美、兰香、舒华福、孝顺等人到塔什干留学。同年，萨拉春任驻苏联安吉延领事，也带领文宁、永安、永布尔、何玉英等青年赴苏留学。③

1933至1936年间，由于当时统治新疆的盛世才采取亲苏外交政策，因此重视派遣留学生赴苏联学习。根据盛世才与苏联政府达成的协议，新疆每年选派100名学生赴苏留学，留学生的民族成分有明确规定：使用汉语的学生（汉、满、锡伯族）占40%，维族学生占40%，哈萨克、柯尔克孜、蒙古族学生占10%，其他10%。④ 从1934年起，新疆先后选送了三批各族学生赴苏联塔什干、阿拉木图、撒马尔罕、安集延等地官费留学。“学习行政、法律、农业、蚕桑、林业、畜牧、兽医、水

① 郭卫东主编：《近代外国在华文化机构综录》，上海人民出版社1993年版，第340、368、335、394页。

② 《旅顺开办俄国中学》，《申报》1946年（民国三十五年）2月2日。

③ 葛丰交：《新疆锡伯族教育纪事（1764—2000）》，伊犁哈萨克自治州政协文史资料和教文卫体委员会编：《伊犁文史资料》第18辑，2002年印行。

④ 帕哈尔丁编译：《二十世纪初的新疆留学潮》，《炎黄春秋》2005年第3期。

利、医疗卫生等专业技术。”[①]这些学生主要来源于新疆省立师范学校、省立中学的学生、工作人员及部分社会青年,采用自由报名、文化课考试(考试题目以初中教材试题为主)及体检的选拔方式。[②] 据统计,派出的三批留苏学生总计 257 人。其中,维吾尔族 140 人,汉族 74 人,回族 16 人,蒙古族 11 人,哈萨克和柯尔克孜族 10 人,其他民族 6 人。[③] 这些留苏学生于 1936 至 1938 年间分批回国,大部分被分配到高等院校、中学、报社、银行、教育、文化促进会、司法、外事、公安等部门工作。[④] 1941 年苏德战争爆发后,盛世才迅速投入国民党反动派的怀抱,与苏联和中共彻底决裂,大部分留苏学生遭到了盛世才的残酷迫害。为了推翻反动统治,这些留苏学生积极投入到中国共产党领导的革命运动之中,原全国政协副主席赛福鼎·艾则孜即为其中一员。

再从俄侨教育来看,新疆因其特殊的地理位置成为俄国侨民聚居之地,自俄国十月革命之后,涌入新疆境内的俄国侨民更是难计其数,其来源和成分也较为复杂。迁入新疆之后,这些俄国侨民对当地的政治、经济、军事、文化等方面都产生了广泛影响,教育领域也是如此。俄国人历来比较重视教育,当他们在新疆的生活安定下来之后,兴办教育就成为其必然选择。1918 年,巴吾尔哈吉在伊宁地区建立了一所俄罗斯学校,初期设两个班,采用俄语教育;1930 年,俄罗斯人塞罗米斯基、普罗科波夫、扎玛塔耶夫等人在伊宁当地政府的帮助下建立了中俄学校,采用俄文为主、中文为辅的授课方式,主要招收俄罗斯学生,兼收一部分汉、维吾尔等其他民族的学生。[⑤] 1934 年,伊宁第一所俄罗斯初级学校“胜利小学”成立,此后又成立了十年制俄罗斯中学,并开办有俄罗斯族教师训练班。[⑥] 盛世才执政后,制定了帮助各民族成立文化促进会的政策,一时间俄侨教育获得了长足发展。到 1938 年 7 月,就读于大中学的俄罗斯学生有 236 人,公立小学有 1627 人。到 1943 年,就读于公立学校的俄罗斯学生有 1644 人,会立学校 1048 人,民众学校 170 人,合计 2862 人。[⑦] 不仅俄国侨民子弟的入学人数不断增加,在新疆地方政府的关注下,各个学校的办学条件、教育质量乃至学生待遇等方面,也都有显著

---

① 陈慧生、陈超著:《民国新疆史》,新疆人民出版社 1999 年版,第 303 页。

② 帕哈尔丁编译:《二十世纪初的新疆留学潮》,《炎黄春秋》2005 年第 3 期。

③《1934—1936 年派送留苏学生族别数目表》,政协新疆维吾尔自治区委员会文史资料研究委员会编:《新疆文史资料选辑》第 6 辑,新疆人民出版社 1980 年版,第 70 页。

④ 帕哈尔丁编译:《二十世纪初的新疆留学潮》,《炎黄春秋》2005 年第 3 期。

⑤ 杨雯:《民国时期的新疆俄罗斯人》,新疆大学 2007 年硕士毕业(学位)论文,第 39 页。

⑥ 李稼:《伊犁哈萨克自治州境内俄罗斯族杂记》,政协伊犁哈萨克自治州委员会文史资料委员会:《伊犁文史资料》第 13 辑,1997 年印行。

⑦ 李寰著:《新疆研究》(亚洲民族考古丛刊第五辑),中国边政学会 1944 年版,第 170～174 页。

提高。

3. 上海地区

第一批俄国侨民来到上海的时间是1865年，当时只有4个人。① 从19世纪末开始，上海的俄侨数量开始增长。1917年十月革命以后，部分俄国难民通过海上路线从海参崴抵达上海，自后当地俄侨数量呈现急剧增加之势，并逐渐形成了新的俄侨聚居区。此后，陆续有俄国侨民通过陆路、水路迁入上海。

随着俄侨数量的不断增多，侨民子女如何接受教育成为亟待解决的重要问题。1921年，俄侨中的部分教师建立了上海第一所俄国学校——俄国实科中学，又称为第一俄国公学。这所学校采用沙俄时期的实科学校教育大纲，主要招收居住在租界区的贫苦俄侨子弟。② 此后，各种类型的俄侨学校相继建立。其中，中小学包括普希金第一俄国正教学校、圣安德烈教区学校、全托幼儿园等；专科职业学校有俄国正教协会商业学校、上海俄国海运学校、法租界公董局无线电报学校、无线电技术学校、第一俄国音乐学校等；高等学校有上海俄国商法专科学校、法租界俄国技术学校、上海俄国商学院等。③ 此外，由东正教上海教区设立的俄国学校，如衡山路俄国学校、常熟路俄国学校等，亦为俄侨子女入学读书之所。这些学校的创办，在一定程度上解决了俄侨子女的受教育问题，使俄侨的后代能够学习文化知识并掌握必要的谋生手段。

还有一些俄国侨民将子女送到上海的外国学校就读。这主要是由于部分俄国学校在教学内容、教学方法、管理方式等方面仍然沿用沙俄时期的陈旧模式，没有根据侨民的实际情况加以改良，使学生难以获得有效的知识和技能，无法满足俄国侨民在教育方面的真正需要。而外国学校既能为俄侨子弟提供更好的学习条件和更优异的教学质量，培养他们的英语能力，更利于他们将来就业；而且最重要的是，"外国学校的毕业生比较容易安排自己的侨居生活，他们善于适应外国生活方式，对外国生活的节奏已感到习惯，在生存斗争中处于有利地位"④。因此，很多侨民都将子女送到法国公学、雷米学校、法租界俄国技术学院等外国学校学习。这种将子女送到外国学校读书的做法，曾一度引发沪上俄国侨民界极大争议。支持者认为，为子女提供更好的教育是理所当然的事情，而且对于他们未来的就业也有好处，因此选择外国学校无可厚非。反对者则指出，这种做法很容易使侨民

① 汪之成著：《上海俄侨史》，三联书店上海分店1993年版，第5页。
② 李仁年：《20～40年代俄国侨民在华的教育活动》，《西伯利亚研究》1996年第3期。
③ 汪之成著：《上海俄侨史》，三联书店上海分店1993年版，第547～558页。
④ 汪之成著：《上海俄侨史》，三联书店上海分店1993年版，第538页。

的第二代失去俄罗斯民族的特性,忘记本国的文化,而变成所谓的"国际公民"。还有人持中立观点,寄希望于对俄国学校进行改革,使这些学校成为既不失去国家、民族特色,又兼具国际化、属地化性质,还能培养学生全面能力的综合性教育机构。

除了上述几处俄侨较多及中俄联系较为广泛的地区外,在中国内地的其它一些地方,如天津、武汉等城市,亦开设有以俄侨子弟为主要对象的教育机构。如在天津,自东正教天津教区于1930年建立后,在加强管理天津地区东正教教务之际,就开设有俄国小学以发展俄侨子女教育;又如在武汉,俄国东正教会早在1876年前后就在其地成立了汉口东正教会,至1924年时该地方教会归属于中国东正教会北京总会领导,是后在推进教会事工之时,亦创办有俄国小学和7年制俄国中学各一所。①

## 第三节 中国共产党领导下的中苏教育交流

1927年大革命的失败,既标志着第一次国共合作的彻底破裂,也促使中国共产党深刻认识到武装斗争的极端重要性。1927年八一南昌起义,打响了武装反抗国民党反动派的第一枪,从此开始了中国共产党独立领导革命战争和建立人民军队的新时期。在此后的二十多年间,各个革命根据地和解放区陆续建立,成为中国共产党夺取胜利的坚固基石。在此期间,中国共产党领导下的中苏教育交流活动延续着20世纪二三十年代的留苏教育,也获得了一定程度的发展,不仅对革命根据地、解放区的教育事业产生了重要影响,而且为新中国建立后中苏教育交流的全面开展打下历史基础。

### 一、中共教育事业的苏联影响

在中国共产党领导下的革命根据地、解放区教育领域,苏联的影响力可谓广泛,其影响所及既包含军事教育、外语教育、普通教育、干部教育等具体教育类型,亦涵括教育实践、方针、思想等不同层面。

#### (一)军事教育

苏联对中国共产党在军事教育方面的影响主要体现在两个方面:一是抗日战

① 郭卫东主编:《近代外国在华文化机构综录》,上海人民出版社1993年版,第118、147页。

争的军事教育援助，二是留苏生在各根据地开展的军事教育对苏联模式的借鉴。

1. 苏联提供的军事教育援助

抗日战争时期，苏联从自身需要出发，一直把国民政府作为对华政策的中心基点，加之其时中国共产党在同共产国际及苏联的交往中，极力保持自己的独立性，令苏联颇为不满，因此，抗战期间苏联向中国共产党提供的军事教育援助明显比向国民党提供的少，没有向中国共产党及其领导的人民军队派遣军事专家、顾问，而采用其它军事教育援助方式。

苏联的军事教育援助方式之一，是直接为中国共产党培养军事力量。1934 年至 1937 年间，共产国际和苏联酝酿、提出并实施了一个直接援助中国工农红军的重大计划。在这份计划中，共产国际和苏联打算通过中亚细亚、外蒙和新疆地区向中国工农红军提供直接军事援助。由于政治、军事斗争形势等种种原因，从这些途径进行直接军事援助的设想未能实现。为继续完成此前制订的培养大批红军干部军事技术人员的计划，共产国际和苏联决定让西路军人员进入新疆后即转送苏联学习。1935 年 4～5 月，大约有 900 名西路军成员陆续在新疆会合。根据苏联国防部长的建议，一部分西路军成员在 1937 年夏天被送入苏联各类军事院校学习，而其余的西路军干部战士在新疆当地被编成一个总支队(新兵营)，由苏联提供现代化的武器装备和军事教官，对这些红军战士进行分门别类的培训。这种由苏联直接为中国共产党培养军事力量的方式，确实收到了明显成效，帮助红军培养了一批掌握装甲、炮兵、航空、汽车、通讯等特种技术的人才。①

苏联的军事教育援助方式之二，是通过协助建立军校、派遣教官等培养中共军事人才。在盛世才积极向苏联靠拢时期，新疆成为中国共产党培养军事力量的重要基地，其中尤以新疆迪化航空学校最为特殊。

新疆迪化航空学校可说是一所由中国共产党与盛世才势力合作兴办的军事学校。该校最初由盛世才创立，他在苏联援助下扩建了原有的新疆边防航空队，建立起航空训练班，对外则称“航空学校”，采取公开招生方式，主要培养空军飞行员和机务人员。这所学校设在迪化小东门的航空队内，由苏联空军军官担任教官，训练器材和教学设备也基本为苏联提供，其中包括两架初级教练机和九架侦察轰炸机。抗战爆发前，航空学校已经举办了两期航空飞行班和一期航空机械班，学员毕业后进入盛世才的三个飞行中队工作。② 中国共产党与盛世才建立统

---

① 中共中央党史研究室第一研究部编：《苏联、共产国际与中国革命的关系新探》，中共党史出版社 1995 年版，第 305～328 页。

② 史全生主编：《中国近代军事教育史》，东南大学出版社 1996 年版，第 375 页。

战关系后，时任中共中央驻新疆代表陈云向党中央建议，希望利用盛世才的航空学校为中国共产党领导的人民军队培养空军人才。这一建议得到中共中央和航校苏联顾问的支持，并通过统战工作取得盛世才的同意。之后，陈云开始到由西路军官兵组成的新兵营物色合适人选。1937 年 11 月，陈云初步拟定 30 人的名单，并将这份名单转给接替他担任中共中央驻新疆代表的邓发。邓发经过进一步考核，最终选择了吕黎平、陈熙、安志敏、方子翼、袁彬、胡子崑、刘忠惠、张毅、汪德祥、杨一德、王东汉、龚廷寿、余天照、黄明煌、朱火华、周立范、金生、曹麟辉、丁园、王云清、黄思深、陈旭、周绍光、余志强、刘子宁等 25 人。陈云回到延安后，又从抗大和摩托学校挑选了严振刚、方华、赖玉林、夏伯勋、方槐、黎明、吴峰、云甫、赵群、刘子立、李奎、陈御风、王聚奎、邓明、彭浩、彭仁发、谢奇光、杨光瑶、吴茂林等 19 人。① 这样，共有 44 名中共学员进入航空学校学习。1938 年 3 月 3 日，新疆迪化航空学校举行开学典礼。邓发将他们分成两个班，吕黎平和严振刚分别担任第三期飞行班和第二期机械班的班长，并成立了一个党支部。飞行班和机械班先期共同进行航空理论学习，这方面课程由苏联教官和毕业留校教官主讲，包括飞行原理、机械物理、轰炸机原理、航空照相、发动机构造原理、射击轰炸学原理、领航学、通信学、飞机力学、飞行规则、空战战术、航空机械、航空气象学、航空发展史等，机械班还要学习外场维修、内场修理、军械、器材使用、工厂设备等课程。这些学员经过长期坚持不懈的努力终于取得了优异成绩，远远超过盛世才招收的学员。机械班的学员因学习周期较短，率先于 1939 年毕业，被归入盛世才的航空队承担机械维修工作。而飞行班的学员则于 1942 年正式毕业，除一人改学机械维修外，其余均顺利完成学业并暂时进入盛世才的航空队工作。他们都在本职工作岗位上发挥了重要作用，而彭仁发和汪德祥则因公殉职。苏德战争爆发后，盛世才迅速倒向蒋介石一方，开始公开反苏反共，大批共产党员先后被逮捕，并遭到残酷迫害。1942 年 9 月，航空队内的中共人员被盛世才软禁，后于 1944 年 11 月被投入监狱，直到 1946 年 6 月才获释。回到延安时，剩有航空人员 31 人，其中飞行员 15 人，机械员 16 人。②

2. 革命根据地的军事教育

苏联对革命根据地军事教育的影响，主要是通过在苏联接受军事教育的中共留学生以间接方式体现出来。中国共产党一直十分重视军事教育，自中国工农红军创建伊始，就力图通过军事教育解决部队的军政干部来源与战士的军事素质问

① 《新疆冤狱始末》编写组：《新疆冤狱始末》，中国青年出版社 1990 年版，第 36～37 页。

② 史全生主编：《中国近代军事教育史》，东南大学出版社 1996 年版，第 376～378 页。

题。从苏联学成归国后，相当一部分留苏生进入到军事教育领域，为人民军队的建立和发展作出卓越贡献。他们在军事教育方面的作用，主要体现在积极参与到军事教育的领导和教学过程之中，推动中国共产党领导的军事教育的发展。

土地革命时期，中央和各地方根据地开始建立起教导队、训练班或军政学校，肖劲光、刘伯承、叶剑英、伍修权等留苏生即在其中担任领导或教师，成为中共军事教育的骨干。据肖劲光回忆，他于 1930 年从苏联留学回国后首先在闽西苏区工作，不久即兼任闽西彭杨军事学校的校长。这所学校的任务是为红军培养连、排干部，主要从部队中挑选表现较好、作战勇敢、有发展前途的战士作学员，学制较短，一般在 2 至 5 个月之间。肖劲光采用在苏联接受的正规军事教育方法培训学员，不仅要求纪律严明、着装统一，而且使学员结合实战进行学习训练，使学员的军事技能在短时间内有较大幅度提高。①

1931 年 11 月，由红军军事学校第一分校、第三分校和红三军团随营学校合并组建的中央军事政治学校在江西瑞金诞生。② 这所学校设在瑞金城内的谢氏祠堂，以培养连排基层干部为主要任务，学制 3 到 5 个月，从 1931 年至 1933 年总共举办了 5 期。刘伯承主持的第 2 期于 1932 年 2 月开学，教职学员共 1380 名，学员分为步兵科、政治科和特科，其中特科又分为机枪连、工兵连、炮兵连。③ 刘伯承在总结前期办学经验的基础上，提出了一切从红军实际出发，反对本本主义的教育方针，强调应以中国革命经验为主来创造新的军事教育方法和编写新的军事教材。他不仅组织教师翻译和编写教材、讲义，而且亲自承担其中的重要工作。仅在 1932 年上半年该校就出版了《步兵教程》、《炮兵教程》、《坑道教程》、《防敌进攻战斗要领》、《劈刺教范》、《兵器摘要》、《爆破摘要》、《排教程述要》、《夜间战斗》、《追击炮讲义》等教材，总计发行六千余册。④ 学校还将苏联红军的建军经验融入到教学科目之中，《苏联红军步兵操典》第二部以及《赤卫军野外勤务教程》都成为当时军事教育的必备教科书。

1935 年 10 月，中央红军经过长征到达陕北。其时，由于日本帝国主义的侵略行径不断升级，中国国内形势发生急剧变化。为适应国际国内政治、军事新形势的需要，中共中央决定在原有军事学校的基础上建立一所新的高等军事教育机构，为红军培养更多的优秀军事人才，中国人民抗日红军大学由此诞生。林彪担

① 肖劲光著：《肖劲光回忆录》，解放军出版社 1987 年版，第 79～80 页。
② 史全生主编：《中国近代军事教育史》，东南大学出版社 1996 年版，第 327 页。
③ 程蕊编著：《刘伯承传》，贵州人民出版社 2001 年版，第 56 页。
④ 陈石平、成英著：《军事翻译家刘伯承》，书海出版社 1988 年版，第 57 页。

任校长，毛泽东兼任政治委员，罗瑞卿任教育长。1936 年 6 月，抗日红军大学第一期开学，至 12 月底毕业，共历时 7 个月。随着国内形势的不断变化，以及来自全国各地的知识青年越来越多，中共中央出于增强抗战力量的考虑，决定在 1937 年 1 月抗日红军大学第二期开学之际，将其正式更名为中国人民抗日军政大学，校址也迁到延安。在抗大担任领导职务的留苏生为数不少，刘伯承曾任抗大副校长，傅钟担任政治部主任，滕代远于 1940 年任抗大副校长兼副政委，并实际主持学校工作，许光达任学校训练部长和抗大三分校校长，郭化若任三分校教育长，冯定任五分校副校长，张崇文任九分校副校长，陈赓任太岳分校校长，等等。① 这些留苏生为抗大军事人才的培养作出了杰出贡献。如毕业于基辅军官学校和莫斯科步兵学校的王智涛，抗日战争期间曾在抗大担任过军事教育科长和训练部部长。在此期间，王智涛于 1938 年 9 月带领一个由干部、教师组成的参观团前往晋西北、晋察冀等地区的很多部队进行实地考察。通过参观、座谈、听取介绍等方式，他们获得了大量的战例和战斗经验。考察结束回到抗大后，王智涛组织参观团成员对这些战例和经验进行分析总结，并在此基础上编写了一本《战术学》教材。由于这本教材取材于战斗第一线，富于实践性和指导性，因此得到广大教师、学员的热烈欢迎。②

除担任军事院校的领导职务，留苏生还承担起大量的教学工作，他们坚持实事求是、理论联系实际的教育方针，将苏联军事理论与中国革命实际相结合，使就读于军事院校的干部、战士和知识青年能够较快掌握扎实的军事知识，具备过硬的军事技能。据伍修权回忆："1931 年我回国，一进入中央革命根据地，就负责培训过马克沁重机枪射手，正好用上了我在莫斯科步校学到的知识和技术。不久我又奉调去新建立的红军学校，除了担负政治工作职务以外，还负责讲授过射击原理、步兵战术等军事课程，使我在苏联的学习收获能够为我国的革命斗争服务。"③ 左权曾于 1933 年被调到中央军事政治学校训练处担任军事教员，主讲游击战、运动战和合同兵种的战术。课堂上，他结合实际战例，将教学重点放在班排连的进攻、防御、遭遇、退却、追击、夜间、山地、森林、河川等特种战术上。④ 左权以其渊博的知识和灵活有效的教学方法，获得了学员们的拥护与好评。据耿飚回忆："左权同志学识丰富，给干部作报告、讲课谈笑风生，引人入胜；讲战斗有头有尾、绘声绘

---

① 郝世昌、李亚晨著：《留苏教育史稿》，黑龙江教育出版社 2001 年版，第 234 页。
② 李志民著：《革命熔炉》，中共党史资料出版社 1985 年版，第 302 页。
③ 伍修权著：《回忆与怀念》，中共中央党校出版社 1991 年版，第 70 页。
④ 王孝柏、刘元生著：《左权传》，人民出版社 1990 年版，第 117～118 页。

色，谈学习，引经据典，深入浅出。他深受干部战士的敬重与爱戴。”①

为提高军事教育的质量，使广大学员掌握必要的军事理论知识，一些留苏生还承担起翻译苏联军事著作、传授苏联军事理论的重任。如左权在中央军事政治学校工作期间，先后翻译了《苏联国内战争之红军》(1933年初刊于江西瑞金中国工农红军学校《红旗》第1期)、《苏联红军列宁党的工作规范》(1933年1月刊于《革命战争》第4期)、《苏联国内革命战争的教训》(1933年由中央军委发行所印行于中央苏区工农红军学校)。此外，他还在1941年与刘伯承合作翻译了《苏联工农红军的步兵战斗条令》。② 左权的译著丰富，仅抗日战争时期发表的主要文章就达25篇，在他壮烈牺牲时还有10余万字的译著没有发表。③ 又如刘伯承自从苏联回国之后就坚持翻译和校对苏联的军事著作。早在上海工作期间，他就主持翻译了《苏军步兵战斗条令》，并和傅钟、党必刚等一道校译了部分有关军事技术、政治工作等方面的译稿。④ 据聂荣臻回忆：“当时，江西前线不断传来我军胜利的消息。我们认为，翻译一本苏军的步兵战斗条令和政治工作条例，对前线会有所帮助。伯承、剑英、傅钟、李卓然同志都是由苏联学习回来的，有一定的专业知识和俄文基础。所以，组成两个摊子，由伯承、剑英同志负责翻译步兵战斗条令；由傅钟、李卓然同志负责翻译政治工作条例。军委从各方面给予支持。经过一段时间的努力，这两本书都翻译出来了，并送到了各个根据地。这就成了我军的第一个条令和条例。”⑤在此后的抗日战争、解放战争乃至新中国建立后的和平时期，刘伯承仍笔耕不辍、孜孜不倦，先后翻译了《苏联红军在战斗情况中的政治工作》、《苏联山地战斗》等文章和专著，用以指导部队的军事和政治工作。他翻译的军事著作，尤为注重从中国革命的实际情况出发，坚持理论联系实际，很多军事译作都附有提示性的介绍或前言，这样有利于读者领会原著精神，并懂得如何结合部队实际加以使用。

总之，留苏教育为中国共产党培养了一批杰出的军事人才，他们不仅成为优秀的军队统帅，还将在苏联军事院校学到的知识应用到军事教育之中，为促进中

---

① 耿飚：《光照日月　浩气长存——纪念左权同志殉国四十周年》，中共醴陵市委党史资料征集办公室、政协醴陵市文史资料研究委员会编：《太行浩气传千古——纪念左权将军殉国五十周年》(《醴陵文史》第9辑)，1992年印行。

② 王孝柏、刘元生著：《左权传》，人民出版社1990年版，第364页。

③ 耿飚：《光照日月　浩气长存——纪念左权同志殉国四十周年》，中共醴陵市委党史资料征集办公室、政协醴陵市文史资料研究委员会编：《太行浩气传千古——纪念左权将军殉国五十周年》(《醴陵文史》第9辑)，1992年印行。

④ 陈石平、成英著：《军事翻译家刘伯承》，书海出版社1988年版，第45页。

⑤ 聂荣臻著：《聂荣臻回忆录》(上)，战士出版社1983年版，第123～124页。

国共产党的军事教育发展做出了重要贡献。同时，苏联的军事教育理论与实践也通过这些留苏生的翻译、教学和军事指挥活动传入中国，并成为中国共产党开展军队建设的主要参考资料。

（二）俄语教育

革命根据地的俄语教育始于20世纪三四十年代。这一时期苏联与延安之间逐渐有了直接联系，一些苏联医生和技术人员相继来到延安，这就使得中国共产党与苏联之间的关系更为密切，培养俄语人才就显得十分必要；另一方面，大批知识青年从全国各地涌向延安，其中很多人打算以俄语为工具进一步了解和认识苏联，从苏联的政治、经济、军事、科技、文化等原著中汲取丰富知识。因此，在革命根据地开展俄语教育就成为加强联系与学习的必要措施。为满足俄语学习需要，中共中央统战部、新华社、新中华报社、陕北公学、鲁迅艺术学院和延安文化协会、文化俱乐部等部门相继开设俄文讲习班，由曾在北京大学俄语专业就读的王禹夫担任教师。[①] 此后，马列主义学院院长张闻天又请刚从苏联回国的师哲在学院开设了一个俄文教习班。因为工作繁忙，师哲每周只有两个上午上课。俄文讲习班开课后，初期上课人数较多，达到200多人，而后人数逐渐减少，最终坚持下来者只有纪忠泉、唐海、陈波尔、吴良珂等20多人，他们之中大部分人后来成为中央研究院俄文研究室的骨干。俄文教习班在开办初期缺乏教材，只有一套王禹夫从哈尔滨带来的老式俄文课本，内容陈旧，且与中国社会实际毫无联系。为提高俄文教学质量，师哲对这套课本进行改造，增加了与抗日战争及中国实际相关的内容，这就为延安的早期俄语教育提供了合适教材。[②] 王禹夫、师哲负责教授的俄语讲习班尽管带有在职或业余学习的性质，但教学效果较好，一些学习不错的学员均能完成一定笔译工作，像陈波尔曾翻译过陀思妥耶夫的作品，纪忠泉、唐海、吴良珂也利用业余时间译出过水平不错的文章。其他不具备翻译水准的学员，则初步掌握了俄语入门知识，为此后深入学习俄语打下了基础。

要培养大批俄语人才，仅靠业余性质的俄文讲习班远远不够，必须以正规学校形式进行俄语教育才行。为此，中共中央不仅在延安大学设立了俄文系，而后还成立了延安外国语学校，这两所学校为中国共产党和新中国培养出大量俄语人才，既满足了中国革命和建设事业的需要，又为解放后中国俄语教育事业提供了师资。现对此两校培养俄语人才的情况稍加介绍。

---

① 付克著：《中国外语教育史》，上海外语教育出版社1986年版，第50页。

② 师哲：《回忆我在马列学院二、三事》，政协延安市委员会文史资料研究委员会编：《延安文史资料》第6辑，1992年印行，第100页。

延安大学成立于1941年9月，由陕北公学、中国女子大学和泽东青年干部学校三校合并组成，这是中国共产党在革命根据地建立的第一所正规综合性大学。1944年，鲁迅艺术学院、自然科学院和行政学院又并入该校。

建校之初，延安大学就设立了俄文系，由黄正光（越南人）担任系主任兼主讲教师，唐国华、李青松等任助教。俄文系共招收学员80余名，根据实际水平编成甲乙两班。甲班的学员因曾在俄文讲习班就读，所以俄语水平相对较高，其中包括许文盖、许虹、白朗、沈霞、章林、肖义、张东川等人。乙班人数较多，虽然初期俄语水平不如甲班，但也培养出一批长期从事俄语相关工作的人才，如何理良、朱子奇、陈辉、阎明智、苗秋林、殷俊、谢挺扬、李琼、张芷、刘达、羡汝芳、郭培兰等。[①]

由于延安大学十分重视教学和科研工作，专业课程占总学时的80%，因此俄文系的专业课较多，这就使学员们能够在较短时间内学习到更多的俄语知识。此外，俄文系针对俄语教材缺乏的情况，采取教师自编教材、翻印教材、传阅苏联报刊等形式，尽可能为学员提供更多的学习资料。俄文系的教学注重理论联系实际，注意培养学生的应用能力，因此收到良好的教学效果。经过第一学期三个多月的学习，大部分同学已经能够进行一般的俄语会话。甲班学生俄语能力较强，因此在第二学期开设了俄语研究室，主要承担翻译苏联报刊、编辑俄华字典等工作，并负责辅导乙班学生的俄语会话。乙班学生在学完基本语法的基础上，从第二学期开始除继续完成相关课程外，也参与到俄华字典中文部分的编辑工作中。[②]在教师、学生的共同努力下，俄文系教学成效显著，学生们的成绩颇为优秀。

延安大学俄文系的办学一直持续到1942年底，此后并入中央军委俄文学校。

比较延大俄文系，延安外国语学校是中国共产党建立的第一所专门培养军政翻译人才的外语学校，其创立时间最早可追溯到1941年8月。其时已经进入抗日战争中期，为加强与苏联的联系，中共中央决定加大培养通晓俄文的军政干部的力度，抗大三分校俄文队就此诞生。俄文队队长由曹慕岳担任，下设三个区队，每区队30余人，高中一、李参、刘德恒等三个学员兼任区队长。俄文队教师由李洁民、刘君、张培成等担任，王玉、李海、金涛等任助教，使用刘泽荣编写的《俄文文法》以及师哲编写的讲义作为教学用书。此后不久，因要求学习俄语的人较多，又组建了俄语二队，白映奎任队长。1941年秋冬，中共中央在安塞县办的航空工程学校也并入抗大三分校，成为俄文三队。为整合力量，3个俄文队合并成1个俄文

① 付克著：《中国外语教育史》，上海外语教育出版社1986年版，第50～51页。

② 王云风主编：《延安大学校史》，陕西人民教育出版社1994年版，第51页。

大队,由在苏联留学多年的常乾坤担任大队长,他同时兼任俄文一队高级班的讲师。①

1941年12月,中共中央将抗大三分校改建为军事学院,俄文大队改为俄文队,常乾坤任队长,曹慕岳被提升为副队长,张培成任政治教导员。军事学院还设立了俄文科,由曾留学苏联的卢竞如任主任。此时的俄文队共有学员113名,编为5个班,常乾坤、刘峰、张培成、卢竞如、李洁民分别担任各个班的俄文教员。②1942年5月,俄文队与军委总参谋部第四局(编译局)合并,组成中央军委俄文学校。③ 四局局长曾涌泉任校长,叶和玉任政治处主任,卢竞如任教务长。俄文学校共有5个处和1个队,第四局原有的两个处继续执行编辑和翻译任务,又新成立了政治处、教务处和校务处,原俄文队学员全部转入。1942年底,延安大学俄文系也合并过来。

1944年4月,中共中央决定将中央军委俄文学校改建为延安外国语学校,并增设英文系,曾涌泉、杨尚昆先后担任校长。此时的外国语学校已经搬迁到清凉山北麓的丁泉砭,生活条件在大生产运动后有所改善,但教学条件依然比较艰苦:"缺少必要的图书资料,没有现成的教材,工具书也很少,没有收音机收听外国的广播,连打字机也没有。老师要一边讲课,一边找教材,写教材,还要刻蜡板,困难可想而知。"④延安外国语学校的师生没有在困难面前退缩,而是想方设法改善教学条件、解决教学问题。针对缺乏俄语教材和学习资料的情况,学校采取由教师根据现有材料确定教学内容的方式。通常教师会从3个方面选择内容:一是苏联报刊,主要是《真理报》、《消息报》、《红星报》的社论、论文、通讯报道以及重要的政治军事消息;二是从根据地现有的联共党史、苏联军事论文、高尔基小说等书籍中选择片断;三是由教师编写的俄文材料,多是一些生活性、故事性强的短文。这种由教师讲授的讲读课一般每周上4到5次,每次2学时。此外,还设有语法课、会话课、翻译课。语法课主要使用刘泽荣主编的《俄文文法》和王禹夫根据该书编写的语法讲义进行教学;会话课有时采用讲读课上一些比较简单的课文,有时则采用教师编写的反映当时国际国内形势和日常生活的会话材料;翻译课包括口译和笔译,汉译俄与俄译汉兼有。⑤

---

① 曹慕尧:《延安抗大俄文队:中国两所大学的发源地》,《党史纵横》2002年第7期。

② 付克著:《中国外语教育史》,上海外语教育出版社1986年版,第51页。

③ 李志民著:《革命熔炉》,中共党史资料出版社1985年版,第171页。

④ 李蓬茵:《延安外国语学校片段回忆》,政协延安市委员会文史资料研究委员会编:《延安文史资料》第3辑,1986年印行。

⑤ 详见季羡林等著:《外语教育往事谈》,上海外语教育出版社2004年版,第267~272页。

尽管办学条件比较艰苦，但延安外国语学校还是取得了骄人的成绩。一方面，学校培养了大批外语人才，其中俄语毕业生约有200余人，大多数成为各行各业的领导骨干和专家；另一方面，该校作为中共建立的第一所专门培养军政翻译人才的外语学校，在不断摸索办学规律的过程中逐步建立了新型外语教育模式，为此后新中国的外语教育事业发展提供了可资借鉴的范例。

抗日战争胜利后，延安外国语学校根据上级指示，派遣师生前往华北和东北地区开展外语教育。1945年9月，俄语教师杨化飞来到位于张家口的华北联合大学，在原抗大俄文队学员罗俊才、王丙申的协助下，于1946年1月建立了华北联合大学俄文系。1946年6月，延安外国语学校英文系主任浦化人率学生来到华北联大，与俄文系共同组建外语学院，后于1949年更名为北京外国语学院，也就是现在北京外国语大学的前身。前往东北地区的学生则在教务处长卢竞如和俄语教师赵洵的带领下，在哈尔滨建立一所俄语学校。1946年11月，东北民主联军总司令部附设俄语学校正式建立，东北民主联军总参谋长刘亚楼兼任校长，卢竞如任副校长，赵洵任教务处长。1948年冬，学校更名为哈尔滨外国语专科学校。1956年，哈外专改名为哈尔滨外国语学院，后在此基础上成立黑龙江大学。①

### (三) 苏联教育思想的传播

正如前文所述，苏联教育思想传入中国的过程相当曲折。在国统区，占有统治地位的是以杜威为代表的美国实用主义教育思想，苏俄教育思想虽然随着中国早期马克思主义者对俄国革命的介绍而传入中国，但影响较小。中国共产党领导的革命根据地和解放区，由于长期处于战争状态，很难有条件进行苏联教育思想的系统研究与探索。在中国人民大学图书馆编写的《解放区根据地图书目录》中，“教育理论”栏目下只有25本图书，内容主要为社会教育概论、抗战教育论、新民主主义的教育、陶行知的论文选集和一些教育学参考资料，②并没有关于苏联教育思想的学术专著。据有关学者研究，“苏联教育思想在中国的大量传播是在解放战争的后期，在东北新解放区开始的”③。

1945年8月15日，日本正式宣告无条件投降，中国抗日战争取得最终胜利。与此同时，中国共产党开始着手建立东北解放区的工作。在苏联红军协助下，中国共产党在东北解放区的最高行政领导机关——东北行政委员会于1946年8月正式建立。建设东北解放区时，中国共产党“把教育工作列为五大任务（支援战

① 曹慕尧：《延安抗大俄文队：中国两所大学的发源地》，《党史纵横》2002年第7期。

② 周谷平著：《近代西方教育理论在中国的传播》，广东教育出版社1996年版，第288页。

③ 顾明远：《论苏联教育理论对中国教育的影响》，《北京师范大学学报（社会科学版）》2004年第1期。

争、土地改革、政权建设、经济建设、文化建设）之一，给予了极大关注”[①]。为尽快完成思想改造，实施新型正规化教育，东北解放区在1947年至1949年间先后召开四次教育会议，对教育指导思想、工作方针以及干部教育、国民教育、社会教育如何开展等问题进行深入研究，并确定了学习苏联教育思想和经验的方针。位于旅大地区的旅顺中学，率先成为东北解放区学习苏联教育思想的典型。

旅大地区于1878年被沙俄占领，设为关东州。随之沙俄当局为培养关东州各衙门的俄语翻译人才及部分官吏，即在该地区先后设立了15所俄清学校，招收中国学生，开设课程主要有俄语、算术、初等地理及历史等，还有村长和村书记（文书）、警察署员及翻译人员的业务实习课程。[②] 这些学校在1905年日本占领旅大地区后被迫停办，其中部分学校被日本殖民当局改为公学堂。俟至苏联红军出兵东北，即在旅顺口暂时驻扎一支部队。这支部队建立有一所十年制苏军子弟中学，称为一号中学。一号中学与当地的旅顺中学关系密切，这就为旅顺中学学习苏联教育思想提供了便利条件。旅顺中学最初以访问形式向一号学校学习办学经验，不仅参观了学校的全部教学设施、课堂教学和学生课外活动，还见识到一号学校采用的五分级制的优长之处，由是旅顺中学提出“向苏学习”的动议。此后，为响应东北解放区实施新型正规化教育的号召，旅顺中学正式开始学习苏联教育思想。这个学习过程首先从实施五分级制开始，在此基础上旅顺中学对课堂教学模式进行改革，显著提高了学生的思维和表达能力。此外，旅顺中学通过美化校园环境，建立图书馆、阅览室、理化教室、博物教室，以及开办各种兴趣小组、组织文体活动，丰富了校园文化生活，锻炼了学生的组织协调和实践操作能力。该校还组织教职员工利用业余时间学习苏联教育理论，共分成苏联学生思想政治教育研究、苏联学校道德教育研究、教育理论研究和教育史研究等四个小组，采用读书与讨论相结合的学习方式，有效提升了领导、教师的理论水平。[③]

旅顺中学学习苏联教育思想的做法，不仅得到其时新闻媒体的广泛报道，也获得相关领导的支持。1949年春，东北教育部派出三人小组到旅顺中学视察。同年秋，东北教育部部长车向忱和副部长董纯才到校调研及听取汇报，他们对学校的做法给予充分肯定。在旅顺中学典型示范作用的带动下，学习苏联教育思想的活动在东北解放区逐渐展开。随着董纯才在1949年9月召开的东北解放区第四

① 齐红深主编：《东北地方教育史》，辽宁大学出版社1991年版，第325页。

② 郭卫东主编：《近代外国在华文化机构综录》，上海人民出版社1993年版，第300页。

③ 于冶青：《旅顺中学向苏学习回忆片段》，政协辽宁省大连市旅顺口区委员会文史资料委员会编：《旅顺口文史资料》第2辑，1994年印行，第129～132页。

次教育会议上发出“我们要学习苏联的教育理论和实际”，“就应该学习与运用苏联的先进理论与实际经验来改进我们的教育工作”的号召，[①]学习苏联教育思想活动在东北解放区开始全面铺展。1949年12月5日，董纯才又在《东北教育》上发表题为《学习苏联，改造我们的教育》的文章，对如何学习苏联教育思想进行更深入的思考，并提出建议和希望。在他的指导和带动下，东北解放区学习苏联教育思想活动迅速发展壮大，翻译出版了不少苏联教育论著，发表了大量有关研究文章，还培养了一批向苏联学习的先进典型，这些都为苏联教育思想在新中国的广泛传播作出了历史铺垫。

除上述种种影响外，苏联对革命根据地、解放区的干部教育、普通教育等其它类型教育也有过不少间接或隐性的影响。例如，革命根据地、解放区的各类教育在教育理念上都以马列主义为指导，坚持共产党对教育的领导，强调为工农和广大无产阶级服务。在课程设置上，突出对马列主义理论的学习，培养军政干部和各类人才的学校及各种训练班均开设有辩证唯物主义、政治经济学、联共(布)党史、科学社会主义等课程，马列主义经典原著成为普遍使用的教材。[②] 所有这些，都在不同程度上从不同的层面对社会主义苏联的学校教育进行着模仿或借鉴。

## 二、留苏教育的延续

20世纪二三十年代的留苏热潮过去后，中国共产党派遣留苏生的活动并未停止，只是在人员组成、具体人数和就读院校等方面有所变化。

### (一) 20世纪三四十年代的中共留苏生

自1930年以后，随着东方大学中国班和中山大学的相继停办，中国共产党派遣的留苏学生大都进入列宁学院学习。为便于统一管理，列宁学院设立了中国部，院长基尔山诺娃任命周达文担任中国部主任，陈郁任党支部书记，俞秀松和董亦湘任教师。1930年至1932年间就读于列宁学院的有李立三、陈郁、李维汉、吴克坚、卢竞如、何一民、王以文、张达、张报、杨秀峰、林铁、汾河、黄海、胡生、何天之等。[③] 此外还有谢创、段子俊、张箴、吴城、黄康等人。[④] 王明担任中国共产党驻共

---

① 辽宁省教育科学研究所编：《东北解放区教育资料选编》，教育科学出版社1986年版，第161～162页。

② 周谷平、袁玉华：《借鉴、融合与创新——抗日根据地教育模式探析》，《浙江教育学院学报》2006年第1期。

③ 郝世昌、李亚晨著：《留苏教育史稿》，黑龙江教育出版社2001年版，第162页。

④ 谢创：《我在莫斯科列宁学院》，政协广州市委员会文史资料研究委员会编：《广州文史资料》第46辑，广东人民出版社1994年版，第77页。

产国际代表团团长后,有几批中共留苏生进入到列宁学院学习。1932年至1933年间入学有许光达、周平、吴诚、曹轶欧、刘长胜、洪波、冯铉、刘光梯、李春田、段子俊、李国华、陈桂、李子良、李国富、龙树林、胡王山、胡虎清等人。1934年秋,许光达、滕代远、高自立、李国华、李子良、李国富、陈桂、胡王山、胡虎清等调入中共代表团组织的军事训练班学习。① 1935年又建立了一个特别班。当时共产国际第七次代表大会在莫斯科召开,中共派出陈潭秋、陈云、滕代远、饶漱石、周和生、曾三、孔原、潘汉年、陈刚、杨之华等20多人组成的代表团。会议闭幕后,陈潭秋、陈云等人进入列宁学院特设的研究班学习。② 该班成员有陈潭秋、陈云、饶漱石、曾三、孔原、高自立、滕代远、欧阳生、林育英、杨松、林达森、潘汉年、黄依、魏拯民等。③ 列宁学院特意派著名教授为这个研究班讲授哲学、政治经济学等课程,而陈潭秋等研究班学员有时也为普通班的中共留苏生授课。列宁学院对中国学生的招收,一直持续到东方大学恢复培养中共留苏生时才告终止。

东方大学从1930年起停止招收中国留学生。直到1936年,为培养中共送到苏联治病、疗养的一些同志,东方大学设立了第七部,也称为东方大学第七分校,秋培根任校长。1937年,为培养东北抗联赴苏的部分人员,东方大学第八部宣告成立,又称为东方大学第八分校,校长由唐平担任。1938年3月,任弼时接替王稼祥出任中共驻共产国际代表团团长,他根据20世纪二三十年代留苏教育的经验教训,在与共产国际协商后,将东方大学第七、八分部整合在一起,成立共产国际中共党校。④

1936年8月以后进入东方大学学习的中国学员有褚志远、韩福英、陈秉、秦山、王友、刘仁、张松(李范五)、林丽(田孟军)、韩光、胡松(富振声)、罗云、张林、刘锦屏、张明福、纪福、李丽光(林一)、秀清、朱光、张功成等。其中,除韩福英、陈秉、秦山进入初级班学习外,其余均为高级班学员。初级班以学习文化知识为主,高级班主要学习马列主义、联共党史、世界革命运动史、政治经济学、军事史、中国革命运动史和日文。初级班的史地课与文化课由吴玉章、李立三、杨松等主讲,数学与自然课由苏联教师讲授。高级班的课程大部分由苏联教师讲授,只有联共党史这门课由中国人克雷莫夫(郭绍棠)负责教学,另外吴玉章曾担任日文教师,后为

① 王嘉翔著:《大将许光达》,辽宁人民出版社1988年版,第175页。

② 张祺:《良师益友——忆潭秋同志在莫斯科列宁学院》,湖北省社会科学院编:《回忆陈潭秋》,华中工学院出版社1981年版,第126页。

③ 郝世昌、李亚晨著:《留苏教育史稿》,黑龙江教育出版社2001年版,第163页。

④ 郝世昌、李亚晨著:《留苏教育史稿》,黑龙江教育出版社2001年版,第120～121页。

苏联人代替。[①]

1938年春夏之际，蔡畅、蹇先任、刘亚楼、卢冬生、李天佑、谭家述、钟赤兵、杨至成等分批从延安出发，前往共产国际中共党校学习。这些中国留学生最初组成一个政治理论班，不久又分成两个班。第一班学员有贺诚、张子意、马明方、金维映、刘亚楼、谭家述、钟赤兵、杨至成、方志纯等，第二班有卢冬生、汪名震、蹇先任、贺子珍、李李等。政治理论班的课程有联共党史、政治经济学、西方近代史和现代史、苏联宪法和俄语。教师均使用俄文授课，由韩铁声、傅清华和李成负责翻译。这些教师在授课和组织课堂讨论时往往只是照本宣科，很少注意学员是否领会。[②]此后不久又增设一个军事班，刘亚楼、卢冬生、李天佑、谭家述、钟赤兵、杨至成和到苏联养伤的林彪等人进入这个班学习。军事班的课程有战略学、战役学、战术学；有进攻战、防御战作战指挥的原则与艺术；有诸兵种、大兵团联合作战的组织与指挥；有战争的后勤防务学，等等。[③] 负责军事班教学的都是伏龙芝军事学院的教官。

中共党校位于莫斯科市郊的库契诺地区，校园包括一座米黄色的三层教学大楼、一栋职工办公楼、一栋托儿所楼与一个操场，周边环境幽静。学校食宿条件很好，生活很不错，对伤病员的治疗也比较精心，还经常组织学生参观访问、开展文体活动以及到疗养院休养。1939年，李士英、苏井观、王美兰、秦化龙、陈昌浩等从国内来到中共党校学习，杨之华以及江泽民夫妇也从莫斯科市内搬到学校居住。周恩来在1939年秋赴苏联养伤期间曾到校看望这些中国学生。[④]

在共产国际中共党校学习的中共留苏生，大多根据身体恢复和学业完成情况决定回国时间。除早先进入东方大学第七、八分部的红军和东北抗联的同志于1938年前后分批回国外，后期进入中共党校学习的中共留苏生为了回国历尽艰辛。1940年至1941年间，在政治理论班和军事班学习的中共留苏生开始踏上回国的旅程。他们分为两路，分别经乌鲁木齐和外蒙古回国。蹇先任、苏井观、陈慧清、王美兰在1941年冬抵达延安，林彪因当时担任国民革命军115师师长，所以能够乘飞机公开回国，而其余的留苏生均未能顺利到达。陈潭秋、马明方等在新疆遭到盛世才的残酷迫害，陈潭秋不幸牺牲，马明方等人被关入监狱。刘亚楼、卢冬

---

① 褚志远：《就读莫斯科东方大学历闻录》，《党史纵横》1989年第1期。

② 蹇先任：《三八年留苏纪事》，政协全国委员会文史资料委员会编：《革命史资料》(15)，中国文史出版社1986年版，第134页。

③ 窦孝鹏著：《杨至成将军》，解放军文艺出版社1996年版，第248页。

④ 蹇先任：《三八年留苏纪事》，政协全国委员会文史资料委员会编：《革命史资料》(15)，中国文史出版社1986年版，第142页。

生、李天佑、谭家述、钟赤兵、杨至成等人于1941年10月到达乌兰巴托后，因日本侵略军的封锁而不得不滞留当地。为了谋生，杨至成到农场充当苦力，钟赤兵去剧院卖票，李天佑和李世英成了养兔工人，刘亚楼与卢冬生参加苏联红军当了侦察参谋，贺诚因懂得医术而在一所医院担任医师。[①] 这些被迫滞留的同志，饱尝颠沛流离之苦，很多人都身染几种疾病。直到1943年至1946年间，他们才在多方努力下返回国内的解放区。

（二）成长在国际儿童院的红色后代

在中共留苏生群体中，有这样一群特殊的学生，他们在幼年就被迫与亲生父母分离，由党组织送到遥远的异国他乡生活。这群学生就是在苏联国际儿童院长大的红色后代。

1927年大革命失败后，大批革命志士遭到反动势力的血腥屠杀，幸存下来的共产党人不得不进行战略性转移和撤退。在这种情况下，很多革命烈士遗孤与革命者的后代流离失所，过着四处流浪、食不果腹的悲惨生活。为拯救这些陷入危机之中的革命后代，使他们能够在相对安全、稳定的环境中生活和成长，中国共产党开始想方设法寻找这些孩子。经过党组织的不懈努力，在1929年至1947年间，共有84名中国儿童进入到由苏联国际革命战士救济会发起建立的苏联国际儿童院。这个救济会的主要任务是救助和声援处于白色恐怖下的各国革命者、进步人士、反法西斯战士及其家属，而国际儿童院的职责是保护、培养和教育各国共产党人及革命者的后代，为革命储备后续力量。[②] 当时苏联共有3家国际儿童院，分别设在瓦斯基诺、伊万诺沃和莫尼诺。

瓦斯基诺国际儿童院筹建于1926年。是年，瑞士女共产党员曼托娜·莫泽尔将其父亲——著名的莫泽尔钟表公司经理留下的遗产，捐献给苏联国际革命战士救济会，用以建立国际儿童院。1929年8月1日，位于莫斯科南郊的瓦斯基诺国际儿童院落成。这座国际儿童院的学习生活设施均由瑞士运来，整座儿童院可容纳六七十个孩子。随着越来越多的各国革命者后代进入儿童院，瓦斯基诺已经不能满足需要，因此救济会的领导人斯塔索娃于1929年提出再建一所更大规模儿童院的倡议。这个倡议得到伊万诺沃市老布尔什维克协会的积极响应。1929年8月20日，3万名伊万诺沃市工人在纪念1905年革命的集会现场为建立国际儿童院募捐，并号召举行周末义务劳动。此后，莫斯科、列宁格勒、哈尔科夫及其

① 窦孝鹏著：《杨至成将军》，解放军文艺出版社1996年版，第257页。
② 黄利群：《中国人留学苏（俄）百年史》，中国文史出版社2002年版，第105页。

他地区的群众也积极参与到捐助行动之中。1933年5月，由巴尔胡洛夫设计的儿童院竣工，这所儿童院被命名为伊万诺沃斯塔索娃国际儿童院，又称国际第一儿童院。[①] 莫尼诺国际儿童院则落成于1937年，专为抚养中国革命者后代而建，也称为第二国际儿童院。当时这所儿童院有三名中国教师，分别是郑一俊、赵云容和方朗。师哲于1938年8月受任弼时委派，到儿童院担任副院长兼教务长。[②]

瓦斯基诺国际儿童院在1929年至1931年间共接收有十几个中国孩子，苏兆征的一双儿女苏河清与苏丽娃、蔡和森之女蔡妮、瞿秋白之女瞿独伊、沈泽民之女张玛娅、沈志远之子沈林如、黄平之子黄健、赵世炎之子赵令超和赵施格、刘鼎之子刘莫阳等均进入这所国际儿童院。[③] 1933年，这些中国革命者后代随瓦斯基诺国际儿童院的其他孩子一起迁入伊万诺沃国际儿童院。莫尼诺国际儿童院在师哲到任之时有四五十个中国孩子，年龄从三四岁到十多岁不等。随着莫斯科经新疆到中国内地线路的打通，前后又有几批中国孩子进入莫尼诺国际儿童院，最多时全院共有60多个孩子，其中就包括1937年入学的毛泽东之子毛岸英与毛岸青。莫尼诺国际儿童院一直开办到1940年，此后为了安置因西班牙内战爆发而流亡苏联的大批革命者和进步人士，共产国际和苏联政府决定将莫尼诺国际儿童院腾出接纳流亡者，而将莫尼诺院的中国孩子全部转入伊万诺沃国际儿童院。于是，所有的中国孩子都集中到了伊万诺沃国际儿童院一处。

伊万诺沃国际儿童院设施完备，拥有教室、宿舍、食堂、活动室、体育室、图书馆、医务室、浴室和隔离室等。儿童院的孩子们来自28个国家和地区，中、英、法、德、美、日、匈牙利、南斯拉夫、罗马尼亚、捷克、波兰、希腊、印度、土耳其、印尼、新加坡、马来西亚等国革命领导人的子女均在这里学习。年龄较小的孩子被编入幼儿园，年龄大的孩子进入当地学校接受十年全日制教育。这些孩子从十年制学校毕业后，还可优先进入大专院校学习。儿童院孩子的生活待遇比较优厚，学费、膳费均由国际革命战士救济会负责。[④] 共产国际、苏共中央以及很多国家、地区的共产党领导人都到过这所国际儿童院看望这些革命者后代，并送去很多礼物。这些孩子在儿童院的学习生活很丰富，不仅有文化课和体育课，还有培养动手能力的手工课，另外每逢周末至少会看一次电影。为了让这些来自世界各地的儿童掌握

① 杜魏华主编：《在苏联长大的红色后代》，世界知识出版社2000年版，第675页。

② 毛新宇著：《我的伯父毛岸英》，长城出版社2000年版，第192～193页。

③ 黄利群：《中国人留学苏(俄)百年史》，中国文史出版社2002年版，第108页。

④ 韩铁声：《旅苏24年》，政协全国委员会文史资料研究委员会编：《革命史资料》(16)，中国文史出版社1986年版，第189页。

本国文化,儿童院将他们按国籍分班,每周由本国教师讲授几次母语和历史文化课。[①] 韩铁声和朱家瑞此时作为儿童院的教养员,就承担起为中国孩子普及本国文化知识的职责。

苏德战争爆发后,伊万诺沃国际儿童院的正常工作被迫中断,这些孩子的美好生活不得不就此中止,他们在教师的组织下投入抵抗德国法西斯侵略的战争中。李特特、毛岸英这些年龄稍大的中国孩子,作为苏联红军预备役接受了正规的军事教育和训练,年龄较小的孩子则参加后勤工作。战争结束后,陈祖涛、刘允斌等部分结束了十年制学习的中国孩子考上了苏联的大学,其他孩子继续在中小学就读。在这些孩子当中,朱德之女朱敏的遭遇最为悲惨。1941 年 1 月,朱敏与毛泽东之女李敏、罗亦农之子罗西北、王一飞之子王继飞经新疆迪化抵达莫斯科。因自幼患有哮喘,朱敏身体较虚弱,到达莫斯科后当地寒冷的气候又令她旧病复发。为使她尽快康复,儿童院将她送到位于白俄罗斯明斯克市郊的夏令营疗养。然而没过多久,夏令营就被德国侵略军占领,朱敏也被投入集中营关押起来,之后又被押送到德国内地做劳工。为保护自己,朱敏不得不化名为赤英,坚称自己是一名中国医生的女儿,这才侥幸躲过德国法西斯的数次盘问。在德期间,朱敏和其他小伙伴遭到残酷血腥的虐待,常常面临饥饿、疾病乃至死亡的威胁,这种状况一直持续到 1945 年。是年,反攻中的苏联红军在德国战场上势如破竹,很快就解放了朱敏所在地区。从集中营中逃出来的朱敏被苏联红军送到难民收容所,直到 1946 年才回到莫斯科。为实现做教师的理想,朱敏考入列宁师范学院,并于 1953 年毕业回国。归国后的朱敏一直在北京师范大学任教,1986 年退休。1995 年,为纪念世界反法西斯战争胜利 50 周年,俄罗斯政府向朱敏颁发了由叶利钦总统亲笔签名的纪念奖章,以表彰她在苏联卫国战争期间顽强不屈的动人事迹。[②]

### (三)“4821”——新中国建立前的最后一批留苏生

1948 年,中共中央东北局派出新中国建立前的最后一批留苏生,总共 21 人。“文革”期间,这批留苏生均遭到审查,并被立案为“4821 苏修特务案”。“文革”结束后,他们得到彻底平反,而“4821”的称号则在一定范围内保留下来,成为这个群体的特殊代号。[③]

派出“4821”的最初动议由中共中央东北局提出,目的是为新中国培养一批高水平的建设人才。为了实现这一计划,东北局于 1948 年 5 月抽调了 21 名青年干

---

① 单刚、王英辉著:《岁月无痕——中国留苏群体纪实》,中央编译出版社 2007 年版,第 13 页。

② 杜魏华主编:《在苏联长大的红色后代》,世界知识出版社 2000 年版,第 205～218 页。

③ 杜魏华主编:《在苏联长大的红色后代》,世界知识出版社 2000 年版,第 643 页。

部，他们均为革命烈士和党的高级领导干部子女，包括谢绍明、罗西北、李鹏、贺毅、崔军、林汉雄、叶正大、叶正明、叶楚梅、邹家华、肖永定、江明、任湘、任岳、朱忠洪、高毅、项苏云、罗镇涛、刘虎生、杨廷藩、张代侠等。① 除李鹏、邹家华、江明、叶正大、叶正明、任岳、罗镇涛、刘虎生数人外，其余均被集中到位于哈尔滨南岗的东北局招待所进行俄语培训。

1948 年 8 月，中共中央批准了东北局派遣留苏学生的计划。同年 9 月，这批留苏生从哈尔滨启程赴苏。到达苏联后，除罗西北因俄语过关且具有苏联国籍，能够直接考入莫斯科动力学院水能利用专业就读，其他人则留在伊万诺沃国际儿童院补习俄语和相关知识。② 经过三四个月之后，这 20 名留苏生被分配到伊万诺沃市的医学、电工、纺织、化工类院校，直到 1949 年 9 月才进入莫斯科的大学学习。

"4821"在苏期间就读的学校以工科为主，这既是东北局根据国内建设需要而作出的指示，同时也兼顾了这些留苏生的个人兴趣爱好。具体情况如下表（见"表十一"）所示：

**表十一："4821"就读院校一览表③**

| 就读院校 | 留苏人员 |
|---|---|
| 莫斯科动力学院 | 罗西北、李鹏、贺毅、崔军、林汉雄、肖永定、高毅 |
| 鲍曼高等工业学院机械制造系 | 邹家华、刘虎生、张代侠 |
| 莫斯科航空学院 | 叶正大、叶正明、朱忠洪 |
| 莫斯科财经学院 | 杨廷藩、罗镇涛 |
| 莫斯科纺织学院 | 项苏云 |
| 莫斯科大学 | 叶楚梅、谢绍明 |
| 莫斯科建筑学院 | 任　岳 |
| 莫斯科地质学院 | 任　湘 |
| 莫斯科农业学院 | 江　明 |

在苏学习期间，这批学生依靠坚强毅力和刻苦精神奋发拼搏，取得了优异的学习成绩，除个别人因病中途归国外，其余留苏生均于 1955 年至 1956 年间返回国内。按照中共中央的最初计划，这批留学生应该被安排在中央各部委任职，而他们却无一例外要求到基层、到生产劳动第一线工作。最先回国的罗西北于 1955

① 欧美同学会留前苏联与独联体分会编：《学子之路：新中国留苏学生奋斗足迹》，中国青年出版社 2000 年版，第 73 页。

② 燕秋著：《我嫁了个烈士遗孤——记罗西北的水电生涯》，中国电力出版社 2002 年版，第 33 页。

③ 此表根据杜魏华主编《在苏联长大的红色后代》（世界知识出版社 2000 年版）第 659～665 页资料整理而成。

年只身前往四川组建成都水电勘测设计院①,李鹏被分配到吉林丰满发电厂,贺毅到江西上犹江围堰工区任主任工程师,谢绍明进入哈尔滨飞机制造厂,邹家华、叶楚梅、张代侠到沈阳第二机床厂工作,叶正大、叶正明进入沈阳飞机制造厂,林汉雄就职于北京官厅水库,其余的留苏生也都下派到基层工作。② 虽然这批留苏生此后的工作经历不同,有的走向领导岗位,有的则扎根于基层默默奉献,但他们都为新中国的建设事业作出了卓越贡献,付出了自己的全部心血。

后留苏热潮时期中国共产党领导下的中苏教育交流活动,虽然在规模、人数乃至影响上无法与20世纪二三十年代热潮时期的留苏教育相比,但特点同样鲜明,而且涉及的教育交流范围更为广阔,学习内容也根据形势的发展从政治、军事开始向经济、工业、农业等方面转变,这就为新中国建立后大规模的中苏教育交流活动作出了前奏,奠定了基础,做好了思想、人员等方面的准备。

① 燕秋著:《我嫁了个烈士遗孤——记罗西北的水电生涯》,中国电力出版社2002年版,第37页。

② 单刚、王英辉著:《岁月无痕——中国留苏群体纪实》,中央编译出版社2007年版,第35~36页。

# 第三章
# 共和国初期的中苏教育交流

当人类历史的时针转到20世纪中叶之时,已绵延数百年的中俄(苏)教育交流在历经了世界大战、政治纷争等种种考验后,由新生的中华人民共和国保存和延续下来,并伴随着其时世界政治经济格局的剧烈变化而逐步演进。由此,中苏教育交流迈入新的发展阶段,更为丰富多样的交流内容与方式由此产生。

1949年10月1日,中华人民共和国成立。10月3日,苏联便与新生的共和国政府建立正式外交关系,成为最早承认新中国的国家。而以美国为首的西方资本主义阵营对中国进行政治上孤立、军事上包围、经济上封锁,使新中国面临着对外交流与开放领域的重重困难。在此严峻形势下,同处社会主义阵营的苏联即成为共和国成立后对外交往的主要对象。所以,从历史发展走向而言,建国初期我国大规模学习苏联实为时势使然。从中国革命的过程与结果、新中国社会政治制度与性质、其时国际环境与中国国情、新中国教育状况以及中国新教育发展性质与方向等方面来看,政治上的"一边倒"和"以俄为师"是当时唯一的选择。1949年6月30日,毛泽东即在《人民日报》上发表的《论人民民主专政》中指出:"一边倒,是孙中山的四十年经验和共产党的二十八年经验教给我们的,深知欲达到胜利和巩固胜利,必须一边倒。积四十年和二十八年的经验,中国人不是倒向帝国主义一边,就是倒向社会主义一边,绝无例外。"①在此后十年间,中国各条战线上充斥着学习苏联的高涨情绪与行动,这些使中国的各个方面都深深打上了苏联模式的烙印。教育领域同样也受到苏联模式广泛而深远的影响,新中国教育体系在大量吸收苏联元素的基础上得以建立与发展,这既有助于共和国改造旧教育、创立新教育,但也产生了一些弊端,并引发出种种争论与反思。

---

① 毛泽东:《论人民民主专政——纪念中国共产党二十八周年》(1949年6月30日),《毛泽东选集》(第四卷),人民出版社2003年版,第1472～1473页。

## 第一节 建国初期中苏教育交流的演进程序

共和国建立初期的中苏教育交流活动,在政治、经济等多种因素的影响下经历一个复杂的发展过程。通过对此过程的追溯,可以准确把握和深刻理解该时期中苏教育交流的背景与发展脉络。

### 一、历史准备

一个国家所处的国际环境以及由此衍生的外交方针,是该国制定对外教育交流政策的最重要影响因素之一。就此意义而言,新中国成立后执行的"一边倒"基本国策,不仅明确体现出该时期的外交倾向,而且成为当时中苏教育交流蓬勃发展的根本原因。在这一国策的指引下,共和国建立初期的中苏教育交流活动具备了发展的时间、空间等要素,并逐渐趋于高潮,形成了大规模、全方位的体系化学习模式。由此,苏联教育的制度、理论、实践被全盘引入中国,在本土化的基础上又有所发展,成为新中国教育不可分割的重要组成部分。

#### (一) 建国初期"一边倒"国策的确立

新中国建立初期"一边倒"国策的确立并非一蹴而就,而是历经了一个历史过程。1945 年,毛泽东与美国驻华外交官谢伟思进行了谈话。在谈到中美关系时,毛泽东认为:"中国人民和美国人民之间存在着强有力的同情、理解和互相关切的纽带。两个国家实质上都是民主的和具有个性的。两国都天生爱好和平,是非侵略性的、非帝国主义的。""美国不仅是援助中国发展经济的最适当的国家,它也是能够充分参加中国发展经济的仅有的国家。"①因此,中共满怀诚意尝试与美国建立起正常的外交关系,但因其时世界格局的急剧变化及美国在中国问题上的错误分析,导致两国外交关系没有建立。中国即将解放之时,美国政府一方面采取"遏制共产主义"的战略方针,另一方面继续保持与国民党的密切联系,这就使中共与美国的关系更为紧张。二战结束以后,整个世界由《雅尔塔协定》划分为资本主义和社会主义两大阵营,美国和苏联分属两大阵营之首。新中国成立之初,两大阵营继续尖锐对立,冷战不断升级,以美国为首的西方资本主义阵营不承认新中国,

---

① [美]约瑟夫·W·埃谢里克编著,罗清、赵仲强译:《中国失掉的机会:美国前驻华外交官约翰·S·谢伟思第二次世界大战时期的报告》,国际文化出版公司 1989 年版,第 327 页。

妄图将共和国扼杀在摇篮中。新中国在自身力量尚未足以抵挡敌对势力的严峻形势下，为维护革命成果、防止新生政权被绞杀，采取了联盟的外交政策，积极寻求外来帮助。因此，倒向支持新中国的以苏联为首的社会主义阵营，就为当时的必然选择。

毛泽东公开发表向苏联“一边倒”的论点是在1949年6月，当时刘少奇已在莫斯科与苏联领导人斯大林进行了秘密会谈。① 毛泽东的“一边倒”言论是对刘少奇与斯大林会谈结果表示满意的体现，同时在打消斯大林对中国革命形势估计的迟疑，争取苏联帮助方面具有重要意义。毛泽东深知，要巩固一个新生政权，必须在政治、经济、外交等方面获得强有力的外部援助。因此，对当时国际形势深入分析后，毛泽东选择以苏联为首的社会主义阵营作为“一边倒”对象。“一边倒”政策的确立，使新中国获得了来自苏联的大力支持。1949年10月3日，苏联正式承认中华人民共和国的合法地位，成为最早与我国建立国家级外交官关系的国家。而苏联提供的3亿美元贷款对于当时一穷二白、百废待兴的新中国来说，无异于雪中送炭。与此同时，苏联援建的“156项工程计划”对新中国的工业建设起到了举足轻重的奠基作用。1950年，新中国与苏联签订《中苏友好同盟互助条约》、《关于中国长春铁路、旅顺口及大连的协定》以及其它文件。这些约定为双方在平等、互利、互相尊重主权及领土完整和互不干涉对方内政原则的基础上，发展和巩固两国间的经济文化交流创造了必要条件。

事实证明，建国之初“一边倒”国策的执行，对于新中国在政治上获得国际承认，发展对外关系，粉碎帝国主义的孤立政策；在经济上促进国民经济的恢复与发展；在军事上打破美帝国主义包围与封锁、维护国家安全，起到了关键作用。不仅巩固了新生政权，而且为新中国在工业、农业、科技、教育等领域的各项建设奠定了基础。由此，共和国在以苏联为首的社会主义阵营支持下获得了强大的安全屏障和稳定的发展空间，开始步入全面建设社会主义时期。

### （二）新中国的文教政策与中苏教育交流方针

早在新中国成立之前，与苏联接壤的东北解放区已有苏联专家出现，并且开展了向苏联教育学习的活动。当时，苏联军队不仅向中共移交了一些城市和机构，还帮助东北民主政府开展修复东北铁路网工程，并协助培训了一批干部和技术人员。例如，1946年至1948年，苏联为帮助东北根据地培训铁路业务方面的人

---

① 沈志华在《苏联专家在中国（1948—1960）》（中国国际广播出版社2003年版）中经考证认为，刘少奇于1949年6月26日下午2点到达莫斯科，第二天即6月27日夜便与斯大林在克里姆林宫举行了会谈。斯大林热情地接待了刘少奇，会谈顺利。

才，开办了铁路干部专业训练班，共招收了1500名学员。苏联开办的中长铁路工业大学设有工程建筑系、运输经济系和电工系，为东北培养了400名学生。[①] 在教育领域，东北解放区也开始学习苏联教育经验。1948年秋东北解放区第三次教育会议召开时，东北行政委员会确定了“在大中城市中学里增设俄文课，大量培养俄文翻译人才”的方针，提出学习苏联教育经验的口号。1949年初，东北行政委员会教育部组织有关部门从苏联购买了数十种教育著作，并组织骨干教师到旅顺市苏侨完全中学及中苏合办的中长铁路学校参观学习，实地观摩典型教学实验。[②] 在此基础上，旅大地区的一些中学采用苏联五级分制，成立“苏联教育研究小组”，运用苏联教学方法，与当地苏联中学建立经常性联系，聘请苏联学校的校长介绍办学、教学经验，等等。哈尔滨六中、铁路中学、经纬小学等一批学习苏联教育经验的先进典型由此涌现。在1949年9月召开的东北第四次教育会议上，东北人民政府教育部副部长、东北教育行政学院院长董纯才提出“学习苏联的教育理论与实际”。此后，董纯才又发表《学习苏联，改造我们的教育》一文，极大推进了东北解放区学习苏联教育经验的活动。[③] 哈尔滨市中苏友好协会主编的《苏联介绍》和东北书店出版的《翻译月刊》也经常刊登有关苏联文化教育的消息、史料、经验及理论著述。[④] 这些举措不但是新中国学习苏联教育的最初有益尝试，为共和国建立初期文教政策的制定提供了实践例证，也为此后的大规模中苏教育交流活动奏响了序曲。

1949年10月1日，中央人民政府决议接受《中国人民政治协商会议共同纲领》作为政府施政方针。《共同纲领》规定了国家的性质与任务，以及国家政治、经济、军事、文化、教育、民族政策、外交政策的总原则，它起着国家临时宪法的作用，从根本上保证了各项工作的开展和共和国的发展方向。在《共同纲领》第五章“文化教育政策”中，规定了共和国教育的性质与任务：“中华人民共和国文化与教育为新民主主义的，即民族的、科学的、大众的文化教育。人民政府的文化教育工作，应以提高人民文化水平，培养国家建设人才，肃清封建的、买办的、法西斯主义的思想，发展为人民服务的思想为主要任务。”关于教育方法和对旧教育的改造，《共同纲领》规定：“中华人民共和国的教育方法为理论与实际一致。人民政府应有计划有步骤地改革旧的教育制度、教育内容和教学法。”《共同纲领》对文化教育

---

① 向青、石志夫、刘德喜主编：《苏联与中国革命（1917—1949）》，中央编译出版社1994年版，第545页。

② 李涛：《借鉴与发展：中苏教育关系研究（1949—1976）》，浙江教育出版社2006年版，第56页。

③ 滕纯、宋荐戈、李玉菲：《董纯才与中国革命根据地教育》，《教育史研究》2000年第3期。

④ 张健：《东北教育界如何向苏联学习》，《人民日报》1949年8月24日第5版。

的规定是科学合理的，为此后旧教育的改造、新教育的建立奠定了基础，指明了方向，也为新中国对外教育交流做好了政策上的准备。

为贯彻落实《共同纲领》对文化教育事业的指导作用，1949 年 11 月 1 日，教育部从文化教育委员会中独立出来，成为政务院管理全国教育工作的行政机构，马叙伦担任教育部部长，钱俊瑞、韦悫为副部长。成立之后，教育部随即着手筹备全国第一次教育工作会议。经过一个多月的广泛调研和筹备，会议于 1949 年 12 月 23 日至 31 日在北京召开。根据《共同纲领》对文化教育事业的规定，会议确立了全国教育工作的总方针。教育部部长马叙伦在会议开幕式上再次重申："代替这种旧教育的应该是作为反映新的政治经济的新教育，作为巩固与发展人民民主专政的一种斗争工具的新教育。这种新教育就是新民主主义的，即民族的、科学的、大众的教育。"要实现这种新教育，就必须从根本上有计划、有步骤地改造旧教育，"中国旧教育的改造和新教育的建设是一个长时期的艰巨的工程"，但也存在许多有利的条件，"在老解放区，对中国新教育的建设已经积蓄了一定的经验……另外，在旧教育的一部分教育工作者，由于进步的科学的思想的指导，也积累了一定的有利于人民教育事业的良好经验。同时，我们有苏联教育建设的经验，供我们的借镜，这是对我们的事业一种很大的帮助"。① 钱俊瑞副部长在会议总结报告中也明确提出，建立新教育要"以老解放区新教育经验为基础，吸收旧教育有用经验，借助苏联经验，建设新民主主义教育"，"特别要借助苏联教育建设先进经验，建设我们的'以提高人民文化水平，培养国家建设人才，肃清封建的、买办的、法西斯主义的思想，发展为人民服务的思想为主要任务'的新民主主义教育"。②

以文教政策为基础，中国对外教育交流与合作规定必须由政府领导，不允许任何其它行政机构或学校单独开展对外教育交流与合作。1951 年 11 月 20 日，教育部颁布《关于各级教育行政机关及学校对外关系的指示》规定：严禁与尚未与我国建立外交关系的国家团体发生联系；各级教育行政机构及学校，今后一切对国外的联系，应报经我部核办；外国机关团体或个人主动向我联系的，亦应将来件及拟复之件报核，不得擅自处理。③ 此规定使得新中国初期的对外教育交流与合作限定在以苏联为首的社会主义国家阵营中。由此，在文教政策的引领下，新中国

① 《马叙伦部长在第一次全国教育工作会议上的开幕词》(1949 年 12 月 23 日)，何东昌主编：《中华人民共和国重要教育文献(1949—1997)》，海南出版社 1998 年版，第 6 页。

② 《钱俊瑞副部长在第一次全国教育工作会议上的总结报告要点》(1949 年 12 月 30 日)，何东昌主编：《中华人民共和国重要教育文献(1949—1997)》，海南出版社 1998 年版，第 7～8 页。

③ 《关于各级教育行政机关及学校对外联系的指示》，中华人民共和国教育部办公厅：《教育文献法令汇编(1949—1952)》，1958 年印行，第 101 页。

教育领域开始掀起全面学习苏联的热潮,标志着其时共和国的对外教育交流主要倾向于苏联。

另外需要指出的是,这一时期中苏教育交流活动受中苏政治外交关系的影响,表现出明显的阶段性特征:在中苏关系达到“蜜月”状态时,教育交流出现“全面、彻底”学习苏联的态势;而中苏关系出现紧张时,教育交流则逐渐走向低迷。由此可见,中苏教育交流既是两国外交关系的重要内容,又是两国关系的晴雨表。

## 二、热潮初起

“二战”结束后两大阵营严峻对峙的国际格局最终确立,迫使中国共产党在依据国情确立国策时,只能采取“一边倒”方针。因此,在新型教育制度的建构、学校教育的发展以及教育领域对外交流方面,从起步之始就踏上了“以俄为师”的道路,并且很快形成了中苏教育交流的时代热潮。根据历史的演进顺序,我们将新中国成立最初三年间的中苏教育交流表现视作这种热潮初期的时代景观。

1949 年 10 月 1 日,在新中国的开国大典现场,前来参加中国成立庆典的苏联文化艺术科学工作者代表团被邀请登上天安门城楼,受到极高礼遇。10 月 5 日,中苏友好协会在北京成立,中国国家领导人朱德、刘少奇等出席了会议。作为总会长的刘少奇在大会上指出:“苏联有许多世界上所没有的完全新的科学知识,我们只有从苏联才能学到这些科学知识。例如:经济学、银行学、财政学、商业学、教育学等等。”因此,中华人民共和国必须“以俄为师”,“学习苏联人民的建国经验”。① 在会上,苏联文化艺术科学工作者代表团团员、苏俄教育部副部长杜伯洛维娜介绍了苏联教育情况,并向中国赠送了苏联小学教科书。该团还参观了中国的一些学校,并向这些学校介绍了苏联教育经验。这是新中国成立后第一个正式访华的苏联团体。此后,中苏在留学人员、教育团组往来、书籍译介等方面开展了一系列交流活动,推动中苏教育交流向纵深方向发展。

1949 年 12 月 26 日,政务院第十一次政务会议决定创办中国人民大学,明确提出该大学的任务是:“接受苏联先进的建设经验,并聘请苏联教授,有计划、有步骤地培养新国家的各种建设干部”,该校的教育方针是“教学与实际联系,苏联经验与中国情况相结合”。② 当天教育部即作出《关于中国人民大学实施计划的决定》,并在第一次全国教育工作会议上拟定创办中国人民大学的实施计划,开始耕作这块高教领域学习苏联教育的“试验田”。同为学习苏联教育“试验田”的还有

① 金铁宽主编:《中华人民共和国教育大事记》(第 1 卷),山东教育出版社 1995 年版,第 4 页。
② 金铁宽主编:《中华人民共和国教育大事记》(第 1 卷),山东教育出版社 1995 年版,第 10 页。

哈尔滨工业大学，该校早在建国前就仿行苏联高校模式开展教学活动。及至1950年，教育部提出《哈尔滨工业大学改进计划》，明确要求哈尔滨工业大学仿照苏联工业大学开展办学活动。这两所学习苏联高校经验的"试验田"，为此后我国高等教育进行大规模调整埋下了伏笔。1950年6月召开的第一次全国高等教育会议上，教育部部长马叙伦阐述我国高等教育要有计划地改造、培养高等学校师资与编写高等学校教材时，提出在教材问题上"我们应该大量翻译苏联高等学校的教科书，作为我们主要的参考材料"①。1950年下半年，北京的六一、北海、分司厅三家幼儿园合并为实验幼儿园，并接受苏联专家的指导，将苏联幼儿教育经验与中国实际相结合进行改革。该年起，苏联专家开始应邀到中国来讲学、作报告或者担任中国教育行政部门的顾问，从而对中国教育领域产生了深刻影响。1951年8月，中国第一批留苏生375人启程，掀开了新中国留苏的序幕。与此同时，为更好地向苏联学习，克服学习中的语言障碍问题，教育部和中央宣传部于当年9月联合召开第一次全国俄文教学工作会议，对俄文专科学校的方针、任务与学制作出规定，并决定成立全国俄文教学指导委员会，积极推动俄文学习运动的开展。中苏友协和苏中友协还通过开办各种俄语班，开展各种培训俄语活动，形成中国社会学俄语的风气。此外，国家要求有条件的中学应开设俄语课。于是，除少数不具备开设俄语课条件的学校可保留英语课外，其它中学都以俄语作为外语课的主要语种。而在高等学校和中等专业学校中，俄语则成为学生的必修课。

毫无疑问，在建国初期三年间，向苏联学习已成为我国的一项基本方针，教育界积极学习苏联先进教育经验是此方针的具体体现。这一时期，党和政府面临着对旧教育和旧知识分子进行改造的任务，除确定我国新民主主义的教育性质，向广大旧知识分子宣传教育为工农服务、为生产服务的方针外，仍需树立一个学习榜样，拥有30多年社会主义建设经验的"老大哥"——苏联自然成为最好的选择。不过，这种学习热潮初起之际，中国教育的决策者们也注意到苏联与中国国情的不同之处，所以要求应根据本国国情适度借鉴苏联教育经验。时任教育部副部长钱俊瑞在《当前教育建设的方针》一文中明确提出："我们开始在学习苏联教育建设的经验。由于苏联建设的方向，和我们建设的方向是一致的，因此两国国情尽管有很大的不同，苏联的经验在基本上对我们是很有用的。"②正因有此认识，在热潮初起之时，中国学习苏联教育经验和开展中苏教育交流，尽管一味地强调学习

① 《马叙伦部长在第一次全国高等教育会议上的开幕词》(1950年6月1日)，何东昌主编：《中华人民共和国重要教育文献(1949—1997)》，海南出版社1998年版，第26页。

② 钱俊瑞：《当前教育建设的方针》，《人民教育》1950年第1卷第1期。

苏联，但并未把话说绝，还是注意到了两国国情存在“很大的不同”，在论及苏联经验的有用性时也只是泛泛而谈“基本上”，同时在教育实践上还只是一种试探性的行动，而未曾贸然将双足一齐着实地踏入涌动的潮流中。

## 三、“蜜月”欢度

如果说1949年到1951年中国向苏联的学习还只是加温初热阶段，那么1952年至1957年间，随着两国关系步入“蜜月期”，中苏教育交流也逐渐趋于高潮，演奏出历史上未曾有过的最强音。

1952年，中国提出要“全面地”、“彻底地”、“系统地”学习苏联先进经验的口号。在各条战线上，人们怀着饱满精神向苏联学习，苏联成为我们最可信赖的老师，而我们则成为虚心好学的学生。郭沫若的观点反映了其时中国人民的普遍心声：“苏联人民——是我们的老师，而我们是你们的学生。我们要请你们记住，我们希望做好学生。”①在学习苏联先进经验的号召下，全国人民学习俄语的热情高涨，除建立俄语专门学校、中学普遍开设俄语课外，各种俄语速成班纷纷建立。这种群众性俄语学习活动一时间风靡全国，成为时尚。全国主要报刊大量报道各地积极开展俄语学习的情况和先进经验，进一步推进了学习俄语的热潮。1952年9月，政务院颁布《奖励学习俄文试行办法》，鼓励广大群众学习俄语。在这种学习俄语的热浪下，高校教师和科技人员开始突击学习俄语。如清华大学教师采用集中突击的学习方法，力图在20天的时间里使参加学习的教师能初步阅读本专业的俄文书籍。这种突击学习俄语的方法在各高校和科研单位得到推广，中国科学院即在1953年初普遍开展俄文专业书籍阅读的速成学习，并且取得良好成效。到1954年，“中国科学院全体研究人员中，已有93.2%学习了俄文，有73.5%已能阅读苏联科学文献，有26.8%已能进行翻译”②。此外，中苏友协总会在北京创办了示范性俄文夜校，北京、上海两地人民广播电台举办俄语讲座。其它许多中心城市、厂矿企业、机关团体也都组织了多种形式的俄文学习。③

与此同时，各级各类正规学校教育加紧了学习苏联经验的步伐。如在《教育部1952年工作计划要点》中即强调要“加紧学习苏联先进经验”：“进一步改革高等学校的课程和教学内容，有重点地改编中、小学教材”，并特别着重“加强各级各

① [苏]л·杜伯洛维作，杜章智译：《在新中国》，《中苏友好》第2卷第1期。
② 武衡：《中国科学院学习苏联先进科学经验交流座谈会总结》，《科学通讯》1954年第8期。
③ 方晓东等著：《中华人民共和国教育史纲》，海南出版社2002年版，第76页。

类学校的政治思想教育,改进教学组织和教学法”。[①] 在高教领域,在学习苏联高校建设经验的基础上,1952 年我国开始了大规模的高等学校院系调整工作。通过这次调整,由旧中国高校大而庞杂的院系体制转变为以苏联高校为模式的按专业分设的系科体制,多科综合大学改为文理综合大学,工科独立出来成为专门的工科院校。至 1952 年底,我国第一次高校调整工作基本完成,四分之三的高等学校进行了院系调整和专业设置。基础教育也同时发生变革,在 1951 年个别地区实验苏联五年一贯制小学教育做法的基础上,教育部要求从 1952 年起在全国范围内推行五年一贯制,取消小学分两段的旧有做法。与此相应,1952 年,大批苏联专家来华。为解决各部门与专家相处的问题,毛泽东在一份文件中作出批示:“凡有苏联顾问之单位,务必彻底解决干部中是否全心全意向苏联专家学习的问题,凡不虚心学习者应受到批评。”[②]

1953 年,新中国第一个五年计划开始实施。面对大规模的经济建设,我们亟需足够数量并合乎标准的高级科学技术人才,而这种人才必须由高等学校来培养。于是在经济上需要苏联提供各种援助的同时,在教育上借鉴苏联教育模式造就科技人才也提上了议事日程。《人民日报》于当年 1 月 22 日发表了社论《高等学校的教学改革应当稳步前进》,指出当前正在全国高校进行的以学习苏联先进教学经验为主要内容的教学改革“是完全必要的”,“我们在教学改革中所以要学习苏联经验,是因为苏联已经走过的道路正是我们要走的道路,因为苏联科学技术是世界上最先进的,我们的新工厂、新矿山都要按照苏联的技术标准来建设,我们所最需要的科学技术人才,必须真正掌握最先进的科学技术,而苏联的先进教学经验,正好给我们提供了培养这种人才的生动榜样”。社论还对高校采用苏联高校教学大纲、教学计划及教材提出了要求,以利全面而系统地“学习苏联先进的教育建设经验”[③]。2 月 7 日,毛泽东在全国政协一届四次会议闭幕式上进一步强调:“我们现在学习苏联,广泛地学习他们各个部门的先进经验,请他们的顾问来,派我们的留学生去……应该采取真心真意的态度,把他们所有的长处都学来,不但学习马克思列宁主义的理论,而且学习他们先进的科学技术,一切我们用得着的,统统应该虚心地学习。对于那些在这个问题上不了解而产生抵触情绪的人,

---

① 《教育部 1952 年工作计划要点》(1952 年 9 月 5 日政务院第 149 次政务会议批准),何东昌主编:《中华人民共和国重要教育文献(1949—1997)》,海南出版社 1998 年版,第 166 页。

② 《对杨成武关于苏联顾问可否参加部队党委会议的请示报告的批语和对军委复电稿的修改》,《建国以来毛泽东文稿》第 3 册,中央文献出版社 1989 年版,第 607～608 页。

③ 《高等学校的教学改革应当稳步前进》(《人民日报》1953 年 1 月 22 日“社论”),中央人民政府高等教育部办公厅编:《高等教育文献法令汇编》(第 1 辑),1954 年印行,第 237 页。

应该说服他们。就是说，应该在全国掀起一个学习苏联的高潮，来建设我们的国家。”[①]根据毛泽东的讲话精神，《光明日报》于当月14日发表社论《掀起学习苏联的高潮》，号召全国人民“应该把学习苏联提到作为政治任务来完成的原则高度上去”，“丢开任何的怀疑和犹豫”，诚心诚意地向苏联学习。[②] 在党和国家领导人的号召与宣传媒体的鼓动下，其时全国学习苏联的热潮一浪高过一浪，而两国间的教育交流活动也更为频繁，仅就中国派遣留苏学生而言，此后数年间人数大增，其中1954年到1956年的人数最多：1954年派出1375人，1955年派出1932人，1956年派出2085人。[③] 这一时期苏联专家也大规模来到中国，[④]其中教育专家积极参与到中国教育的建设与发展中，对于新中国教育体系的确立起到了重要作用。

就在学习苏联的热潮日渐高涨之际，1956年2月苏共二十大在莫斯科召开，时任苏共第一书记赫鲁晓夫在会上作了“秘密报告”，全盘否定斯大林，并对列宁理论进行修订。中国领导人对赫鲁晓夫的做法颇为反感，对全盘否定斯大林的观点持保留意见。于是，苏共与中共之间开始出现严重分歧，并为此后两党和两国的彻底决裂埋下伏笔。当年4月25日，毛泽东在中央政治局扩大会议上作了《论十大关系》的讲话。讲话的重点突出以苏为鉴，毛泽东所谈的十个问题无一不是针对苏联而言。特别在讲到最后一个问题“中国和外国的关系”时，反复强调向一切民族和国家学习，应该“必须有分析有批判地学，不能盲目学习，不能一切照抄，机械搬用”[⑤]。不久，陆定一在部分省市宣传文教部长座谈会上也指出：“学习苏联是很重要的，但是决不能一概照搬过来。苏联的某些经验就不一定很好。比如教育工作中的苏联有一种奖惩制度……过去我们学习苏联，学习马列主义，是吃过苦头的，这苦头就是教条主义。”[⑥]与此相应，作为中共中央宣传喉舌的《人民日报》自1956年开始减少宣传苏联的文章，中苏友好协会创办的《友好报》也于1957年停止刊印俄文版，这些表明学习苏联热潮已现退潮征兆。

---

① 毛泽东：《在全国政协一届四次会议闭幕会上的讲话》（1953年2月7日），《毛泽东文集》（第6卷），人民出版社1999年版，第264页。

② 《掀起学习苏联的高潮》，《光明日报》1953年2月14日。

③ 中华人民共和国教育部编：《1949—1999共和国教育50年》，北京师范大学出版社1999年版，第594页。

④ 沈志华在《苏联专家在中国（1948—1960）》（中国国际广播出版社2003年版）中指出，虽然因计算方法不同而使来华苏联专家人数的统计有出入，但从其变化曲线反映出来的是同样结果：苏联专家大规模来华是在1955年和1956年。

⑤ 毛泽东：《论十大关系》（1956年4月25日），中共中央文献研究室编：《毛泽东文集》（第7卷），人民出版社1999年版，第23～41页。

⑥ 陆定一：《关于学习苏联和今后宣传工作中应注意的问题》（1956年5月28日），何东昌主编：《中华人民共和国重要教育文献（1949—1997）》，海南出版社1998年版，第628页。

总体而论，这一时期提出系统全面学习苏联的口号，并在实践中得以贯彻。在学习过程中，人们表现出比前一阶段更多的盲从，凡事都以苏联为标准，不管这些经验是否需要、是否合适，即使出现生搬硬套苏联教育经验的做法，也不去分析苏联教育经验的问题，而是批评自己的学习态度。尽管1956年中苏两党之间出现分歧，两国关系初见破裂端倪，但教育领域的学苏热情依然不减。在"中苏伟大友谊"的惯性支配下，中苏教育交流继续朝前迈进。1956年6月20日，中宣部召开文教部门负责人会议，再次强调指出"学习苏联是完全必要的，一定要学"，如果在学习苏联经验方面出现问题，"应该归咎于我们自己的教条主义，而不应把责任完全推到苏联同志身上"。《湖南教育》1957年第11期发表社论强调："苏联的教育是世界上最先进的教育"，"事实证明，我们在教育工作方面所取得的成绩，也像在国家建设其他方面所取得的成绩一样，是和苏联的帮助分不开的。我们学习苏联的方针是正确的，无可怀疑的"。"固然，我们也曾在学习中产生过缺点，但这不是苏联的经验不好，只是我们学习得不够好"。[①]《人民日报》也在当年11月6日发表社论《坚持学习苏联的方针》，强调向苏联学习的重要性。由此可见，即使"蜜月"已近尾声，认真学习苏联先进教育经验仍然是当时最重要的任务。

## 四、热潮遽退

苏共二十大暴露出苏中两党意识形态上的分歧，为两国、两党的政治摩擦埋下了种子。1958年4月和7月，中方先后拒绝了苏联提出的在中国领土和领海上建立中苏共管的长波电台和联合舰队的要求。1959年9月，中印边境爆发冲突，苏联发表偏袒印度的声明。同年赫鲁晓夫访华，双方会谈时在一系列问题上出现纷争，导致中苏意识形态方面的争论公开化，"说明双方对于相互之间的矛盾分歧都到了不能容忍的地步"[②]。1960年6月在布加勒斯特召开的社会主义国家兄弟党代表会议上，苏共突然挑起对中共的攻击和批判。从1961年11月起，赫鲁晓夫接连发表讲话指责中共，苏联报刊也连篇累牍地发表批评中共的文章。中共则针锋相对，先后发表《全世界无产者联合起来，反对我们的共同敌人》等8篇文章，对苏共的指责予以辩解。1963年9月6日至1964年7月14日，中共在《人民日报》、《红旗》等报刊上连续发表9篇评论苏共中央的文章，即"九评"。"九评"公开宣布以赫鲁晓夫为首的苏共中央是修正主义代表，是国际共产主义运动的最大分

① 社论：《结合实际，进一步学习苏联的先进教育经验》，《湖南教育》1957年第11期。
② 刘德喜著：《从同盟到伙伴——中俄（苏）关系50年》，中共党史出版社2005年版，第121页。

裂者。中苏两党公开指责对方,使两国关系由"蜜月"迅速走向冷却。即使1964年赫鲁晓夫下台后,中苏两国关系也未恢复正常。1966年苏共二十三大召开,中共拒绝派代表参加,中苏两党关系至此中断。而1966年开始的"文化大革命",则使中苏两国关系全面倒退。

中苏两党、两国交恶也给教育交流带来极大的负面影响,使新中国成立以来不断高涨的中苏教育交流热潮遽然而退以致完全冷却。鉴于教育系统是学习苏联教条主义的"重灾区",在1958年3月召开的成都会议上,毛泽东对照搬苏联经验做法进行了批评,指出"工业和教育两个部门搬得厉害"①。因此,毛泽东指定康生全面负责教育系统的反教条主义工作。于是,康生指示高教部掀起批判高校生搬硬套苏联教育模式的运动。② 当年开展的"教育大革命"运动,力图脱离学习苏联教育经验的轨道,开始探索自己的教育改革道路。"'教育革命'标志着苏联直接影响的结束和一条新的中国式社会主义教育道路探索的开始。"③从1958年开始,我国教育界对曾经奉为经典的凯洛夫《教育学》进行批判。④ 此外,来华苏联教育专家人数急剧减少,中国派出的留苏学生数量也大幅下降。1959年1月,曾在中苏"蜜月期"辉煌一时的留苏预备部因学员减少而并入北京俄语学院。1960年7月16日,苏联大使提交撤走在华全部专家的照会,单方面决定终止苏联专家援建的各项工程。这些撤走的专家自然包括在教育行政部门和高校工作的苏联人士。1966年,中国"文化大革命"全面爆发,按要求出国留学工作向后推移半年,同时要求在中国留学的外国学生回国"休学"一年。出于对等原则,苏联也要求中国驻苏领事馆召回尚在苏联留学的65名学生。至此,中苏关系走向全面停止,两国外交关系降为代办级,教育交流完全中断。

作为一个历史时段的终结,"文化大革命"的爆发进一步促成中苏教育交流的

---

① 毛泽东:《对待苏联经验只能择其善者而从之》,《毛泽东外交文选》,中央文献出版社1994年版,第311页。

② 沈志华:《苏联专家在中国(1948—1960)》,中国国际广播出版社2003年版,第290页。

③ 李涛:《借鉴与发展:中苏教育关系研究(1949—1976)》,浙江教育出版社2006年版,第247页。

④ 1960年以后,对凯洛夫《教育学》的批判更加公开化。《人民教育》1964年6月号发表《社会主义教育学的一个重要问题》、《资产阶级教育观点必须批判》等文章,不点名地批评了凯洛夫的《教育学》。徐崇实在《社会主义教育学的一个重要问题》中认为凯洛夫"与有意抹煞教育的阶级性的资产阶级教育学者就没有多大区别了"。同年8月,江西省教育学年会在庐山举行讨论会,会上对凯洛夫《教育学》逐章进行批判。至10月,教育部印发的中共中央宣传部加了批语的《城市半工半读学校情况汇编》指出,以前"把苏联凯洛夫的教育思想认为是社会主义的,而实际上它是资本主义的"。由此将凯洛夫《教育学》正式定性为资本主义教育学。1965年2月,《人民教育》再次发表徐崇实的文章《冒牌的马克思主义教育论》,认为凯洛夫《教育学》都来自资产阶级的教育学。

发展路径转向了另一个极端：不仅对前期学习苏联的成绩视而不见，而且开始对苏联教育本身进行口诛笔伐，指责苏联教育是伪社会主义、真资本主义的教育，是修正主义的代表，并就此全面停止学习苏联教育，也全面关闭了两国教育交流的大门。

## 第二节　建国初期中苏教育交流的主要内容

建国初期中苏之间全方位的教育交流，其交流内容和形式主要表现为留学人员的往来、教育团组的互访、教育专家的聘用、教育书籍的译介等方面。就交流流向而论，其时的教育交流以中国学习苏联教育经验为时代主流。

### 一、两国留学生的互派

新中国成立之初，一穷二白、百废待兴，不仅亟需建设资金、技术、经验，而且迫切需要大量各行各业的高级专业技术人才。但就共和国其时教育状况而言，刚刚从半殖民地半封建教育体系中摆脱出来的高等教育力量尚弱，一时之间无法培养出社会主义建设所需人才。为尽快培育各类专业人才，我国于 1950 年至 1966 年间向以苏联为首的社会主义阵营以及周边民主主义国家派遣了万余名留学生，其中又以派往苏联留学的人员最多，影响最大。

#### （一）留学生的数量及类别

1. 留苏学生数量

1951 年 8 月 19 日，首批派往苏联的 375 名留学生（其中研究生 136 名）启程。① 这些留苏学生由教育部从各有关单位保送的留苏学生名单中选出。因时间紧迫，教育部来不及对这批留苏生进行全面培训，加之他们大多数不懂俄语，因而

① 《借鉴与发展：中苏教育关系研究（1949—1976）》（李涛著，浙江教育出版社 2006 年版）第 87 页载，这 375 人中包含海军 53 人、空军 30 人、青年团系统 22 人、东北工业实习团 22 人。《教育国际交流与合作史》（于富增、江波、朱小玉著，海南出版社 2001 年版）第 34 页则记载这 375 人为教育部所派，在此之外，还有海军派出的留学生 53 人，空军派出的留学生 30 人，青年团派出的留学生 22 人，东北工业实习团 88 人。根据时任驻苏大使张闻天于 1951 年 10 月 15 日递交的《关于留苏学生的报告》所示，其时在苏留学生共计 609 人，包括当年新来的留学生 375 人、海军留学生 53 人、空军留学生 30 人、青年团留学生 22 人、东北工业实习团 88 人、老留学生 41 人。由此可见，1951 年首批 375 名留苏学生仅指由教育部派遣的，并不包括国内其它部门选派的（该报告内容详见李滔主编：《中华留学教育史录（1949 年以后）》，高等教育出版社 2000 年版，第 230 页）。

进入苏联高校学习后遇到诸多困难，难以适应专业学习要求。[①] 因此，教育部在选拔 1952 年的留苏学生时采取“宁缺毋滥”方针，成立留苏预备学校，严格选拔留苏学生。该年派往苏联的留学生人数减少，仅为 220 人。[②]

1953 年至 1956 年间，留苏学生人数呈上升趋势，这主要源于我国自 1953 年开始实施第一个五年计划，对建设人才的需求大量增加。我国为制定第一个五年计划征求苏联意见时，斯大林给予了肯定与极大支持，承诺援助 156 个项目。针对这些援建项目，苏联政府从贷款、技术设计、资源勘探、建筑安装、人员培训等方面都给予了具体帮助。为执行好第一个五年计划以及配合好来华苏联专家，我国不仅需要大批翻译人员，也需要大量具有一定水平的技术人员。因而 1953 年后的几年中，教育部、外交部以及各部委、各建设单位派往苏联的留学生、实习人员较多。仅就教育部、外交部派往苏联的留学生人数而言，1953 年共 583 人，1954 年 1375 人，1955 年 1932 人，1956 年 2085 人。其中 1954 年到 1956 年的留苏人数最多，占 1951 年至 1956 年间我国派赴苏联留学生总数的 82%[③]，约占 1951 年到 1966 年留苏人数的 65%。

1957 年到 1959 年，中苏关系出现裂痕，同时国内忙于“整风”、“反右”、“大跃进”等运动，以及开始对前期学习苏联经验中出现的教条主义进行清算。所以这三年留苏学生人数急剧减少。其中，1957 年派出 483 人，1958 年派出 378 人，1959

---

① 第一批留苏生中有高中生、年轻干部、技术人员，他们在简单了解苏联的国情后踏上了开往苏联的列车，他们的俄语基础几乎是零，绝大部分的学生还是在火车上从苏联列车员那里学会了第一个俄语字母。到达苏联后，他们被直接安排到苏联各大高校，包括莫斯科第一医师进修学校、莫斯科机床工具学院、莫斯科铁路运输工程学院、莫斯科运输经济学院、列宁格勒铁道运输工程学院、萨拉托夫汽车公路学院等。因为没有语言基础，第一批留苏学生的处境极为困难。曾在第一医师进修学院学习的张璇回忆说：“第一天在教室里上课，老师在黑板上连写带说。我不知其他同学能听懂多少，反正我是一个字都没听懂。一堂课快结束时，老师在黑板上写了两个俄文字后就走了。我们几个听课的还呆坐着没有反应。左等不来右等不来，回宿舍赶紧查字典，原来黑板上写的是‘下课’。”（详见单刚、王英辉编著：《岁月无痕——中国留苏群体纪实》，中央编译出版社 2007 年版，第 45 页）

② 李涛在《借鉴与发展：中苏教育关系研究(1949—1976)》第二章中认为，1952 年我国派出留苏学生在数量及种类上都有所增加，并根据有关档案资料统计认为，当年由中央和东北计委抽调在职干部 273 名、教育部及各经济部门所属高等院校挑选学生 287 名派往苏联留学，同年还有中央 9 个部委的 174 名及东北工业部所属各公司的 560 名实习干部到苏联学习（见该书第 58 页）。以上数据与沈志华所著的《苏联专家在中国(1948—1960)》提供的数据相同（见该书第 127 页）。但李涛在其书第三章写道：“1952 年，我国向苏联派出了 220 名留学生”（见该书第 87 页）。鉴于上面数字的出入，我们认为 220 人应该是教育部所派送，其他人数应为各部委和经济部门选送。

③ 于富增、江波、朱小玉：《教育国际交流与合作史》，海南出版社 2002 年版，第 33 页。

年派出460人。①

1960年到1966年是中苏关系由破裂逐渐走到终止的阶段。这一时期，中国向苏联派遣留学生的数量锐减，1960年至1965年，我国仅派出留苏人员519人。②

除教育部派遣的留苏学生外，很多部委也都根据自身需求派出留苏人员。如由苏联援建的156个项目中的工矿单位，派出大批工程技术人员和优秀工人前往苏联学习。这些人称为留苏实习生，在留苏人员中占有较大比重。③ 与此相类，人民解放军各兵种也派出干部到苏联学习军事。据不完全统计，1951年至1960年间，我国共向苏联派遣军事留学生近千人。④ 这些军事留学生分别在苏联的伏罗希洛夫海军学院、克雷洛夫海军工程技术学院、茹科夫斯基空军工程学院、红旗空军学院、陆军装甲兵学院、炮兵学院、防化兵学院等军事院校，接受正规军事高等教育。此外，1951年至1956年间，中国新民主主义青年团分6期共派出153名团干部到苏联列宁共青团中央团校（俄文缩写为“ЦКШ”，中文音译为“茨卡莎”）接受为期一年的培训。⑤

正因为派出途径多样，所以统计留苏学生的具体人数存在一定困难，也使得研究者站在不同角度统计的数据有所差异。据苏方统计，1951年至1965年间在苏联学习的中国人员中有1.8万名技术工人、1.1万名各类留学生、900多名中国科学院各研究所的科学家。按照科技合作合同前往苏联学习技术成就和生产经验的工程师1500名。三者相加可知，在20世纪50、60年代，中国公民在苏联学习人数可能达到3万人左右。⑥ 据《学子之路——新中国留苏学生奋斗足迹》统计，1951年到1966年，我国派往苏联的留学人员，包括大学生、研究生、进修生、实习生等总数也在1万人以上（见下表）。

① 《1950—1963年派出留学生人数统计表》，李滔主编：《中华留学教育史录（1949年以后）》，高等教育出版社2000年版，第222页。

② 《1950—1963年派出留学生人数统计表》、《1964年派出留学生人数统计表》、《1965年派出留学生人数统计表》，李滔主编：《中华留学教育史录（1949年以后）》，高等教育出版社2000年版，第222～225页。

③ 根据教育部编《1949—1999共和国教育50年》（北京师范大学出版社1999年版）第594页所示：“第一个五年计划期间，在这156个项目的建设中，苏方派遣来华工作的技术专家达3000多人，我国派遣了6000多与项目建设有关的实习人员去苏联接受培训。”

④ 单刚、王英辉编著：《岁月无痕——中国留苏群体纪实》，中央编译出版社2007年版，第69页。

⑤ 共青团中央青运史工作指导委员会、中国青少年研究中心编：《“茨卡莎”留学岁月》“编者的话”，中国青年出版社2003年版。

⑥ ［苏］奥·鲍·鲍里索夫、鲍·特科洛斯科夫著，肖川、谭实译：《苏中关系》，三联书店1982年版，第152页。

表十二:1951—1966 年派赴留苏人员构成情况表[①]

| 构成成分 | 人　数 |
|---|---|
| 大学生 | 6655 |
| 研究生 | 2142 |
| 进修生 | 740 |
| 实习生 | 1531 |
| 团干部 | 153 |
| 总计 | 11221 |

在当时派出留学生的世界各国中，中国是派出留学人员最多的国家之一，而且与其它国家派出留学人员不同的是，中国留学苏联的学生全部享受国家公费。在当时经济尚不发达的情况下，我国仍能派出如此之多留学生，实属不易。

2. 留苏人员的类别

这一时期，我国教育部派出的留苏人员主要包括高中毕业生、大学生、研究生、教师进修生与科研实习生。

就高中毕业生的情况而言，这一层次学生在前期留苏人员中占有重要的一席。1952 年，我国举行了新中国成立后的第一次全国高等院校入学统一考试，其中约有 280 名优秀考生被选拔为留苏预备生。至 1953 年，相当数量的应届高中毕业生被正式列入教育部拟定的留苏选拔计划。“考取留苏预备部”成了当时无数优秀青年的志向。1954 年，教育部对应届高中毕业生报考留苏预备生的人数作出要求，指定高中报考留苏预备生的应届毕业生比例，一般占该校应届毕业生总数的 2.8%～10%。[②] 1955 年，中央提出在派遣出国留学生中“争取多派研究生，少派或不派高中毕业生”[③]的方针。1956 年，教育部和高等教育部为落实此项指示发出通知：“今后派遣出国留学生必须贯彻多派留学研究生少派高中毕业生的方针，只有国内现在不能培养的缺门专业和薄弱专业才派遣高中毕业生出国学习。”[④]1957 年 6 月，高等教育部在呈报中央《关于变动 1957 年派遣留苏研究生、

① 欧美同学会留前苏联与独联体分会编：《学子之路：新中国留苏学生奋斗足迹》，中国青年出版社 2000 年版，第 249～273 页。

② 于富增、江波、朱小玉：《教育国际交流与合作史》，海南出版社 2002 年版，第 39 页。

③《高等教育部对改进留学研究生派遣工作的报告》，李滔主编：《中华留学教育史录(1949 年以后)》，高等教育出版社 2000 年版，第 150 页。

④《高等教育部、教育部关于削减 1956 年暑期从高级中学毕业生中选拔留苏预备生名额的通知》，李滔主编：《中华留学教育史录(1949 年以后)》，高等教育出版社 2000 年版，第 140 页。

大学生计划的请示报告》中称:"几年来派遣高中毕业生赴苏联大学学习,因俄文条件限制,学习吃力,因而效果并不甚好。据毕业回国的留学生及各方面的反映,由于上述原因,留苏大学生的学科水平和国内大学毕业生的水平一般并无明显区别。"并决定原则上不派遣已在北京俄语学院留苏预备部学习的1150名高中毕业生。此后,只有新疆和内蒙古两个自治区因与苏联达成协议,仍派遣高中毕业生留苏。1957年4月,高教部向中央呈报《关于新疆、内蒙古部分高中毕业生出国留学问题》,称已遵照中央指示削减了派遣高中毕业生留苏的人数。①

就大学生的情况而言,1955年以前派往苏联的留学生以大学生居多。当时在国内大学学习的一、二年级学生,因政治可靠、成绩优秀、具有培养前途而被选拔为留苏学生。比如1951年派出的375人中,除136名为研究生外,其余均为大学生。② 1953年通过考试录取的1700名出国留学生中,研究生为180人,大学生则为1520人。③ 1953年至1956年间,我国派往苏联的留学生也主要由大学生组成。

就研究生的情况而言,1954年以前的留苏研究生,是由各部门从高等学校和科研机构的在职人员中选拔保送的,要求有一定工作经验。1954年以后,大部分留苏研究生则是从应届大学毕业生中选拔保送。④ 1955年,根据中央决定,研究生成为留苏人员的主体,这是由当时国内高等教育的发展状况决定的。经过建国初期的发展,我国高等教育获得了长足进步,培养的本科生质量已与国外相差不大,因而此时选派本科生出国留学并不能发挥最佳效能。而选择研究生出国留学则具有两大优势:一是由于研究生具有较为扎实的理论基础,能够在留学期间得到较快成长;二是由于研究生阶段的学习更为专业化、系统化,对于培养中国所需的高精尖人才更有帮助。

就教师进修生的情况而言,为提高高等教育质量,增强高校教师专业能力,我国决定选拔部分政治可靠、业务能力突出、富有工作经验的优秀高校教师,派赴苏联高等学校或研究机构进行短期专业进修。1955年9月8日,首批派往苏联进修的33名高校教师启程,他们是从中国人民大学、北京大学、清华大学、北京农业大学、浙江大学、交通大学等18所高等学校中抽调的,在苏联进修1年半到2年。这些高校教师的专业基础扎实,学习目标明确,因而进修效果显著。回国后,绝大部

① 于富增、江波、朱小玉著:《教育国际交流与合作史》,海南出版社2002年版,第83~84页。

② 刘光主编:《新中国高等教育大事记(1949—1987)》,东北师范大学出版社1990年版,第27页。

③ 教育部编:《1949—1999共和国教育50年》,北京师范大学出版社1999年版,第594页。

④ 于富增、江波、朱小玉著:《教育国际交流与合作史》,海南出版社2002年版,第85页。

分教师都在教学科研工作中起到了良好的榜样示范或模范带头作用,成为高校教学科研骨干。1956年1月,国家再次选拔100名高校讲师赴苏短期进修。1958年,教育部在《关于1958年选派赴苏联进行教师工作计划的报告》中称,1955年至1957年间共派出231名教师赴苏联进修,这些教师回国后在各自岗位上均表现突出,因此决定当年再选派104名学术上有造诣的讲师或副教授赴苏进修。

就科研实习生的情况而言,这些科研实习生不同于各部委根据建设项目派出的技术实习人员(不纳入教育部派出留学生计划范围内),主要由国家技术委员会和教育部派出的高校和科研单位的教学科研人员组成,为在一定期限内进行某项专门问题研究,而到苏联科学院及研究机构进行短期进修。科研实习生与各部委派出的技术实习人员均无需经过全国统一考试,但要通过政治、业务、外语测试,以及严格的业务考查与技术鉴定。1957年至1963年间,我国共派出进修教师和科研实习生近700人,约占这一时期派出的各类留学人员总数(2265)的31%,多于同期派出的本科留学生数量。①

3. 苏联来华留学生的数量

与中国派出大量留苏人员不同,苏联从1953年才开始向中国派遣留学生。1953年到1957年间苏方只派遣了25名留学生,1957年到1965年,苏联共向我国派遣了183名留学生。② 这些留学生中大多学习中国语言和人文社会专业。整体上看,这一数字与其时大规模的中苏教育交流活动并不对称。至1965年底,我国共接受60个国家派来的留学生7200多名,而苏联来华留学生仅占外国来华留学生总数的1/35,是我国政府向苏联派出留学生8310人的1/42。③

**表十三:1950—1965年来华苏联学生人数表④**

| 年份 | 1954 | 1955 | 1956 | 1957 | 1958 | 1959 | 1960 | 1961 | 1962 | 1963 | 1964 | 1965 | 合计 |
|---|---|---|---|---|---|---|---|---|---|---|---|---|---|
| 人数 | 18 | 4 | 3 | 80 | 10 | 21 | / | 21 | 20 | / | 14 | 18 | 208 |

两国间互派留学生数量并不对等的状况,在一定程度上反映出这一时期中苏教育交流活动的单向性特征,即苏联因文化教育先进而在教育交流中处于输出国地位,而中国因文化教育不发达而处于接受国地位,中苏两国的教育领域缺乏真正意义上的交流,更多表现为中国单方面的接受。

① 于富增、江波、朱小玉著:《教育国际交流与合作史》,海南出版社2002年版,第89页。

② 于富增、江波、朱小玉著:《教育国际交流与合作史》,海南出版社2002年版,第74页。

③ 教育部外事局编:《中国教育概况》(一),武汉大学出版社1985年版,第2~3页。

④《1950—1965年每年接受外国留学生新生人数》,李滔主编:《中华留学教育史录(1949年以后)》,高等教育出版社2000年版,第286页。

### (二)留苏学生管理工作

1951年我国选派第一批留苏学生遣出后,为使此后的留苏生派遣工作有章可循,1952年中苏两国签订了《关于中华人民共和国公民在苏联高等学校学习之协定》。该协定对苏联接受中国留学生的条件、类别、学习专业、俄语要求、学习费用等作出明确规定,为我国后续派遣留苏学生提供了制度保障,打下了坚实基础。

1. 留苏学生的选拔

1951年,在苏联疗养的国家副主席林伯渠详细了解了第一批留苏学生的学习和生活情况。回国后,他在给刘少奇与周恩来的信中介绍了留学生在学习、生活方面遇到的种种困难,建议对拟派遣的留苏学生先期进行6个月以上的留学预备教育,从而打好语言基础、加强政治责任感,并对即将进行的苏联生活有所了解。周恩来总理高度关注此项建议,随即作出批示,要求教育部、组织部和外交部共同筹备留苏预备处。1952年,"留苏预备部"在辅仁大学第二院成立(后改设在北京俄文专修学校第二部),专门负责赴苏留学生的俄语培训。同年,教育部、人事部联合发布《关于1952年选拔留苏预备生的指示》,要求各部门、机关、学校做好选拔工作。根据1952年两国政府签订的《关于中华人民共和国公民在苏联高等学校学习之协定》,"已受过完全的中等教育或高等教育之人员,须按苏联高等教育部规定之课目经过入学考试后,始能被接受到苏联高等学校学习",教育部于1953年完善了赴苏留学考试制度,建立"高等教育部留学苏联预备生学科考试委员会"。该考试委员会由政治财经、理工、农医、政法文教4个考试组组成。其职责是:确定考试科目、标准;推选命题人、评卷人;审查考试题目;组织评卷;确定录取标准。同年8月1日至3日,各大行政区同时举行留苏预备生考试。考试通过的预备生要进行体检,体检合格后进入北京俄文专修学校进行一年俄语补习,考试合格后方能获取留学资格。

选拔留苏学生关乎国家未来的发展,因而被视为一项严肃的政治任务。国家高等教育部、外交部、教育部对留苏学生的选拔程序严密,要求严格,以至于有"够得上入党条件,不一定够得上留苏条件"的说法。选拔留苏学生首重政治条件,其次是身体素质、俄语情况以及业务成绩。除应届高中毕业生和进修生外,其他留苏学员必须参加国家统一考试。政治审查的具体标准是:历史清楚,政治上完全可靠,思想进步者;学习、工作积极、努力,品质优良、有培养前途且志愿赴苏联学习者;家庭成员与主要社会关系无政治问题。[①] 对留苏人员的政治审查程序健全,

① 丁晓禾:《中国百年留学全记录》,珠海出版社1998年版,第1341页。

除要求预备留学人员真实填写表格外，还派出人员分赴各地进行调查。这种层层筛查的程序被戏称为“小米筛子加细箩”。1957年5月，高教部根据整风中有人批评“过去留学生的选拔工作表现出重政治、轻业务的偏向，留学生质量不高，不符合在国外学习的要求”，决定从当年起采取“公布专业，自由报考”的方式选拔留苏学生。但《人民日报》于当年7月发表社论，对“自由报考”提出批评：“高等教育部的一些同志在改进派选留学生的办法的时候，似乎也认为‘重政治，轻业务’的批评是正确的，似乎也认为选派留学生可以不问政治。”这种“向党和人民政府要求所谓任人唯才、要求用人不问政治情况的议论，如果不是由于反对社会主义事业和无产阶级专政，就是由于在政治上无知。”①此后，对政治素质的要求在选拔留苏学生中仍然处于首位。

2. 对留苏学生的管理

1952年，我国驻苏大使馆建立留学生管理处，该处管理人员由国家教育部派出。留苏大使馆留学生管理处的工作职责是：为留苏学生联系苏联各大高等学校的入学事宜，办理相关入学、转系手续。留学生管理处平时要经常到留学生所在地了解学生的思想动态，解决生活和学习上的困难，并为每个留苏学生建立专门档案，记录学习成绩、政治潜力、工作潜力，为回国后国家的合理使用提供参考依据。同年，政务院制定《派送出国留学生暂行办法》，明确了教育部、外交部、人事部及驻外使馆在派遣留学生工作中的具体职责，以及留苏学生的奖惩制度。在此办法指导下，教育部1952年6月颁布了《留学生守则》、《公费出国留学生书刊供给暂行办法》。《留学生守则》对留学生的学习计划制定与审查，留学生的思想、学习、生活定期汇报，加强集体活动，以及遵守纪律等方面予以详细规定。《公费出国留学书刊供给暂行办法》则主要针对政治学习和业务学习参考书进行了规定。②这些规定面向全体出国留学人员，留苏人员同样必须遵守。

1954年11月，在《派送出国留学生暂行办法》的基础上，外交部、高等教育部联合制定了《派赴苏联及各人民民主国家留学生暂行管理办法》。该管理办法对留苏学生提出“政治坚定、业务优良、作风正派、身体健康”的要求，并将使馆管理留学生的职责确定为指导、监督、协助、巡视等。③ 同年12月21日，高等教育部颁布《留学生注意事项》，对加强留苏学生管理起到良好作用。《留学生注意事项》号

① 《用人可以不问政治吗？》，《人民日报》1957年5月29日。

② 以上文件详见李滔主编：《中华留学教育史录（1949年以后）》，高等教育出版社2000年版，第231、233、234页。

③ 《派赴苏联及各人民民主国家留学生暂行管理办法》，李滔主编：《中华留学教育史录（1949年以后）》，高等教育出版社2000年版，第235～236页。

召留学生“应高度重视党、政府、祖国人民所给予的光荣而艰巨的学习任务，时刻体念党政首长的‘学习好、身体好、纪律好’的指示，努力成为‘政治坚定、业务精通、作风正派、身体健康’的全面发展的专门人才，以献身于祖国伟大的社会主义建设事业”。①

为总结留学生管理经验，提高工作质量，1959年、1960年和1966年召开了三次留学生工作会议。1959年4月，第一次留学生工作会议在北京召开。本次大会回顾了建国以来的留学生派遣工作，并提出新的工作方针：一是保证重点，兼顾一般，应当根据国内的需要和国外的可能，派人出国学习高、精、尖、缺（即高级、精密、尖端、缺门）的学科和专业；二是保证学生质量，特别是研究生的质量，在保证质量的前提下争取数量；三是既要注意长远需要，又要照顾当前需要。② 1960年9月，第二次出国留学工作会议在苏联专家撤走、中苏关系紧张的时期召开。本次会议提出了“减少数量，提高质量”方针，要求选派留学生宁少毋滥，不能勉强凑数。③ 1966年召开的第三次留学生工作会议，根据当时国内政治形势，着重讨论了如何加强留学生政治思想工作问题。④ 这三次留学生工作会议，对于加强留苏学生管理工作具有重要意义，对后续的留苏学生管理具有导向性作用。

1960年3月7日，回国留学生工作小组成立。该小组提出将留学生每两年回国一次参加政治学习改为每年回国一次，同时要求将北京外国语学院留苏预备部改为留学生部，职责是管理预备出国和回国留学生的全部工作。1960年6月至7月，留苏学生分批回国参加政治学习活动。学习结束后，大部分没有完成学业的留学生回到苏联，但是在苏联学习航空、航天、造船、化学等军工和尖端专业的即将毕业的学生被留在国内，他们需要立即顶替苏联专家走后空缺的位置。1964年，中共中央批准施行《中华人民共和国派往国外留学生管理经验工作的暂行规定（草案）》，这是建国以来一个较为全面的留学生管理规定。该规定将对留学生的政治要求提升到较高位置。

这些建国初期的留苏学子肩负着建设新中国的光荣使命，受到政府的高度重视，得到国家领导人的亲切关怀。1951年第一批留苏生启程前，周恩来亲自会见他们，并语重心长地嘱咐道：“目前国家很困难，但下决心送你们出去学习，是为了将来回国参加建设。”1953年7月25日，周恩来出席了欢送赴苏及东欧各国学习

① 《留学生注意事项》，李滔主编：《中华留学教育史录（1949年以后）》，高等教育出版社2000年版，第236～237页。

② 刘光主编：《新中国高等教育大事记（1949—1987）》，东北师范大学出版社1990年版，第147页。

③ 刘光主编：《新中国高等教育大事记（1949—1987）》，东北师范大学出版社1990年版，第168页。

④ 刘光主编：《新中国高等教育大事记（1949—1987）》，东北师范大学出版社1990年版，第246页。

的留学生晚会，并对留学生提出“出国学习要身体好、学习好、纪律好”的期望。1957年11月17日，正在苏联访问的毛泽东专门于莫斯科大礼堂接见了中国留苏学生，并发表了长达40分钟的讲话，当说到“世界是你们的，也是我们的，但是归根结底是你们的。你们青年人朝气蓬勃，正在兴旺时期，好像早晨八九点钟的太阳，希望寄托在你们身上”时，在场的留学生激动不已。①

检讨历史，这些留苏学子确实未负重望，他们在苏联刻苦学习与国内建设相关的或紧缺的地质、采矿、冶金、机械制造、土木建筑等专业知识，并获得优秀的成绩。这一时期，在苏联学习专业以工科为主，大致占派出总人数的70%以上。从1955年开始，留苏学生就有学成者陆续归国。至1965年，我国留苏人员90%以上学成回国，这么高的留学生归国率在中国留学史上实属罕见。这些从苏联归来的被称为“共和国航船全速前进的动力源”的留学人员，在新中国的建设第一线发挥着极其重要的作用，成为各条战线上的骨干力量。他们缓解了我国科技、管理人才紧缺的局面，成为我国高等教育科学研究和经济部门的中坚力量，为国家的科技进步、人才培养和社会发展做出了卓越贡献。

## 二、两国教育团组往来

两国政府间的教育团体互访是教育交流中不可或缺的组成部分，亦是其重要渠道之一。建国初期，中苏政府间高层官员的互访在教育交流与合作中占有举足轻重的地位，始终是推动教育交流与合作的一股动力，对促进中苏教育交流与合作的发展起着十分重要的作用。

### （一）中国教育代表团访问苏联

新中国成立后，亟需大批各级各类的社会主义建设人才，因而国家对高等教育极为关注，学习苏联高等教育经验、积极开展对苏高等教育访问考察，成为此时我国高等教育改革的一项重要举措。

1955年5月，中国人民大学副校长胡锡奎、北京大学教务长周培源赴苏联参加莫斯科大学成立200周年纪念会。为打破帝国主义核垄断，发展原子能事业，高教部于1955年9月组织以清华大学校长蒋南翔为团长，周培源、钱伟长、胡济民等为成员的中国高等教育考察团访苏。该代表团着重考察了苏联培养原子能干部的有关情况。回国后，蒋南翔向高等教育部呈交了《高等教育考察团访苏报

---

① 李滔：《历史的嘱托》，朱训主编：《希望寄托在你们身上——忆留苏岁月》，中国青年出版社1997年版，第1～2页。

告》，这份报告为1956年清华大学、北京大学等高校建立原子能专业打下了基础。① 1956年7月，高等教育部副部长曾昭抡亲自率领高教代表团参访苏联，亦获得不小的收获。

除高等教育领域的代表团访苏外，1955年10月9日到12月18日，以教育部副部长陈曾固为团长的中国中小学教师代表团访问苏联。代表团在苏联的莫斯科、列宁格勒、基辅、第比利斯和西伯利亚等地作了近2个月的参观访问，听取苏联教育部门及有关方面负责人的报告18次、与他们进行谈话30多次，参观学校25所，听课90多节，同校长、教导主任、教师、学生谈话共150多次。② 根据国内教育事业发展的需要，代表团重点考察了苏联综合技术教育教学、教学工作、师范教育、教育行政领导等四方面的工作。这次访问是中国教师第一次直接到苏联参观学习，具有较好的效果和意义："直接参观访问的好处是很明显的，因为从我们的经验、需要和切身感到的问题出发，去向苏联觅取解决问题的理论和方法，这样得来的东西，不但更合乎我们的迫切需要，而且是亲耳所闻和亲眼所见、理论结合实际、理性结合感性的丰富知识。可以想见，这些理论结合感性的知识会多么生动而有力地帮助我们更好地理解苏联的先进教育经验。"③回国后，代表团团长陈曾固在1956年2月8日教育部举行的第40次部务会议上做了访苏访问和考察的报告。部务会议对该代表团的工作表示满意，要求代表团撰写报告向国务院介绍经过和收获，并提出代表团团员要分组到北京、天津、沈阳、旅大、长春、哈尔滨、济南、南京、广州、西安、成都、重庆、武汉、保定、太原等16个城市作专题报告。这些整理出来的报告和重要资料应编印成小册子和内部参考资料，作为1956年中小学、师范学校教师和教育工作者的业务学习文件。会议还要求《人民教育》出专号介绍报告，各相关报刊也要登载报告。在教育部门的推动下，全国各地兴起学习代表团报告的活动。各地教育期刊纷纷发表社论，要求认真学习代表团报告。如《江苏教育》1956年7月刊发《认真学习苏联教育的先进经验　提高我们小学教育的质量》的社论，号召全省认真学习代表团传达的报告，并"把代表团总结出的总报告和专题报告，作为1956年的业务学习文件之一"④。

① 《中国教育年鉴》编辑部编：《中国教育年鉴(1949—1981)》，中国大百科全书出版社1984年版，第665页。

② 陈曾固：《赴苏访问考察的经过和收获——2月8日在教育部第40次部务会议上报告》，《人民教育》1956年3月号。

③ 社论：《认真研究中、小学教师访苏代表团的报告，努力学习苏联先进经验》，《人民教育》1956年3月号。

④ 社论：《认真学习苏联教育的先进经验　提高我们小学教育的质量》，《江苏教育》1956年第7期。

1958年中苏两国关系紧张后，教育团体往来受到一定影响。中国高等教育代表团虽然也进行过几次访苏活动，但仅是礼节性、限于工作关系的访问。1958年5月，复旦大学副校长陈建功教授赴苏联出席全苏复函数讨论会。同年12月，由南京大学副校长高济宇教授等14人组成的中国化工、航空、无线电物理和技术考察团赴苏联考察。1960年12月，教育部办公厅主任崔仲远率领中国教育工作者代表团赴苏联访问，并参加国际综合技术教育问题讨论会。1961年7月，教育部副部长刘皑风赴苏参加全苏高教工作会议。① 1962年9月，由世界科学工作者协会、苏联莫斯科大学、莫斯科包曼高等工业学校和列宁师范学院发起的国际高等技术和人文教育问题讨论会在莫斯科大学开幕，我国派出代表团参加，期间代表团团长周培源作了《高等教育的目的和任务》的报告，并向苏联同行介绍了中国高等教育的成长历程。1966年3月，教育部副部长刘皑风再次率团参加全苏高等教育工作会议。但总体来看，这些两国间的个人和团体的参访，不论热情还是收效都已不如既往了。

### (二) 苏联教育代表团来华访问

新中国成立后，苏联最早的访华团体是苏联文化艺术科学工作者代表团，该团受邀于1949年10月来中国参加开国大典。代表团团长法捷耶夫在北京大学作了“苏联文化建设”的演讲；代表团团员、教育部副部长杜伯洛维娜向首都各机关团体教育工作者作了“关于苏联教育制度及教育措施”的报告，并向大会赠送了苏联小学教科书；代表团团员、莫斯科东方大学副校长富辛格教授在华北人民革命大学作了“苏联大学生的政治教育”的演讲。此后，由中苏友好协会和苏中友好协会组织开展的两国文教团体交流活动不断增多。

苏联教育代表团真正意义上的第一次访华是在1956年，本次访问是对1955年我国中小学教师代表团成功访苏后的回访。当时从苏联访问回国的我国中小学教师代表团在全国作了巡回报告，在教育界掀起了学习苏联的热潮，全国正在如火如荼地学习苏联先进教育经验。在此背景下，因中国的盛情邀请，苏联教育代表团应邀于1956年4月18日至5月25日访问中国。该代表团由苏联教育科学家、教育行政部门负责人、普通学校和师范学校的校长、教师组成，团长由俄罗斯联邦共和国教育科学院院长马尔古舍维奇担任。代表团此行目的是，通过访问活动帮助我国研究和解决普通教育、师范教育工作中的一些重大问题。访华期

---

① 《中国教育年鉴》编辑部编：《中国教育年鉴(1949—1981)》，中国大百科全书出版社1984年版，第665～666页。

间，代表团先后参观了北京、南京、上海、广州等城市的各类学校，举办了多场报告会和讲座，向广大听众详细介绍了苏联教育教学和教育管理工作的经验。这些经验介绍得到中国教育理论、实践工作者的一致好评。访问期间，该代表团还向北京、天津两市教育局赠送了一批中学教学仪器和直观教具 81 箱，其中包括物理演示仪、生物标本、教学幻灯片等 206 种、837 件及 5 套无线电转播设备。① 针对苏联教育代表团的此次访问，《人民教育》1956 年 7 月号发表短论《应该认真研究苏联教育代表团的报告》，并在 7、8 期连载了苏联教育代表团的报告。

1957 年 11 月 18 日至 12 月 2 日，苏联文化部长米哈伊洛夫率领的苏联文化代表团和以凯洛夫为首的苏联对外文化协会代表团访问中国。我国高等教育部部长、教育部部长和教育界人士同代表团举行了座谈。期间，代表团访问了北京、重庆等地，并向我国教育工作者作了一系列报告。

1960 年苏联单方面撤回在华专家后，我国与苏联的教育交流日渐式微。经过两国政府多次磋商，从 1960 年下半年起中苏关系出现和缓态势，两国在经贸、科技和军事技术等方面的关系都有一定恢复和发展。1962 年，以全苏高等与中等专业教育部第一副部长普罗柯耶夫为团长的苏中友协代表团来华访问。该代表团参加了我国举行的“十月革命”四十五周年庆祝大会，受到我方热情接待。但由于此时两国关系并未得到真正恢复与发展，因此中苏教育代表团组再无互访活动，这种状况一直持续至 20 世纪 80 年代才有所改变。

## 三、苏联教育专家来华

建国初期，我国聘请的各类苏联专家与顾问②对新中国的发展起到了重要的援助作用。其中，苏联教育专家在中国新式军事学院的建立、新教育制度的确立、教育内容和方法的更新、我国教师队伍的充实与提高等方面都颇有贡献，对中国教育产生了深远而持久的影响。

---

① 方德溥:《苏联同行的珍贵礼物》,《教师报》1956 年 7 月 10 日。

② 根据沈志华著《苏联专家在中国(1948—1960)》(中国国际广播出版社 2003 年版)的解释，专家和顾问是有区别的，两者的工作范围、聘请渠道、相关费用的支付方式都不同:“顾问一般都是苏联的高级干部，如副部长、总局局长或司局长等，职务和水平都很高。来华后分配在各政府主管部门，负责机构设置、规章制度、管理体制等方面的工作，并协助解决一些重大问题”;“专家都是专业技术人员，是根据援助项目的合同要求聘请的，一般都在企业或经济或主管部门工作，解决具体技术问题”。顾问一般由外交部聘请，按照政府之间的协议办理，其费用的工资部分，由中方支付人民币，补偿金部分按非贸易卢布(固定汇率)结算，向苏联政府支付外汇。专家一般由外贸部聘请，按照企业之间的合同办理，其费用(包括工资和补偿金)一律按贸易卢布(浮动汇率)与苏联政府结算。

## (一) 苏联教育专家来华的基本情况①

共和国成立最初十年间,来华苏联顾问和专家遍布中共中央各个部委。根据苏共中央档案提供的1954年第1季度在华苏联顾问工作范围来看,这些顾问分布在中央的安全、军事、经济、情报、教育、文化、体育、卫生等部门,其中的四分之三在北京。② 就苏联教育专家而言,他们主要集中在北京、哈尔滨、南京等大城市的高等学校、中等专业学校。对于这些专家的安置,1955年3月间,杨秀峰在《学校教育工作座谈会上的报告》中指出:"现在高教部系统有专家160多人,中央的方针是专家要集中使用。专家集中使用的意思是什么呢?就是学要学一套。分散使用表面看起来有好处,对教学改革有帮助,但不能学一套。专家多半集中在华北,并且要确定重点学校。"③

对苏联顾问和专家的聘请始自1949年底,1950年教育部首位总顾问阿尔辛节夫到任。同年,高等学校首批聘请的16名俄语教育专家来华。到1952年,我国共聘请苏联各类教育专家187人,其中俄语教育专家49人,占总数的26%;政法财经专家52人,占28%;理工科专家56人,占30%;其它方面专家30人,占16%。这些专家主要安置在中国人民大学、哈尔滨工业大学、北京俄语专科学校以及北京师范大学等学校工作,另有3人在教育部任职。④ 其中,学习苏联教育的"试验田"——中国人民大学和哈尔滨工业大学是当时聘请苏联专家最多的大学。截至1952年底,中国人民大学聘请苏联专家47名,哈尔滨工业大学聘请苏联专家18名。1952年,我国掀起学习苏联教育经验的高潮,俄语以外的其它专业和一些重点大学也加入到聘请苏联教育专家的队伍中。例如,北京大学和清华大学于1952年10月以后也开始聘请苏联教育专家。同年教育部还为中国矿业学院聘请了采煤专业教授阿·彼·基里雅奇柯夫。

---

① 关于聘请专家的数量,各研究者因资料来源不同而在表述上有所差异。毛礼锐、沈灌群主编《中国教育通史》第6卷(山东教育出版社2005年版)认为,1949年至1960年间我国教育行政部门和各有关学校先后共聘请苏联专家861人。沈志华著《苏联专家在中国(1948—1960)》(中国国际广播出版社2003年版)第407页列出了苏联方面的两个完全不同的统计数字:1954—1962年苏联派遣了1200名教师到中国的高校,其中包括900多名教授和副教授;另一则说,1948—1960年来华教师总计615名。[苏]奥·鲍·鲍里索夫等著,肖东川、谭实译《苏中关系(1945—1980)》(三联书店1982年版)第151页提供的数据表明,1949—1960年在中国工作的苏联文职专家为12212人(不包括军事专家)。

② 沈志华:《苏联专家在中国(1948—1960)》,中国国际广播出版社2003年版,第109页。

③ 杨秀峰:《在学校教育工作座谈会上的报告》(1955年3月17日),何东昌:《中华人民共和国重要教育文献》(1949—1975),海南出版社1998年版,第437页。

④ 毛礼锐、沈灌群主编:《中国教育通史》第6卷,山东教育出版社2005年版,第89页。另,《借鉴与发展——中苏教育关系研究》(李涛著,浙江教育出版社2006年版)第60页认为,1949—1952年我国各类教育机构一共聘请苏联教育专家98名。

1953—1957年，我国共聘请苏联专家521名，其中1957年聘请的不到40名，绝大部分于1953—1956年间聘请。① 其实从1956年开始，我国聘请的苏联顾问和专家的数量已开始陆续减少。“在与完成第二个五年计划相关的向苏联提出的援助请求中，除了地质勘探和原子能工业这两个领域，中国领导人已经不再聘请在各个主管部门中担任咨询工作的苏联顾问了。”②文教领域也出现了同样情形。针对苏联文教总顾问马里提出的减少苏联专家的要求，中国文教部门负责人陆定一在1956年6月20日召开的文教部门会议上确定：“在今年内，除合同期满的，一律不要考虑解聘苏联专家问题；已经聘请的，虽然还没有来，也不能解聘。至于今后聘请苏联专家，应从工作需要出发，该聘就聘，不需要的就不聘，合同期满需要延聘的，也可以同他们商量延聘，同时也应该考虑减少一些人。”③总的来说，主要还是采取尽可能按需聘请的方针。1957年2月，陈云在国务院常务会议上指出：我们需要苏联专家，但过去有些部门请得多了，以后要严格控制。国务院在“以苏为鉴”的原则下，采取“少而精”的方针，规定“今后在聘请专家方面必须严格掌握精简原则，凡可聘、可不聘的坚决不聘，凡能缓聘的坚决缓聘”④。同时苏联方面也开始下意识地逐渐减少来华专家数量。

1958—1960年，我国共聘请苏联专家213人。⑤ 据苏联驻华使馆1960年年度工作报告表明，截至1960年7月1日，中国的44座城市和34个部委系统中有苏联专家1292名，其中教育部系统28人。⑥ 1960年，苏联单方面撤回在华苏联专家，教育部门和高校系统的专家也一并撤走。从1960年7月28日开始，在我国工作的苏联教育专家仅有29人，其中包括教育部聘任的26名专家、由二机部聘任在北京地质学院任教的2名专家及教育部专家组长1人。至当年8月22日，其中的28人已撤回苏联，另有1人返回苏联大使馆。⑦ 高教部最后一位苏联首席顾问同时也是苏联专家组组长的西涅茨基，也于同期离开中国。

概观这一时期来华在教育领域工作的苏联专家，他们主要集中于理工科。例

---

① 刘英杰：《中国教育大事典(1949—1999)》，浙江教育出版社1993年版，第1675页。另，《中国教育通史》第6卷(毛礼锐、沈灌群主编，山东教育出版社2005年版)第89页认为，1953—1957年我国共聘请苏联专家567名。

② 沈志华：《苏联专家在中国(1948—1960)》，中国国际广播出版社2003年版，第266～267页。

③《中央宣传部关于对待苏联专家工作问题向中央的报告》(1956年6月29日)，《中国共产党宣传工作文献选编(1949—1956)》，学习出版社1996年版，第1162—1165页。

④ 李涛：《借鉴与发展：中苏教育关系研究(1949—1976)》，浙江教育出版社2006年版，第67页。

⑤《苏中友谊日益巩固——发展苏中两国学者的创造性合作》，《苏中友好》1959年第3期。

⑥ 沈志华：《苏联专家在中国(1948—1960)》，中国国际广播出版社2003年版，第398页

⑦ 金铁宽：《中华人民共和国教育大事记》(第1卷)，山东教育出版社1995年版，第562页。

如,1953—1957 年聘请的 521 名苏联专家中有 249 名为工科类,占来华教育专家总数的 46%;1958—1960 年聘请的 213 名苏联专家中有 134 名为工科类,占总数的 62.9%,理科类专家为 44 人,占 20.6%。这种专家聘请过程中的专业选择倾向与其时中国的经济建设所需有着紧密的联系。这些来到中国帮助中国建设的苏联专家,均具有较高的学术水平和高尚的国际主义精神,他们怀着满腔热情参与到新中国的教育改革之中,以出席教育会议、作教育报告、前往学校任教等方式,帮助中国开展各项教育建设事业。

首先了解苏联专家短期来华讲学和作教育指导情况。短期讲学的苏联专家虽然在华时间不长,但在宣传、介绍苏联教育理论,帮助中国解决各类问题等方面作用较为显著。

1949 年 10 月,随苏联文化艺术科学工作者代表团来华的教育部副部长杜伯洛维娜,是最早参观中国学校并向中国教育界介绍苏联教育经验的专家。此后,随文化代表团来访的苏联教育专家都会为我国作教育报告。如 1950 年 9 月,苏联教育学专家卡尔波娃、学前教育专家戈林娜应邀到北京师范大学教育系讲学。10 月,她们又应邀在北京做了关于苏联小学教育、学前教育的系列报告,每次听讲者近千人。同年 9 月 20～29 日,在第一次全国工农教育会议上,卡尔波娃还向与会者详细介绍了苏联工农速成中学的教学组织、领导机构等情况。1951 年 11 月 7 日,应中央农业部的邀请,作为苏联文化工作者代表团成员的季米里亚席夫农学院系主任别洛沙普柯夫教授,向农业工作者、农业劳动模范和北京农业大学学生等 1000 多人作了"斯大林改造大自然的计划"报告。11 月 9 日,别洛沙普柯夫又到北京农业大学作了苏联有关农业生产的报告,参加报告会的共有中国科学院和北京农业大学等 8 个单位的 1800 多名农业科学工作者和学生。11 月 11 日,别洛沙普柯夫在清华大学再次作了"斯大林改造大自然的计划"报告,参加报告会的清华师生竟达 5500 多人。11 月 12 日,他又来到北京机械化农业学院作农业生产报告,听取报告的有 1200 多人。1953 年,苏联专家普希金、加里宁等人分别到北京、重庆、汉口、成都、西安等地为当地干部、教师讲授教育学、心理学,并前往当地高校和中小学参观指导。1954 年 4 月,苏联水能利用专家郭瓦捷夫斯基到武汉大学讲学,并指导武汉大学水能利用教研组的教学研究工作。此后,一批苏联专家来到武汉,参观了武汉部分高校并提出指导意见。同年 10 月,苏联国立普希金造型艺术博物院院长扎莫施金在北京的苏联展览馆主持"苏联经济及文化建设成就展览"造型艺术馆的展出。在此后一年间,他先后前往上海、杭州、广州、武汉等地,向我国美术工作者介绍苏联造型艺术的创作经验与成就。展览期间,扎莫施金每天都会利用开馆前的短暂时间，向我国美术工作者进行分析介绍。仅在北京展出的3个月内，他的讲解就多达40余次，听讲者中有远从云南、四川以及全国各地来的美术工作者两千余人。在上海期间，扎莫施金也向各地来的1500余名美术工作者作了15次现场讲解。扎莫施金还在北京举办了多次专题讲演和小型报告会，并与中央美院教授举行座谈。①

1956年起我国减少聘请苏联专家后，短期来华讲学的苏联专家较以往有所增加。1957年，俄罗斯联邦共和国教育科学院院长凯洛夫应中央教育科学研究所筹备处邀请访华。访华期间，他作了一系列报告和讲演，向中国教育界详细介绍了苏联教育科学院的情况及在研究、管理方面的经验，与会听众近1.5万人。

其次了解苏联专家受聘教育部门顾问或高校教师情况。1949年至1960年间，我国聘请的苏联教育专家大多在教育部、高等教育部中担任教育顾问，或在高等学校和中等专业学校中担任指导教师。顾问的任期一般为2～3年，主要任务是：参加部务会议、部工作会议和专业会议，介绍苏联教育情况，提供意见，解答问题；举办各种讲座，给教育干部训练班讲课，帮助各级教育干部和学校教师提高业务水平等。② 专家的主要任务是：帮助修订教学计划和教学大纲；拟定各种重要规章制度；参观学校，深入群众了解情况，提出改进工作的建议；开展各种讲座，帮助各级教育行政人员和教师提高教育业务水平。③

1951年，大拉巴金被聘为教育部第一位专职顾问，他担任教育部普通教育和师范教育顾问。到1954年，我国先后聘请了大拉巴金、阿尔辛节夫、福民、顾思明、戈林娜等5人担任教育部专职顾问。1952年高等教育部成立，第一任高等教育首席顾问是福民，期满后由列别捷夫接任（1954年2月）。其他苏联顾问还有：幼儿教育顾问戈林娜（1951）、马努依连柯（1954），普通教育顾问安德洛索夫（曾任俄联邦教育部副部长），师范教育顾问费拉托夫（哲学博士），综合大学教育顾问格里斯谦柯（1955），工业教育顾问阿尔希波夫，中等专业教育顾问顾思明和克拉斯诺杰姆斯基，农业教育顾问叶尔绍夫，政治教育顾问德古今，军训教育顾问斯拉斯诺夫。1957年苏联专家组组长西涅茨基到任，他也是最后一位在华的苏联教育顾问。

高等教育同样是苏联教育专家发挥作用的重要领域。被聘为中国高校教师

---

① 中国当代画家网：《50年代的中国美术与苏联英雄》，http://www.zgddhj.cn/Article/yszt/15910.html

② 于富增、江波、朱小玉：《教育国际交流与合作史》，海南出版社2002年版，第41页。

③ 李国钧、王炳照主编：《中国教育制度通史》（第8卷），山东教育出版社2000年版，第586页。

的苏联教育专家主要负责讲学、授课。这些专家在高校中开设课程，介绍苏联科学发展情况，指导教师和研究生进行教学科研。1954 年 10 月 5 日，高等教育部颁布《关于重点高等学校和专家工作范围的决议》。《决议》强调重点大学须具备的四个条件之一就是要有苏联专家的指导和帮助，同时还明确规定苏联专家在重点高等学校的工作范围，即指导所在学校的教学工作，帮助培养及提高教师水平，指导培养研究生工作，指导修订教学计划和教学大纲，以及指导建立实验室等。此外，《决议》要求苏联专家抽出一定时间帮助其它学校的教师进修，举办短期训练班；根据高等教育部的计划，每学年有 1 个月的时间到外校讲学；帮助外校解决重大疑难问题及教学方面的关键性问题；协助高等教育部解决有关的工作问题。①

我国的军事学院和马列学院也聘请了一部分苏联教育专家。马列学院是培养中共中央高级干部的专门学校，早在 1949 年 12 月就聘请 4 位苏联专家来华讲授苏联党史，此后开设的马列主义基础、政治经济学、哲学、历史、新闻等课程，全都有苏联顾问任教，他们除授课、编写讲义，还辅导中国年轻教师从事教学和研究，并在党校刊物《向专家学习》上发表文章，介绍教学经验。②

除高等教育外，我国还有 7 所中等专业学校聘请了 15 名苏联专家。这些专家主要帮助中等专业学校进行教学指导、培养教师、制定教学计划和大纲、提出改进意见，借以帮助中国中等专业技术人才的培养。

概观共和国成立初期，苏联政府对派遣教育专家帮助建设中国大专院校十分重视。1950 年 4 月 7 日联共（布）中央政治局做出决议，批准苏联部长会议关于派遣一组苏联教授和讲师前往中国工作的决议草案。这批教师是应中国政府请求，派往中国人民大学、北京师范大学和南京大学工作。为此，苏联部长会议责成苏联高等教育部、俄罗斯联邦教育部和苏联对外贸易部，在 1950 年 5 月 15 日之前挑选 42 名教授、副教授和讲师前往中国，并确保他们到达工作地点。其中，高等教育部负责挑选 26 人：马克思列宁主义基础 3 人，国家法规和国家制度理论 2 人，民事法律和刑事法律 2 人，合作化商业组织及消费和生产合作社 2 人，国民经济计划学 2 人，统计学 1 人，金融和货币流通 2 人，货币流通和银行贷款 2 人，工业企业的组织和计划 2 人，逻辑学 1 人，国际法或国际关系史 1 人，领事馆事务 1 人；教育部负责挑选 14 人：俄语 8 人，教育学 2 人，俄语教学法 1 人，生物学 2 人，学前教育学

---

① 《中华人民共和国教育大事记（1949—1982）》，教育科学出版社 1983 年版，第 114 页；罗时叙：《由蜜月到反目》，世界知识出版社 1999 年版，第 316～317 页。

② 龚士其主编：《杨献珍传》，中共中央党史出版社 1996 年版，第 204～205 页。

1 人。[①] 中苏关系处于“蜜月期”时，苏联政府对中国派遣专家的要求积极响应。譬如，1953 年 7 月，中共中央党校（马列学院）因扩大招生，需要增聘 4 位苏联教授来校讲课，苏联方面立即满足了这一要求。[②] 然而当中苏关系转向恶化时，苏联对中方派遣专家的要求极为冷淡。1957 年，我国要求增加聘任 17 位专家，苏方只派出 16 位；1958 年，我国要求增加 13 位专家，苏方只派出 5 位；1959 年，我国要求增加 5 位专家，苏方只派出 1 位；1960 年，我方要求增加 15 位专家，苏方则以有困难拒绝了这一要求。

### （二）苏联教育专家对华的教育影响

#### 1. 苏联教育专家对中国普通高校的影响

苏联专家在我国普通高等学校中任教，对新中国普通高等教育的改革和发展产生了深远影响，其中最为突出的表现在四个方面。

一是直接影响我国高等学校专业的设置。旧中国的高等教育因其院系庞杂、分布不均、数量不足等弊端，所培养的大学生远远不能满足新中国建设的需求。因而，仿照苏联构建新型高等教育体系就成为时代的必然，而重设高等学校专业是仿照苏联高等教育改造中国高等教育的关键性举措。1950 年 6 月，阿尔辛节夫在我国第一次全国高等教育会议上指出：“中国的大学不应该包罗万象地大而无当，不应照这种只求其大的方针来扩充，而应该照专门化的方针发展。”[③]阿尔辛节夫作为教育部专职顾问，他的发言对中国高等教育的改革具有导向作用。1952 年高等教育部成立后，福民成为第一位首席顾问。同年，福民在京津高等学校院系调整座谈会上介绍了苏联高等教育改革。他说：“我们认为培养各种专门人才的基本问题是划分专业的问题。学生应该按照专业来学习。为着这个目的，苏联高等教育部编定全国统一的专业表。各校必须按照这些专业来培养干部，不可另搞些不同的专业”，“苏联改革高等教育的重要内容之一，就是按照国家建设的需要，把原有空泛的专业划分为若干种具体的专业”，“目前共有四百三十六种专业”。[④]福民的谈话直接成为中国高等教育专业设置的标杆。此后，我国在苏联专家的建议和帮助下仿照苏联模式建立了一整套高校专业种类，比如当时清华大学的专业设置与莫斯科大学几乎完全一致。

---

① 沈志华著：《苏联专家在中国（1948—1960）》，中国国际广播出版社 2003 年版，第 111～112 页。

② 龚士其主编：《杨献珍传》，中共党史出版社 1996 年版，第 168、204 页。

③ ［苏］A·П·阿尔辛节夫：《从苏联高等教育的经验略谈几个问题》，《人民教育》1950 年第 1 卷第 3 期。

④ ［苏］A·A·福民：《苏联高等教育的改革——在京津高等学校院系调整座谈会上的讲话》，《人民教育》1952 年 9 月号。

二是积极推动我国高校教研组的建立。教研组即教学研究指导组，“是由某种学科的教师们所组成的教学组织”。教学研究指导组是苏联高等学校的基本教学组织，“它直接领导及指导本学科的教学方法及科学研究的工作”①。1950 年 5 月 22 日，在中央教育部第一次临时部务会议上，列席会议的苏联教育专家阿尔辛节夫介绍了苏联高等教育的基本任务和有关教育制度。他还应教育部的邀请向北京各大高校介绍了“苏联高等教育研究指导组”的情况，这为此后我国各高校仿效苏联成立教研组做好了铺垫。作为学习苏联“试验田”的中国人民大学仿照苏联大学的做法，率先建立了教研组(室)。到 1951 年，该校共有 41 个教研室，“并在苏联教授们直接指导与帮助下，展开了教研室的工作”。② 随之在 1952 年 5 月，我国教育部制订了《全国高等学校院系调整计划》(草案)，取消了院级教育行政，确立了以系为教学行政单位的基本原则，依此原则在院系调整时加强(专业)教学研究组(室)，并使之成为高等学校内组织教学与科研的基础单位。其时在高校教研组(室)设立过程中，苏联专家安德烈扬诺夫、高尔琴科、费拉托夫等人做了大量工作。其如费拉托夫甚至认为：“学校里的教学工作、科学研究工作的好坏，基本上决定于教研组工作的好坏”，因此加强学校教研组(室)的工作“是高等学校进行教学工作的基本环节”。③

三是帮助我国高校制定教学大纲和教学计划。高等教育部的《1954 年专家工作检查总结报告》归纳了苏联教育专家在此方面取得的成绩。仅 1954 年，苏联教育顾问和专家帮助我国修订高等学校教学计划 241 种(理工科 185 种，综合大学 37 种，农林学校 19 种)。苏联教育专家还协助审批中等专业学校的统一教学计划 131 种，指导及组织修订了 8 种基础课程的教学大纲。④ 各普通高校也在专家指导和帮助下制定了各专业教学计划。例如，北京师范大学参照苏联师范学院 1951 年教学计划，于 1952 年制定了 12 个系的教学计划。⑤ 北京钢铁学院先后从苏联西伯利亚冶金学院、莫斯科钢铁学院等院校聘请了 13 名专家，这些专家帮助该学院修订了 10 个专业教学计划、19 种教学大纲和 4 种实习大纲。北京大学虽然聘

---

① [苏]A·П·阿尔辛节夫：《关于苏联高等学校的教学研究指导组问题》，《人民教育》1950 年第 1 卷第 2 期。

② 成仿吾：《中国人民大学的教研室工作》，《人民教育》1951 年第 2 卷第 6 期。

③ [苏]费拉托夫：《苏联专家哲学博士费拉托夫教授在华东师范大学座谈会上的讲话》，《人民教育》1955 年第 3 期。

④ 毛礼锐、沈灌群主编：《中国教育通史》(第 6 卷)，山东教育出版社 2005 年版，第 89～90 页。

⑤ 北京师范大学校史编写组编：《北京师范大学校史(1902—1982)》，北京师范大学出版社 1982 年版，第 143 页。

请苏联专家较晚，但受其影响却很大。该校13个系35个专业的教学计划，大多是在苏联专家帮助下，以苏联相同专业的教学计划为蓝本，并结合中国具体情况，特别是考虑到国家建设的需要和教师、学生的水平，经过反复修订而制成的。① 作为培养新中国中等学校师资和培养、训练教育行政干部的北京师范大学，1950—1957年共聘请苏联专家18人（其中教育科学方面的专家8人）。他们不仅介绍和引入苏联教育经验，而且帮助学校进行教学改革。总体来看，苏联专家对高校教学大纲和教学计划进行的帮助和指导，对于统一我国高校教学工作起到了重要推进作用。

四是为我国培养了大批高校教师和研究生。据其时有关材料反映，1951—1956年间在我国高等学校工作的苏联专家亲自讲授的课程计达1197门，编写教材685种，建立实验室、实习工厂767个，先后培养研究生3600余人，培养青年教师3200多人。② 其中作为聘请苏联教育专家最多的高校——中国人民大学，1957年该校开设的140多门课程中，有100多门课的教材、讲义是由苏联专家编写的。该校1000多名教师中，有700多人直接或间接接受过苏联专家的培养，“该校的青年教师的研究能力大体是苏联专家手把手带出来的”。③ 此外，全国高校三分之二的政治理论师资是苏联教育专家在该校培养的。吉林大学自1955年10月至1959年3月只聘请了5位苏联教育专家，他们培养了9名研究生和18名进修教师，帮助建立了6个新实验室，还提出112条改进教学工作的建议，校方感到受益匪浅。④ 北京大学聘请的苏联专家除帮助编写各门主课的教学大纲和教材，为本科生和研究生授课、指导论文外，还亲自指导年轻教师进行科研工作，从选择题目、查阅文献、收集资料、拟定基本论点到实验室的操作技术等，都给予具体帮助。⑤ 中央美术学院聘请的苏联油画专家马克西莫夫举办了“油画进修班”，对受过高等美术院校专业训练的、已有一定创作成就的青年教师和油画家进行培训。“油画进修班”培养了一批后来在美术创作上成绩斐然的学员，他们成为了中国油画领域继李铁夫、徐悲鸿、刘海粟、颜文梁等老一辈画家之后的一支新生力量。如

---

①《苏联专家谈话报告集》，北京大学1955年编印（未刊），第1～3页。转引自沈志华著：《苏联专家在中国（1948—1960）》，中国国际广播出版社2003年版，第215页。

② 江苏中苏友好协会宣传部：《苏联教育专家在中国》，《江苏教育》1957年第21期。

③ 罗时叙：《由蜜月到反目——苏联专家在中国》（上册），世界知识出版社1999年版，第304～305页。

④《1960年8月22日吉林大学关于苏联专家建议执行情况的汇报》，吉林省档案馆馆藏档案，全宗号77，目录号6，卷宗122，第37～41张。转引自沈志华著：《苏联专家在中国》，中国国际广播出版社2003年版，第215页。

⑤《苏联专家谈话报告集》，北京大学1955年编印（未刊），第1～3页。转引自沈志华著：《苏联专家在中国1948—1960》，中国国际广播出版社2003年版，第215页。

此等等,正如其时中国教育界的领导人所指出,这些苏联教育专家对我们的帮助起了很大的作用,他们所传播的这些教学经验和科学技术特长,已经在中国高等教育建设的土壤里生根、结果。①

2. 苏联专家对建立中国现代化军事学院的影响

要巩固新生的人民政权,就必须拥有一支现代化的钢铁雄师。对于其时的人民解放军而言,尽管依靠“小米加步枪”的艰苦岁月已成为回忆,但军事装备远远落后于世界先进水平乃是不争的事实。其中,空军、海军的处境相对于陆军而言尤为艰难。1949 年 8 月 15 日正式组建的飞行队不过是由一些七拼八凑的日、美飞机和国民党起义过来的飞机组成,总数不超过 80 架。海军则主要由缴获、接收、起义的国民党舰船以及经过改装的商船、渔船组成。因此,建立一支拥有现代化武器装备的空军、海军成为共和国面临的最为紧迫的任务。此时中国海军和空军的现代化装备均来自于苏联,因而向苏联学习空军、海军现代化科技知识就成为必然选择。

第一批来华的苏联军事专家为空军顾问和教官,他们帮助新中国建立起自己的航空学校,开始着手培养共和国的新一代飞行员。1949 年 12 月 24 日,中国人民解放军第一航空学校正式成立。“苏联专家按照学制和培养目标,制订出学员航空理论教育和飞行训练的全套计划,并负责具体组织实施,从课堂设置、教学计划、教材内容、教学制度到课堂授课、教学考核等,都由专家负责。”在苏联专家的直接指导下,中国第一批飞行学员速成班于 1950 年 5 月完成训练任务并顺利毕业。除培训飞行员外,苏联专家还负责培养中国的航空教员,通过对口跟随苏联顾问边干边学、请苏联专家举办讲座和组织干部短期集训等方式,中国教员逐步掌握了一般航空知识,了解了航校教学特点和训练过程,熟悉了各项工作的程序、内容、要求,以及教学训练的一整套规章制度,从而为过渡到独立办学做好了前期准备。到 1950 年底,已有 62 名中国助教可以独立授课。②

中国海军也得到了苏联专家的极大帮助。1949 年 10 月,苏联海军顾问和专家开始进入中国海军领导机构及各部门工作。其中,苏联顾问和专家最集中的区域是海军院校。在新中国成立前,苏联专家就到中国东北沿渤海和黄海等地选择海校校址。1950 年 2 月,新中国第一所正规海军学校——大连海军学校在这些专家的帮助下正式建立。之后,苏联专家还帮助这所学校制定教学计划、编写各科

① 杨秀峰:《坚持学习苏联的方针》,《人民日报》1957 年 11 月 6 日。

② 沈志华著:《苏联专家在中国(1948—1960)》,中国国际广播出版社 2003 年版,第 134～135 页。

教学大纲和教材,建立了一套完整的教学制度,使学校教学工作迅速步入正规。① 除此之外,苏联专家还在其他军事院校中对海军建设作出贡献。例如,1953 年在哈尔滨军事工程学院中设立了海道测量专业,聘请 3 位苏联专家讲授天文大地测量、海道测量和航海设备课程。

考察建国初期苏联专家对中国现代化军事教育的影响作用,不仅表现为帮助中国有关学校制定教学计划和教学大纲,编译教材和培养教员,而且还帮助这些学校制订出各种规章制度,以利中国学员养成现代化军人的正规生活习惯。

3. 苏联教育专家对中国初中等教育的影响

尽管来华苏联教育专家主要在高等教育领域工作,但他们借助于参观幼儿园、中小学校,给广大中小学教师举行教育讲座等方式,也深刻影响着中国基础教育的发展。

作为幼儿教育顾问的苏联幼教专家戈林娜、马努伊连柯不仅对我国学前教育的整体改革与发展提出了指导性意见,也在北京师范大学学前教育系讲学,并到上海幼儿师范学校访问指导,同时还深入幼儿教育第一线,多次到南京鼓楼幼儿园指导工作。此外,戈林娜、玛努伊连柯"曾应邀到各地作过多次报告,全国有两千多个幼儿教育工作者,都听过她们的课"②。她们把苏联的学前教育体系介绍到中国,并帮助中国建立了一套社会主义的学前教育制度。

苏联教育专家的教学思想在北京市中小学中的影响同样深远。特别是时任苏联教育部长、著名教育家凯洛夫来华访问后,苏联的五分制和五段教学法在北京的小学教学中风靡一时。③

在中等教育领域,苏联教育专家普希金颇具影响力。1953 年 5 月 20 日,普希金在听了北京市女六中吴健英讲授的《红领巾》课程后,提出了关于各节份量的分配、关于教师讲与学生积极性的结合、语言和文学的份量、思想政治教育内容的渗入等四方面意见。根据普希金的建议,北京师范大学中文系三年级实习生第二天在女附中进行了试教。《红领巾》教学结束后,得到了学生好评,取得初步成效。《人民教育》1953 年 7 月号发表了北京师范大学中文系语文教材教法专家叶苍岑教授的文章《从〈红领巾〉的教学谈到语文教学改革问题》,并编发了短评《稳步地改进我们的语文教学》,其中提出"普希金专家关于'红领巾'的观摩教学意见,应

① 李东野:《忆大连海军学校的创建》,《海军回忆史料》,第 155～157 页。转引自沈志华著:《苏联专家在中国(1948—1960)》,中国国际广播出版社 2003 年版,第 137 页。

② 《苏联教育专家在中国》,《江苏教育》1957 年第 21 期。

③ 2002 年 10 月 20 日蓝建学、王日华采访邢锦棠记录。转引自沈志华著:《苏联专家在中国(1948—1960)》,中国国际广播出版社 2003 年版,第 213 页,注释③。

当看做是改革文学作品的课堂教学的指针”。由此，全国各地掀起了学习实践普希金关于语文教学建议的热潮。各中学语文教师“一致重视普希金专家的宝贵指示，愿意把它作为今后改进语文教学的指针”①。此后以《人民教育》为平台，关于如何正确学习普希金语文教学理念的文章不断涌现。此期普希金也对中学地理和历史教学提出了建议。他在听了北京女一中高中地理课和女三中初中地理课后，对中学地理教学法的改进表达了看法。他还参加了三次中学历史教学观摩活动，并在观摩活动结束后认真分析每一堂课的优缺点，“特别重要的是都明确具体地指出了改进的方向”。② 在学习《人民教育》1953 年 8 月号刊载的《普希金教授对中学历史教学意见》一文后，湖南资兴中学教师李清波对历史教学进行了改进，并且取得一定实效。李清波认为：“普希金教授的意见，是教学上的宝贵经验。从这些意见对我们改进历史教学所起的作用中，我又一次体会到我们必须认真地贯彻毛主席的‘学习苏联’的指示，来不断地改进教学，提高教学质量。”③

除普希金之外，苏联教育专家加里特金和茨维特柯夫也在观摩旅大市四所中学和小学的教学后，对中学的数学和化学教学提出了改进意见。“这些意见，对我们进一步改进教学工作，是有很大的启示和帮助的。”④

苏联专家对我国中等专业学校和技工学校的发展同样产生了重要影响。劳动部聘请的苏联顾问和专家的一项重要工作就是帮助建立和发展技工学校，这既符合现代工业发展的要求，也是建立新中国工业基础之必要环节。中国的第一所技工学校——位于北京东郊的北京技工实验学校就是苏联专家帮助建立的，并且作为全国的样板，带动了各地大批技工学校的出现。为推动技工学校的正规化发展，劳动部专家组组长符拉索夫借助于兼任苏联劳动后备总管理局副局长的优势，要求苏联政府给北京技工实验学校提供先进设备和教具。1956 年 3 月，苏联劳动后备总管理局赠送给该校 8 个专课教室的全套设备。⑤ 符拉索夫还经常到全国各地技工学校参观和听取汇报，检查那里的工作和条件是否达到要求，凡是不合格的，必令其限期改正。在辽宁皇姑屯机车车辆厂技工学校考察期间，符拉索夫仔细调查研究了技工培养工作，并且针对该校工作中存在的主要问题，结合苏

① 叶苍岑：《普希金专家再论语文教学》，《人民教育》1953 年 10 月号。

② 鲁民：《普希金教授对中学历史教学的意见》，《人民教育》1953 年 8 月号。

③ 李清波：《普希金教授的意见帮助我改进了历史教学》，《人民教育》1954 年 2 月号。

④《苏联专家加里特金关于中学数学教学的发言》，《人民教育》1954 年 10 月号。

⑤ 沈志华著：《苏联专家在中国（1948—1960）》，中国国际广播出版社 2003 年版，第 216 页。

联经验提出了15条建议,极大促进了该校技工培养工作。① 1956年夏,北京电力学校聘请苏联教育专家波波夫、叶尔莫可夫举办了全国中等技术学校电工与力学教师讲习班,共授课15次。他们还对该校工作提出了237个改进意见。②

总体而论,建国初期来华的大多数苏联教育专家都怀着满腔热情,真诚地帮助中国进行各项建设,他们在工作中表现出来的国际主义精神和严谨认真的工作态度,使中国人民深受感动与鼓舞。苏联教育专家同样以敬业精神给我国广大师生留下深刻印象。"苏联的同志们,为了争取时间把他们知道的东西统统告诉我们,有时连饭都顾不得吃,有的同志在病中还坚持工作。例如60岁的普希金专家将医生限制他每天只做三小时工作的劝告秘而不宣,仍坚持讲课。戈林娜专家住在医院里,还每天坚持整理讲稿。他们认为:'只要对中国有一分帮助都感到愉快!'这种热情的帮助充分表现了苏联人民的高度的国际主义精神。"③

## 四、苏联教育书籍译介

共和国建立初期,在"一边倒"基本国策引领下,我国进口了大量苏联及其它社会主义国家的书刊。据有关研究者统计,1949年11月至1953年6月间,国际书店进口的4000万册书刊中包含苏联书刊3875万册,其它社会主义国家书刊40多万册,占全部进口书刊的97.88%。④ 以云南省图书馆为例,该馆典藏的有关苏联的中文图书,以"文革"开始为界限,大致可以分为两个历史时期。"文革"前(1947—1967年)的书籍以全面介绍苏联为主,共有1938种,典藏范围为:马克思主义、列宁主义等12种,占总数0.6%;哲学、宗教36种,占总数1.9%;社会科学1323种,占总数68.2%,其中,政治、法律占24.5%,经济占33%,文学占16.9%,文化、科学、教育、体育占12.8%;自然科学225种,占总数12%;工业技术334种,占总数17.2%,其中,金属学、金属工艺占23.7%,无线电电子学、电信技术占13.2%,交通运输占11.7%。⑤

在大量购进苏联书籍之时,我国教育领域对苏联教育书籍进行积极的翻译出

---

① 辽宁皇姑屯机车车辆厂修理工厂技工学校:《我们是怎样在贯彻劳动部苏联顾问符拉索夫同志的建议》,《劳动》1955年第3期。

② 董一博:《感谢苏联、感谢苏联专家》,《光明日报》1957年11月4日。

③ 《苏联专家在中国》,《江苏教育》1957年第21期。

④ 《新中国对外文化文流史略》编委会编著:《新中国对外文化交流史略》,中国友谊出版公司1999年版,第482页。

⑤ 《省图馆藏苏联图书》,http://www.ynda.yn.gov.cn/ynds/2452494770614829056/20080528/9074.html

版活动:一方面积极翻译并引进苏联中小学校的教材,另一方面大批翻译出版苏联有关教育理论的书籍。其中苏联中小学校教材的使用对提升我国中小学校教育质量产生了直接促进作用,苏联教育理论书籍的出版发行与广泛传播则深刻影响了新中国教育理论体系的建立。

(一)苏联教科书的翻译

早在1949年,东北人民政府教育部即以苏联十年制中学各科教材为蓝本,组织力量编译中学教科书。而从1952年起,教育部规定全国中学在数学教学上要采用东北编译的苏联数学课本。高等学校进行教学改革后,教育部把引进和翻译苏联教材作为重点工作来抓。1952年11月,教育部发出指示,要求各高校制订编译苏联教材计划,并规定首先翻译苏联高校一、二年级基础课教材以及某些必要的专业课教材。同年11月27日,教育部又颁布《关于翻译苏联高等学校教材的暂行规定》,明确了各校的翻译计划。译稿经教材编审委员会审查批准后,以"教育部推荐高等学校教材试用本"的名义出版。① 以哈尔滨工业大学为例,1952年该校在以克雷洛夫为组长的苏联专家带领下,建立了36个教研室,总共印发47种教科书,翻译各科教材155万字,还撰写了7种专著。1953年,我国翻译出版苏联书籍1837种,其中自然科学和生产技术类书籍528种,高等学校教材277种。② 1954年,我国出版苏联高等学校教材325种、高等学校政治课教材2种。③ 自1952年到1956年底,我国共出版苏联高等学校教材译本1393种,高等学校使用苏联教材629种。④ 就连英语专业都采用苏联的《高级英语》(*Advanced English*)、《大学英语》(*College English*)作基本教材。现以武汉高校为例:据《武汉大学校史》记载,其时全校教师学习苏联教材的积极性很高。仅据1953年初的不完全统计,在全校所开设的177门课程中完全采用苏联教材的有37门,占全部课程的20.9%;根据苏联教学大纲编写的讲义有11门,占全部课程的6.2%;部分采用苏联教材的有36门,占全部课程的20.3%,三者合计共占全部课程的47.4%。1954年,理科58门课程中采用苏联教材或根据苏联教学大纲编写讲义的有49门,占84.5%。此外,华中师范学院有57门课程采用了苏联教材,武汉医

① 中央教育科学研究所编:《中华人民共和国教育大事记(1949—1982)》,教育科学出版社1984年版,第68页。

② 《新中国对外文化文流史略》编委会编著:《新中国对外文化交流史略》,中国友谊出版公司1999年版,第32页。

③ 高奇:《新中国教育历程》,河北教育出版社1996年版,第35页。

④ 李涛:《借鉴与发展:中苏教育关系研究(1949—1976)》,浙江教育出版社2006年版,第69页。

学院课程中有 14 门采用了苏联教材，华中工学院基本上全部采用苏联教材。[①]

当时，我国还翻译了部分苏联教学参考书。如 1950 年就已将《米丘林生物学的基本原理》（斯托列托夫著，李何译）翻译出版。与此同时，还出版了雷先柯所著《遗传及其变异》（李景均、陈延熙译），该书对孟德尔的遗传学进行了批判，并系统地阐述了米丘林的遗传学理论。

### （二）教育类图书的翻译

翻译苏联教育类图书是我国学习苏联教育经验的有效途径之一。新中国成立之初，我国教育界就及时而迅速地翻译了一批苏联教育类图书。1949 年我国翻译出版有 8 种苏联教育类图书，其中包括《苏联学生的思想政治教育》（G·R·阿尔纳乌托夫编）、《加里宁的教育思想》（H·N·包德列夫著）、《苏联国民教育组织》、《马卡连柯的生平及其教育学说》等。[②] 据统计，1957 年仅人民教育出版社翻译出版的苏联教育著作就有 303 种，总发行量达 1262.8 万册。[③]

在翻译出版的苏联教育类图书中，对我国教育界影响最大也是最早译介到中国的是凯洛夫的《教育学》。该书共有三个版本：1939 年版、1948 年版和 1956 年版。1939 年版没有在我国翻译出版，1948 年版最早由新华书店在 1950 年 12 月和 1951 年 2 月，分上下册翻译出版。翻译出版该书之前，已有刊物对节译部分予以介绍。比如，《人民日报》1949 年 11 月 14 日刊登了梅鼎斯基撰、于卓译的该书第 21 章《苏联的国民教育制度》。1950 年 3 月 28 日、4 月 3 日《人民日报》又分别刊登该书第 12 章《苏联的劳动教育》、第 1 章第 5 节《教育学的对象和方法》。《中华教育界》、《东北教育》、《河北教育》等也都刊发了凯洛夫《教育学》的部分章节。1951 年 12 月，凯洛夫《教育学》又由南至善、陈侠共同修订，人民教育出版社再版发行。该书被列为“大学丛书”，到 1956 年共印 10 次，印数为 291516 册。1957 年 3 月，人民教育出版社以最快速度翻译出版了凯洛夫《教育学》的新版本（1956 年版），此后共印行 8 次，总印数 193897 册。由是凯洛夫《教育学》新旧版本的总印数达到 50 万册左右。[④] 在翻译出版的同时，我国教育界对凯洛夫《教育学》给予极高赞誉。于卓在翻译该书第四章时就盛赞：“全书内容丰富，体系严整，在马列主义的科学的教育学中，够得上是一部经典著作。”教育界学者曹孚在研读之后也认

---

① 湖北教育厅：《湖北教育五十年——湖北高等教育》，http://www.e21.cn/zcfg/hb50/02.htm

② 王青：《一年以来我国出版界关于苏联书籍出版情况》，《中苏友好》第 2 卷第 6 期。

③ 有关数据见《教师报》1957 年 11 月 8 日。

④ 毛礼锐、沈灌群主编：《中国教育通史》（第 6 卷），山东教育出版社 2005 年版，第 82 页。

为,“苏联先进的教育学,具体的表现在凯洛夫的《教育学》这本书里”。[①] 教育部甚至规定将凯洛夫《教育学》作为机关干部每周业务理论学习的书籍。[②] 乃至中小学校也出现“要搞什么工作了,就找凯洛夫”的情形[③]:“为了很好地学习苏联的教学法,我们每个人首先必须精读凯洛夫的《教育学》。”[④]《人民教育》作为宣传苏联先进教育经验的阵地,刊登了多篇有关学习凯洛夫《教育学》的文章。[⑤] 其它教育刊物以及《教师报》等也都对凯洛夫《教育学》作了介绍。1956 年 12 月 30 日至 1957 年 1 月 23 日,凯洛夫应中国教育科学研究所筹备处的邀请访华。在华期间,他先后到北京、重庆、昆明、广州、上海等地会见教育界人士,并作了一系列报告。凯洛夫的报告介绍了苏联教育科学院的建立及教育科学研究经验,阐明了以马列主义为指导的教育学的基本理论观点,批判了资产阶级教育理论的虚伪性和反动性。凯洛夫的到来使我国再度掀起了学习凯洛夫《教育学》的热潮,并对新版凯洛夫《教育学》在中国的翻译出版起到了推波助澜的作用。

除凯洛夫《教育学》外,其时中国还翻译了苏联其它教育学著作。1951 年 3 月,人民出版社翻译出版了冈察洛夫著、郭从周等翻译的《教育学原理》[⑥]。同年 9 月,正风出版社出版了高晶奇译、奥戈罗德尼科夫和史姆比辽夫合著的《教育学》;1953 年,人民教育出版社出版了于卓、王继麟等译的叶希波夫、冈察洛夫合著的《教育学》;同年人民教育出版社出版了陈侠、丁酉成译的斯米尔诺夫著《教育学初级读本》;1955 年 6 月,人民教育出版社出版了申比廖夫、奥哥洛德尼柯夫合著,陈侠、熊承涤等译的《教育学》。[⑦] 后者因为“反映了苏联教育科学的最新方向与成

---

① 周谷平、徐立清:《凯洛夫〈教育学〉传入始末考》,《浙江大学学报(人文社会科学版)》2002 年 11 月。

② 刘英杰:《中国教育大事典(1949—1990)》,浙江教育出版社 1993 年版,第 13 页。

③ 袁宗凯、黄实君:《我们是如何学教育学的》,《人民教育》1953 年 5 月号。

④ 《问题解答》,《人民教育》1951 年第 3 卷第 3 期。

⑤ 如 1951 年 8、9、10 期分别刊登了署名青士的文章《学习凯洛夫〈教育学〉第一章后的一些体会》;1952 年第 6 期又刊登了青士的《论人底个性的全面发展——凯洛夫〈教育学〉第二章学习笔记》;1953 年 12 期刊登了山西洪洞第一中学语文教学研究组的文章《学习凯洛夫〈教育学〉五六两章的一些收获》;等等。

⑥ 该书在 1950 年已译介到中国。《人民教育》1950 年第 4 期刊登了有关冈察洛夫《教育学原理》的 5 篇文章,介绍了 1950 年 1 月苏联教育界对冈察洛夫《教育学原理》进行讨论的情况。该会议由苏俄教育科学院主席凯洛夫主持,虽说是讨论,但文字间反映出来的更多是批判。苏联教育界认为冈察洛夫在该书中没有概括也没有反映苏维埃教师们的先进教育经验,其根本缺点是“没有充分圆满而深刻地阐明和说明苏维埃教育学的对象,没有适当说明苏维埃教育学的特点”。《人民教育》同期也刊登了冈察洛夫的自我批评文章:《我所犯的错误之本质与其原因》。

⑦ 该书作者申比廖夫、奥哥洛德尼柯夫即为 1951 年正风出版社出版的《教育学》的作者:史姆比辽夫和奥戈罗德尼科夫,只是人名翻译有所不同。1955 年版的《教育学》比 1951 年版更受好评,被认为是苏联教育科学新发展和新进步的体现。1951 年版则受到较多批判,甚至被认为存有重大缺陷。

就”,“已经(被)俄罗斯苏维埃联邦社会主义共和国教育部批准为师范学院教科书”[①],因而1955年至1956年间此书在我国共印行5次,印数为192240册。此外,我国还翻译出版了与教育理论有关的苏联书籍,如达尼洛夫、叶希波夫编著的《教学论》,科尔尼洛夫所著的《心理学》(苏联师范学校心理学课本,我国一些高等学校曾翻译过,但未公开发行),科尔尼洛夫、斯米尔诺夫和捷普洛夫合编的《高等心理学》(该书是苏联高等师范学校心理学的教学参考书),查包洛塞兹所著的《心理学》,捷普洛夫的《心理学》,沙巴也娃主编的《教育史》,麦丁斯基的《世界教育史》,冈察洛夫的《世界教育史纲》,斯米尔诺夫的《教育学初级读本》,崔可夫的《教育学讲义》,列昂赤也夫的《儿童心理的发展》。学前教育的书籍有舍落瓦诺夫、阿卡莎里娜合著的《三岁儿童的集体教育》,斯彼兰斯基的《从出生到上学儿童的保育》,苏罗金娜的《学前教育学》,乌索娃的《幼儿园语言课程》,门得舍次卡雅的《幼儿园创造性游戏》,舍落瓦诺夫的《三岁前儿童的集体教养》,萨古林娜的《幼儿园绘画泥工教学法》,瓦里戈维依著《保育院教学方法的研究》,玛露克娃的《家庭中幼儿劳动就业》,任斯朱沙尼洛瓦的《农村学前教育工作者手册》,福尔林纳多娃的《七岁儿童的教育》,由胡继安、朱子杨译的阿克萨琳娜等编《托儿所和保育院婴幼儿教养手册(上下册)》,等等。上述这些教育学书籍大多成为我国师范院校的教材和教学参考书,如叶希波夫、冈察洛夫合编的《教育学》成为我国中等师范教育学教科书的蓝本,1953年至1956年先后共印10次,印数为260000册。[②] 不仅如此,这本《教育学》也成为指导中小学教师开展教育实践的必备书籍。[③] 苏罗金娜的《学前教育学》(高天浪译、朱智贤校)被认为是一本“系统而全面地讨论幼儿教育理论和实际的书”,中央人民政府教育部将其确定为我国幼儿师范学校《幼儿教育》代用课本。[④] 心理学方面,由赵璧如翻译的捷普洛夫(Б. М. Теплов)《心理学》(第五版),被认为是建立在巴甫洛夫关于高级神经系统活动学说的“现代唯物主义心理学的自然科学的基础上”的科学心理学。所以,虽然只是苏联中学课本,但此译本被“中央教育部和出版总署指定为全国师范学校的教学参考书”。[⑤] 而查包洛塞兹所著《心理学》,是苏联幼儿师范学校心理学课程的教学参考书,该书因具有与学前教育工作结合紧密,注意适应儿童心理特点进行教育工作等优点,而

---

① 人望:《介绍申比廖夫、奥哥洛德尼柯夫合著〈教育学〉》,《人民教育》1956年7月号。

② 毛礼锐、沈灌群主编:《中国教育通史》(第6卷),山东教育出版社2005年版,第83页。

③ 《江苏教育》1957年第22期刊登了两位小学教师在学习叶希波夫、冈察洛夫《教育学》后运用该书关于复试教学理论改进教学的经验总结。

④ 陈侠:《介绍〈学前教育学〉》,《人民教育》1953年8月号。

⑤ 陈侠:《介绍捷普洛夫〈心理学〉第五版》,《人民教育》1952年11月号。

被中央教育部指定为我国幼儿师范学校课本。①

当时马卡连柯的教育思想、加里宁的共产主义教育思想对中国教育界也产生了较大影响。苏联著名教育家马卡连柯的思想在1950年被介绍到中国。是年，《马卡连柯的生平及其教育学说》一书由中苏友好协会编辑。1951年，《马卡连柯教育论文选》(1～4册)在北京出版。此后，马卡连柯的《家庭与学校的儿童教育》、《塔上旗》、《父母必读》、《马卡连柯全集》及其著名教育小说《教育诗》等相继翻译出版。这些书籍的译介引发了中国学习马卡连柯教育思想的热潮，各中小学纷纷召开座谈会研讨马卡连柯教育思想，我国许多教育工作者还撰写了大量学习马卡连柯教育思想的文章。加里宁著《论共产主义教育》一书也有较大影响，为如何培养学生的共产主义道德品质提供了有益经验。与此同时，我国还陆续翻译了一批教育参考书，如索柯洛夫著、小英等译的《苏联学校教育讲座》，该书介绍了苏联学校的学制、课程、各种学校规章制度和学校各种组织。葛洛尼茨卡雅著、高亚天译的《我的儿童教育工作》，介绍了苏联社会主义国家对儿童教育的目的以及幼稚园教育经验。麦尔尼柯夫、斯卡特金合编的《中小学的综合技术教育》介绍了综合技术教育的任务和内容、综合技术教育与普通科目学习的关系、实施综合技术教育的途径等。据统计，1951年至1957年秋人民教育出版社翻译出版的苏联教育书籍达303种，共发行12627849册。②

我国翻译出版的苏联教育书籍，或作为我国各级各类学校的教材或教学参考书，或由于中国教育理论、实践工作者的热情学习，成为直接影响中国教育实践及理论发展的重要因素。

需要指出的是，这一时期苏联也出版了一些中国学书籍，总数大致为1014种。③ 教育类图书在其中占有一定比重，多为语言文字类的教科书、辞典。如，《汉语教科书》(伊萨延科，莫斯科，1954)；《汉译俄教材》(戈列洛夫，莫斯科，1966)，《汉语拼音及正字法教材》(马察耶夫等，莫斯科，1966)，等等。④ 与同期我国从苏联引进的教育类书籍相比，无论数量还是涉及的领域都有明显差距，这在一定程度上再次反映出其时中苏教育交流的单向性特征。

---

① 陈侠：《介绍查包洛塞兹著的〈心理学〉》，《人民教育》1954年7月号。

② 毛礼锐、沈灌群主编：《中国教育通史》(第6卷)，山东教育出版社2005年版，第85页。

③ 中国社会科学院文献情报中心编：《俄苏中国学手册》(下)，中国社会科学出版社1986年版，第776页。

④ 中国社会科学院文献情报中心编：《俄苏中国学手册》(下)，中国社会科学出版社1986年版，第1044～1045页。

## 五、两国高校校际交流

校际交流是指在平等互利的条件下，两国高等学校之间互派代表团组进行访问；互派留学人员；互相邀请教师、学者讲学，进行学术交流和科技合作；召开双边学术会议；联合培养研究生和举办各种短训班；互换学术论文和图书资料等交流活动，这是国家间教育交流的主要内容之一。中苏高校校际交流始于20世纪50年代。经两国政府批准，1954年10月莫斯科大学与北京大学建立了直接联系。这是新中国成立后最早建立直接交流关系的中苏高校。1955年5月，北京大学教务长周培源、中国人民大学副校长胡锡奎赴苏参加莫斯科大学200周年纪念会。1955年，清华大学与苏联列宁格勒加里宁工学院、莫斯科包曼高等工业学院建立了直接联系。莫斯科动力学院不仅与清华大学建立直接联系，还与交通大学、哈尔滨工业大学、成都电讯工程学院联系紧密。①

1956年3月26日，国务院批准高等教育部《关于执行中苏两国高等教育部间建立直接联系的暂行规定》和《中国高等学校、中等专业学校和苏联高等学校、中等专业学校直接联系的暂行规定》。这两个文件规定两国教育部要定期交换各种书籍和其它出版物："中国高等教育部和所属的高等学校编印的出版目录或出版计划，随时寄赠苏联高等教育部作参考，同时建议苏方也能将苏联高等教育部和苏联高等学校编印的出版目录或出版计划，随时送我方做参考。"纳入交换的出版物包括：中国高等学校和中等专业学校教学所必要的教学资料，如教科书、教学参考书、教学大纲、学生的课程设计和毕业设计、课程论文、毕业论文、教师的教学论文报告、直观教材、教学所用的电影片和幻灯片、实验设备资料、仪器设备图样、生产实习说明等。凡是能在中国书店买得到的，都不列入交换范围。1956年7月5日，中苏双方签订两国文化合作协定，明确校际交流的目的是"促进和发展高等学校之间的直接联系，交流教学经验并交换教学资料和出版物"。此后，两国高校交流不断增多。例如，1957年2月至5月，北京矿业学院院长吴子牧率领中国煤炭工业部机械、机电考察团赴苏联进行为期3个多月的考察。考察期间，吴子牧于4月22日和5月4日分别与哈尔科夫矿业学院和莫斯科矿业学院签订了校际友好合作与交流协议书。② 乌克兰沃夫工业学院与北京大学、北京石油学院经常保持合作联系、莫斯科动力学院也与北京大学保持经常性联系。1957年12月2日，

① 《苏中友谊日益巩固——发展苏中两国学者的创造性合作》，《苏中友好》1959年第3期。

② 《中国矿业大学（北京）校报（电子版）》第181期第4版（2009年10月8日），http://cumtbxiaobao.cuepa.cn/show_more.php?doc_id=216210

《高等教育部关于加强我国高等学校和苏联、各人民民主国家高等学校之间建立联系工作的通知》指出:“目前我国各高等学校已有63所和苏联、各人民民主国家相应的学校之间建立了直接联系……我们和苏联、人民民主国家的高等学校间的直接联系,应本着虚心学习、相互帮助的精神,进行教学和科学研究方面问题的探讨和经验交流,从而对我国高等教育建设事业具有实际意义,并尽可能满足对方的要求,而不应流于形式。”①该通知还规定高校直接联系的内容:各专业培养目标及范围的探讨、教学计划中各门课程的设置及变动情况的讨论、教学方式的情况讨论、直观教材运用的经验、专门化课程及实验的经验、研究生培养的经验、教研室工作的经验等10个方面的内容,同时规定直接联系不包括人员往来,也不能委托对方代购图书或代办其它纯事务性的工作。

1958年1月18日,中苏两国高等教育部代表在莫斯科签订《中华人民共和国高等教育部和苏维埃社会主义共和国联盟高等教育部关于双方高等学校合作进行科学研究工作的协定书》。1958年3月,教育部部长杨秀峰访苏期间同苏方商定第一批两国高等学校合作进行科学研究的具体项目有85个,并规定有效期为1958年到1962年。这些项目主要集中在:交换科学研究工作的资料、论文、专著或其他情报;根据本国政府规定的程序,邀请对方科学工作者进行合作研究;互派科学研究人员进行短期进修等。同月,郭沫若率中国政府代表团访问苏联,并签订《关于中苏两国政府间共同进行最重要的科学技术以及在研究中苏联向中国提供援助的协定》。该协定商定,到1962年双方共同研究的重要科学技术问题达到122个。教育部对该项合作十分重视,于1958年5月17日下发通知,要求我国有关高等学校重视这些合作项目,并规定学校应由校(院)长或负责科研工作副校(院)长亲自领导这一工作:组织力量,采取具体措施,严格执行,定期检查。1958年9月5日教育部再次下发通知,要求有关高等学校检查中苏两国高等学校合作进行科学研究工作和校际直接联系开展情况。尽管我国十分重视这项工作,但大部分合作项目在1960年中苏关系恶化后都被迫中止,两国间教育部门和高校之间建立的合作关系也名存实亡。据统计,到1960年我国共有66所高等学校与苏联85所高等学校建立了直接交换教学和科研资料关系,苏联供应给我国高校教

① 《高等教育部关于加强我国高等学校和苏联、各人民民主国家高等学校之间建立联系工作的通知》(1957年12月2日),何东昌主编:《中华人民共和国重要教育文献(1949—1997)》,海南出版社1998年版,第788~789页。

材有 6000 种。①

## 第三节　建国初期中苏教育交流的时代特点

新中国建立之初进行的中苏教育交流,在当时社会政治、经济、文化等因素的深刻影响下,打上了浓重而鲜明的时代烙印。尽管建国初期的中苏教育交流不过十余年光景,却是中苏(俄)教育交流史上最为浓墨重彩的一笔。与其它历史时期的中苏(俄)教育交流相比,这一时期的两国间教育交流主要体现出以下几个特点。

### 一、不对等性明显

交流只会发生在两个或两个以上并相互发生联系的民族、地区或国家之间,因而交流是双向性的,只有一方的交流是不存在的。交流的目的是相互学习、取长补短、共同进步。在交流过程中,双方应是地位平等、相互尊重。当然,因两个国家间的政治、经济、文化发达的程度不同,会存在一方占据优势地位,而另一方居于劣势地位的情况。当两者间差距过大时,这种交流就趋向不平衡,主要表现为交流由高水平的发达国家或地区向低水平的欠发达国家和地区流动。

建国之初,新中国由于在经济、政治、科学技术、教育等领域均落后于苏联,因此这一时期的中苏各领域交流更多表现为由苏联向中国方面单向性输出。郭沫若就曾将中苏文化交流的不平衡现象比喻为“洪流与溪涧”:“由苏联介绍到中国来的作品可以说是洪流,由中国介绍到苏联去的作品似乎只有一条溪涧。”1942年,郭沫若谈到中苏文化交流时再次感慨道:“苏联文化给予我们的影响,真是浩浩荡荡像洪水一样向我们中国奔流,而我们中国的文化输入到苏联的方面怎样呢?这,说起来真叫我们惭愧,两相比较,真是不可同日而语。”②郭沫若这一论述虽然针对的是五四运动到抗日战争的 20 年间,但是也适用于从抗日战争到 60 年代“文革”爆发之前这一时期。而建国初期中苏教育交流活动也明显体现出“洪流与溪涧”的特征。

---

① 该数据来自李涛《借鉴与发展:中苏教育关系研究(1949—1976)》,(浙江教育出版社 2006 年版)第 69 页。而《新中国对外文化文流史略》编委会编著的《新中国对外文化交流史略》(中国友谊出版公司 1999 年版)第 443 页显示:1954—1960 年我国共有 65 所高等学校与苏联 81 所高等学校建立了直接关系。

② 李随安:《洪流与溪涧:中俄文化交流的不平衡问题》,栾景河主编:《中俄关系的历史与现实》,河南大学出版社 2004 年版,第 117 页。

此时期的中苏教育交流明显体现出不平衡、不对等,中苏教育交流主要是从苏联流向中国:苏联作为文化教育先进国家处于交流的优势地位,中国作为文化教育不发达国家处于交流的劣势地位;苏联教育大量向中国输出,中国主要以学习苏联教育理论、经验为主要任务,而中国的教育理论、经验几乎没有被苏联所关注;中国充当的角色是学习者、模仿者,而苏联充当的角色是指导者、帮助者。中苏两国教育之间缺少真正意义上的相互学习、相互切磋、相互讨论。虽然我国也曾派出汉语专家到苏联从事汉语教学,例如1953年我国向苏联派出了4名汉语教师;1960年,在莫斯科大学东方语言学院工作的中国汉语教师有刘全李、李格非和邢宫畹三人。[①] 但这与来华苏联专家的数量根本不成比例。此外,与我国派遣大量留苏学生相比,苏联派到中国的留学生可以说寥寥无几。

这种交流的不平衡、不对等,不仅仅是因为中国当时外部客观条件的制约,更重要的是来自于中国内部的自信心的缺失。在建国最初的几年里,中国缺乏足够的自信心,对自己固有的东西不重视、不研究,对苏联的东西过分相信与依赖。缺乏自信,使我国建国初期的中苏教育交流成为一种单向性的吸收和学习。

## 二、政治色彩浓烈

国家间的交流合作会不同程度地受到政治因素影响,教育交流亦是如此。当两国政治关系良好时,国家会通过政府手段自上而下地推动教育交流的发展,两国间的教育交流活动必然增多且渠道顺畅;当两国政治关系出现僵局时,教育交流必然困难重重甚至可能终止。建国初期的中苏教育交流尤为表现出强烈的政治性。

中苏两国社会制度相同,政治立场一致,这是两国交流与合作的前提和基础。新中国成立之初,中国就制定了“一边倒”基本国策。1950年签订的《中苏友好同盟互助条约》正式确立了两国政治外交关系。赫鲁晓夫上台头两年,对中国采取了比斯大林更为友好的态度,积极援助中国建设,从而使中苏关系步入“蜜月期”。1956年,两党关系出现破裂端倪,在此后几年内中苏关系迅速冷却。至60年代,中苏关系由思想意识形态的分歧演变为兵戎相见,最终导致中苏关系彻底破裂。

中苏教育交流的节律与两国政治关系完全同步。建国之初,为配合“一边倒”基本国策,我国教育领域积极响应“以俄为师”号召,开始大量学习苏联先进教育经验,改造旧民主主义教育。当两国“蜜月期”时,我国各级各类学校开展“全心全

① [苏]扎多延柯、鲁勉斋:《谈谈对俄罗斯学生的汉语教学法》,《中国语文》1958年第7期。

意”、“老老实实”、“勤勤恳恳”、“彻底地”、“全面地”学习苏联教育经验的热潮。当两国关系出现裂痕并走向反目时,中国教育界也开始对学习苏联教育进行检讨,并逐步发展为对苏联教育本身进行口诛笔伐,把苏联教育经验看作“与资产阶级教育只是五十步与一百步之别”,是“假社会主义,真资本主义”,对前期学习苏联先进教育经验进行全面否定。

不仅如此,在选派留苏学生方面同样政治色彩浓厚。国家对留苏学生的选拔极为重视,把选拔留苏学生作为建设新中国的重大政治任务。各地选拔留苏学生活动均在当地党委直接领导下进行,留苏预备生的政治审查程序繁复、严密。政治上绝对可靠、思想觉悟高是选拔留苏人员的最重要标准。对已在苏联学习的留学生,我国也没有放松对其在政治上的要求。驻苏大使馆建立了专门管理留苏生的机构,并在各学区成立学生党支部和学生会。假期时,利用一个月时间将留苏学生集中起来进行政治学习。留苏学生通过阅读《红旗》、《人民日报》及使馆编写的小册子,了解国内的政治情况,从而与党的方针路线政策保持一致。尽管留苏学生数量多,分散在苏联的各个城市,但是党组织对每个留学生的思想状况、学习情况都了如指掌。

中国高等学校经过院系调整和改造知识分子思想后,同样形成了浓厚的政治氛围。一个人的进步与否,首先看其政治热情和政治水平,政治好就一切都好。高校的政治学习和马列理论学习成为经常性工作,每个人都要不断向党组织靠拢,做到原则分明、立场坚定,敢于向一切非马列主义的思想作斗争,还要积极参加各种政治活动。不仅学生们的政治活动越来越多,学习时间不断减少,而且教师们也加入到这场轰轰烈烈的政治学习之中,甚至于一些白发苍苍的老教授也开始突击学习俄语。例如,中央音乐学院的教师学习苏联教育理论后,在声乐学术讨论会上进行了深刻反省,“很多同志批判了自己过去在声乐教学中忽视结合业务进行政治思想教育的重大缺陷”①。中央美术学院的全体教员在学习了《关于高等学校的政治思想教育工作》、《苏联高等学校的政治教育工作》等文件后,纷纷表示要克服过去只考虑“教学”而忽略“教育”,甚至不把政治思想教育工作列为必要工作项目的现象,并决心采取多种措施在教学中贯彻政治思想教育。雕塑系通过多种活动开展针对学生的政治思想教育:“有计划有准备地通过班会、构图课和日常活动来贯彻政治思想教育的。每月向学生进行一次‘月初谈话’。教员也经常和学生作个别谈话。为向学生进行专业思想和爱国主义的教育,系里还采取了小

① 《学习苏联声乐艺术的先进经验——记中央音乐学院声乐学术讨论会》,《人民音乐》1955 年第 6 期。

型的专题报告会、和艺术家见面、名艺术家作品介绍以及与苏联美术学院通讯等多种多样的活动。"①教师们在教学中逐渐舍弃了"资本主义的、腐朽的教育内容",增加了苏联社会主义内容,各科目的教学内容处处体现政治性,就连自然科学也带上了"阶级性"。例如关于生物遗传学的争论就是如此。20世纪40年代,苏联在生物遗传学领域米丘林的学说和美国学者摩尔根的学说共存。50年代初,时任苏联农业科学院院长李森科认为米丘林学派是唯物主义的,是符合马克思列宁主义世界观的;而美国摩尔根学说是资产阶级主观唯心主义的产物,是为帝国主义服务的,因而是反动的。由是学术领域内的一场辩论转变为意识形态上的分歧,蒙上了一层浓厚的政治色彩。在中国,我们也把摩尔根学派作为资产阶级和唯心主义的伪科学而加以否定,并扣上政治反动的帽子,禁止研究。《人民日报》还发表了题为《为坚持米丘林方向而斗争》的文章。一时间,在学校教育的自然科学领域万口同声地认为只有苏联的自然科学是世界上最先进的:"化学系的某些教学小组经常把苏联科学小丛书上的化学先进发明吸收到教材中去;普通植物教学小组在集体编写讲义过程中,也批判了过去一本常用的美国教本后,采取了米丘林的研究路线,在他们的教学过程中,即按照米丘林的原则来分析生物的变化,又如普通化学教学小组也根据列宁的学说来解释物质的概念;根据苏联学者对于唯能论的批判来讲质、能间的关系;根据热的运动与分子吸引力的矛盾,来解释气体液化的现象。动、植物系也根据苏联学者勒伯辛斯卡娅的活质学说,来批判旧的细胞学说;根据巴甫洛夫对于生物整体的观点,来批判欧美学者研究生物现象的破裂分割的观点。数学系也根据列宁的反映论,来批判'数学是人类理智的创造'的错误观点等等。"②

教育界尤为值得深思的事件是对凯洛夫《教育学》的学习与批判。凯洛夫《教育学》在中国经历了大起大落,从奉为经典到贬为"冒牌的马克思主义教学论",这完全是以政治为主要判断标准。在批判时,认为凯洛夫看不到社会主义国家的国内外还存在阶级、阶级矛盾和阶级斗争,他的《教育学》失去了党性,"这是这本书的致命的缺点"。③

我们不论是对苏联教育理论的褒扬、学习,还是对苏联教育理论的批判、攻击,都是站在政治立场上来进行的。对任何教育问题的处理都是上升到政治高度来看待,即所谓的"上纲上线",这使得我们无法超越政治藩篱,从客观角度真正认

---

① 《中央美术学院积极加强政治思想教育工作》,《美术》1955年第12期。

② 刘海军著:《束星北档案——一个天才物理学家的命运》,作家出版社2005年版,第74~75页。

③ 许崇实:《社会主义教育学中的一个重要问题》,《人民教育》1964年第6期。

识事物本质。建国初期的中苏教育交流表现出的浓厚政治色彩，实际上严重阻碍了中国对苏联教育思想精华部分的吸收与借鉴。

## 三、全方位的渗透

建国初期，学习苏联教育经验是我国改造旧教育建立新教育的重要途径，因而我国表现出对苏联整个教育体系的全面借鉴和模仿。“我们学习苏联教育上的每一项经验以及一系列的经验，都必须加以全面地系统地了解，把握它的精神实质。”①我国学习苏联教育经验是全方位的，包括各级各类学校各种课程的教学内容、教学方法、教学组织等，学科范围涵盖社会和自然科学学科，学习主体既包括机构、组织也包括个人。可以说，中苏教育交流让苏式教育以无孔不入的方式渗透到人们的工作、学习和生活中。

我国的学前教育、中小学教育和高等教育，均开展了向苏联先进教育经验学习的活动，并逐步形成以苏联教育体系为模板的教育系统。在幼儿教育中，我们对中国幼教专家陈鹤琴的“活教育”理论进行了全面批判，否定了民国时期形成的中国幼儿教育体系，全面移植了苏联幼儿教育的内容、方法、组织原则，形成以传授系统知识为主要任务、以上课为主要组织形式的幼儿教育模式。在小学、中学教育方面，尽管苏联与我国初、中等学校的修业年限有所不同，但我国还是以苏联中小学教学大纲和教学计划为蓝本，编订了统一的中小学教学大纲和教学计划，并积极编译苏联的初、中等学校教材供授课使用。教学方法也照搬苏联的五步教学法，考试则采用五级记分法。尤其值得一提的是，其时的外语课程及教学基本上是俄语的“家天下”，小学生们人手一册“十年一贯制”的《俄语》课本，成为一种案头摆设。在高等教育方面，我国的学习更加彻底，从院系调整、专业设置到教学大纲、教学计划的制定到教学内容的实施再到教学方法的采用，都来源于苏联高等学校，考试同样采用苏联高校的口试和四分制记分法（优、良、中、劣或优、良、及格、不及格），不再使用“落后”的笔试和百分制。甚至作为国家教育行政机构的高等教育部，也是仿照苏联的做法而设立的。由此可见，苏联对我国高等教育的深远影响。

中等专业学校同样是学习苏联的主要阵地之一。我国中等专业学校仿照苏联中等专业设置专业，编订教学大纲和教学计划，加强教学实习与生产实习，并将领导管理权移交各业务部门。苏联教育的影响同样渗透到艺术类院校中。例如，

---

①《进一步学习苏联的先进教育经验—迎接中苏友好月》，《人民教育》1952年11月号。

中央音乐学院在苏联声乐专家梅德维捷夫的指导下,对过去不重视学生的政治思想教育,只进行专门技术训练,教学中缺乏共同研究、相互学习的集体主义精神等问题进行了"改正"。在1955年4月19至22日举行的声乐学术研讨会上,声乐系系主任喻宜萱介绍了苏联莫斯科音乐学院院长阿·斯维什尼科夫在全苏声乐教育会议上的报告,并着重介绍了苏联声乐教学的原则。之后,该系教师汤雪耕介绍了该校苏联专家梅德维捷夫的教学方法。"通过对苏联先进的声乐教学方法的反复讨论,对过去教学中各种错误思想与错误方法的批判,大家都更进一步地认识到苏联声乐教学方法的优越性。"①中央美术学院也开展了向苏联美术界学习的活动。1955年2月,苏里柯夫美术学院教授康斯坦丁·麦法琪叶维奇·马克西莫夫受聘出任中央美院顾问,他是第一个美术教育方面的来华专家。中央美术学院院长江丰在欢迎会上说:"马克西莫夫同志来到中国,使我们有机会直接地、有系统地学习苏联的先进艺术经验。我们相信在马克西莫夫同志的指导下,不论在我们的美术教育事业上,或在油画师资的培养上,将会带来非常重大的、宝贵的贡献。"马克西莫夫不仅是一位油画家,还是一位优秀的美术教育家,他在中央美院举办了具有深远影响的"油画进修班",培养了一批出色的油画人才。就读于列宁格勒列宾美术学院学习的留苏学生,在受到苏联艺术教育熏陶之后,对苏联美术教育体系引入中国同样起到了重要作用。

我国各类学校的课程教学也都没有摆脱苏联学校教育的巨大影响。我国中小学将语文分为语言和文学进行教学,就是学习"苏联的先进经验之一"。建国之初,北京市教育局对中学语文教学的有关情况做过调查,在调查基础上提出语文教学要向苏联学习,认为"苏联中学的文学课,已经获得了惊人的巨大成就"②。我们还将《苏联中学教学大纲》中规定五至七年级"俄语"和"文学阅读"分开教学的做法,并认其为"我国中学语文教学的一个新方向"③。1951年3月,中央教育部提出语言和文学分科教学的设想。1953年12月,中央语文教学问题委员会给党中央提交了《关于改进中小学语文教学的报告》,分析了语言文学混合教学的弊病,强调语文教学必须实行语言和文学分科教学。1954年2月,中央政治局扩大会议批准了该报告。由此,各地中学的语文教学都开始套用组织教学、复习提问、讲述新课、巩固知识、布置作业这五个教学环节。此外,我国中小学数学的课本也以苏联十年制中小学课本为蓝本来编订。而中学数学的课本、教学大纲和教学计

① 《学习苏联声乐艺术的先进经验——记中央音乐学院声乐学术讨论会》,《人民音乐》1955年第6期。
② 刘国盈:《关于中等学校的国文教学》,《人民日报》1949年11月15日。
③ 徐世荣:《中等学校语言教学中的几个问题》,《中国语文》1953年第3期。

划都是参照苏联中学数学的内容并结合我国情况编订。1957 年余元庆、魏群、张玺恩在《数学通讯》杂志上发表《坚定不移地继续学习苏联中学数学教学方面的先进经验》一文，对学习苏联中学数学后我国数学内容变浅、学生成绩下降的说法进行了驳斥，他们认为苏联数学教育在政治思想教育方面、科学系统方面、教学原则等几方面体现了优越性，我国通过学习苏联数学教学的经验，已经提高了我国中学数学教育的质量。

科学界也在开展学习苏联活动。苏联的科学被我们认为是世界上最先进的科学，具有强大的优越性。苏联科学家用马克思、列宁主义武装自己，获得了明确认识与足够信心，他们与披着理论外衣的各种唯心主义和机械唯物主义进行斗争，“这样，就让科学自由自主地走上了辩证唯物主义的道路”①。我国在学习米丘林、李森科的生物学说后，对孟德尔-摩根主义进行了批判；学习威廉斯的土壤学说，使我们从“资产阶级土壤学者形而上学的观点和方法中解放出来”；学习巴甫洛夫的学说，批判了心理学上的资产阶级行为主义和完形学说的错误理论。其它诸如植物形态学、植物分类学、遗传学、古植物学、细胞学等学科都通过学习“苏联先进科学”而获得了提高。在学习苏联科学过程中，既有中国科学院、各高校等以单位为主体的学习，也有科学家个人的学习。比如，苏步青在了解了苏联数学成就后曾说：“我以科学家和教育工作者的身份坚决保证在思想上和技术上向苏联学习。”②

建国初期我国对苏联教育的学习全面而广泛。这种运动性学习使我们变得盲目、盲从，凡苏联有的，我们就讲，苏联没有的，我们就不讲，不管中国的实际情况，也不考虑中国的需求。此类僵化学习苏联教育的状况，在各级各类学校的教学内容和教学方法上体现得尤为明显。如在讲采暖设备时，连俄罗斯古代炉子都讲了，却不讲中国的煤炉和土炕。③ 苏联的直观教学法(也叫形象教学法或实物教学法)被视为“理论联系实际”的有效教学方法，中国学校因对此方法的迷信导致“狭隘的实际主义教学方法”产生，比如“二年一班上国语《卖菜》一课，教师教儿童在课堂上作实际表演”，“X 完小教师教《爱迪生幼年的故事》时，拿一个鸡蛋叫学生实际表演孵鸡”。④ 由此，必然会引发中国教育界深刻反思应如何正确学习苏联教育。

---

① 李四光：《我们必须学习苏联先进的科学经验》，《生物学通报》1952 年第 3 期。

② 苏步青：《学习苏联科学的先进经验》，《数学通讯》1952 年第 4 期。

③ 毛礼锐、沈灌群主编：《中国教育通史》(第 6 卷)，山东教育出版社 2005 年版，第 93 页。

④《克服向苏联学习中的形式主义——教学工作检查报告》，《人民教育》1950 年第 1 卷第 6 期。

## 四、由反思而批判

新中国的建立本身就不是完全照搬马克思主义的结果，而是不断反思和总结经验教训，将马克思主义与中国实际情况相结合的产物。因而，从中苏教育交流开始，中国就强调"认真结合中国的实际，而只是形式地机械地搬用苏联经验是不对的"，交流必须"注意领会其实质，善于把它和中国的实际情况结合起来"。

1950年1月17日颁布的《关于中国人民大学实施计划的决定》指出："教学与实际联系，苏联经验与中国情况相结合。"1950年6月全国第一次高等教育会议上也明确指出："学苏联也一定要同中国的实际相结合，否则也可能成为教条。"中国的教育工作者在实践中不断总结经验教训，力图使苏联教育本土化。学习苏联教育最早的东北地区，从1950年开始总结学习苏联教育经验中存在的问题。《人民教育》第1卷第6期刊登了大连市人民政府文教局的文章《克服向苏联学习中的形式主义——教学工作检查报告》，这是最早批评僵化学习苏联教育经验的文章。文中对机械地将每节课分为检查段、授新课段、归纳和布置习题段，各科教学中生拉硬凑进行政治思想教育，教师随意实施五级记分法和机械搬用直观教学法等问题，都进行了有理有据的批评。在全面学习苏联时期，《人民教育》也刊登了一些文章，指出学习苏联教育经验过程中存在的各种问题，如《中等学校学习苏联的一些情况和问题》、《学习苏联经验中的问题》、《中国人民大学学习苏联经验的总结》、《略谈高等学校学习苏联先进经验的成就和问题》、《要创造性地学习苏联教学经验》等。这些都是伴随我国教育界对学习苏联经验不断反思而总结出的经验。这些文章揭明："学习苏联先进经验必须要从今天中国的实际情况出发"，"凡是需要根据中国实际情况加以必要的变通和合理的发展的，就要大胆地去研究创造，而不要机械搬用。只有坚持既反对机械搬用和照本宣科的教条主义，又反对拒绝学习苏联的经验主义(或资产阶级的成见)，才能全面地学习苏联先进经验和正确地结合中国的实际。"[①]在当时全国学习苏联的大背景下，在其时政治大氛围的笼罩下，尽管这些理性认识难能可贵，但这类反思并没有产生出更大的实质性影响。

中苏大规模教育交流后期，学习苏联过程中表现出的教条主义引起国家领导人的关注。毛泽东曾表示："学习苏联也不要迷信。对的就学，不对的就不学。"1956年10月13日，在第一届全国人大常务会第四十八次会议上，刘少奇听取高

---

① 张健：《略谈高等学校学习苏联先进经验的成就和问题》，《人民教育》1955年2月号。

等教育部部长杨秀峰的报告后指出："教学工作中的教条主义恐怕相当严重，学习苏联是好坏一齐学，不顾中国条件，结合实际不够，有相当严重的教条主义倾向，所以产生了许多毛病，产生了许多困难。学习苏联经验要有分析，必须独立思考。应该考虑一下，外国的这个经验是好还是坏，即使它的经验好，在我们这里能不能行得通，这也是个独立思考的问题。"①

俟至中苏教育交流的停滞时期，我们对苏联教育的态度发生一百八十度的大转弯，全国上下一心地进行了猛烈的批判，将前期学习苏联教育经验的问题无限放大，把苏联教育经验都看成是"教条"，学习苏联教育经验就是"教条主义"，就是"殖民地学风"。后期对苏联教育的批判也是一种反思，但是一种极端的"反思"，这样的批判只是"一棍子打死"，并没有客观总结经验教训，为将来的教育交流活动提供历史借鉴，因而也没有真正起到反思的作用或效果。

## 第四节　建国初期苏联教育对中国教育的影响

建国初期，在当时复杂的国际、国内形势下开展的中苏教育交流，对新中国教育体系的形成与发展产生了相当深远的影响。这种呈现单向性流向的教育交流，虽然短期内在一定程度上满足了我国社会主义建设对各级各类人才的需求，改造了旧教育，奠定了新教育的基础；但从长远来看，其对中国教育的未来发展也产生了一定的负面影响，甚至在某些方面对中国教育现代化进程有所阻滞。

### 一、新型学制的确立

苏联十月革命胜利后，新生的苏维埃政权对旧学制进行了改革：在初等和中等教育方面，废除了传统双轨制，建立"统一劳动学校"，实施免费、义务的普通教育和综合技术教育，大力发展师范教育，开办工农速成中学，大规模地推行扫盲运动；在高等教育方面，大力吸收工农青年，同时根据国家经济建设的需要，培养具体的专门人才。经过30多年的建设，到新中国成立时，苏联的国家教育制度已较为成熟，而刚刚成立的新中国正缺乏兴办社会主义教育事业的经验。于是，我们在学习苏联学校教育制度的基础上建立起新中国的学校教育制度。1951年10月1日，政务院公布实施《关于改革学制的决定》，这是新中国成立后颁布的第一个学

① 中共中央文献研究室编：《刘少奇年谱（1898—1969）》（下卷），中央文献出版社1996年版，第377页。

制。新学制是根据新民主主义的教育方针制定的，贯彻了教育向广大工农群众敞开的方针，保障了工农劳动人民受教育的权利，明确了技术学校、专科学校在学制中的地位。

（一）初等教育

为保证工农子女接受到完全的初等教育，新学制取消了原来初小、高小分段的做法，而是仿照苏联的做法实施小学五年一贯制，入学年龄以满 7 岁为准。为贯彻落实五年一贯制，1950 年秋北京市选择六所小学开展五年一贯制试验。在此基础上，1951 年颁行的新学制确立了实施五年一贯制的初等教育制度，并决定自 1952 年秋季起，除个别地区外，一般小学一年级新生开始实行五年一贯制。为此，1952 年 11 月 15 日教育部发出《关于小学实施五年一贯制的指示》。这在当时被认为是“中国教育史上划时代的一件大事”。小学五年一贯制的推行，无疑使工农劳动大众在基础教育层次上享受到完全平等的受教育机会和权力，以利于广大劳动人民文化水平的提高。但因为条件不足，1953 年教育部就要求停止推行，全国小学仍维持四、二分段的学制构架状态。

（二）中等教育

为贯彻学校向工农开放的方针，新学制突出强调工农干部学校、补习学校和训练班在学校教育系统中的地位。当时我国的工农大众文盲较多，文化水平低下，如何在短时期内培养一批工农干部成了亟待解决的关键性问题。为此，我们在继承老解放区教育传统的基础上，学习苏联在高等学校中附设工人系、农民系的做法，成立工农速成中学，其设学目的和任务是使工农干部短时间内快速补习完中等教育，迅速提高文化水平。就此意义而言，我国设立的工农速成中学“性质和苏联的工人系、农民系是一样的”①。1950 年 4 月 3 日，我国第一所工农速成中学——“北京实验工农速成中学”开学。当年 6 月，全国就开办了工农速成中学 12 所。1950 年 12 月，政务院发布《关于举办工农速成中学和工农干部文化补习学校的指示》，各地政府根据指示迅速建立起一批工农速成中学、各种干部文化补习学校。1951 年 2 月，教育部正式颁布实施《工农速成中学暂行实施办法》，对建立工农速成中学作了明确规定。工农速成中学使大批工农干部获得再教育的机会，对于提高他们的文化素质起到了一定作用。从 1950 年开办到 1954 年止，全国共建工农速成中学 87 所，调配了 3700 名教师和干部，招生 64700 余名。② 但由于大批

① 顾明远：《论苏联教育理论对中国教育的影响》，《北京师范大学学报（社会科学版）》2004 年第 1 期。

② 毛礼锐、沈灌群主编：《中国教育通史》（第 6 卷），山东教育出版社 2005 年版，第 45 页。

优秀工农干部长时间的脱产学习不现实，而且文化科学知识的学习并非一朝一夕就可完成，因此教育部和高等教育部于 1955 年 7 月 9 日联合发布《关于工农速成中学停止招生的通知》："今后除工农子女应按普通教育程序大量入校学习外，对广大工农干部和工农群众的学习，应坚决贯彻业余学习为主的方针，不再采用举办工农速成中学的办法。因此决定工农速成中学自 1955 年秋季起停止招生。"

在新学制中，我国还突出了中等技术学校的地位，并由中等专业教育取代了职业教育。1951 年 6 月召开的全国中等技术教育会议，明确了中等技术教育的基本方针任务，并确定中等技术学校由各业务部门管理，从而加强学校与经济建设的直接联系。1952 年以后，我国对全国范围内的中等专业学校进行调整。教育部按照苏联中等专业学校的专业目录，确定了我国中等专业学校目录，并由各主管部门统一确定所属学校的专业设置。通过调整，新设立了地质、矿业、机电、铁路交通、水利电力、无线电、矿业、化工等中等专业学校。此外，在苏联专家的帮助下，教育部协同各中央主管部门制定了中等专业学校的统一教学计划。

### （三）高等教育

中国高等学校对苏联教育的学习最突出、最彻底、最全面。建国初期中国高校的调整与改革深深地打上了苏联教育的烙印，其影响至今依然有迹可循。

#### 1. 建立学习苏联高等教育的"试验田"

新中国成立之初，我国在高等教育领域树立了两个学习苏联教育的典型：中国人民大学和哈尔滨工业大学，这两所大学学习苏联高等教育的经验，为全国高等学校教育教学工作的改革树立了榜样。

##### (1) 中国人民大学的创办

1949 年 12 月 16 日，政务院第十一次会议决定成立一所新型大学，以适应国家新的经济建设的需求。而在新中国第一次全国教育工作会议上，与会者一致认为，创办中国人民大学培养共和国建设人才，是完全新式的高等教育的起点，并将该校的任务确定为："接受苏联的先进经验，有计划、有步骤地培养新中国的各种建设干部。"由此，中共中央以华北大学、华北人民革命大学和政法干校为基础，依据苏联经验创办了一所新型正规大学——中国人民大学。时任国家副主席刘少奇十分关心中国人民大学的创办，并积极参与到中国人民大学的筹备工作之中。尽管当时新中国仍处于经济困境，但国家还是对中国人民大学的创办经费予以充分保证。仅在 1950 年，中国人民大学的经费就占到教育部全部概算的 1/5。①

---

① 成仿吾著：《战火中的大学》，人民教育出版社 1982 年版，第 159 页。

1950 年 10 月 3 日，中国人民大学正式举行开学典礼。① 根据苏联高校经验，在校部的组织结构中成立了教务部、研究部、行政事务部和图书馆 4 个部门，6 个教研组，并聘请苏联专家指导学校开展各项工作。1950 年至 1957 年间，中国人民大学先后聘请苏联专家 98 人，是全国聘请专家最多的高等学校。这些苏联专家对中国人民大学全面学习苏联经验起到了重要作用。1952 年以前，苏联专家主要给中国教师授课，再由中国教师转授学生。1954 年以后，苏联专家主要为中国教师作专题讲授和系统辅导，并以教研室科学辅导员身份指导中国教师从事科学研究工作，提高他们的理论水平。苏联专家也曾为中国人民大学培养研究生，7 年间为 2574 名研究生授课，此外，苏联专家还指导中国人民大学教师编写了大量讲义和教材。1950 年至 1957 年，由苏联专家直接编写和由其指导中国教师编写的讲义、教材达 101 种，共 556945 万字。苏联专家还帮助中国人民大学建立了一整套高等教育制度与管理方法，并帮助中国教师提高理论水平。②

作为学习苏联教育经验的榜样，其时媒体对中国人民大学的情况作了大量报道。如在《人民教育》杂志 1951 年的 12 期中，除 8 月、10 月、11 月、12 月号外，其余每一期都刊登了中国人民大学学习苏联教育经验的情况。③ 这些文章将中国人民大学建校一年来学习苏联教育经验的情况向教育界作了全面介绍。例如，《中国人民大学是怎样进行成绩考查的》介绍了该校学习苏联高校考试经验，改进学生成绩评定方法的做法。文章对人民大学注重考查平时成绩，采用苏联高校的口试形式和四级计分方法给予了很高评价，还总结了使用这种考查方法的经验和具体做法。《中国人民大学的教研室工作》介绍了该校 41 个教研室的工作内容、人员组成机构，总结了教研室一年来的工作经验。《中国人民大学的“习明纳尔”》介绍了苏联课堂教学方式“习明纳尔”的目的、实施步骤与方法，归纳了“习明纳尔”的优点及人民大学采用该方法取得的成绩，并号召“这种新的教学方法，应当在全国大学里有计划地有步骤地推行起来”。而《中国人民大学“系”的工作》介绍了该

① 根据中国人民大学副校长成仿吾的介绍，实际上在 1950 年 2 月，中国人民大学就已经开始招生上课了（详见成仿吾著：《战火中的大学》，人民教育出版社 1982 年版，第 159 页）。

② 毛礼锐、沈灌群主编：《中国教育通史》（第 6 卷），山东教育出版社 2005 年版，第 78 页。

③ 如张腾霄：《中国人民大学的教学概况》（第 2 卷第 3 期）；周铭、张腾霄：《中国人民大学培养研究生的工作》；张向一：《中国人民大学科学研究工作底开端》（第 2 卷第 4 期）；张腾霄：《中国人民大学是怎样进行成绩考查的》（第 2 卷第 5 期）；成仿吾：《中国人民大学的教研室工作》；王焕勳：《中国人民大学教育学教研室是怎样进行工作的》（第 2 卷第 6 期）；成仿吾：《中国人民大学的工人学生》；张腾霄：《中国人民大学怎样贯彻爱国主义教育》；刘经宇：《中国人民大学的“习明纳尔”》（第 3 卷第 1 期）；何戊双：《中国人民大学“系”的工作》、张琳：《中国人民大学工厂管理系的工作》（第 3 卷第 2 期）；齐一：《中国人民大学的教师工作》（第 3 卷第 3 期）；张文寿、钟涵：《中国人民大学青年团的工作》（第 3 卷第 5 期）。

校的系是由有关学科的教研室和各年级学员组成，并直接接受校长领导的教学行政部门。

1954 年，高等教育部召开了中国人民大学教学经验讨论会，全国各类高等学校的校长和教学干部共 400 多人参加了会议。中国人民大学副校长胡锡奎在会上就本校学习苏联的经验作了总结报告。会后，各大学纷纷要求派老师到人民大学学习，与人民大学的教研室建立直接联系。由此可见，中国人民大学在学习苏联教育经验方面对全国高等院校确实起到了典型示范作用。

(2) 哈尔滨工业大学的改造

如果说中国人民大学是我国高校社会科学学科学习苏联的榜样，那么理工科学习苏联的样板就是哈尔滨工业大学。1950 年 4 月，教育部根据中央人民政府副主席刘少奇的指示，制定了《哈尔滨工业大学改进计划》。根据《计划》要求，哈尔滨工业大学应仿效苏联工业大学的办法，培养理工人才；每年抽调各理工学院的讲师、助教和教授进入该校参加教学研究，以加强国内理工科的师资力量。1951 年春，以弗·瓦·古林总顾问为首的第一批苏联专家进驻哈工大，他们帮助哈尔滨工业大学"制定了每一专门组的五年教学计划"。① 1951 年至 1957 年间，哈工大先后聘请苏联专家 67 人，其中讲授基础课的专家 14 人，讲授专业课的专家 53 人。该校聘请苏联专家的人数仅次于人民大学，在全国高校中占第二位。在苏联专家的帮助下，短短几年，哈工大建立了 19 个专业，由一个设备简陋、教学不正规、基础薄弱的高校转变为一所新型的高等工业大学。苏联专家为该校和全国培养了 557 名研究生和进修教师，教授了 151 门课程，编写了 66 门主要专业课程讲义，帮助建立了 68 个具有现代化设备的实验室。② 到 1954 年 5 月，高等教育部和第一机械工业部认为，哈工大"已基本上改造成为采用苏联教学制度的新型工业大学"。该校学习苏联高等工业学校进行的教学改革对全国理工科高校的改革起到了一定的导向作用。

在中国人民大学和哈尔滨工业大学两个高校试点的基础上，有计划、有准备的大规模高校院系调整于 1952 年拉开序幕。这次全国性的院系调整为新中国高校制度的形成打下了基础，也加速了全国高校学习苏联教育经验改造旧制高等教育的进程。

2. 高等学校院系调整

1950 年 6 月，教育部部长马叙伦在第一次全国高等教育会议上指出："从我们

---

① 《苏联专家是怎样帮助哈尔滨工业大学培养建设人才的》，《人民日报》1952 年 12 月 13 日。

② 毛礼锐、沈灌群主编：《中国教育通史》(第 6 卷)，山东教育出版社 2005 年版，第 80 页。

国家的需要来说,全国高等学校的数量还是很少,特别是质量不高,还远不能满足各项建设工作的要求。"因此,今后高等学校改革的任务:第一,也是最重要的一点,必须密切配合国家经济、政治、文化、国防建设的需要,而首先要为经济建设服务,因为经济建设乃是整个国家建设基础。第二,我们的高等学校从现在起就应该准备和开始为工农开门,以便及时地为我们的国家培养大批工农出身的科学技术专家。第三,我们的高等教育应该随着国家建设逐渐走上轨道,逐步走向计划化。与会的苏联专家阿尔辛节夫介绍了苏联十月革命胜利后高等教育工作的经验,指出"现在中国高等学校所遇到的任务,也和苏联的高等学校在伟大的十月革命后所遇到的任务是原则上相同的"。依据苏联高等教育培养人才的经验,中国大学也应该"照专门化的方针发展"。① 阿尔辛节夫的发言为中国高校的院系调整埋下了伏笔。1952 年,高等教育部首席顾问福民在天津高等学校院系调整座谈会上介绍了苏联高等教育改革的经验,指出"高等教育改革的原则"应该按照生产部门的业务将旧有的某些系划分成为"独立的学院",同时"把各校相同的专业合并",使同一区域内高校培养干部的工作不致重复。为此,高等教育部应制订全国统一的专业表和每一种学科的统一教学计划。② 福民的讲话为其时我国高等教育改革指出了方向,直接推动高校院系调整的开展。

1951 年 11 月,教育部召开全国工学院院长会议,按照苏联工学院的模式,提出了全国工学院调整方案,从而揭开了 1952 年全国范围内高校调整工作的序幕。这次高等学校院系调整的方针是:"以培养工业建设人才和学校师资为重点,发展专门学院,整顿和加强综合大学。"调整原则是:根据国家建设规划,将全国公私立高等学校通盘规划,合理布置学校网;同类系科适当归并,或组建成专门学院;集中人力财力,力求扩大工科、师范学院和综合大学理科的规模,加快发展速度。根据苏联高等教育模式,以华北、华东、东北为重点的第一阶段高校院系调整于 1952 年年底基本完成,我国有四分之三的高等学校参与其中。这次调整取得了一定的成效:将一些不能适应国家经济建设的大学取消或合并,建立了一批新的专门学院,新建了一些系科。为解决高等学校分布不合理的问题,1955 年我国又开始了第二次大规模高校院系调整,本次调整至 1957 年结束。经过两次大规模高校院系调整,我国全面贯彻了苏联高等教育改革的经验,形成了新中国高等学校的基本格局,基本落实了新学制对高等教育应包含大学、专门学院和专科学校三类教

① [苏]A·д·阿尔辛节夫:《从苏联高等教育的经验略谈几个问题》,《人民教育》第 1 卷第 3 期。

② [苏]A·A·福民:《苏联高等教育的改革——在京津高等学院院系调整座谈会上的讲话》,《人民教育》1952 年 9 月号。

育结构的要求。

3. 高等学校的专业设置、教学计划及大纲

我国高等院校的调整主要是为满足国家各项建设对人才的需求，而真正落实人才培养任务的则是更为具体的高校专业设置。时任高等教育部副部长曾昭抡在《人民教育》1952 年 9 月号发表《高等学校的‘专业’设置问题》，阐释了高校专业设置的相关问题：“新的‘专业’设置制度，使高等学校培养每门专门人才的目的性更为明确，教学的组织领导更为科学合理，教学的效果更能贯彻理论联系实际的原则。”[①]如何设置专业呢？首先政府按照国家经济、文教、政法等方面建设的需求，决定全国应该设立的专业，然后结合各高校师资、设备条件，在每校设置一定专业。至于大学、各专门学院、工学院应该设置何种专业，曾昭抡没有给出具体答案，只是认为专业设置“是一种专门学问”：“一种专业的范围太宽，培养的人才不免不尽合乎建设的需要。专业分得太细，范围太窄，毕业出来的学生，也许连分配工作都有困难。”而苏联高校的专业设置是经过长时间摸索出来的，因而值得我们直接采用。当然，苏联高校的几百种专业也没有必要全部照搬，这是因为我国缺乏相关的师资设备，无法全面模仿，而且基于新中国经济建设的实际情况也没有必要与苏联高等教育的专业设置保持一致。根据这种思想认识和专业设置理念，1957 年院系调整结束时，我国高校共设置专业 323 种，其中工科 183 种，理科 21 种，文科 26 种，农科 18 种，林科 9 种，医科 7 种，师范 21 种，财经 12 种，政法 2 种，体育 2 种、艺术 22 种。[②] 除综合大学、多科性工业学院外，还增加了地质、矿业、钢铁、航空、水利、铁道、公路、造船、化工、汽车拖拉机制造等专门学院。

毋庸讳言，建国初期我国高校的专业设置是按照苏联高校专业设置完成的，因而出现很多与我国实际需要不符之处。如专业范围受限，全国整齐划一，毫无灵活余地，专业划分和设置过细过窄，等等。像苏联的机械制造类约 40 多种专业，我们差不多都照样画葫芦，而我们大量需要的制造锅舵机的蒸汽活塞专业，反而没有。[③] 这不能不说是一种缺憾。

落实各专业培养目标的重要保障是教学计划和教学大纲的实施。1953 年 9 月，在上海召开了高等工业学校重点修订教学计划座谈会。在苏联专家的指导下，会议共制定或修订了机械制造工艺、工业和民用建筑等 7 个专业的统一教学

① 曾昭抡：《高等学校的‘专业’设置问题》，《人民教育》1952 年 9 月号。

② 《中国教育年鉴》编辑部编：《中国教育年鉴（1949—1981）》，中国大百科全书出版社 1984 年版，第 239 页。

③ 毛礼锐、沈灌群主编：《中国教育通史》（第 6 卷），山东教育出版社 2005 年版，第 93 页。

计划。该会议为各专业教学计划的制定提供了示范。1953年上半年,我国共颁布实施193个统一的高等教育专业计划。为配合教学计划,高等教育部和教育部还制定了全国统一的各主要专业的教学大纲,统一了教学内容和要求。

4. 高等学校行政、教学管理体制的形成

1950年7月28日,政务院通过《关于高等学校领导关系的决定》,强调全国高等学校由中央人民政府教育部统一领导。由于当时全国划分为几大行政区,所以规定华北区高校由人民政府教育部管理,其它各区均委托本区行政教育部管理。伴随全国高校院系调整的完成,我国高校管理体制开始全面学习苏联高校管理模式。

1952年12月,高等教育部从教育部独立出来,主要负责高等学校管理工作。这一举措也是参照苏联设立高等与中等专业教育部的做法。1953年10月,政务院公布《关于修订高等学校领导关系的决定》,对高等学校与管理部门的关系作出说明:综合性大学由中央高等教育部直接管理;与几个业务部门有关的多科性高等工业学校由高教部直接领导,但如果高教部认为有必要,经与中央有关业务部门协商,可委托其管理;为某一业务部门培养干部的单科性高等学校可委托有关业务部门管理。对某些高校,高教部及中央有关业务部门管理存在一定的困难,可以委托学校所在地的大区行政委员会或省级人民政府管理。①

高校院系调整后,我国改变了原来的大学—学院—系的组织体系,撤销了学院,增设系并加强了教学研究组、教学研究室的力量。大学内部的基层单位不是学院,而是系或教研室。系是教学行政单位,教研室是大学的基本教学组织单位。教研室由系主任、苏联指导员、主讲教员、实习教员、研究生共同组成,主要负责讲课、实习、辅导和科学研究工作。

在苏联专家帮助下,各高校仿照苏联高校模式加强了各种规章制度的建设。这些规章制度包括教师工作量、工作日制度,生产实习规程,考试考查办法,科学研究规程等。这些教学管理制度的制定在一定程度上规范了高校的教学工作,但也存在某些不符合我国国情之处。

## 二、教育内容的更新

教育是造就人才的事业,新中国的社会主义建设需要何种人才,学校就必须按需提供。旧中国的学校教育内容充斥着“资本主义、封建主义的流毒”,所以必须根除,以新中国的社会主义教育内容取而代之,从而培养共和国的建设者和接

① 谢雪峰著:《从全面学苏到自主选择——中国高等教育与苏联模式》,华中科技大学出版社2004年版,第85~86页。

班人。

苏联教育内容以马克思、列宁主义为灵魂，这是苏联教育的精神实质，也是我国课程开设、教材编写的指导思想。我们将马列主义、毛泽东思想的立场观点和方法有目的地贯彻到各科教学中，使教师和学生从根本上树立起为社会主义大众服务的思想。

为了加强政治理论的学习，中国仿效苏联设立政治学校和政治训练班，并在各级各类学校中普遍开设政治课。中小学开设的是时事政治课，而高校学生则必须学习马列主义和毛泽东思想，加强国际主义思想教育。根据规定，政治课应占全部授课时间的10%～15%。① 在学习苏联的样板——中国人民大学里，本科政治理论课的教学时数约占全部教学总时数的20%左右，专修科则约占30%左右。政治理论课共有四门，即马克思列宁主义、政治经济学、中国革命史、辩证唯物主义和历史唯物主义。其中马克思列宁主义的教材是《苏联共产党(布)历史简要读本》。②

中小学的教科书、教学参考书大多来自苏联，甚至中小学乃至幼儿园的教辅或故事书，里面所用的故事教材也多是俄罗斯童话、寓言等。例如在中小学数学教学内容上，我国完全以苏联十年制中学数学课本为蓝本来编写。凡苏联教的，我们就教；苏联不学的，我们也不学，造成1953年至1958年间小学算术程度和初中、高中数学程度大体上比建国前降低了近一年的水平。③ 在语文教学内容中，我们学习苏联俄语和文学分开教学的做法，将汉语和文学分开单独设置课程。汉语侧重讲字词句和语法规则，文学主要侧重于学生对文学作品的了解、欣赏与创作。

在外语学习方面，我国规定有条件的中学宜设俄语，高中只有缺少俄语教师的学校可授英语，其余一律学俄语。高等教育确定俄语课为必修课，授课时间每周至少4小时。在高等院校不断压缩西方外国语教学的同时，全国俄语教育得到迅速发展。1952年，我国将全国英语专业压缩为8个教学点，法语、德语专业全国只有3个教学点。相比而言，俄语专业“遍地开花”。1952年，教育部设立的专门俄语学校有北京俄专、哈尔滨俄专、华东人民革命大学附属外文专修学校等。其它各部委也设立了俄专学校，如一机部设立大连工业俄专、二机部设立北京工业俄专、军委属下有大连俄专等。一些综合性高校也开设了俄文系，如北京大学、中国人民大学、南京大学、南开大学、复旦大学、中山大学、武汉大学、山东大学、东北

① 高奇著:《新中国教育历程》,河北教育出版社1996年版,第4页。
② 成仿吾著:《战火中的大学》,人民教育出版社1982年版,第160页。
③ 毛礼锐、沈灌群主编:《中国教育通史》(第6卷),山东教育出版社2005年版,第100页。

人民大学、广西大学和南昌大学等。高等师范院校由于“计划今后只有少数中学保留英语课,决定只保华东师大英语系,其他院校英语系一律停办,一二年级学生尽可能动员学俄语”①。更为激进的是,一些省区还给小学生普遍发放了《俄语》教材,意欲全体小学生都必须学习俄语。

## 三、教学组织与方法的改进

苏联的教育方法经过长期实践和探索,在教学中起到了一定的积极作用。苏联教育专家安德列扬诺夫曾自信地说:“教学方法问题在苏联有很周密的研究,这是一种很完美的制度,我敢说苏联的教学方法要比资本主义国家的教学方法优良数倍。”②

苏联的教学方法因科目性质不同而有所不同,但总体而言其基本原则是理论与实际相联系,注重直观教学和生产实习。我们借鉴了苏联的教学方法,注意改进课堂讲授质量,尽量将课堂与实践联系起来。在高等学校和中等专业学校的教学过程中,形成了按教学大纲和教材讲解的课堂教学为主体并辅以实验、实习、课堂讨论、习题课的教学模式,中小学普遍采用了苏联“五步骤”的教学模式。这种教学方法一般可分为:讲授;课堂讨论(习明纳尔)或练习或实验;生产实习;课程设计(论文);考试(一般分为平时成绩考查、口试、测验);毕业论文(设计)。在各级学校的教学方法上,我们基本上仿照了苏联的这一模式,并采用苏联学校的口试考试方法和五级分制的记分方法。各具体的课程的教学方法也模仿苏联,例如苏联专家普希金在参加北京女六中“红领巾”观摩教学后的发言,竟然引发了中国语文教学方法的改革,各地语文教学大都采用了组织教学、复习提问、进行新课、巩固知识、留家庭作业五大步骤。

总而言之,建国初期的中苏教育交流经过了一个明显的兴起、蜜月、停滞的演变过程,其中很多东西带给我们深刻的启示。其时两国间的教育交流既为当时新生的中华人民共和国的全方位建设造就了一大批人才,奠定了共和国新型教育体系的基础,同时也为中国的教育事业带来比较明显的负面影响,一定程度上阻滞了中国教育事业的全面快速发展。这种历史现象对于中国教育发展史来说,可谓“成也萧何,败也萧何”!

---

① 中央教育科学研究所编:《中华人民共和国教育大事记(1949—1982)》,教育科学出版社1984年版,第82页。

② [苏]安德列扬诺夫、阿尔辛节夫:《关于苏联高等学校的教学、行政组织与政治思想教育等问题》,《人民教育》第3卷第5期。

# 第四章

# “文革”至苏联解体时期的中苏教育交流

“话说天下大势，合久必分，分久必合。”这句出自于中国古典名著《三国演义》的名言，似可用来形容20世纪60～80年代中苏关系的发展走势。事实上，在经历了新中国建立初期的一个短暂“蜜月期”后，从20世纪50年代后期开始，中苏关系因意识形态、国家利益等方面的纷争不断而逐渐走向低谷。1961年以后，中苏两党在意识形态上的分歧进一步扩大，各种论战、攻击此伏彼起。1966年，中国“文化大革命”爆发，“苏修”与“美帝国主义”同样成为当时中国社会的批判对象。受此影响，新中国在未与苏联正式断交的情况下断绝了联系，中苏教育交流活动就此不得不出现暂时性中断。直至20世纪80年代，两国间的教育交流才随着中苏关系正常化得到恢复与发展。而在1991年底，由于苏联解体，已恢复正常的中苏教育交流因政治格局变化被中俄教育交流取代，由此进入新的发展时期。

## 第一节　历史背景与中国有关政策调整

### 一、中苏关系背景的变换

20 世纪 60 年代，中苏两党、两国关系发生了剧烈变化，由亲如兄弟转变为互相对抗，这种对峙局面一直持续到 80 年代初。在此期间，中国于“文革”末期抓住国际形势朝着有利于中国方向发展的历史机遇，积极开展与各友好国家的相互交流与合作。由于中国国际地位的提高和世界政治潮流的变化，中苏两国关系在 80 年代出现缓和局面。1989 年苏联最高领导人戈尔巴乔夫访华，中苏关系实现正常化。然而，随着东欧各社会主义国家于 20 世纪 80 年代相继发生政治巨变，苏联作为最大的社会主义国家也于 1991 年 12 月 25 日宣布解体，由俄罗斯代替前苏联获得联合国常任理事国席位。自是由美苏两大军事阵营主宰的世界格局发生了改变，冷战结束，一个多极化的世界新局势正逐渐形成。

#### （一）中苏关系的破裂与恢复

中苏之间的矛盾肇始于 20 世纪 50 年代后期。1956 年苏共二十大召开，由此中苏两党在意识形态上的矛盾凸显。此后几年间，中苏之间的分歧、论争愈演愈烈。虽然两国关系已出现裂痕，但中国与苏联还是尽量维护彼此间的友好互助关系。1957 年 10 月，中苏代表在莫斯科签署《关于在特种技术方面给予中华人民共和国援助的议定书》。该议定书规定，苏联在原子能项目上援助中国。为此，苏联不仅派遣 5 名专家到中国工作、提交两枚供教学用 P—1 导弹样品及技术说明书，并且第一次允许自己国家有关高校在 1957—1958 年学年度接收 50 名中国大学生，安排他们进入相关专业学习。然而这种和谐局面很短暂，不久即被打破。1958 年，苏联向中国提出建立联合舰队和在中国境内建立长波电台的建议。由于此举将对中国主权造成侵犯，毛泽东予以坚决反对。为此，赫鲁晓夫曾专程飞赴北京向毛泽东解释，但并未取得实质性结果。赫鲁晓夫回国不久，“炮轰金门”发生。因中国未将此事知会苏联，赫鲁晓夫颇为恼火。上述种种事件使中苏关系从 1958 年起开始走向低谷。正如毛泽东回忆当时情形所言：“事实上同苏联闹翻是 1958 年，他们要在军事上控制中国，我们不干。”[①]1959 年 6 月，苏联单方面撕毁关

① 杨先材主编：《共和国重大事件纪实》（上卷），中共中央党校出版社 1998 年版，第 688 页。

于特种技术援助协定，停止向中国提供原子弹样品和生产原子弹的资料。此后，在中印边境冲突问题上苏联公开发表偏袒印度的声明，并对中国的大跃进、人民公社运动表示不满。1960年布加勒斯特会议后，中苏两党论战一发不可收拾。当年7月，苏联单方面撕毁技术协定，要求在7月28日后的一个月内撤走在华的全部1390名专家，并终止派遣专家900多名。1966年，"文化大革命"席卷全中国。在这样一个特殊的历史时期，中苏关系进一步恶化，中国对苏联进行大批判，把"苏修"与"美帝国主义"相提并论，苏联集体农庄被说成是"强化资产阶级法权"、"复辟资本主义"。1967年，红卫兵冲击苏联驻华大使馆。1968年，苏联在新疆、蒙古大量增兵，威胁中国边境安全。1969年，中苏在黑龙江珍宝岛和新疆铁列克提发生大规模武装冲突。双方兵戎相见令中苏间的交恶达到顶峰，这就使同时期的中苏教育交流活动不得不处于完全停滞状态。1969年10月20日，在北京进行的中苏边境谈判未果。"文化大革命"时期，中苏两国关系一直呈紧张态势。这种两国对峙的僵局，直到20世纪80年代初期才得到缓解。

1979年4月，中国五届人大常委会第7次会议正式决定，1950年签署的《中苏友好同盟互助条约》期满后将不再延长。与此同时，中国政府表示愿意改善两国关系。1979年9月，中苏副外长级谈判未果。同年，苏联入侵阿富汗，该事件给苏联造成了内外交困的复杂局面。1982年3月，苏联领导人勃列日涅夫在塔什干发表讲话：不否认中国存在着社会主义制度，完全承认中国对台湾的主权，同时强调苏联愿意改善同中国的关系。我国对此番讲话予以积极回应。此后，中苏两党、两国间的关系开始趋于好转。中国方面认为，其时恢复中苏关系存在三大障碍：即苏联从中苏、中蒙边境撤军；从阿富汗撤军；促使越南停止入侵柬埔寨，并从柬埔寨撤军。只有消除这三大障碍，中苏关系才能进一步发展。但是苏联拒不承认这三大障碍的存在。为解决中苏之间存在的种种分歧，1982年到1986年间两国共进行了9轮副外长级谈判，均未取得突破性进展。尽管如此，但中苏关系已显现回暖迹象，两国在经济、科技、文化、贸易等领域的互利合作和人员往来得到不同程度的恢复和发展。1982年中苏贸易额为6.04亿瑞士法郎，1983年达16.64亿瑞士法郎。1984年双方恢复边境贸易，当年中苏贸易额上升为26.5亿瑞士法郎。1984年底，曾作为来华专家总顾问的阿尔希波夫访华，并与我国签订了《中苏经济技术合作协定》、《中苏科学技术合作协定》、《中苏成立经济、贸易、科技合作委员会的协定》。阿尔希波夫访华并签订相关协定后，中苏贸易额继续迅速增加，1985年达到46亿瑞士法郎。中苏两国在经济、教育、文化等方面交流的逐步恢复及苏联对消除"三大障碍"所做努力，都为两国关系实现正常化奠定了基础。1989

年5月15～18日，戈尔巴乔夫率领苏联党政代表团对中国进行了为期4天的正式访问。邓小平在会见戈尔巴乔夫时说，中苏关系应该结束过去，开辟未来，戈尔巴乔夫对此深表赞同。5月18日，中苏两国在北京发表《中苏联合公报》。至此，中苏两党、两国结束了持续20多年的分裂和敌对状态，进入睦邻友好与战略合作的新时期。

1989年以后，国际政治形势、世界格局发生了深刻变化。从该年起，波兰、民主德国、罗马尼亚等东欧社会主义国家相继发生巨变。11月9日，分割民主德国与联邦德国的柏林墙被推倒。1990年10月3日，以东德并入西德的方式实现两德重新统一。德国的统一加速了社会主义体系在欧洲的崩溃。作为最大的社会主义国家，苏联也开始了政治体制改革，出现由多党制代替苏共一党执政的局面，民族冲突有增无减，各加盟共和国纷纷要求独立，而此时苏联经济则处于几近崩溃的边缘。在此期间，中国本着不干涉别国内政、尊重本国人民选择的方针，继续同苏联保持良好外交关系。1991年5月，中国国家主席江泽民访问苏联，这是中苏关系发展史上的一个里程碑。1991年12月25日，苏联宣布解体，作为国家实体的苏维埃社会主义联邦共和国不复存在。至此，中苏关系结束，新的中俄关系取而代之。

### (二) 中国国际交流的开展

"文化大革命"开始后，我国外交工作受到极大冲击，几乎退出了所有的国际组织和国际会议，与外部世界的政治、经济、文化等方面联系几近中断，这种封闭状态一直持续到"文革"后期。20世纪60年代末，国际形势发生了重大变化，欧洲共同体的形成和扩大，日本经济大国地位的确立，亚、非、拉人民民族解放运动的兴起，不断地冲击着旧有的世界秩序。世界格局开始从两极向多极化方向发展。随着世界政治格局的改变，中国领导人敏锐地抓住了这一时机并由此打开中国的外交局面。

就在中苏冲突达到顶峰的1969年，中美关系开始出现缓和局面。美国为扭转同苏联争霸的不利地位，并谋求从越南"脱身"，开始接近中国。1969年发生的珍宝岛事件，成为美国改善中美关系的契机。首位来华访问的美国特使基辛格在回忆录中谈到，利用中苏边境的武装冲突，加紧同中国改善关系，"这样做的目的是使苏联感到不安"。尼克松上台后，结束越战成为当时亟待解决的首要问题，他提出必须"尽快并且尽可能体面地结束战争"，并认为"问题的关键不在河内，而在北京和莫斯科"。基辛格更直言不讳地表示："向中国开门可能帮助我们结束那场战争的苦难。”①这些情况表明，中美关系出现了向积极方向转变的机遇。1971年4月，中方邀请美国乒乓球代表团访华。这场后来被称为“乒乓外交”的外交事件轰动了世界，并极大地推动了中美之间的和解。同年7月，美国国家安全事务助理基辛格博士秘密访华，为尼克松总统的访华做好了前期准备。1972年2月21日，尼克松总统正式访华。2月27日，两国发表《上海联合公报》，这标志着中美关系开始步入新的历史时期。1973年5月，中美两国分别在华盛顿和北京设立联络处。1978年，美国总统福特访华。同年12月18日，中美两国发表《中华人民共和国和美利坚合众国关于建立外交关系的联合公报》。1979年1月1日，中美两国正式建立大使级外交关系。1979年1月28日至2月5日，时任国务院副总理邓小平访美，这是两国建交后中国第一位国家领导人访问美国。访问期间，我国与美国签订了科技和文化合作协定，从此拉开了中美关系发展的新篇章。

1971年10月18日，阿尔巴尼亚、阿尔及利亚等23国再次提案要求恢复中华人民共和国在联合国的合法席位与权利。经过不懈努力，这一提案终于获得通过。1971年10月26日，中华人民共和国在联合国的合法席位得到恢复。同年11月，中华人民共和国以联合国常任理事国身份出席联合国第26届大会。联合国教科文组织是联合国下属的一个机构，是各国政府间讨论关于教育、科学和文化问题的国际组织。1971年10月29日，即中国恢复联合国席位的第3天，联合国教科文组织也恢复中华人民共和国的合法权利。1972年10月17日至11月8日，以黄镇为团长的中国代表团出席联合国教科文组织第17届大会，并在会上宣布我国将参加联合国教科文组织的活动。1974年3月，我国向该组织派出常驻代表团。自1972年至1978年，我国除参加自然科学领域的一些活动外，其它业务领域的活动很少涉及。1978年8月，联合国教科文组织总干事访华，并与中国签署了在教育、科学、文化领域合作的备忘录。1979年2月19日，我国正式成立联合国教科文组织全国委员会。此后，我国积极参与到联合国教科文组织的各项活动中，不仅扩大了与各国的教育、文化、科技交流与合作，扩展了对外教育交流的活动空间，也加强了与联合国教科文组织的教育合作。

1971年，美国总统尼克松访华和中国联合国合法席位的恢复震动了日本朝野，日本岛内发出与中国建交的强烈呼声。1972年9月25日，日本首相田中角荣访华。9月29日，两国代表在中日邦交正常化的声明上签字，标志着中日邦交实现正常化。

① 杨先材主编：《共和国重大事件纪实》(中卷)，中共中央党校出版社1998年版，第1154页。

中国与美国、日本的建交，推动了中国与西方资本主义国家关系的改善，加快了中国与世界各国合作交流的步伐。在这种形势下，越来越多的国家开始恢复或者开展与我国的正式外交关系。据统计，1966 年以前与中国建交的国家只有 44 个，到 1976 年增加为 117 个。我国与西方资本主义国家关系的改善，为新中国开展对外教育交流创造了一个良好的外部环境。

随着 1976 年“文化大革命”的结束，我国经济形势逐步好转，政治局面得以稳定，这些都为中国积极开展与各国的联系和交流提供了可靠保障。1978 年，中国共产党的十一届三中全会确立了改革开放的基本国策，这就进一步扩大了我国与世界各国间的合作与交流，从而为对外教育交流活动的顺利进行奠定了基础。为更好地开展与各国民间组织的教育交流活动，1981 年我国批准设立中国教育国际交流协会。1984 年 9 月 24 日，该协会正式在北京成立，1985 年设立了常设办事机构——协会秘书处，1991 年在民政部门正式登记注册，成为国家一级社会团体。1993 年该协会在联合国总部注册，成为受国际认可的正式的非政府组织。这是建国后第一个由中国教育界专家、学者和有关方面代表共同发起的全国性对外教育交流的民间组织。该协会以积极推动中国教育界同世界各国、各地区的交流与合作，促进教育、科技和文化事业的发展，增进各国和各地区人民之间的了解和友谊为宗旨，联合各地区的教育、科研机构、学术团体和教育科技交流组织、学校和热心教育事业的组织、企业、基金会及其相关人士，在平等友好的基础上，开展广泛的教育交流与合作。发展到今天，中国教育国际交流协会共有 159 个团体会员单位，包括各级各类教育机构；在中国 31 个省、自治区、直辖市及 11 个市设有地方协会；在国内项目合作伙伴单位有 1000 多个；与 50 个国家和地区的 170 多个教育组织和团体建立了交流合作关系。① 该协会自成立以来，在促进我国与外国各级各类学校间建立和发展校级交流合作、与国外机构合作进行人才培训、举办国际学术会议、聘请外国教师来华任教、承担政府委托教育交流项目、派遣中国教师到国外任教或进修、组织中国与外国教育工作者互访等方面，作出了突出贡献。

## 二、中国留学政策的调整

“文革”时期，我国的政治、经济、文化、教育等领域均遭到严重破坏，国家教育系统陷入瘫痪状态，对外教育交流更无从谈起。1966 年“文革”开始后，我国就停止向外派出留学生，并遣返了外国在华留学生。1967 年 1 月，我国召回了在国外

---

① 中国教育国际交流协会概况：http://www.ceaie.edu.cn/html/content_c_153_s_29_i_234.html

学习的中国学生。1970年教育部被撤销,在国务院下设立科教组,负责教育与科技方面的工作。科教组中设有外事小组专门负责对外教育交流,但实际上,1966年至1972年我国没有向国外派出留学生,接受外国来华留学生也是从1973年才重新开始。所以,这一时期并没有实际意义上的留学生交流。1972年,我国开始恢复向国外派遣留学生,中国的留学教育逐渐步入正轨。1978年以后,我国加大了向西方资本主义国家派遣留学生的数量,自费留学也开始大量出现。这些都与新中国成立初期向苏联派遣留学生的情况不同,需要国家及时调整有关政策。面对新的留学形势,国家出台了一系列留学政策和法规,有效提高了公费留学的效率,规范了自费留学秩序。

### (一) 公费留学政策的变化

1972年,我国向法国和英国派出了36名学习语言的留学生,其中留法生20人、留英生16人,这是新中国自1966年中断留学生派遣工作后派出的第一批留学生。虽然人数不多,但鉴于我国还处于"文革"时期,派遣36人出国留学已属不易。这次留学生派遣活动重新打开了中国对外教育交流的局面,并为后来的留学生派遣工作提供了可资借鉴的有益经验。1974年8月,国务院科教组、外交部共同颁布《出国留学生管理制度(草案)》和《出国留学生守则(草案)》。当年10月16日,国务院科教组转发了经国务院批准的《关于改进和加强出国留学生选派、管理工作的请示报告》。该报告总结了1972—1973年的派遣留学生工作,并认为留学工作仍要坚持"政治挂帅"的标准来严格挑选出国留学人员,并体现毛主席提出的"独立自主、自力更生"方针。报告规定:"凡是能培养的外语干部和科学技术人员,都应当自己培养。送往外国的成年留学生,以专业上的提高、进修为主。""既要审查被选人员的家庭出身和社会关系,也要看他们现实政治表现,还要看有没有一定的业务水平和培养前途。""要注意选送有实践经验的在职人员和外语院校应届毕业的工农兵学员出国进修。"这一报告对文革后期的留学生派遣工作起到了指导作用。1976年,国务院批准了教育部、外交部《关于一九七七年接受和派遣留学生计划的报告》。这份报告指出,1977年仍按1976年的数量,接受来华留学生500名,派遣出国留学生200名。出国生以进修提高为主。从1972年中国重新向国外派遣留学生开始到1976年"文革"结束,中国留学生派遣工作没有较大突破。据统计,1972—1976年,我国先后向英国、法国等49个国家派遣了1629名留学生,学习科目主要集中在语言方面。

1977年邓小平恢复工作以后,就承担起管理科教方面的工作任务,对于较快恢复全国教育秩序起到了关键性作用。在当年召开的科学与教育工作座谈会上,邓小平谈到:“我们国家要赶上世界先进水平,从何着手呢?我想,要从科学和教育着手。”1978年6月,邓小平在听取清华大学主要负责人汇报工作时说:“我赞成留学生的数量增大,主要搞自然科学。留学生的管理方法也要注意,不要那么死。跟人家搞到一块,才能学到东西。这是五年内快见成效,提高我国水平的重要方法之一。要成千成万地派,不是只派十个八个……今年派三千出去,怎么选派,派到哪里,要订好计划。”①在邓小平这次讲话之前,教育部在3月份已发出通知,决定1978年共选派语言留学生、出国进修教师、进修翻译人员300名左右。4月,教育部又发出选派科技生200名的通知。而在邓小平讲话之后,教育部根据中央指示于8月发出《关于增选出国留学生的通知》,决定增选留学生2500人,将1978年选拔出国留学的名额增至3000人。该年派出的留学生分为大学生、进修生和研究生三类,他们主要学习理、工科(包括农、医)专业,但也适当安排一些学习科技管理、经济管理和社会科学(主要是历史、教育学、心理学)专业,以适应国家经济、科学技术的发展和高等学校新建专业长远规划的需要。为了向西方派遣更多的留学人员,留学生的派出渠道也进一步拓宽,除官方渠道外,还允许友好人士和院校直接联系国外学校。邓小平关于留学生的讲话,直接促进了我国留学生派遣工作的迅速发展。由此,不仅留学生的数量得到较快增长,所学专业也有所扩展。

在1978年我国大规模派出留学生后,我国的留学方针、政策更加注重派出留学生所学专业是否为国内需求,更加维护选拔的公正和公平性,也增强了服务留学生的意识。

1979年6月3日,教育部、国家科委、外交部联合发出通知,试行《出国留学人员管理教育工作的暂行规定》和《出国留学人员守则》。这是我国在大量派遣留学生后颁布的有关重要文件。同年8月,国务院批准教育部、外交部、国务院科技干部局联合提出的《关于改进出国留学人员工作的请示报告》。同年12月20日至29日,教育部、国务院科技干部局在北京联合召开全国留学人员工作会议,总结交流选派出国留学人员的经验,研究确定今后选派工作的方针、任务和方法。会议提出今后选派留学人员的方针是:在确实保证质量的前提下,根据国家的需要和可能,要广开渠道,力争多派。在选派工作中,必须坚持以培养高等教育师资为主、以自然科学为主、以技术科学为主的原则,兼顾其它方面的需要,并应以选拔进修生和研究生为主。会议还讨论落实了今后两年的派出计划以及选拔标准和选拔办法等问题。1980年,国务院批准了教育部等部门提交的《关于出国留学人

① 李滔主编:《中华留学教育史录(1949年以后)》,高等教育出版社2000年版,第365~366页。

员管理工作情况的报告》,修订了有关留学人员管理工作的规章制度,并提出了关于计划、选派工作的改进意见。1981 年,国务院批准教育部、外交部、国务院科技干部局、财政部、文化部和中国科学院等六单位提出的《出国留学人员管理教育工作条例》和《关于出国留学人员国外经费开支若干问题的意见》。其中《出国留学人员管理教育工作条例》是对 1979 年颁布的《出国留学人员管理教育工作的暂行规定》的修订和补充。比较而言,这个条例更加全面,对出国留学人员的业务学习、思想政治工作、经济管理、组织纪律和自费留学等问题都作了详细规定。这些相关文件的颁行,对于改进留学教育起到了一定作用。1978 年 9 月底到 1981 年底,我国向五大洲 50 多个国家派出留学人员共 10356 人,其中教育部派出留学人员 7683 人,其它部门和地方自行派出的留学人员 2900 人。①

1980 年 2 月 12 日,第五届全国人民代表大会常务委员会第十三次会议通过《中华人民共和国学位条例》,并规定于 1981 年 1 月 1 日正式实施。这是我国首次颁布的有关学位的条例,推进了中国与世界各国高等教育的接轨,有利于中国对外教育交流的开展。

1982 年后,我国的留学生派遣工作有了较大发展。据统计,1979—1986 年间,我国公派出国留学人数达 3.1 万人,其中国家公派出国留学人数达 2.7 万人,单位公派总数达 4000 多人。② 但这一时期的留学生工作也暴露出很多新问题,主要表现在:出国留学人员逾期不归现象日益严重,派遣出国留学生与国内高等教育迅速发展之间的矛盾以及派遣工作与国家建设的需要结合不够,存在学用脱节的情况。针对这些问题,我国提出"按需派遣、保证质量、学用一致"的留学工作方针。1986 年,中共中央、国务院发出《关于改进和加强出国留学人员工作若干问题的通知》,规定公派出国留学人员在保证质量的前提下,着重派出进修人员和访问学者,其中访问学者中增加高级访问学者的派遣。《通知》还规定,公派出国留学人员出国前,要与派出单位签订"出国留学协议书",以法律文件的形式规定了选派单位和公派留学人员双方的权利、义务和责任。1987 年 6 月 11 日,《人民日报》全文刊出国务院批转国家教委《关于出国留学人员工作的若干暂行规定》,这是我国第一份公开发表的关于出国留学的法规性文件,对出国留学工作的指导原则、出国留学工作组织管理、公派出国留学人员的选派、留学人员回国休假及其配偶出国探亲、自费出国留学等都作出明确规定。同时,针对选拔国家公派进修人员上出现的"轮流出国"问题,国家教委于 1989 年对出国留学人员选拔方法进行了

① 卫道治主编:《中外教育交流史》,湖南教育出版社 1998 年版,第 343 页。

② 于富增、江波、朱小玉著:《教育国际交流与合作史》,海南出版社第 2002 年版,第 181 页。

改革，实行单位推荐、专家评议、主管部门审核批准的选拔办法。1979—1989 年，国家公派和政府组织派出的留学生计 36237 人，回国留学人数为 18048 人。同期自费出国留学人员约 2 万余人。

为更好地沟通出国留学人员与国家间的信息交流，国家教委于 1987 年创办了以出国留学人员为读者群体的《神州学人》杂志。1989 年 4 月 1 日，国家教委成立留学服务中心，并逐步形成了一整套的留学生服务体系。

(二) 自费留学渠道的开启

1978 年我国开始大量派出留学生以后，自费留学问题开始显现。1981 年 1 月 14 日，国务院批转教育部、外交部等七个部门《关于自费出国留学的请示》和《关于自费出国留学的暂行规定》。这是建国以来我国第一个关于自费出国留学的政策性文件。《关于自费出国留学的请示》指出，自费留学人员是我国留学人员的组成部分，自费留学是培养人才的一条渠道。对自费留学人员和公费留学人员在政治上应一视同仁。《关于自费出国留学的暂行规定》对出国留学人员的条件、审批、费用、待遇、政治思想工作和管理教育工作等分别作了相应规定。

申请自费留学的人员应具备高中或大学文化水平，持有国外亲友负担出国留学期间全部费用的保证书和国外学校的入学许可证。申请者可向所在单位提出申请，并经省、市、自治区公安部门审批，按因私出国办理手续。关于研究生申请自费出国留学，教育部于 1981 年 9 月发布《关于在校研究生自费出国留学问题的通知》，对在校研究生自费出国留学问题做出严格规定：在学研究生（包括应届毕业研究生）不得中途停止学习而申请自费出国留学；对坚持要求自费出国留学的在学研究生，可允许其退学，学校（研究机构）只提供学历证明，不提供学习成绩单；为提高业务水平，个别专业的研究生可到国外搜集资料，进行短期学习，但在国外的学习时间不得超过一年，一切费用包括旅费和生活费均由国外资助，但此类项目必须经教育部批准。毕业研究生应当服从国家统一分配，到工作岗位后，再按规定申请自费出国留学。① 该规定对于稳定国内研究生教育起到了一定作用。

虽然国家有关自费出国留学的政策对自费留学活动具有一定规范作用，但由于 80 年代以后我国自费出国留学的势头发展很快，因此出现自费出国留学人员利用不正当手段通过其它渠道获得出国留学资助，在校大学生、研究生中断学习自费出国留学人员也不断增多。针对自费出国留学工作中出现的问题，1982 年 3

---

① 于富增、江波、朱小玉著：《教育国际交流与合作史》，海南出版社第 2002 年版，第 146 页。

月中央发出《关于自费出国留学若干问题的决定》,再次强调自费出国留学必须有定居国外的可靠亲友或国内亲属提供的全部学习生活费用的切实保障,并规定在校大学生、在校和在职研究生不准自费出国留学;大学本科和专科毕业生必须服从国家统一分配,并在国内工作两年后,经申请批准,方可自费出国留学;研究生毕业后也必须服从国家统一分配,如需要出国留学,须经所在单位批准,按国家公派出国留学人员办法办理出国手续。该年 7 月,新修订的《关于自费出国留学的暂行规定》对自费出国留学的条件加以限制,规定高等学校在校本科生、专科生及在校研究生,在毕业工作两年后经组织批准方可对外联系自费出国留学。1984 年 12 月,中央再次修订《关于自费出国留学的暂行规定》,放宽了在校本科、专科和研究生办理自费出国留学的限制。《规定》指出,自费出国留学是培养人才的一条渠道,也是贯彻改革开放、引进国外智力的一个重要方面。国家对自费出国留学人员在政治上与公费留学人员一视同仁,各级组织应支持和关心自费出国留学人员。凡我国公民通过正当、合法手续取得国外资助或国外奖学金,办好入学许可证明的,不受学历、年龄和工作年限的限制,均可申请自费到国外上大学、读研究生和进修。自费出国留学人员回国后,本着学用一致,尊重本人自愿的原则安排工作,其工资待遇和职称评定,均按同类出国留学人员的有关规定办理。这一规定的出台,有力地促进了自费留学工作的开展,1984 年后自费出国留学人数迅速增加。1986 年,国务院批准国家教委《关于出国留学人员工作的若干暂行规定》。其中明确要求非在职人员和高等学校非毕业班的学生在获得可靠资金并取得所在国入学许可证件和经济担保书的,均可以自费出国留学,在职人员须批准方可出国留学,毕业班的学生应服从分配,为国家服务,各单位业务骨干仍需要按照自费公派的方式办理出国留学,同时要求在校研究生不得中断学习自费出国留学。1990 年 1 月,国家教委发布《关于具有大学和大学以上学历人员出国留学的补充规定》,对自费留学的限制有所放宽,规定具有全日制大学及大学以上学历的人员出国留学,必须在完成服务期限后方可自费出国留学。这一规定公布后,我国自费出国留学人数剧增,1990 年全国各地批准的自费出国留学人员总数达 1.8 万人。

### (三) 来华留学教育的开放

1971 年以后,鉴于我国与世界各国关系的逐步建立与恢复,很多国家提出与我国交换留学生。1973 年 7 月 19 日,国务院科教组转发经国务院批准的《关于一九七三年接受来华留学生若干问题的请示报告》,标志着自 1966 年中断接受外国留学生之后,我国开始重新接受来华留学生。《报告》提出,从本年起恢复接受外国留学生，并对一部分留学生提供奖学金。来华留学生主要限于入我国高等学校学习的大学生、选课大学生和进修生三类。当年，我国共接受来华留学生 383 人。为更好地管理来华留学生的学习和生活，1974 年 8 月在国务院科教组召开的全国来华留学生工作座谈会上修改了《关于外国留学生教学和管理工作的暂行规定（草案）》。该规定经国务院批准于当年 12 月 10 日执行。这项针对来华留学生的规定与 60 年代提出的管理规定基本相同。1973 年到 1977 年，我国每年接受来华留学生基本维持在 400～500 名之间。这个时期的来华留学生规模小，人数少，而且几乎全部享受我国提供的政府奖学金。在 1978 年以前我国还没有真正接受自费来华留学的外国学生。

1979 年，国务院批准《关于接受自费外国留学生收费标准问题的请示》，对自费来华留学生的收费作出明确规定，为此后大量接受自费来华留学生做好了铺垫。80 年代以后，我国政府通过完善管理外国来华留学生的规章制度，逐渐形成了配套的来华留学教育的政策体系，为正常有序地开展接受外国来华留学生工作起到了重要的积极作用。

## 第二节　中苏教育交流的复苏轨迹

“文化大革命”开始后，中国与苏联几乎中断了所有领域的往来，教育交流同样处于停滞状态。70 年代初，随着中美关系的改善以及中国联合国合法席位的恢复，中国逐步与世界各国建立了友好关系，并开展了一系列交流与合作。80 年代初，苏联处在内外交困之中，因此苏联领导人在不同场合表示愿意与中国恢复正常的外交关系。1982 年，中苏开展大使级会谈，使中苏对峙局面走向缓和，两国在文化教育方面的交流也逐渐有所展开。1989 年 5 月，苏联最高领导人访华，标志着中苏关系恢复正常，两国间文化教育交流渠道也畅通起来。1991 年底苏联解体，中苏教育交流也随之跨入另一个历史发展阶段。

### 一、中苏教育交流的中止期（1967—1982）

“文化大革命”全面爆发之前，中苏关系已跌入低谷。1966 年 3 月 22 日，中共以严厉口吻拒绝了苏共中央的邀请，宣布不派代表团参加苏共二十三大，中苏两党关系由此破裂。1966 年 8 月，红卫兵在北京的苏联大使馆张贴大字报，将苏联大使馆所在的扬威路改为反修路，并举行了大规模反苏游行，宣布“苏联是我们的死敌”。至此,中苏关系彻底决裂,苏联作为“修正主义”代表在中国受到猛烈批判。

1966年开始的“文化大革命”持续十年时间,阻滞了国家的政治、经济、文化等领域的正常发展,我国教育事业也遭到空前破坏。1966年6月,高教部发出通知,要求选拔和派遣出国留学生的工作向后推迟半年,实际上直到1972年,我国都未曾派遣出国留学生。1966年7月2日,高等教育部向我国驻外使馆发出通知:目前全国各高等学校正在进行文化大革命,经中央批准,将接受来华留学生的工作推迟半年或一年。同年9月19日,高等教育部给各国驻华使馆的《备忘录》中提出:“从现在起,在华外国留学生(包括大学生、研究生、进修生)回国休学一年。回国的往返旅费由我国负担。这些留学生返华学习的具体时间,届时将另行通知。”在停止派遣留学生、遣返在华留学生的同时,我国也开始召回在国外学习的中国留学生。1967年1月18日,教育部、外交部联合向我国驻外使馆发出通知,规定在国外的留学生,除有特殊需要的科技进修生或个别有其他特殊情况需要继续留在国外学习的留学生外,其余的都要回国参加“文化大革命”运动。通知要求,1965年出国的留学生,向校方交涉休学半年。1964年出国的留学生,一般都应提前毕业,在当年2月10日前回国,回国后不再出国。

1966年,中国的高等院校已全部停课,对于学完基本课程的来华留学生,我国允许提前毕业。鉴于苏联在华的留学生原计划在当年年底毕业,基本课程已经学完,中国政府9月20日通知苏方,提出同他们商定这些学生提前毕业的时间问题。但苏联高等和中等专业教育部没有回应中方提出的问题,于10月7日单独决定召回自己的留学生,并且以中国单方面决定苏联留学生休学、限期返回违反互惠原则为理由,要求中国驻苏领事馆召回尚在苏联留学的最后65名学生,同时发表声明:“今年九月,中国方面单方面破坏互惠的原则,中断了在中华人民共和国的苏联留学生和实习生的训练课程。”“苏联学生被命令在十月十日前回国。从互惠的原则出发,苏联政府机关作出决定,停止在苏联教育设施和研究机关中对中华人民共和国留学生的训练。”①苏联发表声明后,中国外交部向苏联驻华大使馆提交了一份照会,“最强烈抗议苏联政府无理赶走我全部留学生”。这批留苏生离开前,曾因10月26日到莫斯科红场向列宁与斯大林墓献花圈,而与苏联方面再度产生摩擦。俟至他们回国后,受到国内的热烈欢迎,被称为“光荣的反修战士”。11月5日,陈毅代表毛泽东主席、党中央和国务院慰问“被勒令回国”的65名留苏学

① 美联社:《苏修无理要求我全部留学生在限期内离苏》,《参考消息》1966年10月9日。

生。同一天，“首都各界革命群众和红卫兵小将一万五千人，今天下午在北京工人体育馆举行盛大集会，最热烈地欢迎被苏联政府无理勒令回国的我全体留苏学生，最强烈地抗议苏联修正主义领导集团进一步恶化中苏关系和破坏中苏人民友谊的卑劣行径”①。1967 年 1 月 26 日，被召回的留欧学生 69 人途经苏联，并在莫斯科红场向列宁和斯大林墓献花圈时与苏联警察发生冲突。2 月 3 日，我国一批留学生到莫斯科红场进行反苏宣传时，与苏联军警发生了流血冲突。在国内，我国也举行了大规模示威游行，声讨苏联政府的野蛮行径。2 月 9 日和 10 日，苏联和中国政府先后取消了两国公民互免签证。3 月，两国互逐外交人员。1966—1967 年间，两国留学人员全部撤回本国，在此后的 17 年间，两国教育界之间没有任何团体或人员往来，中苏教育交流画上了休止符。而那些曾经辉煌的留苏学生，则一夜之间成为“苏修特务”的代名词，受到了强烈冲击和批判。

直到 1972 年 9 月，我国才重新开始向国外派遣留学生。到 1976 年底，我国分别向英国、法国、意大利、加拿大、秘鲁、越南、伊拉克、索马里、摩洛哥等 49 个国家派遣了留学人员 1629 人。1973 年，我国开始恢复接受外国留学生。1973 年 5 月，国务院批准了外交部、国务院科教组联合呈送的《关于 1973 年接受来华留学生计划和留学生若干问题的请示报告》。报告规定当年接受留学生总数为 500 名，其中 300 名享受我国政府奖学金，报告还同时规定了来华留学生奖学金名额的分配原则。到 1976 年底，共接受来自朝鲜、越南、巴基斯坦、刚果、卢旺达等 65 个国家和地区的 1667 人。1970 年我国恢复了与外国互派教育代表团、组和学者。截至 1976 年底，我国教育部共接受罗马尼亚、法国、瑞士、奥地利、英国等 37 国的教育代表团 73 次，共 372 人，同时期内，中国的教育代表团出访了英国、法国、美国等 14 个国家，共 16 起 102 人。② 在这些教育交流中没有任何中国与苏联之间的教育交流内容和行动。其时的历史实际留在《中国教育年鉴》上的文字记载是：1979—1981 年间，我国有 32 所教育部直属高等学校曾到包括苏联在内的 35 个国家参加了国际学术会议。③ 至于在苏联参加的是何种学术会议，并未详细介绍，由此看来这种古井微澜还算不上是中苏教育交流的恢复。

除中苏互派留学生的交流活动停止外，建国初期大量引入的苏联教育理论在“文革”期间也受到全面而猛烈的批判，曾一度被认为经典或圭臬的大批苏联教育

---

① 《首都盛会欢迎光荣返回祖国的反修战士》，《人民日报》1966 年 11 月 6 日。

② 《中国教育年鉴》编辑部编：《中国教育年鉴（1949—1981）》，中国大百科全书出版社 1984 年版，第 666～667 页。

③ 《中国教育年鉴》编辑部编：《中国教育年鉴（1949—1981）》，中国大百科全书出版社 1984 年版，第 673 页。

著作被彻底否定。例如，凯洛夫被批为"苏修叛徒集团的御用学者和复辟资本主义的风云人物"，而其最负盛名的著作《教育学》则被视为"典型的修正主义代表作"。① 在这种对苏联教育理论进行大批判的形势下，建国初期在苏联教育理论指导下取得的种种成绩被彻底否定，苏联教育的影响几乎是云随风遁而不复存在。

1972 年以后，我国开始关注和研究西方各国教育。1972 年 11 月 15 日至 16 日，国务院科教组邀请北京师大、上海师院、吉林师院和河北大学的有关人员进行座谈。座谈的主要内容是关于开展外国教育的研究。会议确定了根据各高校的现有研究基础和人员，分工对不同国家的教育开展研究。除了苏联、东欧以外，还包括北美、西欧、日本、朝鲜及亚非拉地区的教育。这种活动似乎让人们于沉闷的中苏教育交流状况中感受到一点风意。

1976 年后，我们开始对西方一些国家的教育进行介绍，如 1977 年复刊后的《人民教育》第 2 期就刊登了"美、英、法、西德、日本中小学教学教材简介"。之后开辟的"国际教育之窗"也以介绍日本、法国、英国、美国、澳大利亚、瑞典、南斯拉夫等国的教育为主，对苏联的教育介绍的文章甚少。《人民教育》复刊后最早涉及到苏联的文章是吴式颖、金隆德合写的《"四人帮"为什么抓住苏联教育界的"两次大辩论"大做文章》，该文刊登于《人民教育》1977 年 3 月刊。从文章内容来说，主要是厘清"文革"期间"四人帮"对苏联教育界所谓两次大辩论渲染的政治阴谋，并不涉及中苏两国的教育交流问题。而刊登在 1979 年《人民教育》第 4 期"国际教育之窗"栏目中的《国外教育改革的趋势》一文，对苏联高等教育改革也只是一带而过，并未加以详细介绍。北京师范大学的《外国教育动态》于 1973 年 1 月恢复出版，直到 1976 年 3 月，共出刊八期，译介了苏联、美国、日本、英国、法国及部分人民民主国家的教育资料，重点对所谓"苏修"教育进行批判介绍。② 华东师范大学创办的《外国教育资料》也在 1972 年到 1975 年间，主要介绍了苏联、欧美各国及日本的教育。尽管这一时期介绍苏联教育的文字比较多，但大多是站在为政治服务的立场上以批判的眼光来看事情。

## 二、中苏教育交流的逐渐恢复期(1983—1988)

1982 年，中方对苏联领导人勃列日涅夫在塔什干的讲话作出积极回应，并提出只要苏联消除阻碍中苏恢复正常关系的"三大障碍"，就可以与苏联进行谈判。该年中苏开展了副部长级会谈，虽然双方在一些问题的看法上仍存在较大分歧，

① 上海市出版革命组:《彻底批判凯洛夫的〈教育学〉》，1970 年印行，第 1～2 页。

② 田正平主编:《中外教育交流史》，广东教育出版社 2004 年版，第 1094 页。

但这些接触为两国结束长期对抗打开了通路。1982—1986年,伴随着中苏双方漫长的政治磋商,两国在经贸、文化、体育、教育等领域的交流逐渐开展起来。1982年4月,中苏交换货物和付款协定签订。同年6月苏联派出体育代表团参加中国举行的田径邀请赛,这是苏联自1965年以来第一次派代表参加中国的体育活动。这一举动具有较为特殊的政治和外交含义,也为后期文化、教育交流的开展开辟了道路。

1982年2月9日,苏联高等和中等专业教育部副部长索芬斯基约见我国驻苏大使,提出恢复两国教育交流的建议。苏方提出先以每年交换10个月的10名语言进修生为恢复教育交流的第一步。[①] 1983年3月中苏政府特使进行第二轮磋商,双方同意以技术指导为目的互派专家和留学生,并达成恢复互派留学生的协议。协议规定两国每年互派10名留学生、研究生到对方国家学习。同年9月,首批10名苏联留学生来北京语言学院学习。从此,中断了17年的中苏互派留学生活动得以恢复。

在1983年第一批留学生互换之后,1984年4月16日,中苏双方在莫斯科签订1984至1985学年互换留学人员议定书。[②] 此项举措保障了两国在1983年开始互换留学人员工作的连续性。《中华人民共和国教育部和苏维埃社会主义共和国联盟高等和中等专业教育部关于1984年至1985学年合作协定书》的签订,使中苏双方1984年至1985年互换留学生增至70名,学习期限为1至2年。[③] 这是两国政府共同协商达成的教育合作协议书,不仅提高了两国教育交流的层次,也为进一步扩大教育交流提供了保障。同年,两国教育部互换8人组成的高等教育考察团、互换6人组成的语言教学考察组,到对方国家进行为期3周的访问,这是中苏教育交流恢复以来最早开展的教育团组互访活动。

随着中苏教育交流的恢复与开展,中国介绍苏联教育的文章也不断增多。1983年3月3日《中国教育报》试刊发行,当年7月28日第四版"外国教育动态"专栏上刊登了摘自《外国教育资料》的《苏联城市中学的劳动(职业)教育》一文,这是《中国教育报》最早对苏联教育进行介绍的文章。紧接下来几年时间里,《中国教育报》上几乎每个月的"外国教育动态"专栏上都有对苏联教育现状介绍的文章。《外国教育资料》在连续几年间每年都有30多篇介绍或者翻译的苏联教育方面的文章。

---

① 生建学:《中俄教育交流回顾》,《神州学人》2005年第8期。

② 《中苏签署互换留学人员议定书》,《人民日报》1984年4月18日。

③ 《中国教育年鉴》编辑部编:《中国教育年鉴(1982—1984)》,湖南教育出版社1986年版,第305页。

1984年后,中苏教育交流的大门逐渐打开,中苏教育交流与合作在中等与高等教育领域开展起来。1985年4月,苏联高等和中等专业教育部外事局长连申一行来华签署《中华人民共和国教育部和苏维埃社会主义共和国联盟高等和中等专业教育部关于1985—1986学年度合作协定书》,双方同意在平等互利基础上,进一步发展和完善两国间的高等和中等专业教育合作。双方同意1985—1986学年在社会科学、自然科学和技术科学领域内进行大学生、高等学校教师及从事实际工作人员的交换,总数不超过200人,到对方国家高等学校学习和研究,时间不超过2年。双方根据各自需要邀请对方不超过10名的语言、文学教师到本国高等学校任教。1985—1986学年度两国还互换了3个高等和中等专业教育代表团,每个团访问时间是18天。① 从互换留学生人数、时间以及互访教育团体的人员数量、内容、时间上,都能看出两国在尚未恢复正常外交关系时对待教育交流的谨慎态度。自大批苏联专家从中国撤出到1986年以前中苏两国之间都没有互换专家和学者。直到1987年,我国国家教委所属高校才聘请苏联专家20人,这与蜜月时期所聘请的数以千计的苏联专家形成了鲜明对比。1988年7月15日,中苏在莫斯科签订两国公民往来免办签证协定。此举为两国间人员流动创造了便利条件。

1984年3月12~26日,中苏第4轮磋商在莫斯科举行。虽然两国在政治、思想领域仍然不能达成一致意见,但是双方都认为磋商是有益的,并指出自从中苏开始接触以来,在互利的基础上,两国在经贸、科学、文化和体育等领域的联系和交往都有所增加。在以后的磋商中,双方都进一步扩大经贸、文化、科技、教育等领域的合作,并签订了一系列协定。1984年12月,中苏两国政府成立中苏经济、贸易、科技合作委员会。该委员会的主要任务是:监督两国间的经济、贸易和科技合作方面协定和协议的执行;为促进经济、贸易和科技合作的稳步发展提出建议;共同研究进一步扩大合作的措施。这对于推动两国在经贸、科技方面的合作起到了重要作用。1986年3月15~21日,苏联部长会议第一副主席阿尔希波夫到中国参加中苏经济、贸易、科技合作会员会第一次会议。双方在北京签署了会议纪要以及中苏关于互相派遣工程技术人员条件的议定书。同年5月16日,中苏"1986年至1987年文化合作计划"在莫斯科签订。同年6月26日,中苏两国科学院科学合作协定和1987年至1988年科学合作计划在北京签订。10月16日,中苏经济、贸易和科技合作委员会科技合作常设分委会第一届工作会议在莫斯科结

① 《中国教育年鉴》编辑部编:《中国教育年鉴(1982—1984)》,湖南教育出版社1986年版,第307~308页。

束,双方签订了科技合作的议定书。此后每年都轮流在两国举行中苏经济、贸易、科技合作委员会科技合作分委会会议。中苏经贸科技合作委员会下设有教育分委会,专门负责两国教育交流、合作事宜。在1986年3月15～21日在北京举行的中苏经济、贸易、科技合作委员会第一次会议上,就讨论了发展教育领域合作的可能性,并决定成立副部长级教育合作工作小组,①由中苏双方教育主管部门的副部长任组长。成立副部长级教育合作工作小组,不仅提高了两国教育交流的规格,也为两国教育交流的顺利展开做了必要的铺垫。1988年,国家教委副主任朱开轩率团赴苏出席中苏经贸科技合作委员会教育分委会小组会议。在中苏经济、贸易、科技合作委员会的框架下,中苏教育交流得以更加快速地恢复与发展。

1986年中苏两国政府签订了1986—1987年教育合作计划。根据该教育合作计划,1987年4月23日至5月1日,中苏教育合作小组第一次会议在中国举行。苏联高等教育部副部长叶果洛夫一行来华参加了会议,双方讨论通过了小组工作条例,商定了《中苏1988年至1990年教育合作计划》。② 计划规定双方互换留学生以及互派学者短期讲学,互派语言教师长期任教,代表团互访和举办学术讨论等。③ 在教育合作计划下,两国间教育团体的往来增多,交流渠道开始畅通。仅在1986年,中苏副部长级教育代表团组的互访就有4次,在中苏尚未恢复正式的外交关系前,这种互访属于比较高的级别。

除了教育团体的互访外,1986年中国教育国际交流协会还派遣中学的中年外语骨干教师到苏联高等学校进修。据有关教师的回忆:“为期一年的进修,使我耳闻目睹了苏联教育的一些实际情况。”④通过与苏联人员的朝夕相处,这批进修教师不仅提高了外语水平,亲身体验了苏联的社会、文化,而且也向当地苏联人民介绍了中国的文化、经济和社会主义中国的新事情和新思想。这样的交流突破了教育领域,已经扩展到文化、经济等方面。

## 三、中苏教育交流的正常发展期(1989—1991)

自1989年起,中苏双方放弃了意识形态的相互攻击,在两国关系的各个方面逐渐达成共识。当年5月18日戈尔巴乔夫访华,标志着中苏两国、两党关系实现

① 《中国教育年鉴》编辑部编:《中国教育年鉴(1985—1986)》,湖南教育出版社1988年版,第79～80页。

② 《中国教育年鉴》编辑部编:《中国教育年鉴(1988)》,人民教育出版社1989年版,第540页。

③ 生建学:《中俄教育交流回顾》,《神州学人》2005年第8期。

④ 王义高:《莫斯科见闻》,《人民教育》1987年第4期。

正常化。自此直到1991年上半年，中苏关系在各个方面都获得发展：两国领导人之间保持了密切的接触和联系；两国经济贸易关系进一步发展；两国在军事、科技、文化、卫生、体育方面的交流越来越多。这为两国进一步加强教育方面的沟通与合作打下了良好的基础。在此基础上，已经有所发展的两国教育交流出现了一个较为平稳而快速发展的局面。

中苏两国关系正常化到苏联解体，虽然只有短短两年多时间，却是两国在教育交流恢复后快速发展的黄金时期。1988年，《中国教育报》对苏联教育的介绍仅有两篇文章——1988年2月11日第4版的《苏联重视高等和中等专业教育改革》，以及1988年12月1日第4版《不能忽视科学基础知识的地位——苏联学校马赫穆托夫驳波斯特尼科夫的观点》，远远少于对西方其它国家教育的介绍。至1989年，《中国教育报》刊载了多篇关于苏联教育改革的文章。其中涉及苏联教育改革的争论，如1989年11月30日第3版《依林娜谈苏联早期教育理论探索与争论焦点》(该年苏联儿童心理学家依林娜就来华介绍苏联学者多年潜心探索早期教育理论的成果和争论的焦点)；苏联的科学改革，如1989年3月16日第3版《苏科学院长谈苏联科学改革》，1989年3月30日第3版《苏联教育科学院领导层大改组》；苏联高等教育改革，如1989年9月2日第3版《苏联修订高校专业目录》，1989年10月31日第3版《苏联改革高校的公共政治理论课》，《苏联召开全苏大学生会议》；等等。同时诸如《外国教育资料》等对苏联教育介绍和翻译的文章也逐年增加。1989年，中国卓越出版社发行了杜殿坤、朱佩荣主编的《苏联教育改革新思维》一书，该书从近三年以来讨论苏联教育思想的大量材料中，精选翻译了相关文献和专论，涉及教育思想、教育体制、学校职能、学校管理和学校生活、教育教学、发展学生个性、尊重教师及其创造精神，以及教学内容、教学过程、教学方法的改革，集中反映了苏联教育改革的新思想。这些都表明中国开始更多地关注苏联教育，并以比较客观的态度看待苏联教育，从而跳出了很长一段时间内以政治观点作为两国教育交流标准的藩篱。两国恢复关系后，留学生的交换数量也有所增加。1991年，中苏两国签署了互认学历和学位证书协议，这为互派留学生提供了更大便利。

这一时期中苏教育交流活动明显增多，交流内容更加丰富，方式与渠道也比过去更为多样。不仅有两国政府官方的教育团体往来，而且也有非官方的民间往来；不仅有两国国家的交流，而且也有两国区域间的合作；不仅有教育会议的召开，而且也开展教育新闻工作者互访、语言教育活动等形式多样的教育交流。

1989年7月7～15日,中苏经贸科技合作委员会教育合作工作小组第三次例会在北京举行。苏方组长、苏联国民教育委员会副主任舒克舒诺夫和中方组长、中国国家教委副主任朱开轩签署了“会议纪要”。13日,李铁映会见苏联客人时重申,中国派遣出国留学人员的方针政策不变。① 同年7月31日～8月3日在吉林长春举行了“中苏双边中等教育研讨会”,这是自1983年中国与苏联恢复教育交流以来召开的第一次中苏双边教育研讨会,也是第一次两国在中等教育方面的交流。在会上,中苏双方就高中教育的任务、培养目标、高中阶段的教育教学活动、高中阶段的课程设置等问题进行了广泛深入、认真坦诚的探讨,中苏代表一致认为,在教育改革中,两国面临的问题有许多共同点,建议今后在诸多方面加强合作和广泛的交流。②

1990年,中苏两国教育代表团的互访日渐频繁,这些教育代表团的互访,进一步打开了中苏双方教育交流与合作的新局面。及至1991年5月19日,江泽民对苏联进行正式访问。在访问期间中苏发表了联合公报。该公报共18条,其中两国政府承诺:“中国和苏联将促进两国公民的交往,开展立法机关、各部、委和社会团体之间的交流与合作。双方将致力于进一步发展科学、文化交流,加强教育、体育等领域的联系。”发展两国间的教育交流成为公报的主要内容,由此可见两国政府对中苏教育交流的重视程度。根据两国在文化、教育领域的有关协议,教育团体、人员的往来不断增多。例如,1990年4～5月,3位苏联教师到沈阳讲学了一个月,他们主要从事语言教学:“从4月16日至5月5日,苏联教师先后到三个学校为学生授课30节,同时为铁西区中学俄语教师讲授‘苏联教育现状’、‘现代俄语变化情况’、‘如何学好俄语’等15个专题的培训课30节。”③此外,自1990年起,两国还各有14所大专院校建立了校际合作关系。1991年,在苏联国内局势日趋动荡、经济临近崩溃的影响下,该年的中苏教育交流相对有所减少。

除国家间的教育交流外,这一时期两国地区间的教育交流也有所发展。利用与苏联接壤的地缘优势,黑龙江、新疆分别与苏联开展教育交流活动。1990年,黑龙江省教委制定了高校对苏交流的五年规划,以及和俄罗斯联邦共和国高教与中专部实施教育交流的两年计划,同时派出黑龙江省高等教育代表团访问俄罗斯联邦共和国,签署了教育交流合作协议,并建立起中苏两国地方教育行政部门之间

---

① 《中国教育年鉴》编辑部编:《中国教育年鉴(1990)》,人民教育出版社1991年版,第871页。

② 《中苏双边中等教育研讨会举行》,《中国教育报》1989年8月8日。

③ 祁德森:《珍贵的交流,难忘的友谊——苏联教师沈阳讲学侧记》,《人民教育》1990年第7～8期。

的友好合作关系。黑龙江各高校也与苏联对口院校开展了教育交流,如哈尔滨工业大学、黑龙江大学、东北农学院利用与苏联高校的友好校际关系开展了教育、学术交流活动,其它院校也积极寻找苏联对口院校进行教师交流、教材互换、科研合作等实质性的工作。[①] 1991 年,新疆增加了派往苏联的留学生和进修生,并聘请苏联专家从事语言及技术教学工作,同时该省自费留学苏联的学生也有所增加。除了与苏联相邻的地区外,陕西省教委还与苏联白俄罗斯加盟共和国人民教育部、莫斯科大学签订了双方交流与合作协议。

## 第三节　中苏教育交流的主要内容

1966 年以后,中苏两国交流经历了由停滞到逐渐恢复的复杂过程。在停滞时期,两国几乎断绝了一切往来。1982 年后中苏关系开始出现缓和的趋势,并在两国外交关系尚未完全恢复之时,开展了经济、贸易、科技、文化、教育方面的交流与合作。1983 年两国恢复留学生交换后,中苏教育交流的大门逐渐打开,两国在留学生交换、教育团组互访以及教育图书译介等方面都有了一定程度的交流与合作。

### 一、留学人员往来

留学生交换是两国教育交流的基本内容之一。1966 年我国高教部发出通知,要求当年派遣留学生的工作向后推迟半年。"文化大革命"全面爆发后,这项工作就停止了。直到"文革"后期,中国与一些国家开始恢复外交关系,出于政治工作的需要,中国开始恢复向国外派遣留学生。1972 年我国即向法国和英国派出留学生。此后随着我国与各国家外交关系的建立或恢复,我国先后向意大利、德意志联邦共和国、瑞士、比利时、奥地利、希腊、瑞典、丹麦、挪威、芬兰、荷兰等国家派遣了留学生。至 1978 年,我国分别向 49 个国家派遣了留学生 1977 人,其中学习和研究外国语言的占 93.7%,学习和研究自然科学的占 6.3%。[②] 1978 年我国的十一届三中全会确立了对外开放的政策后,我国教育国际交流有了一个重大的转

① 《中国教育年鉴》编辑部编:《中国教育年鉴(1991)》,人民教育出版社 1992 年版,第 546～547 页。

② 《新中国对外文化文流史略》编委会编著:《新中国对外文化交流史略》,中国友谊出版公司 1998 年版,第 430 页。

折,这一年,我国全面恢复了向国外派遣留学生的工作,但由于中苏关系一直还处于僵持状态,两国没有恢复外交关系,因而中苏两国间仍没有留学生的往来。

1982年,中苏关系开始出现回暖,两国政府间有了一定的接触,进行了会谈与磋商。1983年中苏开始恢复互派留学生工作。第一批互换留学生10人,这个数字与50年代中国的派出相比实在是少得可怜,在当年中国派出国外的3412人中,也只占极小的一部分。尽管如此,这10名留学生是中苏教育交流恢复的标志。

1984年我国教育部外事局副局长孙敏一行应苏联高等和中等专业教育部的邀请访问苏联,并签署了《中华人民共和国教育部和苏维埃社会主义共和国联盟高等和中等专业教育部关于1984年至1985学年合作协定书》。该协议同意1984至1985年双方互换留学生增至70名。在1985年签订的1985年至1986学年议定书中,双方把互换留学生数又增至200人。之后,每年中苏两国都会签订下一年的教育合作计划,一方面保障中苏双方在留学生互换方面的连续性,同时也使得留学生互换的人数逐年增加。据《中国教育年鉴》的统计数据表明,1986年派往东欧和苏联的留学生增加到309人;而同期来华留学的东欧与苏联留学生为258人,比1985年的166人增加了92人。① 1987年国家教委所属高校还聘请了苏联专家20人。

在1988—1990年中苏教育合作计划中规定,除双方每年互换150名留学人员、30名语言教师外,苏方还将单方面接受中方留学人员550名,其中1988年150名,1989年和1990年各200名。② 据有关资料显示,1988年国家派往苏联的留学人员共443名,占当年全部公派留学人员的11.7%。③ 同年,我国向苏联派出长期任教教师3名,从苏联聘请42名文教专家,讲学27次。④

1989年中苏关系全面恢复并迅速发展。两国间开展的文化交流项目越来越丰富。这些文化交流项目包括文化合作计划内和计划外的项目、官方和民间的项目、双边和多边的项目,都有明显增加。随后在留学教育方面,双方新增互派留学生的渠道,如苏联对外友好和文化协会联合会、苏联妇女联合会等开始接受中国

① 《中国教育年鉴》编辑部编:《中国教育年鉴(1985—1986)》,湖南教育出版社1988年版,第76～77页。

② 生建学:《中俄教育交流回顾》,《神州学人》2005年第8期。

③ 《中国教育年鉴》编辑部编:《中国教育年鉴(1989)》,人民教育出版社1990年版,第330页。

④ 《中国教育年鉴》编辑部编:《中国教育年鉴(1989)》,人民教育出版社1990年版,第330、336、337页。

留学生。[1] 统计在1989年国家公派留学人员2987人中，派往苏联和东欧的留学生占公派总数的14.5%；在单位和部门公派留学人员5390人中，派往苏联和东欧国家的人员占总数的3%。1990年国家派往苏联和东欧国家学习的留学生为288人，占派出留学生总人数的12.8%；单位公派往苏联和东欧的留学生共191人，占当年同类派出总数的3.5%。据有关材料反映，从中苏开始交换留学生到苏联解体，即1983—1991年底，我国共向苏联派遣留学人员2475名。与此相应，在1983—1992年间，苏联派遣到中国的留学生有2373人。[2] 两国互派留学生在人员总量上几乎处于同等状态。

阻隔多年的留学人员派遣工作开始恢复，人数也在不断增加，但与50年代处于“蜜月期”的留学人员交流来看，在人数上还无法相比。时隔30年之后，一些建国初期的留苏学生再次踏上苏联土地，开始了新一轮学习与进修，这对于已经互不交往几十年的师生来说，有着太多的感慨。现摘取一位在留苏教育活动中梅开二度者的记忆文字以示一斑：“这一天我带着疑虑走进了莫斯科地质学院。第一次同老师会见。我提前赴约。在大厅的人群中我一眼发现了老师卡日丹教授。我用传统的中国方式向他表示了敬意。他容光焕发，高兴地拉住我的手连声说：‘记得，记得，完全是成年人了！’‘何止成年?！已是半大老头了……’来到矿床普查勘探教研室的主任办公室，教授让我坐在他身边，他仔细地询问了我的情况及这次来苏有何愿望。我表示：‘我的大学毕业论文是您指导的，还得请您继续对我进行指导……’他欣然同意并表示愿意给我创造一切学习和研究的条件。谈话间，我注意到他面庞上的熟悉的笑容还同当年一样的真诚、亲切。”[3]莫斯科地质勘探学院院长1986年再见到中国留学人员时，“他翻阅着过去的纪念像册”，拉着中国人员的手激动地说：“我们永远不会忘记中国的好学生！”该院的瓦连杰·米哈伊洛维奇·帕夫林诺夫教授的办公桌后面的玻璃柜里珍藏着中国的工艺品、岩石标本、书籍等，苏联的同志称之为帕夫林诺夫教授的“中国一角”。[4]

就在中苏开始恢复互派留学生前夕，“文革”期间中断的欧美同学会于1982年得以恢复。这个早在1913年成立的欧美同学会是由中国留学海外各国归国同学自愿组成的群众团体。在新时期中，该团体再弘扬留学报国的光荣传统，广泛

---

① 《新中国对外文化交流史略》编委会编著：《新中国对外文教育交流史略》，中国友谊出版公司1998年版，第327页。

② 生建学：《中俄教育交流回顾》，《神州学人》2005年第8期。

③ 阎鸿铨：《访苏日记四则》，《神州学人》1987年第7期。

④ 阎鸿铨：《访苏日记四则》，《神州学人》1987年第7期。

团结和凝聚海内外留学人员，为全面建设小康社会，实现中华民族的伟大复兴等作出贡献。随着留苏教育的发展和留苏学子的增添，1989 年 5 月 14 日，欧美同学会留苏分会成立。[①] 该分会的成立，对加强留苏学子之间的联系，激发他们报效祖国，开展留苏信息咨询与服务以及学术研究活动等，都起到了很好的推进作用。

## 二、教育团体互访

在中苏两国尚未恢复正常外交关系之时，两国就有教育代表团组开始互访活动，并签订了双边教育合作协议，这对于增进两国间的了解和友谊，促进双边教育交流与合作，推动中苏两国政治外交关系的恢复起到了重要作用。1989 年中苏关系正常化后，两国教育代表团的互访增多，成为两国教育交流不可或缺的桥梁之一。

从 1970 年开始，我国恢复了与外国互派教育代表团的交流活动。1970 年伊拉克教师协会主席拉维博士率团访问中国，此后日本、美国、法国、英国、加拿大、联邦德国等西方国家教育代表团来华访问的数量逐渐增多。从 1973 年开始，我国恢复向国外派遣教育代表团。[②] 这期间我国派出的教育代表团访问了美国、日本、英国、法国等西方资本主义国家，把共和国初期访问的国家对象扩展到西方资本主义世界，唯独没有建国初期派往最多的苏联。1978 年以后，我国派团对外交流得到较快发展。以 1978—1981 年为例，3 年间我国应邀出访的教育代表团组就达 173 起，1071 人次，分别是建国后至 1966 年这十多年间派遣的出访教育团组数和人数的 1 倍多与 3 倍。同时应邀来华访问的外国教育代表团组则达 311 起，1913 人次，分别是建国初期至 1966 年的来华教育团组数和人数的 1 倍多和 3 倍多。[③] 然而，由于中苏两国外交关系尚未恢复，两国之间仍然没有任何教育代表团的往来。

---

① 目前该分会共有 3600 多名会员。留苏分会秉承“修学敦谊，振兴中华”的办会宗旨，开展以报国服务为中心的丰富多彩的活动，如举办学术研讨、形势报告、文艺欣赏、演出和节日联谊活动，组织会员开展各类咨询、培训、信息和返校活动，开展国内、国际的民间友好往来，与俄罗斯、越南、印度、尼泊尔、摩洛哥、保加利亚等国留学生组织建立了友好联系。配合我国省市向俄罗斯及独联体国家引智工作的需要，分会努力拓宽对独联体国家的科学、教育、经贸、技术等合作交流，为社会的发展、科技的进步和国家的富强贡献自己的智慧和力量(参见欧美同学会·中国留学人员联谊会留苏分会简介：http://www.coesa-rus.com/bhjs/list.aspx? id=31)。

② 关于中国恢复向国外派遣教育代表团的时间，《教育国际交流与合作史》(于增富、江波、朱小玉著，海南出版社 2001 年版，第 116 页)认为是 1973 年；《中外教育交流史》(田正平主编，广东教育出版社 2004 年版，第 1013 页)认为是 1972 年。录此备考。

③ 《新中国对外文化交流史略》编委会编：《新中国对外文化交流史略》，中国友谊出版公司 1998 年版，第 425 页。

1984年4月5日至20日，苏联对外友协、苏中友协代表团访问中国。这是两国友好组织恢复联系和人员交往后，苏联派出的第一个友好代表团。作为回访，1984年5月25日至6月5日，中国对外友协、中苏友协代表团访问苏联，这就为以后两国教育代表团的互访开辟了道路。1984年两国教育部互换8人组成的高等教育考察团到对方国家进行为期3周的访问，并互换由6人组成的语言教学考察组到对方国家进行为期3周的访问。①

1986年2月13～28日，苏联高等和中等专业教育部长马卡罗夫率领苏联高校科研工作考察团访问我国。同年，应中华人民共和国国家教育委员会的邀请，苏联高等和中等专业教育部副部长叶戈罗夫率领苏联高等工科教育代表团于3月13～21日访问我国。作为对等访问，我国也派出教育代表团对苏联教育进行考察：同年6月8日，应苏联高等和中等专业教育部的邀请，以中华人民共和国国家教育委员会副主任彭珮云为团长的中国教育考察团前往苏联考察访问，重点考察高等文科教育和高校政治思想工作；9月11日至23日，中华人民共和国教育委员会副主任朱开轩任团长的中国教育代表团访问苏联，考察了苏联高等工科教育，并就落实中苏两国教育合作计划事进行了磋商。1987年4月20日到5月4日，国家教委专职委员黄辛白率留学工作代表团访问苏联，并在莫斯科召开了赴苏联、东欧国家留学人员工作会议。② 1987年5月7日，苏联科学院代表团访问中国。1987年6月8～24日，国家教委副主任王明达率中等教育代表团访问了苏联。在此期间，该代表团主要考察了苏联中学职业技术教育的改革现状暨发展趋势。③ 1987年10月8～16日，苏联国家职业技术教育委员会副主席戈拉瓦克一行3人访问中国。国家教委副主任王明达同戈拉瓦克团长举行了会谈，双方相互介绍了本国职业教育发展的情况，探讨了扩大双方在此领域开展合作的可能性。该代表团还访问北京和上海的部分职业技术学校。④ 此外，1987年我国还派出高校科研考察团、教育科学工作者代表团、留学生工作代表团、高校领导体制和干部管理考察团访问苏联，而苏联方面还有普通教育代表团、职业技术教育考察团和留学生工作代表团来华访问。⑤ 1988年3月，国家教委副主任朱开轩率团赴苏参加中苏经贸科技合作委员会教育合作小组中苏会议。

1988年5月，苏联文化部部长瓦西里·扎哈罗夫一行五人来我国进行正式访

---

① 《中国教育年鉴》编辑部：《中国教育年鉴(1982—1984)》，湖南教育出版社1986年版，第305页。
② 《中国教育年鉴》编辑部：《中国教育年鉴(1988)》，人民教育出版社1989年版，第539～540页。
③ 《中国教育年鉴》编辑部：《中国教育年鉴(1988)》，人民教育出版社1989年版，542页。
④ 《苏联职业技术教育代表团结束访华回国》，《中国教育报》1987年10月17日。
⑤ 卫道治主编：《中外教育交流史》，湖南教育出版社1998年版，第363页。

问。这是“布加勒斯特会议”后近30年来访华的第一个苏联文化部部长，也是中苏文化交流恢复以后苏方派出的文化界最高级别领导人。此次访问获得圆满成功。我国文化部部长王荣与扎哈罗夫在北京签署了《中华人民共和国政府和苏维埃社会主义共和国联盟政府1988年至1990年文化合作计划》。根据此计划，三年内两国在文学、戏剧、音乐、舞蹈、美术、图书馆、博物馆、社会科学、新闻、广播、出版、群众文化、艺术教育、演出和展览等双边和多边交流项目共计100多起，在数量和质量上均有较大提高。

1989年两国关系恢复正常后，双方的教育代表团互访更为增多，而且这些代表团的互访不再只是出于外交礼节的需要，交往中更加注重质量的提高。1990年2月20～27日，以苏联国家教委主任亚戈金为团长的苏联教育代表团应邀访问中国。会谈中双方回顾了中苏两国教育交流的情况，并就进一步发展两国教育交流与合作内容交换了意见。① 同年3月15日，苏联国家国民教育委员会外事局副局长雅鲁申率留学生工作团来华访问。中国国家教委国际合作司与苏联留学生工作团进行了会晤，两国在互换留学生、文教专家以及苏联来华人员的派出和管理工作方面交换了意见。会后，苏联留学生代表团还到北京、武汉、沈阳、大连、哈尔滨等地参观了11所院校。1990年10月16日，应《中国教育报》邀请，苏联《教师报》总编辑、苏共中央委员谢列兹尼奥夫率领《教师报》代表团一行2人抵达北京。② 该家报纸是苏共中央面向苏联教师和教育界出版的全国性报纸。代表团访问了北京、上海、广州、深圳等城市，重点考察了我国基础教育现状。10月19日下午，国家教委副主任朱开轩会见了代表团一行，向他们介绍了我国基础教育和高等教育现状及教育改革情况，并回答了代表团所关心的特区教育问题和中国扫盲问题。③ 同年11月17～23日，应国家教委邀请，以苏联国家教委副主任、中苏教育合作工作小组苏方组长舒克舒诺夫为首的苏联国家教委科技代表团一行4人来华访问。国家教委副主任、中苏教育合作小组中方组长朱开轩同代表团进行了会谈，并就两国高等学校科研合作等事宜交换了意见。在北京访问期间，该代表团参观了清华大学核能技术研究所、北京大学和北京邮电大学。

在苏方派遣教育代表团来华访问的同时，中方也不断地派遣教育代表团赴苏作友好访问。如在1990年3月15～29日，中国教育督导工作考察团访问苏联，该团主要考察苏联教育督导制度及工作经验。同年4月，国家教委副主任何东昌应

① 《中国教育年鉴》编辑部：《中国教育年鉴(1991)》，人民教育出版社1992年版，第921页。

② 《应本报邀请苏联〈教师报〉代表团来华访问》，《中国教育报》1990年10月18日。

③ 《朱开轩会见苏联〈教师报〉代表团》，《中国教育报》1990年10月20日。

邀率教育代表团访问苏联。何东昌与苏联国家教委第一副主席进行了会谈，双方代表本国签署了《中苏 1991—1995 年教育合作计划》。该计划规定，中方每年派出 500 名留苏学生，而苏方派出 300 名留华学生。会议还探讨了进一步加强两国教育交流与合作及开展两国高校科研合作等事宜。访问期间，何东昌参观了莫斯科大学等院校，分别与苏联最高学位主席希缅金院士、苏联高等和中等专业教育部部长普尔霍缅科会谈，并到莫斯科、列宁格勒和基辅分别会见了我国留苏人员。同年 5 月 24 日，中国老新闻工作者代表团访问了苏联列宁格勒市第五寄宿学校。该校是一所十年制学校，创建于 1956 年。学生从入学开始学习汉语，一直持续到十年级。该校教汉语的 7 名老师中有 3 名曾到中国学习或进修过。① 1991 年 5～6 月间，中国国家教委副主任朱开轩率领教育代表团访问苏联。② 此外，作为对苏联《教师报》代表团访华的回访，1991 年 5 月 23 日，《中国教育报》报社社长李汉兆率领代表团前往苏联进行为期两周的访问。访苏期间，代表团同苏联《教师报》同行们交流经验，并在莫斯科、列宁格勒等地参观，着重了解苏联学校情况③。

除国家官方的教育代表团互访外，两国的一些教育机构也开展了交流活动。1990 年 6 月 11 日，苏联教育科学院教育代表团访问了北京市教育科学研究所。该代表团一行 4 人，由苏联教育科学院教学内容与教学方法研究所副所长斯特拉乌特任团长，成员有摩尔达维亚加盟共和国教育科学研究所所长科普卡尔、苏联教育科学院教育理论和教育史研究所高级研究员布隆斯基和科廖皮科夫。双方交流了各自研究情况，并就共同关心的问题表达了相互合作的愿望，愿意在以下几方面加强合作：合作研究共同关心的教育问题；学者互访；相互交换教育信息；互相培养青年教育科研工作者。

## 三、教育书籍引译

建国初期，为改革旧教育建立新教育，我国从苏联翻译、引进了大量初等、中等和高等学校教材，苏联教育理论著作也被当成教育经典被反复引用与阐释。中苏关系恶化以后，我们对苏联教育书籍的引进放慢了脚步，同时对苏联的教育理论进行了猛烈批判，尤其是“文革”期间，中苏教育书籍这一交流渠道几乎陷于完全关闭的状态。1977 年起，教育部开始从美国、英国、联邦德国、法国、日本等国家

---

① 《我希望长大了能到中国学习——访苏联列宁格勒第五寄宿学校》，《中国教育报》1990 年 7 月 19 日。

② 《中国教育年鉴》编辑部：《中国教育年鉴(1992)》，人民教育出版社 1993 年版，第 269 页。

③ 《本报代表团赴苏访问》，《中国教育报》1991 年 5 月 23 日。

引进大学、中学、小学教材，以供我国教育理论、实践工作者参考。虽说此时我国还再版了部分苏联教材，但此时中国已经脱离了以苏联教材为蓝本的时期。1980年人民教育出版社再版了苏联十年制学校《数学》教材及参考书。与此同时，北京师范大学出版社出版了《中学化学习题题解》、科学普及出版社出版了《苏联中学化学习题集锦》，科学技术文献出版社与天津教育出版社也分别出版了《苏联中学物理100题》与《苏联中学物理典型题选》。此外，我国还出版了苏联中学《物理》和《几何》教材。

"文革"时期，我们对曾经奉为经典的凯洛夫《教育学》进行了大规模批判。各地的各大报纸也都成为批判的主要阵地。1969年9月，辽宁省组织学校师生和工人、农民一起批判凯洛夫《教育学》，以推动当时文教战线的斗、批、改运动，9月12日的《辽宁日报》为此发表社论《凯洛夫〈教育学〉必须彻底批判》，认为辽宁省是过去推行凯洛夫《教育学》的重点地区之一，彻底批判凯格夫的《教育学》，是当前教育战线的一项极为迫切的任务。① 1969年10月31日，《浙江日报》发表评论认为："凯洛夫是现代修正主义教育的鼻祖，是国际上臭名昭著的修正主义反动权威。他所炮制的《教育学》毒气四溢，是一套反动透顶的修正主义教育纲领。"1970年1月13日，《解放日报》发表华东师大革命大批判写作小组的文章《彻底肃清周扬在文科教材编写中的流毒》，文中将华东师范大学刘佛年教授等编的《教育学》污蔑为"教育界反毛泽东思想的一部代表作，是向一九五八年教育革命反攻倒算的宣言书，是封资修教育黑货的大杂烩，是苏修凯洛夫《教育学》的翻版。"②同年1月30日，上海市革命大批判写作小组在《红旗》杂志第2期发表《谁改造谁？——评凯洛夫〈教育学〉》，文章从3个方面批判了凯洛夫的《教育学》，同时还上挂下连，指出"凯洛夫的《教育学》是'刘少奇反革命修正主义教育路线'的理论依据"，"当年杜威在中国的一小撮徒子徒孙，在刘少奇反革命修正主义教育路线包庇下，纷纷摇身一变，成了所谓凯洛夫《教育学》的专家，有的霸占了教育部门的领导岗位，有的散在全国各地招摇撞骗"。③ 这场席卷全国的"批凯热"，使人们不仅不再也不敢研究凯洛夫的教育著作，而且整个教育界对所有苏联教育理论的研究也戛然而止。直到1979年，教育界对凯洛夫及其《教育学》才开始改掉"彻底批判"的

---

① 中央教育科学研究所编：《中华人民共和国教育大事记（1949—1982）》，教育科学出版社1983年版，第428页。

② 中央教育科学研究所编：《中华人民共和国教育大事记（1949—1982）》，教育科学出版社1983年版，第431页。

③ 中央教育科学研究所编：《中华人民共和国教育大事记（1949—1982）》，教育科学出版社1983年版，第432页。

口气。当年南京师大鲁洁等在《教育研究》第1期发表了《他们究竟要"改造"什么——评〈谁改造谁〉》。文章指出:"对凯洛夫《教育学》所包含的内容,我们应一一加以具体分析,肯定应当肯定的,否定应该否定的,而不是笼统地不加分析地肯定一切或否定一切。"同年《杭州师范学院学报》第1期也刊登了方天培的文章《教学理论的批判继承和发展问题——兼评〈谁改造谁〉中的"两种对立的认识论"》,认为凯洛夫的《教育学》"今天看来仍有不少地方可以借鉴"[①],并从4个方面进行具体阐述。当然,不论对凯洛夫《教育学》采取过分褒扬的态度,还是极力贬低的做法,都无法抹煞其对新中国教育的巨大影响,正如陈元晖先生所言:"如从1949年算起,到1989年,这一著作,已在中国流行达40年之久,影响之深和影响时间之久,还没有一本其他教育学专著可以与它相比拟。"[②]

在对凯洛夫及其《教育学》进行重新审评之际,随着全面改革开放的步伐,我国翻译了大量外国教育著作,比如瑞士心理学家让·皮亚杰著《儿童的语言与思维》(1980年翻译出版),美国教育家杰·布鲁纳著《教育过程》[③](1980年再版)、《教学论探讨》(1989年)、《教育的适合性》(1989)。此时,人们也开始对苏联教育理论进行重新认识和分析,那些曾经耳熟能详的苏联教育家再次出现在人们的视线中。比如人民教育出版社1981出版了马卡连柯的《论共产主义教育》(1962年版,到1983年已是第12次印刷)。除此之外,赞科夫、苏霍姆林斯基、巴班斯基等苏联教育家及其著作也先后被介绍到中国。

列·符·赞科夫是著名的苏联心理学家,他在维果茨基的"最近发展区"理论基础上,提出了"教学与发展"的教育思想,受到苏联教育界的关注。早在20世纪50年代,我国即译介过他的《记忆》、《论教学中语言与直观性相互作用的问题》、《从巴甫洛夫学说的观点看记忆问题》、《根据巴甫洛夫学说看小学教学法的几个问题》等论著。[④] 但赞科夫的教育思想并没有引起中国教育界的关注。1980年以后,我国翻译出版了他的《教学与发展》、《教学论与生活》、《和教师的谈话》等教育著作。赞科夫的《教学与发展》曾在苏联引起过激烈争论,尤其是受到以凯洛夫学派为中心的教育界的质疑。该书传入中国后,同样引起了如同苏联教育界的争

---

① 方天培:《教学理论的批判继承和发展问题——兼评〈谁改造谁〉中"两种对立的认识论"》,《杭州师范学院学报(社会科学版)》1979年第1期。

② 《中国教育学七十年》,《陈元晖文集》(上卷),福建教育出版社1992年版,第20～21页。

③ 布鲁纳的《教学过程》在1973年就已经在中国翻译出版,但时值"文革",并未引起注意。直到1979年,《教育研究》杂志陆续译介了他的《论教学的若干原则》(1972)、《教育过程》再版序言(1977年),并发表了研究其教育思想的论著。

④ 陈元晖著:《中国教育学史遗稿》,北京师范大学出版社2001年版,第35页。

论。1982年5月,“凯洛夫与赞科夫教学论思想的异同和评价”讨论会在上海举行。这种争论对于丰富、开拓我国教育理论研究起到了一定的推动作用。1982年,教育科学出版社出版赞科夫的《论小学教学》。该书是赞科夫创建小学教学新体系的第一轮实验总结。书中分章叙述了改革语文、算术、劳动、历史、自然和地理等课程的要领,部分介绍了新体系的语文和算术教学大纲。该书于1987年再版,后被收录《20世纪苏联教育经典译丛》。1984年,教育科学出版社又出版了《赞科夫新教学体系及其讨论》。

被称为“当代马卡连柯”的瓦·阿·苏霍姆林斯基,是苏联乌克兰境内的普通乡村中学——帕夫雷什中学的校长。他的教育思想承继于马卡连柯,并发展和丰富了德育内容。苏霍姆林斯基在国内外均享有很高声誉,其教育思想在苏联教育界产生了深远影响。从1980年开始,我国陆续出版了他的多种著作。例如,《给教师的建议》(教育科学出版社,1980)、《要相信孩子》(教育科学出版社,1981)、《关心孩子的成长》(北京师范大学出版社,1982)、《关于人的思考》(尹曙初译,湖南教育出版社,1983)、《青少年心灵美的培养》(湖南教育出版社,1983)、《关于全面发展教育的问题》(湖南教育出版社,1984)、《和青年校长的谈话》(上海教育出版社,1983)等。

巴班斯基是“教学过程最优化”的提出者,他认为,“教学最优化可以说是从解决教学任务的有效性和师生时间消费的合理性着眼,有科学根据地选择和实施该条件下最好的教学方案。”他的“教学过程最优化”丰富了我们对教学过程的认识。1982年,教育科学出版社出版了巴班斯基的《论教学过程最优化》。1985年,教育科学出版社又出版了他的《中学教学方法的选择》。该书主要论述了教学方法的分类及优选标准、教学方法的优选程序、优选某些教学方法的特殊条件等。1987年,我国翻译了巴班斯基的《教育学》,该书是苏联师范院校公共必修课的教科书。

除上述种种外,20世纪80年代我国还翻译出版了大量苏联的教育学理论书籍,使中国教育界在与苏联断绝联系十几年后重新认识和了解到苏联的教育,例如,北京师范大学外国教育研究所编译的苏联教育法令资料丛书。其它教育类书籍还有:拉德任斯卡雅主编的《苏联的作文教学》(教育科学出版社,1982),佩什卡洛的《小学数学教学法》(文化教育出版社,1983),奥加涅相等编的《中小学数学教学法》(测绘出版社,1983),卡恰什金著《体育教学法》(教育科学出版社,1984),巴拉诺夫著《论教学本质》(辽宁教育出版社,1987),阿尔汉格尔斯基著《高等学校的教学过程》(辽宁教育出版社,1987)等。有关儿童教育或学前教育的书籍有:亚德什科、索欣著《学前教育学》(人民教育出版社,1981),维列金尼科娃著《学前儿童认识自然》(重庆出版社,1983),《怎样抚育幼儿》(文汇出版社,1986),巴什基罗娃著《怎样理解孩子的心灵》(中国青年出版社,1983),科瓦尔楚克著《学前儿童的因材施教》(北京少年儿童出版社,1987),马尔科娃主编《学前教育学原理》(人民教育出版社,1984)等。关于教师的著作有:契尔那葛卓娃、契尔那葛卓夫著《教师道德》(华东师范大学出版社,1982),科罗托夫等编《中小学班主任手册》(中国农业机械出版社,1982),帕纳钦著的《苏联师范教育》(文化教育出版社,1981),包德列夫等编、陈友松等译的《班主任》(人民教育出版社,1980)等。此外,我国还翻译或编译出版了诺维科娃等著《中小学集体教育学概论》(工人出版社,1988),帕纳钦著《苏联的教育管理》(文化教育出版社,1982),斯特列金科津主编《学校工作的检查与指导》(北京教育行政学院资料室编译,知识出版社,1984),达依诺夫斯基著《高等教育经济学》(人民教育出版社,1983),叶留金著《苏联高等学校》(教育科学出版社,1983),维林金等著《中小学数学的现代基础》(上海科学技术出版社,1987),马基延科著《职业技术学校教学教育过程》(教育科学出版社,1987),苏联高等和中等专业教育部社会科学教学主管局编写的《苏联高等院校政治理论课教学大纲》(求实出版社,1987),哈尔滨工业大学高等教育研究所编译的《苏联高等学校教学大纲选编》(哈尔滨工业大学出版社,1987),季亚奇科夫等编的《聋人的教学和教育》(上海教育出版社,1982),别列兹尼扬克著《现代中小学的领导工作》(华东师范大学出版社,1981),特鲁德涅夫著《儿童智力训练》(华中师范大学出版社,1986),别列兹良克著《苏联学校管理》(教育科学出版社,1981),帕纳欣著《苏联教育管理》(安徽教育学院,1982),华东师范大学教育科学资料中心编《苏联1984年的教育改革》(华东师范大学出版社,1985),西·索洛维契克著《学习与兴趣》(黑龙江人民出版社,1983),《苏联现代学校管理文选》(知识出版社,1983)。

所有这些苏联教育类书籍的译介和出版,对于我国教育学的重建具有相当的借鉴价值和重要的启示意义。对此陈元晖先生有言:"重写教育学,苏联方面的教育经验是不能忽视的。"

## 第四节　中苏教育交流的时代特点

国家间的关系良好与否,直接影响到两国政治、经济、文化、教育等领域的交流与合作。"文化大革命"开始后,中苏关系一直处于紧张状态,双方更多站在政治角度上批判对方。这种状态一直持续到80年代初,1983年10名留学生的交换重新开启中苏教育交流的大门，这一时期真正意义上的中苏教育交流是从1983年开始。但在1983年到1989年5月间，因为中苏没有真正在外交上恢复关系，其时的中苏教育交流表现出既跃跃欲试而又小心谨慎的态势。1989年两国恢复正常外交关系后，教育交流才得到较快发展。然而受1990年以后苏联国内局势紧张的影响，很快两国间教育交流的发展又显出迟缓状态。

## 一、通过“间接”了解苏联教育来打开局面

自1978年我国确立起改革开放政策，西方资本主义国家的教育思想和理论开始被引入中国。同时，我国重新以客观态度看待苏联教育。但直到1989年中苏教育交流的渠道尚未重开，这一时期我们更多是通过媒体刊登的有关文章来了解苏联教育的实际情景。

《人民教育》作为宣传中国教育的重要阵地，于1977年第2期刊登了“美、英、法、西德、日本的中小学教学教材简介”，这为我国引进中小学教材做了铺垫，也意味着中国教育开始面向世界。此后，该刊开辟的“国际教育之窗”栏目将目光投向世界各国的教育发展与改革。1977年第3期上刊登了吴式颖、金隆德撰写的《“四人帮”为什么抓住苏联教育界的“两次大辩论”大做文章》，这是此时期该刊最早涉及苏联教育的文字，不过这篇文章并不是介绍苏联教育，只是澄清“文革”时期混乱的教育思想。1979年第4期的“国际教育之窗”栏目刊登了华南师范学院朱勃、李然萱的文章《国外教育改革的趋势》，介绍了国外教育的4个发展趋势，并以美国、日本、英国和苏联为例进行分析。同年第8期刊登的《渔民的儿子成为科学家——罗蒙诺索夫勤勉好学的故事》，以讲故事的形式介绍了苏联著名科学家罗蒙诺索夫的成长经历。同年12月，《人民教育》又登载了《列·符·赞科夫关于提高教学质量的观点概述》，介绍了苏联著名心理学家、教育家赞科夫的教育理论，特别是详细介绍了赞科夫“教学与发展”的有关理论观点。这些观点成为后来中国教育改革的理论来源之一。1984年第9期则介绍了《苏联师范教育改革动向》，文章认真分析了苏联政府通过的《苏联普通学校和职业学校改革的基本方针》对师范教育的影响。1988年7～8月，《人民教育》还介绍了苏联普通学校的劳动教育情况。

与期刊《人民教育》相呼应，《中国教育报》于1983年3月3日试刊发行。当年7月28日，该报转载了《外国教育资料》第1期的文章《苏联城市中学的劳动教育》，这是《中国教育报》最早出现的介绍苏联教育的文章。1984年1月10日《中国教育报》第2版刊登了题为《苏联准备实行教育改革》的文章，对当年苏联公布

的《关于改革普通学校和职业学校的基本方针(草案)》进行了介绍。接着该报在2月14日第2版根据苏联《消息报》的内容介绍了“苏联教育事业最新的统计数字”。5月15日,《中国教育报》又刊登了《苏联改革普通学校和职业学校的基本方针》,对该草案进行了较为细致的分析。苏联于4月10日通过该《方针》后,《中国教育报》7月17日第4版又跟进刊登了《苏联关于劳动教育与职业定向的新决议》,对此情况进行了跟踪报道。除此之外,对苏联高等教育和职业教育的情况,《中国教育报》也不断发表文章进行介绍。例如,《苏联的校际生产经营联合体——一种普通学校实施的职业技术教学联合体》(1986年1月7日第4版)、《苏联的国民经济学院和工人学校》(1986年1月21日第4版)、《苏联规定企业对学校的协助义务》(1986年3月4日第四版)、《苏联普通中学增设职业培训课程》(1986年8月5日第二版)等。《中国教育报》对苏联教育的报道内容比较多,从1985年后几乎每月都有对苏联教育的介绍,其文字涉及苏联教育的方方面面。据统计,仅在1983—1987年间《中国教育报》就刊登了介绍苏联教育的文章81篇,具体情形见下表(表十四)[①]所示:

**表十四:1983—1987年《中国教育报》刊登介绍苏联教育文章一览表**

| 序号 | 文章名称 | 作者 | 期号 | 刊登日期(版次) |
|---|---|---|---|---|
| 1 | 苏联城市中学的劳动(职业)教育 | / | 4 | 83.7.28(4) |
| 2 | 苏联准备实行教育改革 | / | 29 | 84.4.10(2) |
| 3 | 苏联公布教育事业最新统计数字 | 卓晴君 | 38 | 84.2.14(2) |
| 4 | 苏联中小学师资质量结构 | / | 38 | 84.2.14(3) |
| 5 | 苏联教育部长答《莫斯科新闻》记者问 | 史根东 | 64 | 84.5.15(4) |
| 6 | 苏联改革普通学校和职业学校的基本方针 | 吴福生 | 64 | 84.5.15(4) |
| 8 | 苏联关于劳动教育与职业定向的新决议 | 尚　苏 | 82 | 84.7.17(4) |
| 8 | 苏联高校加速培养计算机人才 | 崔久平 | 108 | 84.10.16(4) |
| 9 | 苏联的中等职业技术教育 | / | 132 | 85.1.8(4) |
| 10 | 苏联大学生的“第三学期” | 闵嗣华 | 162 | 85.4.30(4) |
| 11 | 苏联对高等学校的监督检查 | 树　仁 | 166 | 85.5.14(3) |
| 12 | 苏联的“第三教育” | 梁　旦 | 170 | 85.5.28(4) |

① 本表根据《中国教育报索引(1983—1987)》(中国教育报社编,1991年印行)第360~362页的有关资料整理。

(续表)

| 序号 | 文章名称 | 作者 | 期号 | 刊登日期(版次) |
|---|---|---|---|---|
| 13 | 苏联重视培养大学生的现代经济意识 | 王慧民 | 184 | 85.7.16(4) |
| 14 | 苏联文化教育和科学方面最近统计数字 | 周家高 | 196 | 85.8.27(4) |
| 15 | 苏联开始普及电子计算机教育 | 陆惟信 | 204 | 85.9.24(4) |
| 16 | 苏联采取一系列措施改革科学和高教相分离的体制 | 柯　迅 | 206 | 85.10.1(3) |
| 17 | 苏联高校的爱国主义教育 | 王慧民 | 212 | 85.10.22(4) |
| 18 | 苏联高等与中等专业教育部前部长叶留金撰文指出:综合大学应为发展高等教育发挥更大作用 | 郭曼东 | 224 | 85.12.3(4) |
| 19 | 苏联教育点滴 | 闵嗣华 | 228 | 85.12.17(4) |
| 20 | 苏联的校际生产教学联合体——一种普通学校实施职业技术教育的形式 | 顾明远 | 234 | 85.1.7(4) |
| 21 | 苏联的国民经济学院和工人学校 | 亚　波 | 238 | 86.1.21(4) |
| 22 | 苏联有人提出——父母要重视体育 | / | 243 | 86.2.15(2) |
| 23 | 苏联高等教育改革的新动向 | 黄仕琦 | 245 | 86.2.22(3) |
| 24 | 苏联规定企业对学校的协助义务 | 龚　同 | 248 | 86.3.4(4) |
| 25 | 今天的苏联高等学校 | 周家高 | 252 | 86.3.18(4) |
| 26 | 苏联普及教育的三大措施 | / | 260 | 86.4.15(4) |
| 27 | 苏联重视大学生参加生产劳动 | / | 281 | 86.6.28(2) |
| 28 | 乐器治病 | / | 286 | 86.7.15(2) |
| 29 | 苏联普通中学增设职业培训课程 | / | 292 | 86.8.5(2) |
| 30 | 苏联大学生的暑假生活 | 葛纪娥 | 294 | 86.8.12(4) |
| 31 | 苏联重视对中小学的电视教学节目 | / | 296 | 86.8.19(2) |
| 32 | 苏联要求把力量放在改革上 | / | 300 | 86.9.2(2) |
| 33 | 苏开办第一个少儿计算机俱乐部 | / | 305 | 86.9.20(2) |
| 34 | 苏联农业教育现状 | 戴漠安 | 306 | 86.9.23(4) |
| 35 | 苏联高等及中等专业教育改革新方案的十个要点 | 杨春发 | 306 | 86.9.23(4) |
| 36 | 苏联基辅的大学生自我管理 | / | 318 | 86.11.4(2) |
| 37 | 苏联在中学增设生产基础课 | 杨德盛 | 318 | 86.11.4(4) |
| 38 | 苏两教授撰文谈苏联高等学校教师工资制度的改革 | 吴上仪 | 322 | 86.11.18(4) |

(续表)

| 序号 | 文章名称 | 作者 | 期号 | 刊登日期(版次) |
|---|---|---|---|---|
| 39 | 试分析当前苏联高等工科教育的改革 | 李家宝、葛鸿翰 | 324 | 86.11.25(3) |
| 40 | 苏联学校加强劳动教育 | 程受珩 | 338 | 87.1.8(4) |
| 41 | 苏联高等教育的教学、生产、科研综合体 | 孙　敏 | 338 | 87.1.8(4) |
| 42 | 苏联高教部长谈教育改革 | 郑金湖 | 341 | 87.1.15(4) |
| 43 | 苏联试验小学低年级不考试 | 胡三保 | 344 | 87.1.22(4) |
| 44 | 苏联的工业企业高等学校 | 王维中 | 344 | 87.1.22(4) |
| 45 | 苏联文化教育点滴(附照片) | 杨　柳 | 344 | 87.1.22(4) |
| 46 | 苏联公布去年文化教育若干情况 | / | 348 | 87.2.5(4) |
| 47 | 俄罗斯加盟共和国高教部长建议集中大学科技力量进行技术攻关 | 韦政强 | 348 | 87.2.5(4) |
| 48 | 莫斯科举办"儿童艺术创作展览" | / | 357 | 87.2.26(4) |
| 49 | 苏联重视青少年音乐教育 | 杨德盛 | 360 | 87.3.5(4) |
| 50 | 苏联将召开全苏教师代表大会 | 吴万芳 | 363 | 87.3.12(4) |
| 51 | 苏联高等师范学校采用新教学计划 | 诸惠芳 | 366 | 87.3.19(4) |
| 52 | 苏联进行师范教育改革 | 方　黎 | 372 | 87.4.2(4) |
| 53 | 苏联公布改革高校和中专教育基本方针 | / | 372 | 87.4.2(4) |
| 54 | 苏联高等学校的思想政治教育 | 方　思 | 375 | 87.4.9(4) |
| 55 | 苏联的普通教育督导制度 | 李春生 | 378 | 87.4.16(4) |
| 56 | 苏大学招生一些新规定 | 赫崇骥 | 381 | 87.4.23(4) |
| 57 | 苏联很多中小学开设计算机和信息技术基础课(照片) | / | 390 | 87.5.14(4) |
| 58 | 苏联部分高校下放教育计划制订权 | / | 390 | 87.5.14(4) |
| 59 | 怎样成为受欢迎的教师 | / | 390 | 87.5.14(4) |
| 60 | 苏联教改中的几个问题 | 魏大方 | 393 | 87.5.21(4) |
| 61 | 苏大学生课余参加服务行业工作 | 赫崇骥 | 402 | 87.6.11(4) |
| 62 | 苏联高等工科院校教育改革的若干措施 | 高凤仪 | 402 | 87.6.11(4) |
| 63 | 苏联大学生活点滴 | 韩　雄 | 405 | 87.6.18(4) |

(续表)

| 序号 | 文章名称 | 作者 | 期号 | 刊登日期(版次) |
|---|---|---|---|---|
| 64 | "献优课日"活动 | 兴　华 | 408 | 87.6.25(4) |
| 65 | 近年来苏联的高等教育改革 | 蒋　峰 | 411 | 87.7.2(4) |
| 66 | 苏联的职业技术教育 | 马　超 | 414 | 87.7.9(4) |
| 67 | 苏联高校社会科学教学改革动向 | / | 414 | 87.7.9(4) |
| 68 | 苏联企业和学校协作加强中学生教育 | 李玉珍 | 420 | 87.7.23(4) |
| 69 | 苏鼓励教师改革创新的措施 | / | 423 | 87.7.30(4) |
| 70 | 要充分考虑到六岁儿童的特点 | 高凤仪 | 426 | 87.8.6(4) |
| 71 | 苏联学校的劳动教育和美育(附照片) | 吴　畏 | 440 | 87.8.20(4) |
| 72 | 苏联普通教育和职业教育改革 | 傅国亮 | 456 | 87.10.15(4) |
| 73 | 苏联普通学校劳动教育见闻 | 傅国亮 | 459 | 87.10.22(4) |
| 74 | 苏公布改善大学及中专学生学习条件的新规定 | 徐长瑞 | 462 | 87.10.29(4) |
| 75 | 苏重视中等学校计算机教学 | / | 471 | 87.11.19(4) |
| 76 | 苏联埃里温市教育局为农村普及电子计算机教育设计了计算机巡回车(照片) | / | 471 | 87.11.19(4) |
| 77 | 苏联中小学的思想教育及其改革 | 傅国亮 | 471 | 87.11.19(4) |
| 78 | 适应经济改革　发展经济教育——苏公布《根本改革高等教育和中等经济教育的基本方针(草案)》 | 魏治国 | 474 | 87.11.26(4) |
| 79 | 苏联的职业技术教育研究工作 | 王兰美 | 477 | 87.12.3(4) |
| 80 | 一年一度的"献身新闻事业"活动是莫斯科大学新闻系的洪流(照片) | 李惠生 | 483 | 87.12.17(4) |
| 81 | 苏联教育科学院院长谈教育改革 | / | 489 | 87.12.31(4) |

此外,同一时期的《外国教育动态》、《外国教育资料》、《外国教育》等教育类期刊都对苏联教育表现出较多关注。例如,《外国教育动态》从1981年起几乎每年都登载二三十篇介绍苏联教育的文章。根据《报刊资料索引》(中国人民大学书报资料中心编)辑录的有关国外教育论文的国别和区域分布统计表(1980年到2000年)显示,有关苏联的论文多达1245篇,仅次于美国排在第二位。[①] 国人正是通过

① 田正平主编:《中外教育交流史》,广东教育出版社2004年版,第1100页。

这类介绍和研究文字，对苏联教育有了较为全面而真切的了解，而两国间的教育交流也正是借助这种“间接”了解来开启冰封累年的航路和僵持甚久的局面。

## 二、语言文字学习是教育交流的突破口

在中苏教育交流重新恢复的过程中，两国教育交流内容集中体现在语言文字教育方面，尤其在20世纪80年代是这样。这是由于：一方面，因为60年代与苏联关系紧张以及其它语种的相继开设，俄语教育在中国失去了绝对优势地位，及至中国改革开放后，我国与西方国家的交流开展日益增多，对英语、法语、德语等语种的需求远远高于俄语，从而导致其时俄语教育“失宠”，而要开展两国正常的教育交流，熟悉对方的语言文字是先决条件，所以此时中苏两国都很重视语言文字教育的交流；另一方面，因为其时两国政治关系尚未正式恢复正常化，所以中苏在对待以往敏感的历史问题时都讳莫如深，不敢轻易触及，因而选择比较“中性”的语言文字交流自然最为合适。

1984年，中苏两国重启教育交流的大门，在还未正式交换70名留学生之前，就已先互换了6人组成的语言教学考察小组，虽然交换时间只有短短3周，意义却十分重大。1990年《人民教育》杂志刊登了《珍贵的交流，难忘的友谊——苏联教师沈阳讲学侧记》，记录了来自苏联伊尔库茨克工业大学的三名女教师在沈阳进行了半个多月俄语教学的具体情况，她们给中国师生共授课30节，并为中学俄语教师讲授了“苏联教育现状”、“现代俄语变化情况”、“如何学会俄语”等15个专题共30节的培训课。①

1990年8月，在北京举行了第三届国家汉语教学讨论会，苏联派出了汉语教师、专家和学者参加了会议。在讨论会上，各国教师交流了汉语教学经验，对于推进与会各国的汉语教学起到了良好作用。

1991年6月29日，10名中国学生参加了在莫斯科举行的第七届国际中学生奥林匹克俄语竞赛并全体获得金牌。其中3名选手还因成绩优异获得了苏联提供的到苏联高等院校学习的奖学金。②

诸如上述种种活动和举措，都在不同程度上刺激了两国学子学习对方语言文字的积极性，促进两国教育交流较为便利地进入快车道。

---

① 祁德森：《珍贵的交流，难忘的友谊——苏联教师沈阳教学侧记》，《人民教育》1990年第7～8期。

② 《中国教育年鉴》编辑部编：《中国教育年鉴(1992)》，人民教育出版社1993年版，第797页。

## 三、高中等教育层面为教育交流主流域

改革开放以来，我国单一的中等教育结构已不能满足社会经济发展的需要。因此，从20世纪70年代末国家就开始酝酿调整中等教育结构，目标是发展职业技术教育，使普通教育和职业技术教育结构趋向合理。70年代末到80年代，我国与苏联进行教育交流时把中等职业教育放在重要位置。与此同时，我国在高等教育领域与苏联曾有过密切联系，拥有较为良好的交流基础。基于上述原因，这一时期的中苏教育交流以高等和中等教育领域为其主流域。

1984年中苏两国恢复教育交流后，应苏联高等和中等专业教育部邀请，教育部外事局副局长孙敏赴苏联签署了《中华人民共和国教育部和苏维埃社会主义共和国联盟高等和中等专业教育部关于1984至1985学年合作协定书》。以此为起点，当年双方教育部门组织互换了8人组成的高等教育考察团进行为期3周的访问。《中国教育报》1984年12月4日第4版刊登了《赴苏考察高等教育见闻》，较为全面地介绍了苏联高等教育的现状、特点。1985年，中苏两国在该领域续签了第二年合作协定，1986年又签订第三年合作计划。

1986年2月和3月，苏联高等和中等专业教育部副部长马卡罗夫、叶戈罗夫分别率领苏联高校科研工作考察团和苏联高等工科教育代表团访问我国。同年6、7月，中国国家教委应苏联高等和中等教育部邀请访问苏联，重点考察了高等文科教育和高校政治思想工作。同年9月，中国国家教委副主任朱开轩率团访问苏联，此行将考察苏联高等工科教育作为主要内容。1987年，国家教委副主任王明达率中国中等教育代表团访问苏联，实地考察了苏联中等教育。

1990年，两国签订了《中苏1991—1995年教育合作计划》，其中不仅增加了高校留学人员的数量，而且还对两国高校间开展科研合作进行了探讨。1991年，中苏两国政府签署了互认学历和学位证书的协议，这就进一步促进了两国高等教育领域的交流。

总体来看，在苏联解体之前10年间，在探索中推进的中苏教育交流主要发生在高中等教育层面，这也符合教育交流的自身发展规律，这种现象的出现还可从前文“表十三”所列《中国教育报》刊载的介绍苏联教育文章篇目可以得见。

## 四、政府官方交流是教育交流的主渠道

尽管1989年之前中苏尚未恢复正常的政治外交关系，没有国家级互访和交流，但是在经贸、科技、文化等领域开展的交流活动，大多是由政府部门组织实施

的，教育交流亦是如此。在此期间，中苏教育交流以政府官方部门负责为主，中国方面以国家教委为教育交流的主导者，苏联方面也以苏联国民教育委员会为主，而民间教育交流较少。除 1986 年中国教育国际交流协会派遣中学中年外语骨干教师到苏联高等学校进修外，如教育代表团互访、互换留学人员和教学人员等方面的教育交流活动基本属于政府行为，聘请教师和派遣教师到对方国家开展交流活动也主要通过官方邀聘和官方选派形式。例如，1988 年我国通过政府途径向苏联派出了长期任教教师 3 名，同年中国官方聘请苏联来华文教专家 42 人。① 这种官方渠道的交流可以使交流获得可靠保障，但也限制了交流的规模、数量和内容。

综观"文革"末期至苏联解体时期的中苏教育交流，这种国际间的交往活动与两国间政治关系的演变紧密联系在一起，可谓波澜频兴、波折不断，充分反映出政治、经济领域的变化对教育的决定性影响。尤其是在"文化大革命"期间，我们既全盘否定苏联教育，也对建国初期学习苏联教育经验所取得的种种成绩予以错误批判。这不仅割裂了我国与苏联在教育领域的联系纽带，使共和国失去了其时可以进行全方位教育交流的唯一渠道，而且颠覆了中国教育体系赖以存在的理论与实践基础，导致其陷入故步自封的藩篱之中难以自拔，不得不在"以阶级斗争为纲"的政治指挥棒下艰难前行，从而丧失了与世界先进国家进行教育交流并借以促进自身教育变革发展的宝贵时机。幸得党中央及时拨乱反正，重新揭开了对外教育交流的帷幕，恢复了同苏联在内的世界各国的教育往来，获得面向世界、走向世界的良好机遇，使共和国教育在改革开放国策的指引下再度焕发勃勃生机。有了这种前期经验和基础，进入 20 世纪 90 年代后，中国对外教育交流的渠道更为宽畅，交流领域也日见宽广，其中与苏俄的教育交流经过苏联解体之际的短暂顿挫，顺应时代大势而渐显辉煌。

① 《中国教育年鉴》编辑部编：《中国教育年鉴（1989）》，人民教育出版社 1990 年版，第 356～357 页。

# 第五章
## 苏联解体后的中俄教育交流

1991年12月25日，苏联宣布解体。这个国土面积最为广袤的超级大国，同时也是世界上最大的社会主义国家，在叱咤国际风云74年之后，最终消失于人类历史的长河之中，仅留下辉煌一时的历史供后人追忆。对此，法新社的时评是："苏联崩溃了，但是，其迅雷不及掩耳之势必将会在今后数年、也许数十年中留下余波——其程度谁也无法预料。"①苏联解体后，俄罗斯作为其遗产的最大继承国，不仅接任了联合国常任理事国席位，而且也将中苏睦邻友好关系延续下来，继续开展与中国的多领域交流合作。由此，中俄教育交流取代了中苏教育交流，自18世纪开始的两国教育交流活动得以存续。不仅如此，随着俄罗斯政局的稳定与经济形势的好转，中俄教育交流的内容更为丰富，形式更加多样，既表现在教育团组和人员的往来、教育书籍的译介，也有两国合作办学的新形式；既有高等教育交流，也有初等、中等教育交流。此外，这一时期两国教育交流已不再局限于教育领域，而是被两国政府提升至国家教文卫体合作组织的高度，这不仅提高了教育交流的层次，也为种种丰硕成果的取得提供了切实保障。可以说，苏联解体以后的中俄教育交流活动，加强了两国间的教育沟通与协作，进一步增进了两国人民的相互了解，从而形成了中俄(苏)教育交流史上的又一个辉煌时期。

---

① 邵宁著：《莫斯科日记(1989—1992)——一个中国留学生的见闻》，上海人民出版社1992年版，第256页。

# 第一节 中俄教育交流的历史背景

## 一、中俄政治外交关系的建立

苏联解体之后，俄罗斯、乌克兰、白俄罗斯等 11 个独立国家组成的独联体取而代之。1991 年 12 月 27 日，中国国务委员兼外交部部长钱其琛致电俄罗斯联邦外长，宣布中华人民共和国政府承认俄罗斯联邦政府，并决定中华人民共和国驻原苏联特命全权大使王荩卿改任驻俄罗斯联邦特命全权大使。钱其琛还分别致电乌克兰、白俄罗斯、哈萨克、乌兹别克、塔吉克、吉尔吉斯、土库曼、格鲁吉亚、亚美尼亚、阿塞拜疆、摩尔多瓦等 11 国外长，宣布中华人民共和国政府承认这些国家的独立，并准备分别与之谈判建交事宜。

独立之初的俄罗斯奉行“一边倒”外交政策，积极与西方各国建立外交关系，以期获得这些国家承诺的经济援助。而在西方国家对俄罗斯的经济援助落空后，俄罗斯开始将目标转向毗邻而居的中国，开始实施“双头鹰”外交政策，即俄罗斯的外交方向要转变为如同国徽上的双头鹰一样，“既要注视西方，同时也要重视亚洲太平洋，发展东方政策”。① 1992 年 12 月 17～19 日，在距苏联解体将满一年之时，俄罗斯总统叶利钦访华。这是俄罗斯独立后最高领导人第一次访问中国。访问期间，中俄两国领导人签署了《关于中华人民共和国和俄罗斯联邦相互关系基础的联合声明》，实现了由中苏关系到中俄关系的平稳过渡。而两国领导签署的 20 多个经济合作协议使中俄关系由一般的睦邻友好向互利合作目标发展。②

1994 年 9 月，时任中共中央总书记江泽民访问俄罗斯，这是俄罗斯独立后中国领导人首次访俄。两国领导人的此次会面将中俄关系提高到一个新水平——新型的建设性伙伴关系。1996 年，叶利钦访华期间提出中俄两国要建立“战略协作伙伴关系”：“这里的‘战略’显然指的是这种关系作用范围的全局性和全球性，‘协作’指的是双方在保持外交独立性的同时，在双方达成共识的领域内进行外交合作。”③这就将中俄关系推进到更高层次，为两国开展各领域交流合作创造了便

① 俄罗斯《国际生活》1992 年第 3～4 期。转引自王郦久、刘桂玲：《跨世纪的俄罗斯》，时事出版社 1997 年版，第 174 页。

② 张秀芬主编：《当代世界经济与政治》，经济管理出版社 2001 年版，第 242 页。

③ 崔宪涛著：《面向二十一世纪的中俄战略协作伙伴关系》，中共中央党校出版社 2003 年版，第 13 页。

利条件。

1996年4月26日，中国、俄罗斯、哈萨克斯坦、吉尔吉斯斯坦、塔吉克斯坦五国元首在上海举行会晤，建立了“上海五国”会晤机制，其对于促进中国与俄、哈、吉、塔4国边境地区的和平、稳定与安全，维护亚太地区乃至世界和平的稳定都起到了重要作用。在“上海五国”会晤机制的基础上，2001年6月15日，一个新的区域性多边合作组织——上海合作组织成立。其宗旨是：加强成员国之间的相互信任与睦邻友好，发展成员国在政治、经济、科技、文化、教育、能源、交通、环保及其他领域的合作，维护该地区的和平与稳定，推动建立民主、公正、合理的国际政治经济新秩序。

2000年普京当选俄罗斯总统后，积极发展与中国的多领域合作，使中俄两国睦邻友好合作与战略协作伙伴关系得到进一步巩固与发展。2000年中国外长唐家璇访俄期间，与俄罗斯签署了关于中俄公民往来和互免团体旅游签证的两个政府间协议。当年12月，中俄教文卫体合作委员会成立，两国的交流合作范围进一步扩大。2006年和2007年，两国政府分别启动了中国“俄罗斯年”和俄罗斯“中国年”活动，中俄教育交流在两国全面交流与合作的框架下步入快速发展时期。

## 二、中国对外教育政策的完善

1992年，中国确立了全面建立社会主义市场经济体制目标，改革开放由此进入新的发展阶段。这一时期颁布的《中国教育改革和发展纲要》、《中华人民共和国教育法》等一系列政策法规，促使中国教育改革向纵深化方向迈进。2001年12月11日，我国正式加入世贸组织。对于贸易服务类别之一的教育，我国政府作出相关承诺。除了不包括在教育服务中的义务教育、特殊教育服务（如军事、警察、政治和党校教育等）之外，其它如对境外消费方式下的市场准入和国民待遇不设限制，即不采取任何措施限制我国及其它 WTO 成员的公民出境（入境）留学或者接受其他教育服务；教育商业服务方面，不允许外国机构单独在华设立学校及其他教育机构；允许中外合作办学，并允许外方获多数拥有权，但没有承诺给予中外合作办学以国民待遇；要求外国个人教育服务提供者入境提供教育服务，必须是受中国学校和其他教育机构邀请或雇佣，其资格是外国个人教育服务提供者必须具有学士及以上学位，具有相应的专业职称或证书，具有2年专业工作经验。“加入 WTO 并作出有关教育服务承诺，将使我国教育开放的程度进一步加大。”①在

① 陈至立：《我国加入 WTO 对教育的影响及对策研究》，《中国教育报》2002年1月9日。

此背景下，我国实行了更加开放的对外教育交流政策，开展各级各类教育团组和人员的交流与友好往来，大量介绍世界各国教育的先进经验，积极开展与各国的教育交流合作项目，大量译介西方先进国家的教育著作，从而形成了全球视野下的中外教育交流格局。这种日益开放的对外教育交流环境，也为中俄教育交流的广泛开展打下了坚实基础。

(一) 出国留学政策的调整

在1991年国家教委改进选派留学生工作的基础上，我国从1992年开始进一步加大了公费留学改革力度，确立了“支持留学，鼓励回国，来去自由”的留学新政策。1992年初，邓小平同志在南方考察时说，“所有出国学习的人，希望他们都回来。不管他们过去政治态度如何，回来就妥善安排工作。告诉他们，要做出贡献，还是回国好”。在邓小平有关思想的指导下，1992年8月12日国务院办公厅发出《关于在外留学人员有关问题的通知》。《通知》指出：“所有在外学习的人员，不论过去的政治态度如何，都欢迎他们回来，包括短期回国进行学术交流合作，以及探亲、休假。”由此形成了“支持留学，鼓励回国，来去自由”的留学工作总体指导思想。1993年，中国共产党十四届三中全会通过了《关于建立社会主义市场经济体制若干问题的决定》，正式将“支持留学，鼓励回国，来去自由”定作留学方针。

(二) 公费留学制度的变革

其时我国公派留学存在的的问题已日益凸显：一方面，20世纪80年代中期后公费留学人员逾期不归，人才外流现象比较严重；另一方面，选拔公费出国留学办法存在着国家选派计划与实际脱节、名额分配平均主义、“轮流出国”、“照顾出国”等问题。因此，改革国家公派留学人员的管理机制迫在眉睫。

1993年，为更好地贯彻中共中央关于出国留学的方针政策，国家教委对国家公派留学进行了相应改革：(1) 针对不同类型部门的特点，实施相应的选拔办法，扩大派出单位选拔出国人员自主权的试点。对试点单位主要从政策和计划上管理，将具体留学人员选派权交试点单位；对地方各主管部门实施按地区的特殊需要，自行设立出国的留学项目，经国家教委聘请专家评审后，由地方主管部门自行确定人选。(2) 设立优秀中青年科技人员出国留学项目，突出重点，努力培养一批跨世纪人才。(3) 努力探索国家公派出国留学新的运行机制，研究留学基金的设立与管理办法，使国家公派留学“精选精派”。① 从国家公派留学政策的变化上，可以看出国家对留学生选派权利的部分下放，使得用人单位对所派出的留学人才与

① 《中国教育年鉴》编辑部编：《中国教育年鉴(1994)》，人民教育出版社1995年版，第340页。

实际需要相吻合,避免出现国家选拔留学人才与实际需要脱节的问题,同时减少了国家审批步骤,提高了留学效率。

1994 年 7 月 3 日,国务院颁布《关于〈中国教育改革和发展纲要〉的实施意见》,提出要进一步加强国际教育交流和合作,扩大教育对外开放,并建议设立国家留学基金管理委员会,将来华和出国留学生的招生、选拔、管理工作纳入法制化轨道。1995 年,国家教委出台《改革国家公费出国留学选拔管理办法的方案》,并率先在江苏和吉林两省试点。1996 年国家留学基金管理委员会正式成立,“从而迈出了国家公费出国留学人员选派管理体制改革的关键一步”①。1996 年,根据江苏、吉林两省的试点情况,“国家留学基金管理委员会”在全国范围内全面试行新的国家公费留学管理办法,对国家公费出国留学实行“个人申请、专家评审、平等竞争、择优录取、签约派出、违约赔偿”的新举措。该办法规定:凡符合条件的中国公民均可以向相应的机关部门提出申请,由留学基金委聘请专家对申请人的学术、工作、外语水平、国外进修计划、推荐人意见等方面进行评审,并按择优原则确定录取名单,然后报国家教委审批。留学基金委对录取人员颁发《出国留学资格证书》,与留学人员签订资助留学协议书,规定双方的权利与义务。违约者将赔偿全部留学资助费用和违约金。国家留学基金委和国家教委还派驻国外机构负责监督国外进修计划和协议的履行。国家留学基金委除做好公费出国留学的选派与管理工作、来华留学录取工作外,还承担一些国内和国际项目的开展。例如,2003 年承担了中美富布赖特项目、中加学者交换项目、澳大利亚发展奖学金项目、新西兰政府发展援助奖学金项目、德意志学术交流中心(DAAD)奖学金项目、俄罗斯艺术类奖学金项目等国际项目,同时还负责“西部地区人才培养特别项目”、“软件学院项目”、“杰出青年学者出国研修数学物理项目”、“对外汉语教师出国研修项目”等。另外,国家留学基金委还要加强对留学人员的跟踪管理和效益评估工作,并协同各驻外使馆教育处做好与留学生有关的各方面工作。

1992 年以后国家提高了公费留学生资助标准,改善了公费留学生的生活条件,如 1992 年颁布的《关于调整国家公费赴美留学人员费用标准的通知》、《关于调整国家公费赴加拿大留学人员费用标准的通知》等。1999 年 7 月 1 日,我国再次调整了在美国、加拿大、墨西哥、澳大利亚、新西兰、西班牙、丹麦、日本和土耳其等国就读的公派留学人员奖学金标准。2000 年 1 月和 7 月,我国又提高了前往德

---

① 韦钰:《认清形势、把握时机,努力开创新形势下留学回国工作的新局面——在全国留学回国工作会议上的讲话》(1997 年 1 月 21 日),何东昌主编:《中华人民共和国重要教育文献 1991—1997》,海南出版社 1998 年版,第 4139~4140 页。

国、英国、意大利等24个欧亚非国家学习的公费留学人员奖学金标准。2001年，我国对前往俄罗斯等国学习的公费留学人员的奖学金资助标准进行了调整。至2003年，国家再次调整公费留学人员奖学金资助标准，尤其是“高级研究学者”的生活费标准有较大幅度提高。这些调整全面改善了国家公费留学人员的学习、生活条件，体现了国家对培养高层次人才工作的重视。

2007年，国家公费留学工作取得突破性进展。当年年初，教育部和财政部联合启动了“国家建设高水平大学公派研究生项目”，计划在5年内每年增派5000名公派（包括联合培养）博士研究生赴海外留学，如果算上原有的1000名研究生项目，这样我国每年要选派6000名左右的研究生出国留学，再加上选派的高级研究学者、博士后、访问学者等项目，2007年，“我国留学工作实现了历史性突破，选派规模首次突破1万人”。① 博士研究生选派项目的增加，对于提高公派留学生效益起到了明显作用。

**（三）自费留学进一步放宽**

为体现国家对留学工作的支持，1992年后我国进一步放宽了自费留学政策。1993年7月10日，国家教委发布《关于自费出国留学有关问题的通知》，对国家教委《关于具有大学和大学以上学历人员自费留学的补充规定（教留[1990]014号文件）》作了部分修改。其中规定：凡大专毕业以上的公费在校学生和公费培养的具有大专以上学历的人员，在国内服务一定年限或偿还高等教育培养费后均可以申请自费出国留学。② 该规定对申请自费留学的条件已大为放宽。因其时中国绝大部分高校依然实行国家培养、国家包办的政策，所以将要求公费生偿还国家培养费作为自费出国留学的基本要求并不为过，而且也符合国际通行的做法。国家教委发布《关于自费出国留学有关问题的通知》之后，自费出国留学的渠道更加顺畅。据统计，1978年到1985年底我国自费出国留学人员总数仅为8000人，而到1998年我国自费出国留学人数达16万人之多。③ 到2002年，自费留学生占出国留学生总数的93%。④ 2003年，教育部发出《关于简化大专以上学历人员自费出国留学审批手续》的通知。其中规定：教育部不再向申请自费出国留学的高等学校在校生以及具有大专以上学历但尚未完成服务期年限的各类人员收取“高等教

① 周一、张鹤：《公派留学历史性突破，留学回国人数创新高——教育部国际合作与交流司司长助理张宁谈出国留学》，《世界教育信息》2008年第5期。

② 《中国教育年鉴》编辑部编：《中国教育年鉴（1994）》，人民教育出版社1995年版，第340页。

③ 教育部编：《共和国教育50年（1949—1999）》，北京师范大学出版社1999年版，第604页。

④ 白宇：《我国留学工作的成就和动向——访教育部国际合作与交流司司长曹兴国》，《国际人才交流》2004年第1期。

育培养费”；不再对上述人员进行“自费出国留学资格审核”工作；不再要求上述人员向各地出入境管理机关提交《自费出国留学资格审核证明信》，并要求各地及各高校将自2002年11月1日以来收取的“自费留学高等教育培养费”退还当事人或其委托的合法代理人。这不仅降低了大专以上学历人员自费出国留学的成本，也使得自费留学更加简便，从而为自费留学营造了更为便捷的环境。同年，教育部设立“国家优秀自费留学生奖学金”，并率先在美国、日本、英国、法国、德国进行试点，对100名优秀自费留学生进行奖励。2004年，教育部将试点从5个国家扩大到28个国家，提高了资助的规模和效益。这些举措不仅充分表明我国对自费留学生的关心爱护，也对自费留学活动起到了激励作用，激发更多具备条件的有志青年前往国外求学。

为规范自费出国留学中介服务，1999年6月17日教育部联合公安部、国家工商行政管理局发布了《自费出国留学中介服务管理规定》，对从事自费出国留学中介服务机构的性质、条件、申请、管理等方面予以详细规定，并要求“申办中介服务业务的机构应当向其所在地的省、自治区、直辖市教育主管部门提出申请，经审核同意后报教育部商公安部进行资格认定”。① 同年8月24日，教育部、公安部、国家工商行政管理局以第6号令发布《自费出国留学中介服务管理规定实施细则（试行）》，对前此6月颁布的规定进行细化。其中，《实施细则》第二章规定，中介服务机构获得的资格认证有效期为5年。这些中介机构必须接受教育、公安、工商行政部门的管理，对于不符合条件的坚决不批准开办，已开办的一旦发现有违法行为必责令其整改，对于拒绝整改或违法情形严重的取消其中介服务资格。国家教育部成立了专门监管机构，向社会发布“留学预警”信息，建立“教育涉外监管信息网”，指导建立留学中介行业协会，对自费留学中介、国际教育展等与自费出国留学密切相关的机构和活动进行严密监督。2002年，教育部在国际合作与交流司设立了教育涉外监管处，负责监管自费留学中介行为。2003年，教育部通过教育涉外监管信息网和中国留学网公布了21个国家的符合我国自费留学规定的学校名单。该行为对引导自费出国留学人员合理选择学校，规范自费出国留学行为、加强对出国留学中介的管理，都具有重要意义。

### （四）来华留学政策的改革

1992年以后，我国对来华留学政策作了进一步调整。例如，1993年改革来华

① 《自费出国留学中介服务管理规定》（1999年6月17日教育部、公安部、国家工商行政管理局发布），何东昌主编：《中华人民共和国重要教育文献1998—2002》，海南出版社2003年版，第301页。

留学生政策的举措有:(1)招生办法改革。由国家教委将各国申请奖学金的人选材料提供给有关高等学校,由各高等学校自主选择录取,然后向国家教委推荐享受奖学金的具体人选,录取权在学校,录取通知书由接受院校发放。(2)管理制度改革。来华留学生的管理工作逐步实现"校内管理校园化,校外管理社会化",打破长期以来封闭式管理的模式,使管理工作进一步法制化。(3)奖学金制度改革。改变政府奖学金的单一性,设立多种项目奖学金。现已设有"中华文化研究奖学金"、"优秀留学生奖学金"、"第三世界援助奖学金"、"HSK优胜者奖学金"、"特别奖学金"、"外国青年中文教师奖学金"等。① 这些针对来华留学生的政策改革,扩大了高等院校的录取权,提升了来华留学的吸引力。此外,我国还向外国留学生提供诸如"长城奖学金"、"外国汉语教师短期研修奖学金"、"汉语水平考试优胜者奖学金"等奖学金项目,扩充了来华留学的渠道。

为进一步规范对来华留学生的管理,我国出台了一系列管理制度章程,如《接受来华留学研究生试行办法》(1992年)、《外国来华留学生经费开支标准及管理办法》(1992年)、《国家教委国际合作司关于设立"中华文化研究奖学金"及对外介绍的通知》(1993年)、《国家教委关于重新公布有条件接受外国留学人员的高等院校名单的通知》(1994年)、《国家教委关于在外国来华留学生中执行〈普通高等教育学历证书管理暂行规定〉及其实施细则的通知》(1994年)、《外国来华留学生经费管理办法》(1995年)、《外国留学生奖学金年度评审暂行办法》(1997年)、《"中国语言文化友谊奖"设置规定》(1999年)、《高等学校接受外国留学生管理规定》(2000年)、《关于加强国际学生管理工作的通知》(2007)、《关于加强留华毕业生工作的通知》(2007)等。这些来华留学政策改变了以往国家统一包办的局面,提高了高校接受留学生的积极性。从1997年1月1日起,来华留学生的招生及管理由国家留学基金管理委员会负责。1992年以来,我国每年来华留学生人数不断增加,仅在1992年,我国就根据有关协议接收了来自120个国家的4000名外国留学生。在政府计划之外,还有1万名左右自费留学生在中国200多所高校学习。1993年,我国共接收了来自128个国家的近4000名政府计划内留学生,各高校另自行接收的留学生有14000名。此后,来华留学生人数以平均每年30%以上的增长速度持续增加。2003年,教育部确立了"扩大规模、提高层次、保证质量、规范管理"的来华留学工作思路,为来华留学事业的持续发展奠定了基础。2006年,共有184个国家和地区的162695名留学生在我国学习。2007年,共有188个国家和地

① 《中国教育年鉴》编辑部编:《中国教育年鉴(1994)》,人民教育出版社1995年版,第342页。

区的195503名留学生在中国各高校学习。同年，我国对来华留学生奖学金渠道作了进一步扩充。该年8月，胡锦涛在上海合作组织元首理事会第七次会议上承诺："设立上海合作组织成员国来华留学奖学金项目，在现有双边协议以外，每年向每个成员国提供20个，共提供100个留学奖学金名额。"①北京、上海、天津、重庆、云南、湖北、江西等省市先后设立地方政府奖学金，年度总额超过7000万元。部分高校也自行设立了学校奖学金。此外，国家开发银行、华为技术有限公司、中石油公司、路桥公司等也设立了国际学生企业奖学金。

为保证来华留学教育的质量，《国务院学位委员会关于在部分普通高等学校试行〈关于普通高等学校授予来华留学生我国学位试行办法〉的通知》（学位[1991]17号），对来华留学生学位获得者的汉语程度提出了要求。例如，获得学士学位者必须初步掌握汉语，"要求具有使用生活用语和阅读本专业汉语资料的初步能力"。这样就要求我国必须不断提高对外汉语教学水平。1992年3月16日，国家教委颁布《国家教委关于对举办外国人短期学习班的高等院校进行评审工作的通知》，对长期面向外国人开展汉语教学的高校进行评审，规范短期汉语教学工作。同年9月2日，国家教委颁布《中国汉语水平考试（HSK）办法》，为测试母语非汉语者的汉语水平设立了最权威、标准的语言考试。与此同时，我国对外汉语教育工作也取得很大进步。1993年，我国大力加强对外汉语教学工作，陆续有10多所高等学校成立对外汉语学院。对外汉语教学的教材建设成绩显著，仅在1993年就出版了新编汉语教材30余种，声像教材10多部，科研著作10余种，"全国非文科专业外国留学生汉语教学研讨会"也于同年召开。不仅如此，1993年还是对外汉语教学的学术"大年"。是年8月，由世界汉语教学学会、中国对外汉语教学学会、北京语言学院联合主办的第4届国际汉语教学研讨会在北京香山饭店举行。出席本届讨论会的有来自25个国家和地区的学者350多人，其中来自海外、港澳台的学者176人，会议安排宣读论文240篇，规模超过既往各届。讨论会所涉及的领域更广，对原有领域的研究更深，充分展示了当时世界汉语教学在理论和实践上所取得的最新成果。② 在此背景下，我国在世界各地陆续设立了大量的孔子学院及汉语教学中心。自2004年6月15日世界上第一所孔子学院在乌兹别克斯坦塔什干诞生以降，至2009年底，我国已在88个国家和地区建立起282所孔子

① 胡锦涛：《加强睦邻互信 推动和平发展——在上海合作组织成员国元首理事会第七次会议上的讲话》（2007年8月16日，比什凯克）。

② 《1993年对外汉语教学研究综述》，李行健主编：《中国语言学年鉴（1994）》，语文出版社1995年版，第57页。

学院和272个孔子课堂。[①] 其中，驻俄罗斯使馆教育处开办莫斯科汉语教学中心和圣彼得堡汉语教学中心，是中国最早在国外设立的汉语教学中心，而在俄国设立的孔子学院居欧洲各国之最，到2009年11月达到14所。[②] 1995年12月，国家教委发布《关于外国留学生凭〈汉语水平证书〉注册入学的通知》，明确规定来华留学人员应具备的汉语水平为：进入理工科本科专业学习，须具有HSK考试初等C级水平；进入中国文学、中国历史、哲学和中医本科专业学习，须具有HSK考试中等C级水平，获得相应合格等级的《汉语水平证书》后，方能正式注册学习专业。[③]

（五）其它对外交流机构与政策的变化

1. 中国民间交流机构——中国教育国际交流协会的不断壮大

1981年7月在北京成立的中国教育国际交流协会，是中国教育国际交流的民间组织，也是目前我国唯一获得联合国经济与社会理事会特别谘商地位的教育类非政府组织。1994年5月公布的《中国教育国际交流协会章程》明确规定：中国教育国际交流协会是中国教育界开展对外教育交流的全国性的非官方组织，主要与国外民间教育组织联系，加强与国外民间教育组织的沟通与合作。[④] 每年中国教育国际交流协会都会通过国外的民间组织向国外派出留学、进修和实习人员，也接收来华长、短期的进修或留学人员。除此之外，该协会还为国内地方院校聘请长期国外专家和教师。中国教育国际交流协会积极开辟交流的多种渠道，与国外各类教育组织建立联系，开展各项教育交流合作，举办大型的中国国际教育展。同时该协会还根据国内外形势发展的需要，开展一些重要的有影响的活动；有目的、有计划地开展基础教育、职业技术教育的对外交流；召开具有国内外影响和效益的国际研讨会，如中外大学校长论坛等。该协会建成了中国最大的非政府教育国际交流网络，在国内的31个省市、自治区建立了地方交流协会，近150个团体会员单位分布在全国各地；在国外，协会同世界53个国家和地区的170多个教育组织建立了长期合作关系。中国教育国际交流协会通过各种形式的教育交流活动，加强了与世界各国的教育交流与协作。正如国务委员陈至立所言："作为我国改革开放以来最早建立的全国性民间国际教育交流机构，多年来，中国教育国际交流协会始终坚持为国家教育事业发展和国家外交全局服务，联合各界力量，开拓

① 《第四届孔子学院大会在京举行》，《光明日报》2009年12月12日。

② 覃小放：《新世纪教育交流的中国应对——发展中的孔子学院综论》，华中师范大学2010年硕士（学位）毕业论文，第23页。

③ 《中国教育年鉴》编辑部编：《中国教育年鉴（1996）》，人民教育出版社1997年版，第359页。

④ 《中国教育国际交流协会章程》（1994年5月），何东昌主编：《中华人民共和国重要教育文献（1949—1997）》，海南出版社1998年版，第3642页。

进取、奋力拼搏，成为推动民间教育国际交流事业发展的一支重要力量。为我国教育对外开放发挥了积极的作用。”①

2. 文教专家聘请政策

自改革开放以来，我国制定的文教专家聘请政策更为细致，也更具开放性。1993年，国务院外国专家局发布施行《外国文教专家聘用合同管理暂行办法》、《外国文教专家聘用合同争议仲裁暂行规定》。1996年，国家教委、国务院外国专家局颁布《学校及其他教育机构聘请外籍专业人员管理办法》。2001年我国加入世贸组织之后，中国聘请的来华专家归属于自然人流动方面，“要求外国个人教育服务提供者入境提供教育服务，受中国学校和其他教育机构邀请或雇佣”。对其资格要求是：“外国个人教育服务提供者必须具有学士及以上学位，具有相应的专业职称或证书，具有2年专业工作经验。”②

3. 合作办学政策的制定

合作办学也是我国对外教育交流的重要形式之一，1986年9月成立的南京大学—约翰·霍普金斯大学中美文化研究中心，是我国改革开放以来第一个中外合作办学机构。此后，1988年德国歌德学院在北京外语学院建立了歌德学院北京分院。但由于1989年春夏之交发生的政治风波以及苏（联）东（欧）剧变的影响，中国对中外合作办学保持了较高的警惕性。1992年，国家教委发出通知，规定原则上不允许进行中外联合办学，特殊情况须经国家教委批准。

1993年6月，国家教委发布《关于境外机构和个人来华合作办学问题的通知》，对中外合作办学采取了积极态度。1995年1月26日，国家教委出台《国家教委关于发布〈中外合作办学暂行规定〉的通知》，对中外合作办学的含义、设置、运行、监督等方面进行了规范。加入世贸组织后，我国政府借鉴国际教育合作办学的通常做法，重新修订了中外合作办学规定。2003年2月19日，国务院公布《中华人民共和国中外合作办学条例》，对中外合作办学作了更为细致的规范。2004年6月2日，教育部颁布《中华人民共和国中外合作办学条例实施办法》，对中外合作办学的含义、性质、设置要求、合作办学机构的组织与活动、合作办学项目的审批与活动、管理与监督等方面都予以明确规定。该办法于2004年7月1日正式实施，同时废止1995年公布的《中外合作办学暂行规定》。为细化该办法的操作，教育部相继出台了一系列规范性文件，如《关于做好中外合作办学机构和项目复核

① 段风华：《二十五载谱就华彩篇章》，《神州学人》2006年第11期。

②《WTO对我国教育的影响与政策分析》，国家教育发展研究中心编著：《2002年中国教育绿皮书：中国教育政策年度分析报告》，教育科学出版社2002年版，第128页。

工作的通知》、《关于启用〈中外合作办学机构申请表〉和〈中外合作办学项目申请表〉等事项的通知》、《关于设立和举办实施本科以上高等学历教育的中外合作办学机构和项目申请受理工作有关规定的通知》、《关于启用〈中外合作办学许可证〉和〈中外合作办学项目批准书〉等的通知》、《关于发布〈中外合作办学项目备案和项目批准编号办法(试行)〉的通知》、《中外合作办学许可证编号办法(试行)》等。这些文件的出台,有助于加强对中外合作办学的管理和监督,规范中外合作办学的行为。2007年4月,教育部印发《关于进一步规范中外合作办学秩序的通知》,要求各地教育行政部门和高校高度重视中外合作办学工作中的突出问题,进一步规范中外合作办学秩序。2007年的中外合作办学机构和项目的复核工作开展顺利,并取得阶段性成果。

## 第二节　中俄教育交流的进展趋向

苏联解体初期,我国一方面积极就原苏联在教育方面协议的延续问题与各独联体国家进行磋商,一方面与这些国家商讨教育交流合作的新途径。1992年至1993年,中国与各独联体国家进行了互访。1992年,原苏联国家教委善后委员会主任舒克舒诺夫、白俄罗斯教育部副部长基什库尔诺、乌克兰教育部长索科尔、俄罗斯联邦高等学校委员会副主任沙德里科夫应邀来华访问。1992年5月14日,国家教委副主任朱开轩与吉尔吉斯外交部副部长伊玛纳里耶夫共同签署《中国国家教委和吉尔吉斯教育1992—1994年教育合作协议》。同年与哈萨克斯坦共和国外交部长签署两国政府教育合作协议。1993年3月4日,国家教委主任李铁映在京会见了应邀来访的乌兹别克斯坦共和国高等和中等专业教育部长阿布杜拉耶夫一行,并签订了双边教育合作协议和相互承认高等教育学历证书(文凭)及学位协议。同年3月8日,国家教委副主任滕藤与塔吉克斯坦共和国教育部长都德·胡捷娃为团长的教育代表团就两国教育交流问题举行会谈,希望今后两国教育交流与合作更进一步发展。① 1993年6月5～17日,国家教委副主任柳斌率教育代表团访问俄罗斯、白俄罗斯、乌克兰,并分别与三国的教育部门就发展双边教育交流与合作交换意见,签署了中国国家教委与乌克兰、白俄罗斯教育合作协议。② 这些双边的沟通与交流保障了中国与原苏联签订的教育协定在各个独联体

① 《中国教育年鉴》编辑部编:《中国教育年鉴(1994)》,人民教育出版社1995年版,第954页。
② 《中国教育年鉴》编辑部编:《中国教育年鉴(1994)》,人民教育出版社1995年版,第959页。

国家的延续性，同时也为同从前苏联独立出来的各个国家进一步发展教育交流打好了基础。

## 一、中俄教育交流的上升时期(1992—1999)

苏联解体后，中国与俄罗斯建立起正常的外交关系。随着两国睦邻友好关系的确立以及面向21世纪的中俄战略协作伙伴关系的建立和巩固，中俄两国间的政治、经济、文化、教育、科技等方面的交流合作得以较快恢复与发展。

1992年1月21～28日，原苏联国家教委副主任、中苏教育合作小组苏方组长舒克舒诺夫来华访问，并同中国国家教委副主任朱开轩共同签署了原教育合作小组双方会谈纪要。[①] 这次访问解决了中国和原苏联教育合作中的遗留问题，为中国和俄罗斯的教育交流打下了基础。

俄罗斯成立之初，叶利钦政府实施了强有力的经济改革，制定了一系列经济政策以挽救濒临崩溃边缘的俄罗斯经济，但这些改革并没有有效地形成新经济秩序，改善俄罗斯社会状况，反而造成了俄罗斯人才流失和社会混乱的局面，引发了一系列社会问题。俄罗斯的经济改革成为全球关注的热点，我国也密切注视着俄罗斯的变革，同时对其教育领域的变化也予以密切关注。1992—1993年，我国教育界开始关心苏联解体后俄罗斯教育的现状和发展走向。这一时期《中国教育报》对俄罗斯教育的有关变化及时予以报道：《原苏联核科学家流向何方》(1992年6月11日第4版)、《中俄关系近况与前景》(1993年3月1日第4版)、《从俄罗斯联邦新教育法看其教育改革的动向》(1993年3月25日第4版)、《莫斯科中学生眼中的教师》(1993年4月12日第4版)、《莫斯科少年学生吸毒者日众》(1993年6月21日第3版)、《俄高等学校教师工资低》(1993年8月9日第3版)、《访问俄罗斯四所高校印象》(1993年8月23日第3版)等，无不表明当时我国对苏联解体后其国内局势的担忧及对其教育状况的关注。

1992年以后，中国自费到俄罗斯留学的人数急剧上升，引起这一现象发生的原因主要有以下几方面：

(1) 俄罗斯成立之初国内经济状况恶劣，政府对高校的经费投入远远不足。高校为生存下去，大量削减了公费生名额，扩大了自费生名额，以应学校运转的经费所需。

(2) 俄罗斯高校拥有雄厚的师资力量，入学手续简单，无需参加统一考试。

---

① 《中国教育年鉴》编辑部编：《中国教育年鉴(1994)》，人民教育出版社1994年版，第860页。

(3) 此时的中国正处于经济腾飞时期:1992 年中国的 GDP 增幅高达 14.2%,1993 年 GDP 增幅为 14.0%,此后几年间中国的 GDP 增幅都在 7.6%以上。与经济高速发展的态势相比,中国高等教育水平与世界先进国家尚有一定差距,不能满足人们的多种需求。而且,在国人心目中留学海外是件光宗耀祖的事情,对个人发展前途十分重要。因此,大批国民自然将关注的目光投向国外。

(4) 与留学欧美相比,留学俄罗斯所需费用低廉,不仅高校收费低,而且生活成本也较便宜。

(5) 还有一些人抱有浓厚的"苏联情结",对 20 世纪 50 年代中苏交流保留着美好回忆,愿意让孩子到俄罗斯留学。

由于其时国家对留学市场的管理尚不规范,一些中介机构利用管理方面的漏洞,以不正当手段将大量中国学生介绍到俄罗斯自费留学,从中牟取暴利。这些留学中介机构乱收费、乱许愿,谎称去俄罗斯上高校,可获得大专文凭,实则以留学名义到俄罗斯做生意。① 这种恶劣行径不仅严重扰乱了俄罗斯留学市场,也损害到中国留学生的切身利益。为彻底解决中国公民赴俄罗斯留学存在的种种问题,我国于 1993 年 2 月 15 日发布《关于不得为私自组织招收的自费留学人员签发护照的通知》(公境出[1993]117 号),要求严格审批制度,对未经批准私自招生或公开宣传招生的坚决取缔,并不颁发护照。1993 年 4 月 16 日,国家教委、公安部、外交部联合颁布《关于制止盲目组织自费生赴独联体国家学习问题的通知》(教留[1993]35 号),对自费赴独联体留学作出更加具体的要求,规定"今后凡组织招收自费生赴独联体国家学习的单位或机构必须经省、自治区、直辖市一级教委(高教局)或部委教育主管部门归口审核,报国家教委商公安部批准后方可进行。其他任何单位或机构不得擅自进行招生工作"②。经过整顿,俄罗斯留学市场相对稳定下来,保障了留学交流渠道的畅通。

1995 年 6 月 26 日,中俄两国政府共同签署了关于《中俄相互承认学历、学位证书的协议》。该协议规定:俄方承认中华人民共和国普通中等学校颁发的高中毕业证书,持该证书者有资格报考俄罗斯的高等院校;俄方承认中华人民共和国中等专业学校颁发的毕业证书,持该证书者有资格按证书上注明的专业及所具专业水平在俄罗斯联邦从事职业活动或报考俄罗斯的高等院校;俄方承认中国高等院校或科研机构颁发的高等教育学历、学位证书。持此类证书者,可按证书上注

---

① 这些"倒爷"一夜之间成了俄罗斯高等学校的留学生,给俄罗斯人民留下了极坏印象。

② 《黑龙江省人民政府办公厅关于转发国家教委、公安部、外交部教留[1993]35 号的文件的通知》(黑政办发[1993]25 号),《黑龙江政报》1993 年第 13 期。

明的专业及所具专业水平在俄罗斯联邦从事职业活动、进修、继续学习和攻读学位;中方承认在俄罗斯联邦颁发的(完全)普通中等教育毕业证书,该证书持有者有资格报考中华人民共和国的高等院校;中方承认在俄罗斯联邦颁发的中等职业教育毕业证书,该证书持有者有资格按证书上注明的专业及所具专业水平在中华人民共和国从事职业活动或报考高等院校;中方承认在俄罗斯联邦颁发的高等教育学历、学位证书,持此类证书者,有资格按证书上注明的专业方向或专业、学位或所具专业水平在中华人民共和国从事职业活动、进修、继续学习和攻读学位。该本协议适用于经中华人民共和国国家教育主管部门批准建立的教育机构颁发的国家承认的学历、学位证书以及在俄罗斯联邦境内颁发的国家样式的学历、学位证书。

及至1996年中俄战略伙伴确立后,两国之间的交流尤其教育交流的内容和范围得以进一步扩大。

## 二、中俄教育交流的发展时期(2000—2005)

以中俄双方副总理为主席的教文卫体合作委员会的成立,以及其框架下教育分委会的成立为标志,中俄教育交流进入了较为稳定的发展时期。中俄教文卫体合作委员会是两国政府间的、中俄总理定期会晤机制框架下的合作委员会。在这一机构的指导和运作下,中俄教育交流很快转入正常发展的运行轨道。

2000年7月,俄罗斯总统普京来华访问,这是普京自当年5月正式就任俄罗斯总统后的第一次访华,双方在政治、经济等方面进行了磋商。教育部部长陈至立会见了随总统来华的俄罗斯教育部部长菲利波夫一行,双方专门就两国教育合作方面的有关问题交换了意见,并共同签署了《中华人民共和国教育部和俄罗斯联邦教育部2000—2002年教育合作协议》。①

2000年11月,为推动中俄战略协作伙伴关系的全面发展,统筹规范有关领域的合作并使其机制化,中俄两国决定在总理定期会晤机制框架内成立中俄教文卫体合作委员会。当年12月,中俄两国政府正式成立中俄教文卫体合作委员会,该委员会是中俄两国政府间的正式组织。根据规定,委员会下设各领域的合作分委会,共设教育、文化、卫生、体育、旅游等分委会和媒体、电影、档案3个合作工作小组。委员会和分委会每年召开一次例会,讨论制定委员会和分委会的工作计划,总结工作计划的执行情况。中俄教育分委会成立后,两国政府在其框架下除开展

① 《中国教育年鉴》编辑部编:《中国教育年鉴(2001)》,人民教育出版社2001年版,第866页。

常规互换留学人员等合作内容外，还开展了一系列重要合作项目，如互设俄语和汉语中心、孔子学院，合作推广俄语和汉语；互办大学生艺术节、互办高等教育展；建立两国联合研究生院，探究大学合作的可行性，鼓励和扩大高校间的科研合作和两国大学生之间文艺团体的交流、互访；互办青少年运动会；开展了中小学生的夏令营、冬令营活动，组织中俄中小学校长互访，拓宽基础教育合作的空间。在中国，由国家教育部履行中俄教文卫体合作委员会秘书处职能。

2000 年 12 月 5 日，赴俄罗斯访问的国务院副总理李岚清在莫斯科与俄罗斯副总理马特维延科共同主持了中俄两国教育、文化、卫生、体育领域合作委员会第一次会议，就如何加强两国上述领域的合作关系进行了广泛、深入的探讨，并签署了《中俄教育、文化、卫生、体育合作委员会第一次会议纪要》。我国教育部副部长吕福源与俄罗斯教育部副部长孔达科夫签署了《中华人民共和国教育部部长和俄罗斯联邦教育部部长北京会谈备忘录》。① 在会议上李岚清说："中俄两国都非常重视教育，而且有长期合作的历史和传统，无论是基础教育、高等教育和职业教育方面都有加强合作的可能。除了互派更多的留学生外，还应加强双方青少年各种方式的交流，互派教师和访问学者，开展合作教学和科学研究，参加高校科技园的合作。"②自后每年都会轮流在两国举行一次中俄教文卫体合作委员会会议，对上一年的活动进行总结，并对下一年将开展的工作进行部署。

2001 年 8 月 24 日，国务院副总理兼中俄教育、文化、卫生、体育合作委员会中方主席李岚清与俄罗斯总理兼该委员会俄方主席马特维延科在北京共同主持召开中俄教文卫体合作委员会第二次会议。会议对中俄双方合作开展教育、文化、卫生、体育、旅游领域的具体项目进行了讨论，并达成共识。会后，李岚清和马特维延科共同签署了《中俄教文卫体合作委员会第二次会议纪要》。③

2002 年，"中俄教文卫体合作委员会秘书处"成立，从而使中国与俄罗斯的教育合作、交流进入体制化发展模式。当年 7 月 18 日，中俄教文卫体合作委员会双方主席李岚清和马特维延科在莫斯科共同主持了委员会第三次会议，总结了一年来的工作，并就教育、文化、卫生、体育、旅游等领域的合作项目达成一致。会后，李岚清与马特维延科共同签署了《中俄教文卫体合作委员会第三次会议纪要》。

2003 年 9 月 16 日，中俄教文卫体合作委员会第四次会议在北京举行。国务委员陈至立和俄罗斯副总理卡列洛娃共同主持了会议，双方希望中俄两国加强合

---

① 《中国教育年鉴》编辑部编：《中国教育年鉴(2001)》，人民教育出版社 2001 年版，第 873 页。
② 《中俄召开教文卫体合作委员会第一次会议》，《中国教育报》2000 年 12 月 7 日。
③ 《中俄教文卫体合作委员会第二次会议举行》，《中国教育报》2001 年 8 月 25 日。

作,逐步拓展在教育、文化、卫生、体育等领域的合作。会后,双方签署了《中俄教文卫体合作委员会第四次会议纪要》,①以及有关教育、卫生、旅游等领域的 3 个合作文件。

2004 年 9 月,中俄教文卫体合作委员会第五次会议在俄罗斯召开。教育部部长周济陪同国务委员陈至立前往莫斯科访问,并出席了会议,期间周济还访问了莫斯科大学。2005 年 10 月 31 日,国务委员陈至立与俄副总理茹科夫共同主持了中俄教育、文化、卫生、体育合作委员会第六次会议,签署了《中俄合作教育分委会 2005 年—2006 年高等教育合作执行计划》。② 2006 年,国务委员陈至立同俄罗斯副总理茹科夫共同举行中俄两国教文卫体合作委员会第七次会议。

每年召开一次的中俄教文卫体合作委员会会议,对于推动中俄教育、文化、卫生、体育、旅游等方面持续地合作和交流起到了重要作用。随着中俄两国在此框架下的合作领域不断扩大,中俄教文卫体合作委员会这个名称已不能涵盖其全部合作内容。因此,中俄两国政府于 2007 年 7 月 13 日签署政府间议定书,将"中俄教文卫体合作委员会"更名为"中俄人文合作委员会"。委员会下设中俄教育、文化、卫生、体育、旅游、媒体和电影等 7 个领域的合作分委会和中俄档案合作工作小组。

教育合作分委会是中俄教文卫体合作委员会下专门负责教育交流方面的分支机构。2001 年,中俄教文卫体合作委员会教育合作分委会第一次会议在北京召开。会议由教育部部长陈至立和俄罗斯联邦教育部部长菲利波夫共同主持。会议总结了分委会成立以来中俄开展的工作,讨论并通过了分委会条例草案。中俄双方就中俄两国教育领域合作的现状和发展前景进行了深入广泛讨论。③ 会后,双方签署了《中俄教、文、卫、体合作委员会教育合作分委会第一次会议纪要》。此后,每年都举行教育分委会会议,对当年教育交流情况进行总结并规划下一年教育交流计划。

2002 年 5 月 23～28 日,教育部副部长章新胜率团访问俄罗斯,并与俄罗斯联邦教育部部长菲利波夫共同主持了中俄教文卫体合作委员会教育分委会第二次会议。2003 年,教育部副部长章新胜和俄罗斯联邦教育部副部长切普尔内赫在北京共同主持召开中俄教文卫体合作委员会教育分委会第三次会议,并签署了会议纪要。2004 年 9 月 2 日,中俄教文卫体合作委员会中方秘书长周济会见俄方秘书

① 《中国教育年鉴》编辑部编:《中国教育年鉴(2004)》,人民教育出版社 2004 年版,第 924 页。
② 《中国教育年鉴》编辑部编:《中国教育年鉴(2006)》,人民教育出版社 2006 年版,第 927 页。
③ 《陈至立会见俄教育部长》,《中国教育报》2001 年 5 月 18 日。

长、俄罗斯联邦教育署署长巴雷欣及其率领的教育代表团一行。教育部副部长、中俄教育合作分委会中方主席章新胜与巴雷欣共同主持召开了中俄教育合作分委会第四次会议,会议积极评价了教育合作分委会第三次会议以来的工作进展情况,并对下一阶段的工作进行了规划。

2005 年 10 月 30 日,教育部副部长章新胜与俄罗斯联邦教育署署长巴雷欣在北京共同主持了中俄教育合作分委会第五次会议,并签署了《会议纪要》。① 会议期间,中国教育部部长周济会见了巴雷欣,周济在会谈中指出,中俄教文卫体合作委员会的交流领域不断拓宽,对加深两国人民间的联系与交往起到了积极作用。他希望双方在教育合作领域持续和加强高层次人才培养、互换留学生、相互支持语言教学等方面的交流与合作,认真实施《中俄教育合作分委会 2005—2008 年高等教育合作执行计划》和执行好即将签署的《中华人民共和国政府和俄罗斯联邦政府关于在俄罗斯联邦学习汉语和在中华人民共和国学习俄语的合作协议》,加强中国黑龙江省中俄中小学生交流基地的建设等方面工作,特别在即将举办的“俄罗斯年”、“中国年”期间组织举办好两国大学生艺术节活动。会谈时,双方就建立联合留学基金、建设联合博士院等设想达成一致。

2006 年 7 月 25 日～27 日,在辽宁省大连市,教育部副部长章新胜主持召开了中俄教卫文体合作委员会教育合作分委会第六次会议。期间章新胜会见了俄罗斯联邦教育署署长巴雷欣,并出席了“俄罗斯年全国高校专业俄语语言文化知识大赛”开幕式。在会议上,两国教育主管部门达成大连外国语学院为国家级“中俄大学生交流基地”。

在中俄教文卫体合作委员会框架内的中俄教育交流得到了快速发展,而在这种发展过程中,中俄教卫文体合作委员会教育合作分委会实际上起到了两国教育交流的组织和领导作用,正是在这个合作组织的指导下,中俄教育交流日渐呈现出多样化、多层次化的特点。

## 三、中俄教育交流的提速时期(2006—)

2006 年、2007 年中俄两国互办“国家年”,是两国国家领导人之间做出的一项重要政治决定,也是两国关系史上的创举。两国互办“国家年”旨在加强双方政治互信,增进政治、经济、文化、科技、教育、军事等方面的合作与交流,推动中俄睦邻友好关系的进一步发展和中俄战略协作伙伴关系的巩固。两国互办“国家年”都

① 《中国教育年鉴》编辑部编:《中国教育年鉴(2006)》,人民教育出版社 2006 年版,第 927 页。

将教育作为主要的交流领域之一,给予了充分关注,对推动中俄教育交流的快速发展创造了条件。同时,中俄两国教育机构也充分利用"国家年"为契机,积极开展多方位、多层次、多形式的教育交流活动,促进了两国教育的交流与合作。比如,两国高校互办大型的高等教育展、两国高校校长论坛、中俄两国青少年夏令营、航海学校学生交流活动、青少年文化节,等等。

2004 年 10 月普京总统访华,与中国国家主席胡锦涛共同批准了《〈中俄睦邻友好合作条约〉实施纲要》。在《纲要》中,双方决定于 2006 年在中国举办"俄罗斯年",2007 年在俄罗斯举办"中国年"的活动。在 2005 年 7 月胡锦涛主席访俄时,中俄两国元首正式对外宣布了这一消息。之后两国政府都很重视该活动的筹备,分别成立了由中方吴仪副总理和俄方梅德韦杰夫第一副总理任主席的组委会。国务委员唐家璇和陈至立、俄副总理茹科夫分别任中方和俄方组委会副主席。组委会成员不仅包括两国政府主管部门的领导、有关地方政府的领导、两国议会的代表,也包括有影响的大企业及社会团体负责人等。为推动 2006 年中国的"俄罗斯年"有关活动的准备和落实,2005 年 12 月,中国国家主席胡锦涛会见了访华的俄方组委会主席、第一副总理梅德韦杰夫,并就中国"俄罗斯年"的活动开展进行了探讨。经过磋商,双方基本商定了中国"俄罗斯年"活动计划。根据这项计划,中国"俄罗斯年"将举行 100 多项活动,涉及政治、经济、科技、军事、人文等诸多领域,涵盖中央及地方、官方及民间等不同层次,其中包括 8 项国家级大型活动。

2006 年元旦,中国国家主席胡锦涛与俄罗斯总统普京互致贺电,宣布启动"国家年"活动。2006 年 3 月 21 日,两国政府首脑共同出席中国"俄罗斯年"开幕式,中国"俄罗斯年"就此正式开始。开幕式上两国国家领导人分别发言,高度赞扬"国家年"的积极意义。"俄罗斯年"框架内的俄罗斯文化节从当年 3 月 22 日起一直持续到次年 1 月。为最大限度地向中国公众展示俄罗斯的文化特色以及当今的发展成就,我国与俄方经过多次协商,确定了 21 个重点演出团体和 9 个展览项目,交流总人数达 1000 余人次。两国的教育交流项目也丰富多彩,比如 2006 年 10 月 14 日,由俄罗斯联邦教育科学部和俄罗斯联邦教育总署组织的"俄罗斯高等教育展"在北京开幕,53 所俄罗斯院校首次在北京集体参展。在北京展出两天后,还在哈尔滨、上海、南京、成都和深圳再次展出。作为 2006 年中国"俄罗斯年"在教育领域的重要活动之一,中俄高等教育哈尔滨论坛于 2006 年 8 月 17～18 日在哈尔滨举行。在本次论坛上,中俄大学校长主要讨论中国高等教育的现状及发展趋势、俄罗斯高等教育的现状及发展趋势、中俄高等教育合作存在的问题及面临的挑战与对策、21 世纪中俄高等教育合作的发展战略等议题。北京航空航天大学、北京理工大学、西北工业大学、哈尔滨工程大学、南京航空航天大学、南京理工大学等 6 所中国国防科工委委属院校，以及罗蒙诺索夫莫斯科国立大学、鲍曼莫斯科国立技术大学、萨玛拉国立航空航天大学等 3 所俄罗斯大学协办了此次论坛。罗蒙诺索夫莫斯科国立大学、鲍曼莫斯科国立技术大学、北京大学、上海交通大学等 35 所国内著名高校参加了论坛。

2006 年 11 月 9 日，中国“俄罗斯年”闭幕，双方对成功举办的“俄罗斯年”给予高度评价，认为“俄罗斯年”对展现俄罗斯近几年取得的成就和让更多中国人了解俄罗斯起到了重要作用，并为明年在俄罗斯举办的“中国年”打下了良好基础。

2007 年在俄罗斯举行的“中国年”内容同样丰富，活动项目众多，其中教育领域共举办了 16 项活动。在中俄人文合作委员会第八次会议上，双方就组织实施俄罗斯“中国年”的系列教育活动进行了深入讨论，确立了 8 项机制化活动。如，中俄大学校长论坛、高等教育展、中学生冬（夏）令营、大学生艺术节、语言比赛、电影节、青少年运动会、文化节等。

2007 年 3 月 26 日，俄罗斯“中国年”开幕式在克里姆林宫大礼堂隆重举行。国家主席胡锦涛和俄罗斯总统普京共同出席并致辞。当年 5 月 18 日，作为俄罗斯“中国年”的一项活动，中华全国青年联合会代表团一行 50 人参加了在俄罗斯国立社会大学举行的俄中青年交流活动。此次活动对于促进中苏两国青年的交流和相互理解起到了积极作用。6 月 14 日至 15 日，“2007 年中俄青少年运动会”在莫斯科举行，这是一次中俄青少年间的体育活动，加强了中俄青少年的交往，增强了中俄青少年友谊。7 月 17 日，由中国科协和中国对外友协组织的“中俄青少年科技文化交流活动”在俄罗斯首都莫斯科拉开帷幕，来自中俄两国的近百名中学生开始了为期 9 天的俄罗斯科技之旅。这是 2007 俄罗斯“中国年”框架内的一项重要科技文化活动，旨在增进两国人民间的相互了解和传统友谊，尤其是加强中俄青少年间的友谊和交流。2007 年 11 月，俄罗斯“中国年”胜利闭幕，中俄互办“国家年”活动圆满结束。中俄教育交流也随着这种“国家年”活动的开展而提升了自身的发展速度。

## 第三节　中俄教育交流的主要内容

### 一、两国留学生的互派

留学教育是对外教育交流的重要组成部分。留学教育开展的好坏，不仅是国家关系的晴雨表,也最能体现国与国之间在教育领域内的交流与合作是否深入。苏联解体后的中俄互派留学生活动就明显表现出这种特点。

(一)俄罗斯来华留学生

随着我国国力的增强以及对外教育交流政策的不断发展,外国来华留学人员不断增多,其中俄罗斯来华留学人数更是逐年递增。

1997 年,我国共接收来自 160 个国家和地区的各类来华留学生 43712 人,其中俄罗斯留学生 557 人。1998 年,共有来自 164 个国家和地区的 43084 名各类留学人员来华留学,其中俄罗斯留学生为 651 人。1999 年,共有来自 164 个国家和地区的各类来华留学生 29216 人,其中俄罗斯留学生 609 人。2000 年,全年共有来自 166 个国家和地区的 52150 名各类留学生来华留学,其中俄罗斯留学生 703 名。2001 年,全年共有 169 个国家和地区的 61869 名各类留学生来华留学,其中俄罗斯留学生 1056 人。2002 年,共有来自 175 个国家和地区的 8.58 万名各类来华留学生,其中俄罗斯留学生 1492 名。2003 年,全年共有 175 个国家的 77715 名各类留学生来华留学,其中俄罗斯留学生有 1224 人。2004 年,全年共有来自 178 个国家和地区的 110844 名各类来华留学生,其中俄罗斯留学生 2288 名。2005 年,全年来华留学的 179 个国家和地区的留学生达到 141087 人,其中俄罗斯留学生 3535 名。2006 年,全年共有 184 个国家和地区的 162695 名各类留学生来华学习,其中俄罗斯留学生 5035 名。2007 年,全年共有 188 个国家和地区的 195503 名留学生来华学习,其中俄罗斯留学生人数为 7261 名。由这些枯燥的数字,人们不难看出,自 1997 年以来,尤其进入新千年以后,俄国来华留学人员一直处于增长趋势。这一方面是随着中国招收外国来华留学生的总人数不断增长而上扬,但更重要的应是俄国自身加大了增派留华生的力度。这从 1997 年来华留学为 557 人到时隔 10 年后的 7261 名,即增长 11 倍的速度即可得见。

(二)中国学生留学俄罗斯

作为一度与美国平起平坐的世界超级大国,苏联曾拥有大量的优质高等教育资源。苏联解体后,由于各加盟共和国纷纷独立,苏联原有的高等教育资材被重新分割,这就在一定程度上削弱了俄罗斯教育的实力。但从总体来看,绝大部分的优秀高等学校还是由俄罗斯拥有,因而俄罗斯国立高等教育仍然具备较强实力。俄罗斯全国现有 610 所国立综合性大学、研究所和专科院校,在校生 4700 万人。此外,俄罗斯还拥有 600 所私立普通学校,共拥有在校生 54000 人;私立中等专业培训机构 73 所,在校生 28000 人;获得国家许可的私立大专院校 349 所,在校生 345000 人。俄罗斯良好的教育资源吸引着来自世界各个国家的大批留学生。

截止2008年度，有140多个国家的8万名留学生在俄罗斯学习。[①] 俄罗斯国立大学占整个欧洲大学总数的25%，而且一名学生一年约3万元的学习和生活费用，比欧美很多国家要便宜得多。这些都是促成各国学子留学俄罗斯的因素。

1995年，我国共有公费留学人员416名、校际交流人员300余名、自费留学生600余名赴俄罗斯学习。留学人员主要集中在莫斯科、圣彼得堡以及远东地区的著名大学，如莫斯科大学、鲍曼工学院等，所学专业多为航空、航天技术等。由于自费留学渠道的开辟，我国自费留俄人员大量增加。从2006年起，我国每年赴俄罗斯留学人员约1.5万人，其中90%为自费留学生。莫斯科和圣彼得堡的中国留学生最多，在莫斯科有6000名左右，在圣彼得堡有4000名左右。根据俄罗斯教育署统计数字显示，2004年中国留俄学生为7895人，2005年赴俄留学的中国公民则达到了12458人，占赴俄留学生总数的39.2%。从2005年起，中国与俄罗斯每年都增加赴对方国家留学的公派名额。根据协议，从2005年起双方每年增加100个赴对方国家留学的公派指标，到2008年，双方互换的公派留学生人数达到500人。

为进一步加强中俄教文卫体领域的合作，中国教育部从2003年起向俄罗斯派遣艺术类留学生，涉及专业包括美术、舞蹈、作曲、戏剧等。首批通过这一途径赴俄留学的年轻艺术家，大部分为国内高等院校艺术专业的骨干教师，人数约有60余人。

中国留俄学生总会是上世纪五六十年代老一辈留俄（苏）学人学生会在新时期的延续。它在中国驻俄使馆教育处的指导下，成为面向全体留俄人员的自发的群众性组织。该会的宗旨是竭诚为留学生服务，加强信息交流、增进留俄学生团结和凝聚力。总会的基本职能是搭建驻俄使馆教育处与留俄学生、学者交流的平台，反映留俄学生、学者的呼声和要求，组织协调各学生分会、社团的活动，加强与在其他各国留学的学生、学者以及国内学生之间的联系。总会设主席一人，下设宣传、学习、文艺、体育、生活、科技、社团等部门及专门联络留俄高级学者的自然与社会科学协会。每一个部门及自然与社会科学协会各自承担的职责不同。总会还在莫斯科大学、莫斯科师范大学、普希金俄语学院、鲍曼技术大学等16所大学设有分支机构，借以帮助和推动中国学子赴俄留学事业的发展。

就中国人出国留学趋势看，近几年来随着欧美等老牌留学国家签证难、费用高等问题的出现，一些曾经冷门的留学国家便逐步升温。1995年中俄建立战略合

---

① 俄罗斯驻华大使馆文化教育参赞梅捷列夫先生的报告，详见：http://www.russia.org.cn/chn/

作伙伴关系后,留学俄罗斯开始趋暖。特别是时任俄罗斯总统的普京来华访问后,中俄两国文化教育交流得到了进一步加强,俄罗斯逐渐成为中国学生出国留学较多的国家之一。当然我们也应该看到,虽然留学俄罗斯的中国留学生人数不断增加,但与留学美国和欧洲其他国家相比,留学俄罗斯的人数并不算多,究其原因主要有以下两点:

一是俄罗斯高等教育体制与中国及国际的教育体制不同。俄罗斯的高等教育目前仍是新旧学制并存。旧学制的学习时间为5~5.5年,学生经过考试,获得《高等教育毕业证书》,同时获得专家称号。获得此项证书后,通过考试或推荐,可以攻读副博士学位,一般为3~4年,论文答辩通过后,获副博士学位证书,在俄罗斯被认为相当于西方国家的哲学博士(Ph. D)学位。新学制则是将高等教育和研究生教育分为四个阶段进行。第一阶段为不完全高等教育。这是高等教育的初级阶段,学制2年,学生毕业后可获得《不完全高等教育毕业证书》。第二阶段为基础高等教育。这是高等教育的中间阶段,学制4年,即在不完全高等教育的基础上加2年。学生毕业后可获得《高等教育毕业证书》,同时获得学士学位。第三阶段为完全高等教育。这是高等教育的完成阶段,学制为6年,即在基础高等教育的基础上再加2年的专业学习,学生毕业并经过论文答辩后获《高等教育毕业证书》,同时获得硕士学位。第四阶段为研究生教育阶段。几乎完全与老学制相同,该阶段课程面向完成完全高等教育阶段课程的学生。俄罗斯的学位制也与国际通用的不尽相同,如今还保留了副博士学位,却没有博士学位。因此,这种高等教育制度成为制约中国留学生留学俄罗斯的原因之一。同时,伴随着俄国的政治经济的不稳定,俄罗斯高校的实力出现了削弱迹象。一方面,俄罗斯高等教育因缺乏政府资金支持,很多著名学府缺乏资金对破旧的教学楼进行修补,提供高级教学设备就更谈不上了。另一方面,一大批优秀师资因工资待遇等原因开始出现流失。

二是中国年轻一代对俄罗斯的印象已经淡漠。自改革开放以来,我国与西方国家的交流越来越多,人们开始熟悉西方国家,也逐渐接受和认同西方文化及其思想观念乃至人生理念,对苏联—俄罗斯早已失去原有的兴趣。正如一位俄罗斯学者所言:“至于说到中国的年轻人,坦白地说,他们基本上对我们俄罗斯不感兴趣。”“当谈话者们(中国人——引者注)和我们谈论起苏联时,50年代曾经有过的那种虔诚现在已经不复存在了”。“在中国,人们清醒地认识到,俄罗斯已经失去了大国的作用,然而考虑到它的地理位置和地缘优势及科技生产潜力,还应该同其发展睦邻友好关系,仅此而已。”[①]据 2004 年共青团中央与清华大学联合举办的“中国青年眼中的俄罗斯”调查反映,在 179 名受访者中,对俄罗斯“非常关注”、“比较关注”和“知道一些”的比例,分别为 3.2%、21.4%和 39.5%,而选择“不太关注”和“不关注”的答案比例为 26.8%和 8.4%。[②] 与英语在中国教育中所占比例相比,今日中国学校的俄语已被算作“小语种”。绝大多数的中国人都学习英语,考“托福”、“雅思”成为时尚,而学习俄语的人数非常少,这也是制约中国学生选择俄罗斯作为留学国家的一个直接原因。

## 二、教育团组及人员的往来

中国和俄罗斯解决了中苏遗留问题后,两国在各领域的交流合作得以迅速恢复与发展。1992 年 1 月 21～28 日,曾任苏联国家教委副主任、中苏教育合作小组苏方组长的舒克舒诺夫应邀来华访问。我国国家教委副主任朱开轩与舒克舒诺夫共同签署了教育合作小组双方会谈纪要,对原苏联遗留下来的与中方的教育合作与交流问题进行了妥善处理。同年,作为俄罗斯联邦高等学校委员会副主任沙德里科夫率代表团应邀来华访问,这是苏联解体、俄罗斯成立后第一个俄罗斯教育代表团访问中国。

1993 年,俄罗斯教育友好团体来华访问。同年 6 月 5～17 日,国家教委副主任刘斌率教育代表团访问了俄罗斯、白俄罗斯、乌克兰,分别与三国教育部门就发展双边教育交流与合作交换意见,并与俄罗斯签署了中国国家教委与俄罗斯国家高等教育委员会 1993—1994 学年合作议定书。这是苏联解体以后我国派赴俄罗斯的第一个部长级教育代表团。访俄期间,代表团先后访问了莫斯科矿业大学、圣彼得堡大学、俄罗斯师范大学等著名高校。在三国首都,刘斌代表中国国家教委分别向明斯克外语师范学院、基辅大学、基辅中文寄宿学校和莫斯科汉语中心赠送了中文图书、教材和音像资料。中国教育代表团还接受了俄罗斯《教师报》的采访,并就当前中国教育改革和发展情况及这次访问取得的成果回答了记者提问。访问期间,刘斌亲切看望我国留学人员,并进行了座谈。与此同时,我国国家教委科技委代表团访问俄罗斯。在俄期间,该代表团参观了圣彼得堡多科性大学、莫斯科航空技术大学、莫斯科动力学院和莫斯科电子技术学院。这些学院的

---

① [俄]B·布罗夫著,李蓉译:《一个俄罗斯学者眼中的中国》,黑龙江人民出版社 2004 年版,第 169 页、172 页、175 页。

② 《共青团与清华联合调查:中国大学生关注俄罗斯》(新华网北京 12 月 15 日电)http://news.tsinghua.edu.cn

科研水平很高，但缺乏经费，比较重视技术开发与成果商品化开发，主动向我方表示愿意进行国际间的技术贸易、技术产品出口。

1994 年 2 月 3 日，国家教委副主任韦钰在北京会见来访的俄罗斯莫斯科大学校长萨多夫尼奇一行。同年 5 月，韦钰再次接待来访的俄罗斯高教委代表团并进行了会谈。同年 11 月 1 日，应国家教委的邀请，俄罗斯国际高等学校科学院院长舒克舒诺夫来华访问。随之在次日，舒克舒诺夫在国家教委作了题为《21 世纪的高等教育》的学术报告。国教教委、中央教科所、清华大学、北师大、北京航空航天大学及北京高教局的 40 多名行政官员、专家听取了报告。报告会后，国家教委副主任韦钰同舒克舒诺夫院长进行了工作会谈。韦钰向客人介绍了我国高等教育和高校科技发展情况。双方还拟就合作的高校科技项目进行了磋商，就一些具体协作项目达成了共识。

1995 年 4 月，应国家教委邀请，俄罗斯国家高等教育委员会外国留学生局局长穆申科夫率俄高教委代表团访问我国。国家教委副主任张孝文会见了俄方代表团。双方在工作会谈中就《中华人民共和国国家教育委员会和俄罗斯联邦国家高等教育委员会 1995—1997 年高等教育合作执行计划》达成一致意见。访华期间，俄国代表团还访问了江苏省教委、南京大学、南京师范大学和北京语言学院。

1999 年 4 月 28 日～5 月 11 日，教育部副部长张天保率领中国教育代表团前往俄罗斯和乌克兰访问，此行亦取得不小收获，进一步增进了中俄双方教育领域互相了解和友谊。

2000 年 7 月 18 日，教育部部长陈至立在北京会见了随俄罗斯总统普京来华访问的俄罗斯教育部部长菲利波夫一行，双方就两国教育合作方面的有关问题交换了意见，并共同签署了《中华人民共和国教育部和俄罗斯联邦教育部 2000—2002 年教育合作协议》。同年 10 月 16 日，应我国教育部邀请，俄罗斯大学校长代表团一行 8 人在俄罗斯大学联合主席、国立莫斯科大学校长维·安·萨多夫尼奇院士为团长的率领下抵京，开始对我国进行为期 6 天的访问。代表团此次旨在考察中国高等教育改革和发展的情况，与我国一些对口重点高校深入探讨有关校际合作的具体问题。

2001 年 5 月 17～19 日，俄罗斯联邦教育部长菲利波夫率领的俄罗斯教育代表团一行 7 人应邀来华访问。期间，在北京召开了教育合作分委会第一次会议。同年 6 月 6 日，教育部副部长章新胜在北京大学会见了莫斯科大学校长萨多夫尼奇率领的高级代表团。通过双方交换意见，萨多夫尼奇表示，莫斯科大学愿与包括北京大学在内的中国高校广泛开展交流与合作。作为回访，当年 9 月 15～28

日，教育部副部长王湛率中国教育代表团访问俄罗斯。

2002年5月23～28日，教育部副部长章新胜率团访问俄罗斯。与此同时，应莫斯科大学邀请，北京大学代表团访问莫斯科大学。5月28日，在莫斯科大学隆重举行北京大学—莫斯科大学联合研究生院成立仪式，该联合研究生院的建立，既是贯彻落实中俄教文卫体合作委员会第二次会议精神，也是在委员会框架内成立的第一个中俄重点大学间的联合研究生院。当日，清华大学、武汉大学、中山大学、北京外国语大学等10所高校在中国驻俄大使馆与莫斯科动力学院、莫斯科国立工艺设计大学、莫斯科经济法律学院、莫斯科语言大学等俄方高校举行集体合作协议签订仪式。这些协议内容涉及研究生及本科生培养、师资交流、教学科研等方面。除此以外，还有许多高校与俄方高校建立了新的联系。同年7月10～21日，教育部部长陈至立陪同李岚清副总理对俄罗斯进行了正式访问。访俄期间，陈至立与俄联邦教育部长弗·米·菲利波夫就两国教育部合作问题举行了会谈。在会谈中双方重申：将继续推动开展校际合作较好的中俄高校共同建立联合研究生院；积极开展艺术类人才培养方面的合作；适时组织中俄高校大学生文艺体育团体进行交流互访；轮流举办大学展；相互支持语言学习中心的活动；在确保安全的前提下，继续举办双边中学生夏令营活动。会谈结束时，中俄双方还签署了《中华人民共和国教育部和俄罗斯联邦教育部长会谈备忘录》。

2003年10月，应俄罗斯教科院邀请，中央教育科学研究所代表团访问俄罗斯。通过参观俄罗斯的学校教育以及与俄罗斯教育同行进行交流，了解了俄罗斯道德教育、俄罗斯教科院的研究机构以及圣彼得堡的职业技术研究所对苏联职业教育的影响等情况。

2004年，教育部副部长章新胜率团访问俄罗斯。同年9月2～4日，应中国教育部部长周济邀请，俄联邦教育署署长巴雷欣率领俄教育代表团来华访问。双方就筹备委员会第五次会议的有关工作进展情况和中俄教育交流、合作进行了讨论，并达成广泛共识。教育部副部长、中俄教育合作分委会中方主席章新胜与巴雷欣共同主持召开了中俄教育合作分委会第四次会议，并签署了会议纪要。会议制定了2008年前的中俄教育交流执行计划，明确设立增加派遣留学生项目，联合培养硕士、博士研究生项目，语言推广项目，艺术类留学生人员培养项目，联合培养本科生项目。[①] 这些项目的设立，不仅拓宽了两国教育交流的领域，而且使教育交流的级次更为多层化。

---

① 《周济会见俄教育代表团》，《中国教育报》2004年9月3日。

## 三、译印苏俄教育书籍和研究苏俄教育专著

苏联解体后,为了满足各领域专业人员研究苏联的需要,商务印书馆于1993年策划出版了《苏联丛书》。这套书理论性较强,为有关专业人员研究苏联提供了丰富的学术资料。该丛书共20部,分俄罗斯部分和苏联部分,涉及俄罗斯(十月革命前)和苏联(十月革命后)的政治、经济、军事、历史、地理、哲学、文化、教育、宗教等方面的情况。其中,《苏联教育史》(H. A. 康斯坦丁诺夫等编,1996年出版)由吴式颖、周蕖、朱宏根据莫斯科教育出版社1982年出版的《苏联教育史》翻译而成。该书的"前言"写道:"苏联的教育史从马克思列宁主义的立场出发,研究从古至今各个不同时期教育、学校和教育理论的发展。它根据辩证唯物主义原则,揭示阶级对抗社会中教育理论与实践的阶级本质和阶级局限性,进步的教育理论同反动的教育理论的斗争,揭示教育理论与实践发展的历史规律性。"①这种具有强烈政治色彩的苏联式语言为该书内容奠定了基调。

1994年河南教育出版社的《当今世界教育概览丛书》问世,其中《当今俄罗斯教育概览》(高凤仪、石湘秋著)一书,对解体后俄罗斯教育的历史与现状、成就与问题进行了概略性介绍。这是苏联解体后较早研究俄罗斯教育的书籍。

从1998年起,教育科学出版社编译了一套反映苏联教育思想的丛书——《20世纪苏联教育经典译丛》。顾明远先生在该丛书的"总序"中写道:"苏联虽然解体了,但是反映教育规律的一些苏联教育思想却永放光芒。这些教育思想具有时代性、先进性,因此反映这些教育思想的著作经久不衰,成为我国广大教师和教育工作者爱不释手的佳作。教育科学出版社在纪念我国建国50周年之际……以《20世纪苏联教育经典译丛》之名重新出版,这是在本世纪末给我国广大教师和教育工作者的一份丰厚的礼物,也是为70年苏联教育保存的一份宝贵遗产。"②该丛书收录了苏霍姆林斯基、赞科夫、巴班斯基等苏联著名教育家的著作,而且有一些作品都是以前翻译出版过的,这些书籍"既有实践的基础,又有理论的创新,可谓博大精深、意义深远,对我国教育产生过重大影响"。通过再版这些作品,苏联经典教育著作在中国得到重新认识与解读。比如苏霍姆林斯基的教育著作,其中《帕夫雷什中学》1983年2月就已出版,1999年又作为《20世纪苏联教育经典译丛》由

---

① [苏]H·A·康斯坦丁诺夫等编,吴式颖、周蕖、朱宏译:《苏联教育史》,商务印书馆1996年版,第1页。

② [苏]巴班斯基著,吴文侃译:《20世纪苏联教育经典译丛·教学教育过程最优化》,教育科学出版社2001年版,"总序"第3页。

教育科学出版社重印，2008 年该社再次出版该书；《怎样培养真正的人》1992 年教育科学出版社就作为单行本翻译出版，1995 年作为《20 世纪苏联教育经典译丛》再次重印，2007 年又再版发行；《给教师的建议》在 1984 年 6 月初出版，2004 年重印，2008 年再次重印；除了这些书籍外，《20 世纪苏联教育经典译丛》还包括苏霍姆林斯基的《给教师的建议》、《和教师的谈话》、《公民的诞生》、《爱情的教育》、《青年校长的谈话》、《要相信孩子》，赞科夫的《教学论与生活》、《论小学教学》，巴班斯基《教学教育过程最优化》、《论教学过程最优化》、《中学教学方法的选择》等。

原苏联教育科学院院士阿莫纳什维利的专著《孩子们，你们好！》，是在其开展的没有分数的长期教育实验成果基础上撰写而成。他以一个教学班为实例，生动、形象、具体地展现了他和学生在小学四年里的教学和教育活动全过程，涉及到学校教学教育工作的所有方面。这本书于 1990 年经朱佩荣翻译，由开明出版社出版发行，受到了中国广大小学教师的好评，教育科学出版社又于 2002 年和 2006 年再版发行此书。而阿莫纳什维利的另两本著作《孩子们，你们生活得怎样?》、《孩子们，祝你们一路平安！》也都相继在我国出版。

我国还翻译了很多前苏联教育家的教育著作，比如卡捷林娅·萨里、卡捷林娅·萨里莫娃等主编的《当代教育史研究与教学的主要趋势》(2001)、阿瓦涅索娃等著的《学龄前儿童教育》(2006)、艾达罗娃等编著的《小学生家庭教育》(2005)、戈尔金等著的《初中生家庭教育》(2006)，等等。

苏联解体后，我国教育界对俄罗斯教育的关注和研究也不断增多。2004 年广东教育出版社出版了由高金岭撰作的《俄罗斯基础教育》，同年人民教育出版社出版了《当代外国教育改革著名文献(苏联—俄罗斯卷)》。2006 年社会科学文献出版社出版了安方明主编的《社会转型与教育变革——俄罗斯历次重大教育改革研究》。该书对俄罗斯教育的主要特点进行了全景式阐述，其内容从俄罗斯国家建国写起，历数了各个社会重大变革给俄罗斯教育带来的影响。作者认为人们如果要了解今日俄罗斯教育，就有必要把它放到俄罗斯历史上五次大的社会文化转型——基督教的传入、蒙古入侵、彼得一世改革、70 年社会主义建设、苏联解体后的俄罗斯的大背景中加以考察，进行全方位的审视，“对俄罗斯教育理论和实践做出多视角的过程分析，准确把握其发展的昨天、今天和明天；还要进一步深入教育现象的内部，从宏观到微观，分析俄罗斯教育活动的本质和发展的动力源泉，发挥方法论系统的整体功能”①。

① 安方明主编：《社会转型与教育变革——俄罗斯历次重大教育改革研究》，社会科学文献出版社 2006 年版，第 5 页。

2006年,教育科学出版社出版了张男星的《权力·理念·文化——俄罗斯现行课程政策研究》。该书站在国家的角度对俄罗斯现行的学校课程改革作了较为全面的剖析。由中央教科所俄罗斯研究中心主任朱小蔓主编的《20～21世纪之交中俄教育改革比较》,是中国中央教育科学研究所与俄罗斯教育科学院共同合作的成果。该书是2003年10月中央教科所与俄罗斯教育科学院在莫斯科签订的“2003—2006合作协议书”中关于双方在共同感兴趣的领域进行研究合作协议的一个重要合作项目。2006年出版的还有吴式颖撰写的《俄国教育史——从现代化视角所作的考察》。这本书以俄罗斯国家发展的视角来重新审视俄罗斯的教育历史,具有强烈的时代性。教育科学出版社还于2007年至2008年间出版了《当代俄罗斯教育理论译丛》,其中包括:鲍·里·伍尔夫松著《比较教育学——历史与现代问题》、弗·弗·克拉耶夫斯基著《教育学原理》、C·A·坦基扬著《新自由主义全球化——资本主义危机抑或全球美国化?》、N·A·季姆娜娅著《教育心理学》(第2版)。

2007年教育科学出版社出版了由曲程与瓦·米·波隆斯基主编的《俄汉教育词汇》。这本由中、俄两国有关学者合作编写的工具书共收入4万余个单词与词组,其中主要是教育学和教育活动、实践中较常见、常用的一般科学用语及日常用语。全书信息量较大,反映了俄罗斯教育科学术语在实践中出现的变化及新时期、新时代的语言发展趋势。它的出版更加便利中、俄两国教育的研究和交流。

值得一提的是,自20世纪90年代以来,中国教育学术界对苏霍姆林斯基的教育思想给予了较多的关注和研究,在《比较教育研究》、《外国教育研究》、《全球教育展望》、《人民教育》及各有关高校学报等刊物上发表了不少研究苏霍姆林斯基教育思想的文章。比如,《借鉴苏霍姆林斯基教育遗产,促进我国学生的素质教育》(《比较教育研究》1997年第5期)、《苏霍姆林斯基教育思想在中国的传播及其现实意义》(《比较教育研究》2007年第4期),等等。通过中国期刊网检索可以发现,1992年至2008年间我国学术界发表的有关苏霍姆林斯基教育思想的文章有347篇,其中优秀硕士论文就有11篇。研究内容包括苏霍姆林斯基的教师素养、教育伦理、劳动教育、心理教育、校园文化、学校管理等方面的思想或论述。教育科学出版社于2007年出版蔡汀编著的《走进教育家苏霍姆林斯基——妙语箴言、教育佳篇、系列教诲》,还编辑出版了《苏霍姆林斯基选集》(五卷)。此外,我国还分别在1996年和1998年举行了“苏霍姆林斯基教育思想”国际研讨会。

上述种种苏俄教育研究著作和研究苏俄教育著作的出版,无疑有力而有效地促进了两国的教育交流。曾任中央教科所所长的朱小蔓教授在评析《20～21世纪之交中俄教育改革比较》时认为："无论从文化传统、意识形态和社会变革来看，没有哪个国家像俄罗斯与中国这样具有如此大的可比性和可借鉴性。"①

## 四、语言文字交流与学习

语言交流是两国进行教育交流的基础与工具，因而中俄两国政府都比较重视对方语言的学习。20 世纪 50 年代俄语曾经是我国的主要外语，在中苏关系恶化以后，俄语的教学逐渐萎缩。改革开放后，我国主要以英语的学习为主，俄语成为小语种，学习的人比较少，而汉语在俄罗斯也不是其学校的主要外语学科，因此推进两国间的语言交流对于发展两国睦邻友好关系和促进教育交流都有着重要的意义。2005 年 11 月 3 日，教育部部长周济代表中国政府与俄罗斯联邦教育科学部副部长斯维纳连科，共同签署了《中华人民共和国政府和俄罗斯政府关于在俄罗斯联邦学习汉语和在中华人民共和国学习俄语的协议》。这一协议的签订，为增进中俄两国间的教育交流与合作搭起了来往便利的语言桥。

### (一) 汉语推广

自进入新世纪以来，在中俄两国政府的共同努力下，俄罗斯民众学习汉语的热情不断高涨，学习汉语的途径也在逐渐增多。2001 年，汉语水平考试(HSK)的适用地区增加了俄罗斯远东。根据俄罗斯要求，国家汉办派教师赴俄罗斯对俄远东地区的汉语教师进修培训。在中国教育部的支持下，在俄罗斯成立了汉语教学中心。莫斯科国立矿业大学(1993 年 9 月起)、圣彼得堡国立大学(1994 年 2 月起)和远东国立大学(2001 年 10 月起)的汉语中心以及北京外国语大学、上海外国语大学和黑龙江大学的俄语中心都在顺利开展教学工作。2003 年国家汉办组织开发了俄语地区使用的中文教材。2004 年 5 月 26 日～6 月 1 日，教育部副部长章新胜率团访问俄罗斯，出席了第二届中俄大学生艺术节、中国高校成果展和对俄罗斯汉语教材首发式。语言教学受到中俄两国政府的高度重视，2005 年两国签署了关于相互支持语言教学的政府间协议。2006 年 3 月 21 日，时为俄总统的普京启动了俄罗斯新闻社的中文网站。近年来，随着中俄两国政治、经贸、人文等领域交往的不断深入，高质量的汉语人才受到俄罗斯各行业的欢迎，越来越多的中小学和大学相继开设汉语。据不完全统计，2002 年全俄范围有近 40 家汉语教学点，而到 2007 年已达 110 多个，其中 80 多个汉语教学点设在大学，共约一万五千多人学

---

①《不能遗忘的俄罗斯——写在〈20～21 世纪之交中俄教育改革比较〉出版之际》，《中国教育报》2006 年 11 月 30 日。

习汉语,而且这组数字还在不断增加。

在俄罗斯的中小学,学生们所接受的汉语教学呈现出不同的形式,正规的课堂教学当然是其中的最主要方式。例如,俄罗斯符拉迪沃斯托克东正教教会学校从 2007 年开始教授汉语,让学校教师和学生们了解中国文化。据俄罗斯新闻网消息,学生们首先在经验丰富的汉学家、远东国立大学汉语学院院长亚历山大·索科洛夫斯基的带领下学习汉语。该校校长利季娅·季托娃说:"今年是俄罗斯'中国年'。我们决定开设一门新课程,即汉语课。"她表示,无论是孩子还是成年人都对汉语课感兴趣。汉语课每周上两次,除了从 4 年级到 10 年级的学生,有些教师也加入了学习汉语的队伍。目前该校拟出庞大的计划,并希望与中国的高校合作,派学生赴中国深造,以及联合举办各类活动。而在以汉语教学为特色的莫斯科 1948 中学,其教学形式则更为灵活多样。2008 年 4 月 14 日,该校学生们身着中国传统民族服装用汉语演唱中国歌曲。当日,校内举行了音乐会,孩子们用汉语表演各种节目。此外,利用假期前来中国进行短期汉语学习也是一种效果很好的汉语教学形式。2007 年 11 月 14 日,正值俄罗斯学校放秋假,近百名俄罗斯中小学生来到黑河参加为期一周的汉语培训,感受和学习中国文化。

尤为值得一提的是,在俄罗斯学习汉语的学生呈现出低龄化的趋势。像在俄罗斯圣彼得堡的"孔子"非国立教育机构孔子课堂里,有一群特殊的学员,他们的年龄只有 3～5 岁,没有一点汉语基础。但是经过一个学年的学习,他们不仅会唱中文歌、念中文儿歌、掌握简单的拼音拼读,还能与老师进行简单的交流。在俄罗斯圣彼得堡举办的首届汉语朗诵比赛中,参加该课堂学习年仅 5 岁的苏菲娅在 5～7岁年龄组中获得了第一名。

在高等教育领域,最早从事汉语教学和汉学研究工作的是喀山大学。成立于 1804 年的喀山大学,早在 1937 年就建立了东方系汉语教研室,作为汉学研究的主要基地。因此,现在的喀山大学中文系的汉语教学水平在俄罗斯处最高位置。学校从中国聘请教师,所选用的教材也是中国出版的权威课本。学校不仅向学生传授中文课程,还鼓励学生学习中国的传统文化,使学生理解和掌握汉语的文化背景。在中文系已经毕业的学生中,大多数从事与汉语有关系的职业,比如到中国担任外交官、到一些大公司当翻译等。一些优秀的学生还没有毕业,就已经被一些公司看中。喀山大学和中国高校间的合作日益密切,目前已有包括广东对外经贸大学、北京师范大学、湖南师范大学等在内的 9 所中国高校同该校签订了合作协议。此外,他如俄罗斯鄂木斯克师范学院,通过组织"汉语实习夏令营"活动,让学生们跟随中国汉语教师学习原汁原味的汉语、中国书法、中国太极拳,并到中国普通百姓家里做客，吃粽子、饺子、元宵、月饼等中国食品及中国菜，学会用筷子、品中国茶……正是这种丰富多彩的汉语夏令营活动，使俄国大学生们不仅提高了汉语水平，而且真正接触到中国人生活和中华文化。

当然，在俄罗斯推广汉语的最主要机构还要属孔子学院。这种教学单位是推广汉语和传播中国文化与国学的教育和文化交流机构，设立在国外的大学和研究院之类的教育机构里，给世界各地的汉语学习者提供规范、权威的现代汉语教材，提供最正规、最主要的汉语教学渠道。目前在俄罗斯共有14所孔子学院，其中仅在2007年俄罗斯“中国年”期间就有7家高校正式挂牌运作。这些俄罗斯高校包括新西伯利亚技术大学、托木斯克国立大学、远东国立大学、伊尔库茨克大学、莫斯科国立人文大学、喀山大学、圣彼得堡国立大学、莫斯科国立大学等著名学府。另外，还有为数众多的俄罗斯大学正在申请成立孔子学院和中国语言文化中心，中国政府为设在这些高校的孔子学院提供不同类型、适合不同人群的各种汉语读本、教材和中国文化的通俗读物，同时也提供包括大学教授和青年志愿者之类的师资。

（二）俄语学习

中国的俄语教育自20世纪80年代起，在历经曲折后又迎来健康发展的新时期。特别是随着中俄战略伙伴关系的确立，在两国政府的共同推动下，中俄政治经济文化教育各领域交往的迅速扩大与深入，中国的俄语教育也迎来了新的发展机遇。

中国的俄语教育新发展最先体现在与俄罗斯接壤的黑龙江等边疆省份。例如，黑龙江省黑河市自20世纪90年代启动俄语特色化建设工程，构筑俄语人才培养基地。黑河市政府及教育行政部门不仅制定了俄语小语种保护政策，而且积极开展有关的俄语学科科研工作，以培养大批高水平的俄语教师和学生。从1991年起，在黑河市教育局的主持下，由黑河中学牵头，联合黑河市城区数所小学与初中，携手开展了“黑河市俄语一条龙教育教学实验研究”课题攻关，对黑河市内的俄语教育资源配置进行了整合、优化。这对于提升俄语教学的质量，保证俄语人才的培养起到了极其重要的作用。

对中国的俄语教学研究并不仅仅局限在边疆地区。如在2008年10月26日，来自20多个国家的200多位专家学者相聚上海外国语大学，参加中国俄语教育300年国际研讨会，共同回顾与展望中国的俄语教育的历史、现状和前景，呼吁推动中国俄语教学事业的发展。

俄罗斯政府也在积极推动着中国俄语教学的发展，借助于2007年在全球范围内开展的世界俄语年活动，俄罗斯外交部下属的国际合作文化中心和北京外国语大学俄语中心共同举办了世界俄语年在中国的活动。在2007年3月活动启动时，时任俄罗斯总统普京的夫人还专门发来贺电。在中国开展的世界俄语年活动中，除举办俄语作文比赛外，有关方面还举办了中俄语言文化节和俄语教师研讨会等多种活动。这些活动不仅推动了中国的俄语教学，而且为加强俄中两国人民的人文交流作出了很大贡献。此外，俄罗斯政府还将开设普希金学院视为在中国宣传和推广俄语及俄罗斯文化的重要途径，像托木斯克国立大学和沈阳理工大学2007年签订的合作协议就为开设普希金学院提供了可能和准备了条件。

（三）语言大赛

为了进一步促进中俄两国学生学习对方语言的兴趣和热情，中国与俄罗斯还定期举行各级各类的青少年汉、俄语大赛，加强两国青少年在汉语与俄语方面的口语表达、书面写作等能力。

2001年6月25～30日，第十届国际中学生俄语奥林匹克竞赛在莫斯科举行。中国参赛的7名选手，4名获金奖，2名获银奖，1名获铜奖。中国高校专业俄语语言文化知识大赛2006年7月27日在大连胜利闭幕。徐梦婷（北京外国语大学）、李植田（北京外国语大学）和史庭婷（上海外国语学院）分别获得了低年级组、高年级组及研究生组的一等奖。中国俄语教学研究会会长、北京市教委主任刘利民教授对这次比赛作总结发言时说，本届比赛是首次全国范围的俄语大赛，它在选手的数量、比赛的形式和内容以及组织工作的水平方面超过了以往的任何比赛。他认为这次大赛必将激发学生们学习俄语及了解俄罗斯国情的兴趣，也一定会促进国内俄语教学水平的提高。在谈到目前俄语教学的现状时，他指出现在国内74所高校开设了俄语专业，俄语学生7000多人，这个数量与当前对俄语人才的市场需求相适应，体现了俄语教学"注重质量、少而精"的原则。

2007年俄罗斯"中国年"期间，在俄罗斯大、中、小学校间举办了各种汉语比赛，在增进校际间汉语交流的同时，也极大地激发了学生们学习汉语的热情和对中国的喜爱。目前，俄罗斯的"汉语桥"比赛已经成为一个品牌，俄罗斯的大学生积极参与，而且办得越来越有声有色。2007年5月18日在莫斯科1535学校举行首届莫斯科中小学生中国语言文化节，俄罗斯的中小学生进行了汉语演讲比赛和才艺表演，表现出对汉语和中国文化的浓厚兴趣。尤其中俄外语合作办学的"2＋2"模式，加强了中学生俄语基本知识和俄语运用能力。

## 五、高校展与高教论坛

举办高校展和高等教育论坛，是新世纪以来中俄教育交流的重要组成部分，并逐渐发展成为常态化模式。通过高等教育展览和高等教育论坛，不仅能够展示中国与俄罗斯高校的实力与发展状况，还能不断增进两国人民对彼此高等教育的直接认识，进而促使两国更多的青少年选择对方国家作为留学去向。

从 2001 年开始，中俄两国高校开始举办大学展，与此同时高等教育论坛也陆续开展。是年 5 月 18 日，由中国教育国际交流协会主办的“俄罗斯高等教育展”暨“中俄高校合作交流会议”在北京大学交流中心举行。本次展览会是中俄双方首次举办的大型教育交流活动。莫斯科国立大学、莫斯科鲍曼理工大学、莫斯科建工学院、莫斯科国立罗蒙诺索夫等 30 余所俄罗斯著名高校共同组团来华设展。这次设展活动及该会议的召开为中俄两国教育界的同行提供了一个进一步了解和交流的机会。①

2002 年 5 月 23 日～6 月 3 日，中国教育国际交流协会分别在俄罗斯莫斯科和圣彼得堡市举办了“21 世纪中国大学展暨中俄大学校长研讨会”。中国 60 多所高等院校的 50 多位院(校)长及 150 多位代表共 203 人参加了此次教育展览活动，俄方有 8000 多人次参观了展览。展览期间，共有 17 对中俄高校草签了 26 个合作与交流协议，10 对高校签署了合作协议或意向书。此次教育展览活动是中国高等教育有史以来在俄罗斯也是在国外举办的第一次最大规模教育展，集中展示了中国改革开放 20 多年来教育战线取得的丰硕成果，扩大了中国高等教育在俄罗斯乃至东欧地区的影响。同时，展示活动增进了俄罗斯民众对中国的了解，一定程度上发挥了民间教育外交的作用。莫斯科展览会结束后，又举行了中俄大学校长研讨会、语言教学圆桌会议和项目洽谈会。中俄双方大学及有关教育机构约 150 个单位近 200 名校长及教授、学者和国际合作处工作人员，均就共同关心的问题展开了广泛讨论，就合作项目交换了意见。同年 12 月 7 日～8 日，俄罗斯国立莫斯科大学、圣彼得堡大学等世界名校来华设展，还在金吉列公司大厅现场招收了中国有志赴俄留学的学生。

2004 年 2 月，第九届中国国际教育巡回展在北京中国国际贸易中心展览大厅举行。在这次巡回展上，广大学子及其家长有机会同俄罗斯教育工作者进行直接交流，这就有助于他们全面了解俄罗斯教育状况并选择理想的院校，从而为有意留俄者提供了丰富信息和多样化的选择。

2005 年 11 月 9 日，中俄高等教育改革与交流研讨会在暨南大学召开，与会者就“俄罗斯的高等教育改革”、“国际交流中的语言及问题”、“当前俄罗斯社会各阶

① 《俄罗斯高等教育展在京开幕》，《中国教育报》2001 年 5 月 19 日。

层分析”等发表了各自见解。

2006年8月17日中俄高等教育哈尔滨论坛在哈尔滨大学举行。该论坛是科技部和国防科工委支持的一项活动。参与论坛的有北京航空航天大学、北京理工大学、西北工业大学、哈尔滨工程大学、南京航空航天大学、南京理工大学以及俄罗斯罗蒙诺索夫国立大学、鲍曼国立技术大学、萨玛拉国立航空航天大学等。

2007年11月24日至26日，继2002年中俄美三国学者参加的第一届北京俄罗斯文学国际学术研讨会之后，由北京外国语大学俄语学院等单位联合举办的第二次俄罗斯文学国际学术研讨会在北京召开。会议主题为《世纪之交文化语境下的当代俄罗斯文学》，其内容涉及到俄本土、中国以及其他国家的俄罗斯文学研究者共同关注的重点和热点问题。

2008年3月29日，俄中高等教育发展国际研讨会在莫斯科大学举行。参加这次研讨会的有：来自莫斯科大学教育系、继续高等教育学院、亚非学院以及俄罗斯科学院远东研究所；来自中国厦门大学、中国国家法官学院、中央民族大学等机构的学者；还有在莫斯科研修教育专业的研究生。与会者们从比较的角度探讨了中俄两国高等教育发展的问题。

总之，举办高校教育展和高教论坛是一个很好的形式，亦是一条很好的教育交流渠道。尤其开始于2001年的高校教育展，通过这种活动，中俄两国彼此提供教育服务信息，使两国广大民众能够更为深入地了解对方国家的教育现状，为中俄两国学子到对方国家学习搭建起交流沟通的平台，创造了便利条件。

## 六、中俄大学校长论坛

与举办两国高校展及高等教育论坛相类似，中俄高校校长（及有关领导人）论坛，亦为新世纪以来中俄教育交流新辟路径及重要组成部分之一。这方面的交流活动始于2002年。①

2002年5月27日，来自中国60多所高校和俄罗斯近40所高校的300多位校领导及有关人士云集莫斯科，参加由中俄双方组织的“中俄大学校长交流研讨会”，进行深入交流与洽谈。此次交流研讨包括三个方面内容：一是以高等院校产学研结合及其在经济发展活动中的作用为内容的专题研讨会；二是围绕汉语教学

① 早在1993年，黑龙江省就利用地缘优势与俄罗斯开展了地方性大学校长会议。1993年6月，黑龙江省27所大学校长和俄罗斯28所大学校长在俄哈巴罗夫斯克召开了中俄大学校长研讨会，并通过了《中国黑龙江省与俄罗斯东部地区首届大学校长会议决议》。但全国性的中俄大学校长论坛是从2002年开始，其影响力要超过地方性的大学校长论坛。

在俄罗斯及俄语教学在中国的圆桌会议；三是有关高校间的合作项目洽谈活动。①

2006 年 10 月 12 日，由中国教育部和俄罗斯联邦教育署主办，北京大学和莫斯科国立大学承办的“中俄重点大学校长论坛”在北京大学开幕。中国教育部部长周济和俄罗斯联邦教育署署长巴雷欣分别代表双方致辞。北京大学、清华大学、复旦大学等 14 所国内重点大学和莫斯科国立大学、太平洋大学等 16 所俄罗斯知名大学的相关负责人出席了会议。本论坛的主题是“21 世纪的高等教育——中俄两国创新型大学建设”。② 在本次中俄重点大学校长论坛上，发言的中方校长都提到了本校在通识教育方面的探索，这种源自西方的本科教育模式也引起了俄罗斯大学校长们的广泛关注。北京大学校长许智宏称，由于历史原因，过去中俄两国的高等教育采用的是同一种模式，现在回过头来看，新中国成立初期需要大量有专业特长的人才，这种专业化培养模式无疑最适合当时中国快速工业化的需要。然而随着我国由计划经济转向市场经济，如今的大学生就业已经不是过去的定向培养，因此整个高等教育的培养模式也必须随着转变。此外，掌握先进的科学技术需要以广泛的通识教育为基础，如果学生不了解各领域最基本法则，也很难在这个信息时代真正成为专业人才。正是基于这种认识上的转变，进入新世纪以来，国内不少研究型大学都纷纷进行通识教育的探索。例如北京大学自 2001 年起开始实行的元培计划。几乎与此同时，与中国高等教育系出同源的俄罗斯高校也在逐渐拓宽专业口径，“培养具有宽泛知识面的专家比培养具有狭窄知识面的专家更重要”。萨多夫尼奇介绍说，现在在莫斯科大学，大学生前 3 年主要学习自然科学、人文科学领域的基础知识，数学、化学等学科只教授一般性的知识。到了第 4 年和第 5 年，才开始进行专业化教育。

2008 年 10 月 17 日，由中国教育部和俄罗斯教育署联合举办的 2008 年中俄大学校长论坛在北京大学开幕。北京大学、清华大学等 12 所著名大学与莫斯科大学、喀山大学等 13 所俄罗斯大学校长出席了会议。③

## 七、中俄大学生艺术节

积极开展中国与俄罗斯的青少年交流活动，对于加深两国人民、特别是年轻人之间的相互了解和友谊，加强两国学子的沟通和交流，都具有特殊重要的意义。因此，中俄政府及相关教育职能部门高度重视两国大学生的文化往来，进入新世

---

① 《百所中俄高校校长共话教育合作交流》，《中国教育报》2002 年 5 月 28 日。

② 《中俄重点大学校长论坛在京举行》，《人民日报》2006 年 10 月 13 日。

③ 《2008 中俄大学校长论坛开幕》，《中国教育报》2008 年 10 月 18 日。

纪后采取的重要措施之一,就是通过举办大学生艺术节丰富和发展中俄两国大学生的交流活动。2003 年至 2008 年间,中俄大学生艺术节先后在中国的哈尔滨、上海、成都,以及俄罗斯的符拉迪沃斯托克等城市成功举办了 6 届。

第一届中俄大学生艺术节举办于 2003 年 10 月 24 日,主题是“增进两国传统友谊、弘扬两国民族文化、体现两国校园生活”。此届中俄大学生艺术节是受教育部的委托,由中国教育国际交流协会主办,上海外国语大学与黑龙江大学承办,为期五天。这次中俄大学生艺术节也是中俄教文卫体合作委员会框架内中俄人文领域合作的新项目。艺术节期间,俄罗斯远东大学艺术团、黑龙江大学艺术团、上海外国语大学、东华大学、上海音乐学院、上海师范大学、上海戏曲学校等校的大学生们在上海大剧院和校园里进行了演出、联欢。此外,还在上海松江大学城举办了服装文化展示和 2003 年中国南方地区俄罗斯语言与文化知识竞赛,本次竞赛的优胜者可以得到国家奖学金的资助赴俄罗斯留学。在第一届中俄大学生艺术节成功举办之后,2004 年又在俄罗斯的符拉迪沃斯托克市举行了第二届中俄大学生艺术联欢节。

2005 年 5 月 26 日,第三届中俄大学生艺术节暨俄罗斯高等学校教育展在四川大学望江校区举行。当日上午举行了隆重的文化节开幕式,中国教育国际交流协会秘书长尤少忠、俄罗斯教育部署长贝科夫、川大党委副书记李志强、俄罗斯驻华大使馆官员谢尔盖·列别杰夫分别致词,中俄教文卫体合作委员会秘书处办公室主任于继海宣读了教育部副部长章新胜同志致此次艺术节的贺信。随后,参加活动的人们参观了教育展。此次教育展的参展学校包括俄罗斯的莫斯科国立师范大学、莫斯科经济信息统计大学、乌里扬诺夫斯基国立大学、托姆斯克理工大学、斯堪伏罗波利斯基国立农业大学、楚瓦什国立大学等十五所高等学校。每个展台都有两名俄语系的学生担任翻译,促进了参展高校与参观人员的交流。此次持续两天的展览,意在加强中俄两国高等教育的交流,以便让人们更多地了解俄罗斯,吸引更多的学生去俄罗斯留学。下午,第三届中俄大学生艺术节在西南民族大学开幕。参加演出的有俄罗斯大学生艺术团、四川大学、西南民族大学的同学。文艺演出中,俄罗斯经典老歌“喀秋莎”,俄罗斯民族舞蹈“哥萨克”、杂技,蒙古族马头琴,彝族舞蹈“群舞沙沙”,藏族歌舞,以及由川大尼泊尔留学生精心奉献的尼泊尔风俗舞蹈等节目纷纷登场,深受观众的欢迎与好评。

2006 年 3 月 17 日,作为 2006 年在中国举办的“俄罗斯年”的重要活动内容之一——“中俄大学生艺术节(2006 中国)”在北京大学开幕。教育部部长周济、北京大学校长许智宏、俄罗斯驻华大使 Razov 出席了艺术节开幕式。此次艺术节以

“青春、和平、友谊、未来”为主题，来自俄罗斯莫斯科、圣彼得堡和远东地区城市的50余名俄国在校大学生和来自北京各大院校的中国大学生在北京大学百年讲堂同台演出，演绎了《梁祝》、《天鹅湖》等具有两国浓郁民族特色的歌舞节目，来自俄罗斯国立远东大学“神话”舞团的学生还表演了俄罗斯民间舞蹈。留俄归国人员艺术作品展览也在开幕式期间同时举办。此次艺术节历时11天，受教育部委托由中国教育国际交流协会承办，作为中俄教文卫体合作委员会框架内的重点工作，在北京、杭州、深圳三地开展。

2007年9月1日至12日，以“和谐·未来”为主题的第五届中俄大学生艺术联欢节在俄罗斯莫斯科成功举办。此次艺术节作为2007年俄罗斯“中国年”系列活动之一，由中国教育部亲自主办，中国教育国际交流协会具体承办。由来自全国11所高校（北京大学、清华大学、复旦大学、华中科技大学、北京交通大学、电子科技大学、东北师范大学、南京师范大学、延边大学、山东师范大学、南京艺术学院）的学生及指导老师共计110人组成了中俄大学生艺术联欢节代表团。北京一零一中学的107名师生组成的中学生夏令营代表团也特邀参加了艺术联欢节开幕式演出，并按分团进行了参观访问和联欢活动。

2008年举办的第六届中俄大学生艺术节则以“青春、和谐、未来、梦想”为主题。10月8日下午，中俄大学生艺术联欢节开幕式暨文艺演出在北京大学百年讲堂举行，活动既展示了两国瑰丽多姿的民族文化艺术，也成为两国学子友谊的盛会。来自俄罗斯莫斯科、圣彼得堡以及远东地区的50余名在校大学生及带队教师，除了与北京高校的大学生同台演出外，还在10月10日至16日前往西安、三亚和海口进行交流访问，并与当地中国大学生进行联欢。中国教育部部长周济和俄罗斯驻华大使拉佐夫出席开幕式并致词。周济在致词中说，教育事关民族兴旺、人民福祉和国家未来。青年学生是民族的希望和国家的未来，是中俄友好事业的接班人和未来的创造者，加强中俄两国青年之间的交流，必将巩固两国和两国人民世代睦邻友好的社会基础。本届艺术联欢节在北京开幕后，教育部又委托黑龙江、吉林、辽宁、四川等地13所高校通过校际交流途径，邀请俄方伙伴院校的近500名俄罗斯大学生来华参加当地举办的中俄大学生艺术联欢节活动。

紧随其后的地方性大学生艺术节的举办，充分发挥了中央与地方连动的效应，使中俄大学生艺术节形式和内容都更为丰富。2008年11月17日，受教育部和黑龙江省教育厅的委托，齐齐哈尔大学承办了地方性中俄大学生艺术节。俄罗斯的伊尔库茨克国立语言大学、后贝尔加尔人文师范大学、布里亚特大学等大学的学生们和齐齐哈尔大学的学生们同台表演了充满俄罗斯风情和中国民族风情的歌舞。同年12月9日,教育部中俄大学生艺术联欢节地方层面的活动在吉林省全面展开。本次中俄大学生艺术联欢节在吉林省的活动由长春师范学院承办,联欢节期间邀请俄罗斯大学生在吉林省进行为期一周的艺术文化交流活动,内容包括歌舞、文艺汇演、书画、语言交流、武术和搏击表演等。[①] 同年12月14日,由教育部主办,由辽宁大学和俄罗斯伊尔库茨克国立大学联合承办的"中俄大学生艺术联欢节"在辽宁大学礼堂举行。辽宁大学和伊尔库茨克大学共组织了150名俄罗斯大学生和近千名中国大学生参加了在沈阳举行的联欢活动。[②]

客观而论,大学生艺术联欢节在增进中俄青年学子间的友谊、理解与尊重,以及在深化和扩大两国在教育领域的合作方面,都发挥着较大地推动作用。鉴于每一届中俄大学生艺术节都取得了不少成果,中俄双方将大学生艺术节视为教育交流领域中机制化的活动内容之一,拟定期举行下去。

## 八、中俄中小学生夏、冬令营

中国与俄罗斯在初、中等教育领域的交流多以夏(冬)令营的方式为主,这种生动活泼的交流形式比较符合中小学生的生理、心理等方面特征,有利于教育交流正常有序开展和不断深入。

2001年8月11～23日,首届中俄中学生夏令营举行。夏令营营地在黑龙江省佳木斯市。应中国教育部邀请,莫斯科1948学校的18名师生前来我国参加"热爱和平、保护环境和地球"为主题的夏令营活动。1948学校的师生先后游览了北京、大连和哈尔滨等地。8月17日中俄中学生夏令营开营式在营地举行。随后,中俄双方的营员围绕着主题进行了热烈的座谈和交流。[③]

2006年2月13日,应中国教育部的邀请,"俄罗斯中小学生来华冬令营"在北京开幕。来自莫斯科和圣彼得堡市的50名中小学生及教师代表,开始了为期9天的中国文化之旅。这是中俄教文卫体合作委员会框架内一次重要的青少年活动。营员们还参观了北京、海南部分中小学校,与中国中学生举行联欢活动。截止此时,自2001年来已有2000人次参加了两国的中小学生夏、冬令营。[④]

2008年1月8日～17日,在海南和北京举办了"2008俄罗斯中小学生来华冬令营"活动。代表团由来自俄罗斯莫斯科市、圣彼得堡市和梁赞市等七所学校的

① 《教育部中俄大学生艺术联欢节交流活动在吉林省全面展开》,新华网2008年12月10日。

② 《中俄大学生艺术联欢节在沈举行》,《沈阳日报》2008年12月15日。

③ 《中俄友谊　地久天长　首届中俄中学生夏令营》,《中国教育报》2001年8月29日。

④ 《俄罗斯中小学生来华冬令营开营》,《中国教育报》2006年2月14日。

53 名师生组成，其中莫斯科 1948 学校的师生 15 人。此次活动由教育部主办，中国教育国际交流协会承办，海南省教育厅协办。代表团先后参观了海南省国兴中学、琼海市嘉积海桂学校、三亚市第九小学和三亚市一中，还参观了海口雷琼火山群世界地质公园、海南兴隆热带植物园、南山佛教文化苑和三亚珠江南田温泉等景点。

2009 年 2 月 14～26 日，受中国教育部邀请，俄罗斯中小学生代表团来华参加了在北京和海南举行的冬令营活动。此次活动由教育部国际司主办，中国教育国际交流协会和海南省教育厅负责承办。此次为期 12 天的俄罗斯学生来华冬令营于 15 日在北京拉开帷幕。俄罗斯驻华使馆、中国教育部国际司、中国教育国际交流协会有关负责人出席了此次活动。其中，俄罗斯代表团团长、莫斯科市杜马议员波吉娅耶娃已是第四次来华参加此类活动。来自莫斯科和圣彼得堡八所学校的 50 名学生、8 位老师、1 名团长共 59 人，通过冬令营活动，他们感受了中国的自然风光，领略了北京、海南的本土文化，先后参观了北京的长城、奥运体育场馆、海南兴隆热带植物园、三亚南山寺、博鳌亚洲论坛会址、海口火山口地质公园等著名景区，并到北京的潞河中学、海南省的万宁中学与国兴中学等学校与师生们进行了积极友好的互动交流活动。①

就在俄罗斯中小学生来华参加夏、冬令营活动开展得如火如荼的同时，中国中小学生赴俄参加夏令营的活动也在同步进行之中。例如，“2008 中国中学生赴俄夏令营”于 2008 年 7 月 22 日至 8 月 3 日在莫斯科和圣彼得堡圆满结束。来自潞河中学、中国人民大学附中、北京市第二中学等 50 名具有一定俄语基础的师生组成了夏令营代表团。此次活动由教育部主办，中国教育国际交流协会和北京市教委承办，经过精心的筹备和组织，顺利完成了在俄期间的访问交流、联谊参观等活动。夏令营活动期间，营员分别前往莫斯科儿童康复训练中心和莫斯科“曙光”训练营，与营地的俄罗斯学生开展了丰富多彩的交流活动，除举行精彩纷呈的联欢会，还在体育馆一起做篮球游戏、学跳俄罗斯民族舞、传统的手工制作课等趣味文体活动。代表团还参观了莫斯科红场、卫国战争纪念碑、克里姆林宫、列宁墓、冬宫等代表性历史建筑和博物馆，对俄罗斯的历史文明、经济发展、精神面貌有了更为直观、深刻的印象和了解。

除上述种种夏、冬令营活动外，还有一种性质较为特殊的疗养夏令营活动。这种夏令营主要是为了抚慰在恐怖袭击、自然灾害等事件中受到生理、心理伤害

① 《海南三所学校成为“中俄学生交流基地”》，新华网 2009 年 2 月 25 日。

的中俄两国中小学生。比如,在2004年别斯兰人质事件中受到伤害的10名俄罗斯儿童,根据俄方建议和中国卫生部的指定,于2006年5月来到海南省三亚市进行康复治疗。本次治疗为期一个月,这10名俄罗斯儿童接受了服用中药、针灸推拿等中医治疗,另外还为这些异国孩子安排了中国传统武术训练、中国画学习以及中国语言课程。经过4个星期的疗养,10名儿童的身体和心理状况得到非常好的恢复。与此类同,在2008年7月,汶川地震发生后,自7月17日起,1000名川、甘、陕地震灾区中小学生及随团人员乘民航包机分赴俄国6个疗养点,进行为期20天的疗养活动。中国国家主席胡锦涛在接见这些启程前往俄罗斯的孩子们时,还深情地希望他们在中俄两国老师指导下好好休息和疗养,“利用这次难得的机会,同俄罗斯小伙伴多交朋友,做增进两国人民友谊的小使者”①。其中地震重灾区陕西省宁强、略阳两县的90名中小学生前往俄罗斯新西伯利亚州的奥林波斯神运动营地,在那里参加中俄中小学生“奥林波斯神”夏令营活动,并进行疗养。在7月19日举行的开营仪式上,俄罗斯联邦教育科学部部长、俄罗斯联邦总统驻西伯利亚联邦区全权代表、新西伯利亚州州长和中国驻叶卡捷琳堡总领事分别致辞,祝福来自中国的小客人和俄罗斯小朋友一起,愉快地度过21天的夏令营生活,疗养好,学习好。

为给两国中小学生夏、冬令营的开展提供制度保障,中国相关的政府部门还对机构设置进行了完善。如多次成功承办了俄罗斯学生冬令营参观访问活动的海南省,就将该省国兴中学、海南华侨中学、三亚市第九小学三所学校开辟为“中俄学生交流基地”。中方这一举措,不仅是对上述学校教育国际交流工作的肯定,同时也是希望在海南省国兴中学等三所学校的带动和示范下,借中俄学生交流基地建设之机,更好地开展中俄教育交流与合作。

### 九、两国高校间联合办学

开展高校校际交流是国际上进行教育交流的一项很重要的内容和活动。早在20世纪50年代,我国高校就已经与苏联的高等学校开展了校际交流,但这仅仅是初步的尝试,后来由于中苏关系的破裂而中断。改革开放以来,国家大力支持高等学校与外国高等学校间的校际交流,使校际交流活动有了很大进展。2002年5月莫斯科罗蒙诺索夫国立大学同北京大学开始互派研究生,2004年远东国立大学同黑龙江大学互派研究生。为了更好地进行高等教育的交流,中俄高校开始进

① 《真情涌动中南海——记胡锦涛总书记看望即将赴俄罗斯疗养的地震灾区中小学生代表》,《中国教育报》2008年7月17日。

行联合办学的尝试。

我国《高等教育法》明文规定："高等学校按照国家有关规定，自主开展与境外高等学校之间的科学技术文化交流与合作。"2002 年 5 月 28 日，为贯彻落实中俄教文卫体合作委员会第二次会议精神，在莫斯科大学隆重举行了北京大学和莫斯科大学联合研究生院成立仪式。① 这是在委员会框架内建立的第一个中俄两国重点大学之间的联合研究生院。此外，清华大学、武汉大学、中山大学、北京外国语大学等 10 所高校在中国大使馆与莫斯科动力学院、莫斯科国立工艺设计大学、莫斯科经济法律学院、莫斯科语言大学等俄方高校举行集体合作协议签订仪式。这些协议内容涉及研究生及本科生培养、师资交流、教学科研等方面。2003 年，莫斯科大学派出 19 名博士生到北大学习，北大派出 5 名博士生到莫斯科大学学习。随后，山东大学和喀山大学、黑龙江大学与远东大学也都建立了联合研究生院。

除了高校间研究生院的建立外，两国高校还在一些专业上进行合作，如洛阳理工学院与俄罗斯科斯特罗马国立工艺大学在机械设计与制造、电气自动化技术两个专业上合作办学。2008 年 11 月，俄罗斯科斯特罗马国立工艺大学代表团对洛阳理工学院进行了为期 6 天的访问。该校机械系及自动化系系主任与洛阳理工学院机械系、自动化系相关教师就中俄合作办学专业课程衔接工作进行了深入会谈，最终双方在确定中俄合作办学专业课培养目标上达成一致意见。

经教育部备案、河南省教育厅批准，焦作师专于 2007 年与俄罗斯圣彼得堡航空航天大学及俄罗斯圣彼得堡文化艺术大学进行合作办学。合作办学的专业为"艺术设计"、"音乐教育"、"物业管理"。焦作师专于 2007 年开始正式招生。该合作项目采用"3＋1"培养模式，即前三年在焦作师专学习，教学计划由校方与俄方相应高校共同制定，俄方相应高校认可这三年间在焦作师专学习的相关课程及学分。在三年学习时间里，学生修满相应学分、完成学业后，由焦作师专发给教育部电子注册的普通高等教育大专文凭，第四年由学生自愿申请，前往俄方有关大学学习。

这类合作办学的高校，还有如山东德州学院与俄海参崴国立经济大学、俄罗斯远东国立交通大学合作举办的"2＋2"办学项目。

与合作开办专业相近的是合作开设项目。1999 年，黑龙江科技学院国际教育学院与俄罗斯远东国立理工大学合作开设土木工程专业项目。该项目在国内土木专业核心课程基础上加入了俄罗斯土木专业的特色课程，形成既有国内传统理

① 《北大——莫大联合研究生院成立》，《中国教育报》2002 年 5 月 29 日。

论又有俄罗斯特色工艺的教学计划，主要培养从事土木工程的项目设计、规划、研究、开发、施工及管理等方面技术人才。学生选定该项目后实行五年学制，其中第一、二、五学年在中方学习，第三、四学年在俄方学习。

经黑龙江省教育厅批准，东北农业大学先后与俄罗斯太平洋国立大学（1995年）、俄罗斯远东国立技术水产大学（1999 年）开展了合作办学项目。东北农业大学与俄罗斯太平洋国立大学联合招收计算机科学与技术、土地资源管理、国际经济与贸易专业学生；与俄罗斯远东国立技术水产大学联合招收金融学、会计学、工商管理、食品科学与工程等专业学生。

河南大学与俄罗斯圣彼得堡国立大学合作办理信息管理与信息系统专业，学制 5 年。该项目学生在河南大学学习期间进行俄语强化训练，由中俄教师共同授课，达标后赴俄学习。其他如佳木斯大学与俄罗斯太平洋国立经济大学合作举办会计学专业、国际经济与贸易专业、工商管理专业等本科教育项目。

中俄战略协作伙伴关系的进一步加强和发展，在两国政府间一些列活动开展的推动下，中俄“研究中心”的成立对于加强中俄教育交流不仅具有积极的推动作用，而且具有提升交流学术层级的意义。

1995 年 1 月 23 日，中国社会科学院俄罗斯研究中心在北京成立。来自中国社会科学院、外交部、中联部、新华社、高校等单位的多位俄罗斯问题专家、俄罗斯驻华使馆的外交官员和企业界人士出席了成立大会。中国社会科学院副院长滕藤作了重要讲话，指明中心成立的真正意义和价值所在。

2003 年 3 月 22 日，清华大学中俄文化研究与交流中心成立。促进了两国在科技、文化、教育等方面的合作与交流。该中心与俄罗斯圣彼得堡国立技术大学、圣彼得堡财经大学、莫斯科国立语言大学以及俄罗斯科学院远东研究所签订了一系列的合作交流协议，促成了两国高校间学者互访和学术交流的顺利进行。经过清华大学中俄文化研究与交流中心的牵线，清华大学科技与社会研究所同莫斯科语言大学合作从事“中俄科技体制改革比较研究”项目。通过该中心也加强了国家科技转移中心与俄总统高科技发展委员会、新西伯利亚科学城的联系，拓宽了中俄科技合作渠道，并成功推进了十余项合作计划。① 该中心还在清华大学举行了“多极化世界格局中的中俄科技、教育、文化交流”国际论坛，中、俄双方学者以及研究中俄关系的美国学者参与了会议。与会者们就感兴趣的话题进行了学术讨论，内容涉及中俄战略关系的发展、科技交流的开展、教育交流与合作等方面。

---

① 胡显章：《加强合作，脚踏实地地开展富有成效的中俄文化交流工作》，王奇主编：《多极化世界格局中的中俄科技、教育、文化交流》，清华大学出版社 2004 年版，第 2 页。

中俄战略伙伴关系的发展,特别是两国"国家年"活动的开展,为拓展和深化中俄人文合作提供了更广阔的空间,也为两国教育、科技、文化方面的合作得到更大发展提供了大好机遇,同时对中国关于俄罗斯教育研究提出了新的挑战和更高的要求。为此,2007 年 4 月,中央教育科学研究所与沈阳师范大学共同发起成立了"俄罗斯教育研究中心"这一学术研究机构。该中心的职能集科研、教学和学术交流于一体,突出在关涉中俄教育战略、教育改革等问题上研究的理论性、实践性和政策性,积极培养国内研究俄罗斯教育的人才队伍,使中心切实为政策制定者、战略选择者、科研工作者以及学校一线教育工作者服务。

## 第四节　中俄教育交流的主要特点

较之于新中国建立初期及"文化大革命"至苏联解体前的中苏教育交流活动,因国际形势变化、社会变革、经济发展、教育进步、观念更新等种种因素,苏联解体后的中俄教育交流活动与前此两个阶段表现出显著区别。特别是随着中俄睦邻友好合作与战略协作伙伴关系的建立和发展,两国间的依存度不断上升,这就使中俄教育交流与合作关系更加紧密,并促使两国教育交流活动向更广领域、更高层次迈进。

### 一、自费生为留俄生主体

在新时期中俄教育交流的人员中,留学生逐渐以自费留学者为主。尤其进入新世纪后,前往俄国留学的中国学子,绝大多数采用自费留俄方式。2007 年 4 月 3 日,中国驻俄罗斯使领馆教育处公使兼参赞裴玉芳接受采访时说,苏联解体后,俄罗斯教育市场对外开放。中国学生赴俄留学的人数有所增加,留俄学生的结构发生了一些变化。目前,通过自费渠道留俄的学生占留学生总数的 90%以上。她介绍说,苏联解体前,两国留学生交往主要是通过国家交换留学生渠道进行,20 世纪 90 年代后,民间层面发展非常迅猛,自费留学生大量增加。据不完全统计,到目前为止,在俄的各类中国留学生大约有一万三四千人,其中公费留学生的比例不足 10%。① 据有关统计,实际上 2007 年我国留学俄罗斯的学生数约为 15000 人,其中已在莫斯科注册的 6000 名学生中,就有 90%为自费留学生。

① 《中国驻俄教育参赞:中俄教育合作卓有成效》http://www.russiasky.com/main.php?gOo=YXV0b19pZD02NiZvcHRpb25pZD02OCZtZXRob2Q9dmlldw==

这些自费留学俄罗斯的学生情况各异,但一般为年龄较小、以攻读本科为主,主要学习语言、经济管理、艺术类等文科或人文社科类专业,因为学理工科不仅难而且花费的时间较长。比如在圣彼得堡技术大学的400多名中国留学生,在该校“几乎占到外国留学生的一半,其中的95%都在学经济与管理等专业,可是这所学校最‘拿手’的专业却是自动化控制等专业,许多学生学了一两年后转学其他比较容易的新兴文科专业”。①

自费选择俄罗斯的原因,大多是因为相对于其他国家来说,俄罗斯留学费用低廉,并且,俄罗斯的留学政策相对宽松,签证也容易通过。再是两国互办高校展也是吸引对方留学的一种方式。通过办理高校展,使得双方高校能近距离了解和认识对方高校的优势与特点,并且让学生与对方各高校直接建立联系,为留学教育的开展提供了便利。如第一个俄罗斯高等学府成就展览会于2001年在北京举行,2002年又先后于2月在上海外国语大学举行了“第三个千年之初的俄罗斯大学”讨论会,5月在莫斯科和圣彼得堡举行了“21世纪中国大学展览会”,这些活动都吸引了对方不少学生的关注。而2002年12月国立莫斯科大学等俄国高校随其他世界名校来华设展时,当即就有中国学子表示愿赴俄国留学。

## 二、教育交流渠道多样化

从中外教育交流的历史走势来看,进入新时期尤其跨入新世纪以来,教育交流的渠道或路径在不断地得到扩充:不仅传统的教育交流渠道得到扩展,诸如书籍的翻译与出版、留学生的派遣与接收、教师的派出或延聘、教育团体及人员的互访往来等,继续发挥着重要的交流作用且此类活动日益频繁,而且随着世界走向一体化和教育走向全球化以及科技化信息化时代的到来,一些新的教育交流方式或途径也得到开拓,诸如本章列目的中外大学校长论坛、各级学校学生间的友好交往活动,以及交流双方有关学校间联合办学等,也成为两国间教育交流的重要途径,且越来越发挥出重大作用。现仅就中俄两国学校间合作来看,中俄高校间的联系与协作随着时代的发展愈来愈密切,程度越来越深入,涉及的范围也日渐广泛。例如,2002年6月6～9日,河北教育厅和国家留学基金管委会共同举办了河北省首届教育博览会暨国际教育发展论坛。会上,河北省与俄罗斯国立莫斯科大学达成合作协议。协议内容涉及互派留学生、进行项目合作、为河北省培训教师、合作办学等内容。诸如此类的合作不仅加强了中俄两国高校之间的紧密联

① 《选择俄罗斯:一个出口》:http://www.lifeweek.com.cn/2003-12-11/000017394.shtml

系，也使得各高校的教材、学术著作、人才等相关资源得到了有序流动、有益整合与有效利用，从而极大地促进了中俄高校的共同发展。

比较同其他国家进行教育交流而言，中俄之间这类活动的开展和事业的发展还占有一个绝对的地理优势。这就是中俄两国有着漫长的边境线，两国接壤的地区有着天然的合作与交流的优越条件。其中中国的黑龙江、新疆、内蒙等地与俄罗斯的布拉戈维申斯克市、犹太自治州、海参崴市等有密切的联系与合作。

从地方交流活动来看，与俄罗斯接壤的地区充分利用地缘优势发展了与俄罗斯的教育交流。从本书的前述文字亦可得知，这种地方性中俄教育交流有着悠久历史和优良传统。这些地区包括黑龙江省、新疆维吾尔族自治区、内蒙古自治区，以及吉林、辽宁等虽不接壤但地域临近的省份。其中以黑龙江省与俄罗斯教育交流活动最频繁。

黑龙江省因地缘优势与俄罗斯有着密切的经贸往来，所以黑龙江与俄罗斯有着密切的交往与联系。黑龙江省哈尔滨市、绥芬河市、佳木斯市、黑河市、鸡西市等城市都与俄国有着直接的教育交流。这些交流不仅有大学，也有中学，甚至还有小学；不仅有学生，也有教师；不仅有教育论坛之类的教育学术交流，也有体育比赛等两国校际文体活动。如在 2007 年，黑龙江省以俄罗斯的“中国年”为契机，组织了“教育友好周”、东四省中小学俄语教师培训班、中俄青年教师音乐会、第七届中国东北地区与俄罗斯远东及西伯利亚地区大学校长论坛等系列活动，极大地促进了中俄教育文化交流的开展及其渠道的开拓。除此之外，中国的其它省市也与俄罗斯建立了教育的合作、交流机制。中俄教育交流突破了国家层面的限制，使得教育交流途径更加便利和多样化，景观也更加丰富多彩。

### 三、教育交流领域多层化

随着中俄两国关系的不断发展，当代的中俄教育交流活动在层次上较之于以往任何时期都更加分明、更为清晰，构成了一个较为完备的多层化的教育交流体系。

从教育交流的主导力量来看，由过去以中央政府及教育主管部门为主体，转而形成了中央与地方既上下连动又各有侧重的新局面。在继续保持中央政府与相关教育部门负责宏观管理、指导的基础之上，充分发挥地方的主观能动性、积极性与创造性，尤其注重体现中国与俄罗斯接壤的边疆地区所具有的独特地缘优势，从而使教育交流政策的制定与各级各类活动的开展能够做到有的放矢，在中央与地方齐抓共管之下达到教育交流与合作效益最大化的目的。

从教育交流的等次结构来看,由以往以中高等教育为主体,逐渐发展为初等教育、中等教育、高等教育三位一体,同时辅以学前教育的教育交流新格局。在新格局之中,大、中、小学的教育交流形成了鲜明的、相互对应的层次,每个层次都具有符合该阶段学生心理、生理特点的教育交流活动方式与内容,比如大学生艺术联欢节,中小学的夏、冬令营,语言大赛,各种参观访问和短期学习,等等。

值得注意的是,在高校之间的交流活动中,以高校院系为单位的中俄大学生交流也得以开展。如在 2008 年 7 月 14 日,由清华大学新闻与传播学院和莫斯科国立大学新闻系共同举办的贝尔加湖人文、生态环境调研活动,两国学生联合采访贝加尔湖畔的布里亚特人,并寻找传说中的苏武牧羊文化遗存。再如在 2008 年 5 月,由武汉大学、华中师范大学俄语系联办的“俄罗斯文化节”在华中师范大学开幕,两校俄语系的中外师生表演了别有风情的俄罗斯歌舞,文化节期间还举行了俄语配音大赛、俄语书法大赛等活动。这些活动对于增进两国师生友谊以及深化今后合作,都具有重要意义。

这种多层化的中俄教育交流体系,其结构更为完备、功能更为完善,无论是在管理上,还是在具体活动开展上都体现出以往所不具有的优越性和活力,能够促使中俄两国的各种教育资源更方便快捷地进行交流与合作,加快中俄教育交流在新世纪的全面发展。

## 四、教育交流内容多元化

随着一些新的教育交流途径或渠道的开拓,与教育交流的多层次化相应,新时期以来中俄教育交流的内容变得更加多元化,改变了既往较为单一的教育交流模式。仅就教育交流的“人的流动”而言,对以互派留学生、教育高层访问、派遣教育考察团等为主的传统教育交流内容作了进一步丰富与发展,使中俄教育交流的内容更贴近两国关系发展与时代进步的要求,更具开放性。其中,不仅增加了艺术节、夏(冬)令营、参观访问、疗养度假等文化、艺术、体育、娱乐乃至休养活动,也有高等教育展览、大学校长论坛、中俄大学教育服务展览会等学术类、信息服务类的高端研讨会、大型展览活动,还包括建立孔子学院和普希金学院,建立联合教育信息服务网站,推动汉、俄语语言教学中心各项活动的开展,发展远程教学合作,以及筹建教育基金会等其它教育交流合作项目的实施。其中尤其值得一提的是联合教育信息服务网站的建立,不仅使“人的流动”有了一种崭新的进步,而且使得教育交流中传统“物的流动”也有了全新的变化,将既往主要通过语言文字及其书籍载体对人类不同民族、不同国家的文化知识的传输活动,改易为一种高科技下瞬间直接接收的信息交流。通过这种途径,既往各国间教育交流活动发生时的空间与时间阻隔几乎接近于零。中俄教育交流同样如此。

从总体走势来看,中俄教育交流内容的多元化,不仅支持和发展了中俄在人文教育和文化领域的合作,扩大并刺激了两国教育交流活动在更为广阔领域的开展,促进了中俄在教育交流方面的快速沟通与全方面协作,而且巩固了中国与俄罗斯的传统国家友谊,加深了两国人民的美好情谊,有利于维护地区稳定和推动中俄在其它领域的交流合作,更成了两国当代睦邻友好合作与战略协作伙伴关系蓬勃发展的最重要体现。

回顾自清代中期以降三百余年来中俄(苏)教育交流史,我们不难发现,尽管历经了历史变迁、政局巨变、军事冲突、世界大战、政见不合、关系断绝等种种矛盾与冲突的洗礼,但“中俄两国经济文化的交流还是向前发展,两国人民的友好关系还是始终不渝”①。抚今追昔,继往开来,中国与俄罗斯这两个国家、两大民族间的教育交流,在如此复杂多变的人类历史长河中依然得以保存,也必将继续薪火相传,并在新世纪中得到长足发展,继续发挥其促进两个国家沟通、维系两大民族友谊的桥梁与纽带作用,而成为两大国家和民族世代友好的永恒见证。

---

① 余元安:《中俄两国人民友好关系三百年》,《历史研究》1957 年第 11 期。

# 主要参考文献

## 一、史料汇编


1. [明]宋濂等:《元史》。

2. [清]赵尔巽等:《清史稿》。

3. [清]宝鋆等修:《筹办夷务始末》(同治朝),台北文海出版社 1966 年版。

4. [清]何秋涛:《朔方备乘》,《续修四库全书·史部·地理类》,上海古籍出版社 1995 年版。

5. [清]松筠修:《钦定新疆识略》,台北文海出版社 1965 年版。

6. [清]俞正燮撰:《癸巳存稿》,中华书局 1985 年版。

7. [清]俞正燮撰:《癸巳类稿》,辽宁教育出版社 2001 年版。

8. [清]朱寿朋编、张静庐等校点:《光绪朝东华录》,中华书局 1958 年版。

9.《北洋大学—天津大学校史》编辑室编:《北洋大学—天津大学校史资料选编》(一),天津大学出版社 1991 年版。

10.《大清高宗纯(乾隆)皇帝实录》,台北华文书局 1969 年版。

11.《国际共产主义运动史文献》编辑委员会编译:《共产国际第二次代表大会文件(1920 年 7～8 月)》,中国人民大学出版社 1988 年版。

12.《江苏文史资料》编辑部出版发行:《江苏文史资料》第 79 辑(民国时期的陆军大学),1994 年印行。

13.《列宁全集》第 31 卷,人民出版社 1958 年版。

14.《列宁选集》第 2 卷,人民出版社 1995 年版。

15.《斯大林全集》第 7 卷,人民出版社 1958 年版。

16.《孙中山全集》第 4 卷,中华书局 1985 年版。

17.《毛泽东选集》第 4 卷,人民出版社 2003 年版。

18.《毛泽东文集》第 6 卷,人民出版社 1999 年版。

19.《毛泽东文集》第7卷，人民出版社1999年版。

20.《文史资料选辑》第40卷，中国文史出版社1990年版。

21.《约章成案汇览乙篇》卷32(下)，1905年印行。

22.《中苏友好文献》，人民出版社1952年版。

23. 爱颖(熊元锷)编：《国闻报汇编》，台北文海出版社1987年版。

24. 北京大学、中国第一历史档案馆编：《京师大学堂档案选编》，北京大学出版社2001年版。

25. 北京大学校史研究室编：《北京大学史料》第1卷(1898—1911)，北京大学出版社1993年版。

26. 北京图书馆编：《民国时期总书目(1911—1949)》，书目文献出版社1986年版。

27. 陈初辑：《京师译学馆校友录》，台北文海出版社1978年版。

28. 陈谷嘉、邓洪波主编：《中国书院史资料》，浙江教育出版社1998年版。

29. 陈学恂、田正平编：《中国近代教育史资料汇编·留学教育》，上海教育出版社1991年版。

30. 程德全著：《程将军(雪楼)守江奏稿》，台北文海出版社1982年版。

31. 何东昌主编：《中华人民共和国重要教育文献(1949—1997)》，海南出版社1998年版。

32. 何东昌主编：《中华人民共和国重要教育文献(1998—2002)》，海南出版社2003年版。

33. 高时良编：《中国近代教育史资料汇编·洋务运动时期教育》，上海教育出版社1992年版。

34. 故宫博物院：《文献专刊(故宫博物院十九周年纪念)》，和记印书馆1944年版。

35. 广东革命历史博物馆编：《黄埔军校史料(1924—1927)》，广东人民出版社1985年版。

36. 郭卫东主编：《近代外国在华文化机构综录》，上海人民出版社1993年版。

37. 哈尔滨市地方志编纂委员会：《哈尔滨市志》(教育、科学技术卷)，黑龙江人民出版社1998年版。

38. 韩泰华编：《中国共产党若干历史问题写真》，中国言实出版社1998年版。

39. 黑龙江省人民政府办公厅调研室：《黑龙江省情》，黑龙江人民出版社1986年版。

40. 吉林省图书馆伪满洲国史料编委会编:《伪满洲国史料(17)》“满洲国文教年鉴”(上),全国图书馆文献缩微复制中心 2002 年版。

41. 教育部教育年鉴编纂委员会编:《第二次中国教育年鉴》第五编“高等教育”,商务印书馆 1948 年版。

42. 金毓黻主编:《奉天通志(影印本)》,辽海出版社 2003 年版。

43. 金铁宽主编:《中华人民共和国教育大事记(1949—1982)》,山东教育出版社 1995 年版。

44. 李毓澍:《东三省政略》,台北文海出版社 1965 年版。

45. 辽宁省教育科学研究所编:《东北解放区教育资料选编》,教育科学出版社 1986 年版。

46. 刘真主编、王焕琛编著:《留学教育》,台北“国立”编译馆 1980 年版。

47. 刘英杰主编:《中国教育大事典(1949—1999)》,浙江教育出版社 1993 年版。

48. 齐齐哈尔市政协文史资料委员会编:《齐齐哈尔文史资料第 23 辑》(《龙沙教育史料》),1995 年印行。

49. 清华大学中共党史教研组编:《赴法勤工俭学运动史料》,北京出版社 1980 年版。

50. 全国政协文史资料委员会编:《文史资料存稿选编:教育》,中国文史出版社 2002 年版。

51. 商务印书馆编:《中俄边界条约集》,商务印书馆 1973 年版。

52. 沈志华:《苏联历史档案选编》,社会科学文献出版社 2002 年版。

53. 舒新城编:《中国近代教育史资料》,人民教育出版社 1981 年版。

54. 孙武霞、许俊基编:《中国现代革命史资料丛刊　共产国际与中国革命资料选辑(1925—1927)》,人民出版社 1985 年版。

55. 天津档案馆、南开大学分校档案系编:《天津租界档案选编》,天津人民出版社 1992 年版。

56. 天津市地方志编修委员会编著:《中国天津通鉴》,中国青年出版社 2005 年版。

57. 万福麟监修,张伯英总纂,崔重庆等整理:《黑龙江志稿》,黑龙江人民出版社 1992 年版。

58. 王铁崖主编:《中外旧约章汇编》第 1 册,三联书店 1957 年版。

59. 吴保障、陈东原、蒋元卿主编:《教育杂志索引》(第一卷至第二十三卷),商务印书馆1936年版。

60. 武汉市政协文史资料委员会、武汉市江岸区政协文史资料委员会编:《武汉文史资料》(1991年第4辑),1991年印行。

61. 徐元冬等编:《中国共产党历史讲话》,中国青年出版社1962年版。

62. 薛衔天等编:《中苏国家关系史资料汇编(1917—1924)》,中国社会科学出版社1993年版。

63. 伊犁哈萨克自治州政协文史资料和教文卫体委员会编:《伊犁文史资料》第18辑,2002年印行。

64. 袁大化修、王树枏等纂:《新疆图志》,台湾文海出版社1965年版。

65. 杨先材主编:《共和国重大事件纪实》(上、中卷),中共中央党校出版社1998年版。

66. 张福山编著:《哈尔滨文史资料》第20辑(《哈尔滨文史人物录》),政协哈尔滨市委员会文史资料委员会1997年印行。

67. 张静庐:《中国出版史料补编》,中华书局1957年版。

68. 张星烺编著,朱杰勤校订:《中西交通史料汇编》(第1册),中华书局1977年版。

69. 张宗平、吕永和译;吕永和、汤重南校:《清末北京志资料》,北京燕山出版社1994年版。

70. 郑天挺主编:《明清史资料》,天津人民出版社1980年版。

71. 政协北京市委员会文史资料委员会编:《文史资料选编》第9辑,1981年印行。

72. 政协广州市委员会文史资料研究委员会编:《广州文史资料》第46辑,广东人民出版社1994年版。

73. 政协桂林市委员会文史资料研究委员会编:《桂林文史资料》第11辑,1987年印行。

74. 政协辽宁省大连市旅顺口区委员会文史资料委员会编:《旅顺口文史资料》第2辑,1994年印行。

75. 政协全国委员会文史资料研究委员会编:《革命史资料》(16),中国文史出版社1986年版。

76. 政协全国委员会文史资料研究委员会编:《革命史资料》(17),中国文史出版社1987年版。

77. 政协全国委员会文史资料研究委员会编:《革命史资料》(18),中国文史出版社 1987 年版。

78. 政协山东省诸城县委员会文史资料研究委员会编:《诸城文史资料》第 9 辑,1986 年印行。

79. 政协新疆维吾尔自治区委员会文史资料研究委员会编:《新疆文史资料选辑》第 13 辑,新疆人民出版社 1985 年版。

80. 政协新疆维吾尔自治区委员会文史资料研究委员会编:《新疆文史资料选辑》第 3 辑,新疆人民出版社 1979 年版。

81. 政协新疆维吾尔自治区委员会文史资料研究委员会编:《新疆文史资料选辑》第 6 辑,新疆人民出版社 1980 年版。

82. 政协延安市委员会文史资料研究委员会编:《延安文史资料》第 3 辑,1986 年印行。

83. 政协延安市委员会文史资料研究委员会编:《延安文史资料》第 6 辑,1992 年印行。

84. 政协伊犁哈萨克自治州委员会文史资料委员会:《伊犁文史资料》第 6 辑(锡伯族专辑),1990 年印行。

85. 政协伊犁哈萨克自治州文史资料委员会:《伊犁文史资料》第 3 辑,1987 年印行。

86. 政协伊犁哈萨克自治州文史资料委员会:《伊犁文史资料》第 7 辑,1990 年印行。

87. 政协议湖南省委员会文史资料研究委员会编:《湖南文史资料选辑》第 3 集第 6 辑,湖南人民出版社 1982 年版。

88. 政协益阳县委员会文史资料委员会编:《益阳县文史资料》第 7 辑,1990 年印行。

89. 中共醴陵市委党史资料征集办公室、政协醴陵市文史资料研究委员会编:《醴陵文史》第 9 辑(《太行浩气传千古——纪念左权将军殉国五十周年》),1992 年印行。

90. 中共中央党史研究室编:《中共党史资料》第 42 辑,中共党史出版社 1992 年版。

91. 中共中央党史研究室第一研究部译:《联共(布)、共产国际与中国国民革命运动(1920—1925)》,北京图书馆出版社 1997 年版。

92. 中共中央党史研究室第一研究部编:《联共(布)、共产国际与中国国民革命 1926—1927》,北京图书馆出版社 1998 年版。

93. 中共中央党史研究室第一研究部译:《联共(布)、共产国际与中国苏维埃运动》(1927—1931)》(第7、8卷),中央文献出版社2002年版。

94. 中华人民共和国教育部编:《共和国教育50年(1949—1999)》,北京师范大学出版社1999年版。

95.《中国教育年鉴》编辑部:《中国教育年鉴(1949—1981)》,中国大百科全书出版社1984年版。

96.《中国教育年鉴》编辑部:《中国教育年鉴(1982—1984)》,湖南教育出版社1986年版。

97.《中国教育年鉴》编辑部:《中国教育年鉴(1985—1986)》,湖南教育出版社1988年版。

98.《中国教育年鉴》编辑部:《中国教育年鉴(1988)》,人民教育出版社1989年版。

99.《中国教育年鉴》编辑部:《中国教育年鉴(1989)》,人民教育出版社1990年版。

100.《中国教育年鉴》编辑部:《中国教育年鉴(1990)》,人民教育出版社1991年版。

101.《中国教育年鉴》编辑部:《中国教育年鉴(1991)》,人民教育出版社1992年版。

102.《中国教育年鉴》编辑部:《中国教育年鉴(1993)》,人民教育出版社1994年版。

103.《中国教育年鉴》编辑部:《中国教育年鉴(1994)》,人民教育出版社1995年版。

104.《中国教育年鉴》编辑部:《中国教育年鉴(1996)》,人民教育出版社1997年版。

105.《中国教育年鉴》编辑部:《中国教育年鉴(2001)》,人民教育出版社2001年版。

106.《中国教育年鉴》编辑部:《中国教育年鉴(2004)》,人民教育出版社2004年版。

107.《中国教育年鉴》编辑部:《中国教育年鉴(2006)》,人民教育出版社2006年版。

108. 中共中央文献研究室编:《三中全会以来重要文献选编》(上册),人民出版社1982年版。

109. 中共中央党史资料征集委员会编:《中共党史资料》第 9 辑,中共党史资料出版社 1984 年版。

110. 中国第二历史档案馆编:《中华民国史档案资料汇编》第 3 辑(外交),江苏古籍出版社 1991 年版。

111. 中国第一历史档案馆编:《清代中俄关系档案史料选编》第 1 编,中华书局 1981 年版。

112. 中国第一历史档案馆译编:《雍正朝满文朱批奏折全译》,黄山书社 1998 年版。

113. 中国社会科学院近代史研究所近代史资料编辑部编:《近代史资料》(总 92 号),中国社会科学出版社 1997 年版。

114. 中国社会科学院近代史研究所近代史资料编辑部编:《近代史资料》(总 95 号),中国社会科学出版社 1998 年版。

115. 中国社会科学院文献情报中心编:《俄苏中国学手册》(上、下册),中国社会科学出版社 1986 年版。

116. 中国社会科学院中国边疆史地研究中心编:《清代新疆稀见史料汇辑》,全国图书馆文献缩微复制中心 1990 年版。

117. 中国社会科学院中国边疆史地研究中心主编:《光绪朝黑龙江将军奏稿》(上、下册),全国图书馆文献缩微复制中心 1993 年版。

118. 中国史学会主编:《洋务运动》(二),上海人民出版社 1961 年版。

119. 中央研究院历史语言研究所:《明清史料(庚编)》第八本,中华书局 1987 年版。

120. 中央教科所编:《中华人民共和国教育大事记(1949—1982)》,教育科学出版社 1984 年版。

121. 朱有瓛主编:《中国近代学制史料》,华东师范大学出版社 1983 年版。

122. 国家教育委员会编:《中华人民共和国现行教育法规汇编(1949—1989)》,人民教育出版社 1991 年版。

123. 中央人民政府高等教育部办公厅编:《高等教育文献法令汇编》(第 1 辑),1954 年印行。

124. 中国第二历史档案馆编:《中华民国史档案资料汇编》第 5 辑第 1 编(教育),江苏古籍出版社 1994 年版。

## 二、传记与回忆录

1.《回忆陈郁同志》写作组:《回忆陈郁同志》,工人出版社 1982 年版。

2. 曹仲彬、戴茂林著:《王明传》,吉林文史出版社 1991 年版。

3. 陈石平、成英著:《军事翻译家刘伯承》,书海出版社 1988 年版。

4. 陈秀萍著:《俞秀松评传》,中共党史出版社 1999 年版。

5. 程蕊编著:《刘伯承传》,贵州人民出版社 2001 年版。

6. 窦孝鹏著:《杨至成将军》,解放军文艺出版社 1996 年版。

7. 段雨生等著:《叶挺将军传》,解放军出版社 1989 年版。

8. 范青、陈辉汉编著:《陈昌浩革命生涯》,中共党史出版社 2002 年版。

9. 傅学文著:《永恒的纪念》,团结出版社 1990 年版。

10. 湖北省社会科学院编:《回忆陈潭秋》,华中工学院出版社 1981 年版。

11. 黄火青著:《一个平凡共产党员的经历》,人民出版社 1995 年版。

12. 黄平:《往事回忆》,人民出版社 1981 年版。

13. [美]江南著:《蒋经国传》,中国友谊出版公司 1984 年版。

14. 刘海军著:《束星北档案——一个天才物理学家的命运》,作家出版社 2005 年版。

15. 马德俊著:《蒋光慈传》,安徽人民出版社 2001 年版。

16. 毛新宇著:《我的伯父毛岸英》,长城出版社 2000 年版。

17. 茅盾著:《我走过的道路》(中),人民文学出版社 1984 年版。

18. 龚士其主编:《杨献珍传》,中共中央党史出版社 1996 年版。

19. 聂荣臻著:《聂荣臻回忆录》(上册),战士出版社 1983 年版。

20. 齐如山著:《齐如山回忆录》,宝文堂书店 1989 年版。

21. 屈武口述,陈江鹏执笔:《屈武回忆录》(上册),团结出版社 2002 年版。

22. 盛岳著,奚博铨等译:《莫斯科中山大学与中国革命》,东方出版社 2004 年版。

23. 苏平著:《蔡畅传》,中国妇女出版社 1990 年版。

24. 王凡西著:《双山回忆录》,东方出版社 2004 年。

25. 王嘉翔著:《大将许光达》,辽宁人民出版社 1988 年版。

26. 王孝柏、刘元生著:《左权传》,人民出版社 1990 年版。

27. 王政明著:《萧三传》,北京图书馆出版社 1996 年版。

28. 乌兰夫著:《乌兰夫回忆录》,中共党史出版社 1989 年版。

29. 乌嫩齐主编:《一代英豪:建党初期的蒙古族共产党员》,民族出版社 2001 年版。

30. 伍修权著:《回忆与怀念》,中共中央党校出版社 1991 年版。

31. 伍修权著:《我的历程》,解放军出版社 1984 年版。

32. 肖劲光著:《肖劲光回忆录》,解放军出版社 1987 年版。

33. 谢怀丹著:《岁月屐痕——一个莫斯科中山大学女生的回忆》,福建人民出版社 1991 年版。

34. 徐彬著:《共和国之子——刘少奇长子刘允斌的一生》,吉林人民出版社 1999 年版。

35. 燕秋著:《我嫁了个烈士遗孤——记罗西北的水电生涯》,中国电力出版社 2002 年。

36. 杨万青、齐春元:《刘亚楼将军传》,中共中央党校出版社 1995 年版。

37. 张德彝著:《航海述奇》,湖南人民出版社 1981 年版。

38. 张德彝著:《欧美环游记》,湖南人民出版社 1981 年版。

39. 郑超麟著,范用编:《郑超麟回忆录》(上),东方出版社 2004 年版。

40. 中华民国留俄同学会编:《60 年来中国留俄同学之风霜踔厉》,台北中华图书出版社 1988 年版。

41. 中共中央文献研究室编:《刘少奇年谱(1898—1969)》(下卷),中央文献出版社 1996 年版。

42. 中央文献研究室第二编研部编:《话说刘少奇——知情者访谈录》,中央文献出版社 1999 年版。

43. 周健强编:《聂绀弩自叙》,团结出版社 1998 年版。

44. 周焱等著:《陈郁传》,工人出版社 1985 年版。

45. 朱钧侃、刘福勤等主编:《总想为大家辟一条光明的路——瞿秋白大事记述》,南京大学出版社 1999 年版。

46. 陈江鹏著:《屈武——从爱国主义者到共产主义者》,团结出版社 1992 年版。

47. 褚志远:《就读莫斯科东方大学历闻录》,《党史纵横》1989 年第 1 期。

48. 刘仁静:《往事漫忆——回忆 1926 到 1929 年》(上),《人物》1996 年第 1 期。

49. 杨尚昆:《回忆旅莫岁月》,《党史天地》2002 年第 1 期。

50. 杨尚昆:《回忆旅莫岁月(续)》,《党史天地》2002 年第 2 期。

51. 张仲实:《二十年代赴莫斯科留学的回忆》,《党史研究资料》1981 年第 10 期。

52. 滕纯、宋荐戈、李玉菲:《董纯才与中国革命根本地教育》,《教育史研究》

2000年3期。

## 三、学术著作

1. 安方明主编:《社会转型与教育变革——俄罗斯历次重大教育改革研究》,社会科学文献出版社2006年版。

2. 蔡鸿生著:《俄罗斯馆纪事》,中华书局2006年版。

3. 曹锡珍编著:《中苏外交史》,世界知识出版社1951年版。

4. 曹仲彬、戴茂林著:《莫斯科中山大学与王明》,黑龙江人民出版社1988年版。

5. 车树实著:《马克思主义教育思想史初编》,广西教育出版社1990年版。

6. 陈慧生、陈超著:《民国新疆史》,新疆人民出版社1999年版。

7. 陈元晖主编:《老解放区教育简史》,教育科学出版社1982年版。

8. 成仿吾著:《战火中的大学》,人民教育出版社1982年版。

9. 瞿葆奎主编:《中国教育改革》,人民教育出版社1991年版。

10. 崔宪涛著:《面向二十一世纪的中俄战略协作伙伴关系》,中共中央党校出版社2003年版。

11. 丁晓禾主编:《中国百年留学全记录》,珠海出版社1998年版。

12. 杜魏华主编:《在苏联长大的红色后代》,世界知识出版社2000年版。

13. 范忠程主编:《青年毛泽东与湖南思想界》,湖南出版社1993年版。

14. 付克著:《论外语教学》,外语教学与研究出版社1989年版。

15. 方晓东、李玉菲、毕诚、宋荐戈、王洪之著:《中华人民共和国教育史纲》,海南出版社2002年版。

16. 复旦大学历史系《沙俄侵华史》编写组:《沙俄侵华史》,上海人民出版社1986年版。

17. 高奇:《新中国教育历程》,河北教育出版社1996年版。

18. 高晓芳著:《晚清洋务学堂的外语教育研究》,商务印书馆2007年版。

19. 顾树森著:《中国历代教育制度》,江苏教育出版社1981年版。

20. 关立勋主编:《中国文化杂说》,北京燕山出版社1997年版。

21. 郭寿华编著:《苏俄通鉴》,台北大亚洲出版社1971年版。

22. 郭蕴深著:《中俄茶叶贸易史》,黑龙江教育出版社1995年版。

23. 郝世昌、李亚晨著:《留苏教育史稿》,黑龙江教育出版社2001年版。

24. 何芳川、万明:《古代中西文化交流》,山东教育出版社1991年版。

25. 胡礼忠、金光耀、沈济时著:《从尼布楚条约到叶利钦访华——中俄中苏关系300年》,福建人民出版社1994年版。

26. 黄定天著:《中俄关系通史》,黑龙江人民出版社2007年版。

27. 黄利群:《中国人留学苏(俄)百年史》,中国文史出版社2002年版。

28. 黄新宪主编:《中国留学教育问题》,湖南教育出版社1995年版。

29. 黄新宪著:《中国留学教育的历史反思》,四川教育出版社1991年版。

30. 季羡林等著:《外语教育往事谈》,上海外语教育出版社2004年版。

31. 教育部外事局:《中国教育概况》(一),武汉大学出版社1985年版。

32. 孔繁岭:《中国近代留学史稿》,中央文献出版社2005年版。

33. 李浩吾编:《新教育大纲》,南强书局1930版。

34. 李华兴著:《民国教育史》,上海教育出版社1997年版。

35. 李寰著:《新疆研究》(亚洲民族考古丛刊第五辑),中国边政学会1944年版。

36. 李明滨著:《中国与俄苏文化交流志》,上海人民出版社1998年版。

37. 李国钧、王炳照主编:《中国教育制度通史》第8卷,山东教育出版社2000年版。

38. 李涛著:《借鉴与发展:中苏教育关系研究(1949—1976)》,浙江教育出版社2006年版。

39. 李滔:《中华留学教育史录(1949年以后)》,高等教育出版社2000年版。

40. 李喜所主编:《五千年中外文化交流史·第五卷》,世界知识出版社2002年版。

41. 李喜所主编:《留学生与中外文化》,南开大学出版社2005年版。

42. 李兴耕等著:《风雨飘萍——俄国侨民在中国》,中央编译出版社1997年版。

43. 李志民著:《革命熔炉》,中共党史资料出版社1985年版。

44. 李治亭主编:《东北通史》,中州古籍出版社2003年版。

45. 林军著:《中苏关系1689—1989》,黑龙江教育出版社1989年版。

46. 林子勋著:《中国留学教育史(1847—1975)》,台北华冈出版有限公司1976年版。

47. 刘德喜著:《从同盟到伙伴——中俄(苏)关系50年》,中共党史出版社2005年版。

48. 刘家琦主编:《哈尔滨工业大学》,浙江大学出版社1999年版。

49. 刘欣欣、刘学清著:《哈尔滨西洋音乐史》,人民音乐出版社 2002 年版。

50. 留学生丛书委员会编:《中国留学史萃》,中国友谊出版社 1992 年版。

51. 卢苇著:《中外关系史》,兰州大学出版社 1996 年版。

52. 栾景河主编:《中俄关系的历史与现实》,河南大学出版社 2004 年版。

53. 马肇椿著:《中欧文化交流史略》,辽宁教育出版社 1993 年版。

54. 毛礼锐、沈灌群主编:《中国教育通史》第 6 卷,山东教育出版社 2005 年版。

55. 欧美同学会留前苏联与独联体分会编:《学子之路:新中国留苏学生奋斗足迹》,中国青年出版社 2000 年版。

56. 齐红深主编:《东北地方教育史》,辽宁大学出版社 1991 年版。

57. 钱亦石编:《现代教育原理》,福建教育出版社 2006 年版。

58. 石方等著:《哈尔滨俄侨史》(第二版),黑龙江人民出版社 2003 年版。

59. 史全生主编:《中国近代军事教育史》,东南大学出版社 1996 年版。

60. 舒新城编:《近代中国留学史》(影印本),上海文化出版社 1989 年版。

61. 宿丰林著:《早期中俄关系史研究》,黑龙江人民出版社 1999 年版。

62. 粟高燕著:《世界性与民族性的双重变奏——世界化视野中的近代中国基础外语教育研究》,光明日报出版社 2009 年版。

63. 单刚、王英辉著:《岁月无痕——中国留苏群体纪实》,中央编译出版社 2007 年版。

64. 沈志华著:《苏联专家在中国(1948—1960)》,中国国际广播出版社 2003 年版。

65. 孙石月著:《中国近代女子留学史》,中国和平出版社 1995 年版。

66. 孙西、张维华著:《清前期中俄关系》,山东教育出版社 1997 年版。

67. 孙耀文著:《风雨五载——莫斯科中山大学始末》,中央编译出版社 1996 年版。

68. 田保国著:《民国时期中苏关系(1917—1949)》,济南出版社 1999 年版。

69. 田正平主编:《中外教育交流史》,广东教育出版社 2004 年版。

70. 田正平著:《留学生与中国教育近代化》,广东教育出版社 1996 年版。

71. 佟冬主编:《沙俄与东北》,吉林文史出版社 1985 年版。

72. 汪之成著:《上海俄侨史》,三联书店上海分店 1993 年版。

73. 王炳照、阎国华主编:《中国教育思想通史》第七卷,湖南教育出版社 1996 年版。

74. 王鸿宾等著:《东北教育通史》,辽宁教育出版社 1992 年版。

75. 王奇主编:《多极化世界格局中的中俄科技、教育、文化交流》(国际论坛会议文集),清华大学出版社 2004 年版。

76. 王奇生著:《中国留学生的历史轨迹(1872—1949)》,湖北教育出版社 1992 年版。

77. 王永祥等著:《中国共产党旅欧支部史话》,中国青年出版社 1985 年版。

78. 王云风主编:《延安大学校史》,陕西人民教育出版社 1994 年版。

79. 王振乾等编著:《东北大学史稿》,东北师范大学出版社 1988 年版。

80. 卫道治主编:《中外教育交流史》,湖南教育出版社 1998 年版。

81. 吴霓:《中国人留学史话》,商务印书馆 1997 年版。

82. 吴克明著:《俄国东正教侵华史略》,甘肃人民出版社 1985 年版。

83.《新疆冤狱始末》编写组:《新疆冤狱始末》,中国青年出版社 1990 年版。

84. 向青、石志夫、刘德喜主编:《苏联与中国革命(1917—1949)》,中央编译出版社 1994 年版。

85. 新中国对外文化交流史略编委会编著:《新中国对外文化交流史略》,中国友谊出版社公司 1998 年版。

86. 谢雪峰著:《从全面学苏到自主选择——中国高等教育与苏联模式》,华中科技大学出版社 2004 年版。

87. 熊明安著:《中华民国教育史》,重庆出版社 1997 年版。

88. 于富增、江波、朱小玉著:《教育国际交流与合作史》,海南出版社 2001 年版。

89. 余太山主编:《西域通史》,中州古籍出版社 2003 年版。

90. 张华、王晓东著:《天子门生——蒋介石的十三太保》,团结出版社 2008 年版。

91. 张绥著:《东正教和东正教在中国》,学林出版社 1986 年版。

92. 张小曼编:《张西曼纪念文集》,中国文史出版社 1995 年版。

93. 张泽宇:《留学与革命——20 世纪 20 年代留学苏联热潮研究》,人民出版社 2009 年版。

94. 中共中央党史研究室第一研究部编:《苏联、共产国际与中国革命的关系新探》,中共党史出版社 1995 年版。

95. 中国社会科学院近代史研究所:《沙俄侵华史》(第 1 卷),人民出版社 1978 年版。

96. 周谷平著:《近代西方教育理论在中国的传播》,广东教育出版社 1996 年版。

97. 朱小曼等主编:《20～21 世纪之交中俄教育改革比较》,教育科学出版社 2006 年版。

## 四、译著及外文资料

1. [德]傅海波、[英]崔瑞德编:《剑桥中国辽西夏金元史》,中国社会科学出版社 1998 年版。

2. [德]米勒著:《西伯利亚的征服和早期俄中交往、战争和商业史》,商务印书馆 1979 年版。

3. [俄]德米特里·扬契维茨基:《八国联军目击记》,福建人民出版社 1983 年版。

4. [俄]卡缅斯基编著:《俄中两国外交文献汇编(1619—1792)》,商务印书馆 1982 年版。

5. [俄]B·布罗夫著,李蓉译:《一个俄罗斯学者眼中的中国》,黑龙江人民出版社 2004 年版。

6. [俄]史禄国:《北方通古斯的社会组织》,内蒙古人民出版社 1985 年版。

7. [俄]瓦西里耶夫著:《外贝加尔的哥萨克(史纲)》第一卷,商务印书馆 1977 年版。

8. [法]加斯东·加恩著:《彼得大帝时期的俄中关系史》,商务印书馆 1980 年版。

9. [法]葛斯顿·加恩著:《早期中俄关系史(1689—1730)》,商务印书馆 1961 年版。

10. [美]菲利普·李·拉尔夫等著:《世界文明史》,商务印书馆 2001 年版。

11. [美]费正清编:《剑桥中华民国史》(上卷),中国社会科学出版社 1994 年版。

12. [美]梁赞诺夫斯基、斯坦伯格著:《俄罗斯史》(第七版),上海人民出版社 2007 年版。

13. [美]约瑟夫·W·埃谢里克编著;罗清、赵仲强译:《中国失掉的机会:美国前驻华外交官约翰·S·谢伟思第二次世界大战时期的报告》,国际文化出版公司 1989 年版。

14. [美]徐中约著,计秋枫、朱葆庆译:《中国近代史:1600—2000,中国的奋斗

（第 6 版）》，世界出版公司北京公司 2008 年版。

15. [苏]贾比才等著：《中国革命与苏联顾问（1920—1935 年）》，中国社会科学出版社 1981 年版。

16. [苏]奥・鲍・鲍里索夫、鲍・特科洛斯科夫著，肖川、谭实译：《苏中关系》，三联书店 1982 年版。

17. [苏]罗曼诺夫著：《俄国在满洲（1892—1906）》，商务印书馆 1980 年版。

18. [苏]马夫罗金著：《俄罗斯统一国家的形成》，商务印书馆 1994 年版。

19. [苏]普・季・雅科夫列娃：《1689 年第一个俄中条约》，商务印书馆 1973 年版。

20. [苏]斯拉德科夫斯基著，宿丰林译：《俄国各民族与中国贸易经济关系史（1917 年以前）》，社会科学文献出版社 2008 年版。

21. [苏]H・A・康斯坦丁诺夫等编，吴式颖、周蕖、朱宏译：《苏联教育史》，商务印书馆 1996 年版。

22. [苏]伊・费・伊瓦辛著：《苏联外交简史》，商务印书馆 1995 年版。

23.《中俄边界条约集》（俄文版），商务印书馆 1973 年版。

24. 王之相、刘泽荣编译：《故宫俄文史料：清康乾间俄国来文原档》，国立北平故宫博物院 1936 年版。

25. 杨兆钧译：《克拉维约东使记》，商务印书馆 1985 年版。

## 五、学术论文

1. [法]伯希和撰，冯承钧译：《俄国收藏之若干汉籍写本》，《图书季刊》1946 年第 1～2 期。

2. [美]丁韪良著，傅任敢译：《同文馆记》，《教育杂志》1937 第 4 期。

3. [苏]B・H・乌绍夫：《20～30 年代苏联为培养中国党和革命干部所提供的国际援助》，《党史研究资料》1988 年第 12 期。

4. [苏]杜宾斯基著，吴能节译：《抗日战争期间苏联驻华军事顾问的活动》，《党史资料研究》1987 年第 6 期。

5. [苏]拉扎列娃、谢尔盖耶夫：《东北俄侨社会人口状况（1900—1944）》，《黑河学刊》1996 年第 2～3 期。

6. [英]琳达・本森、英格瓦尔・斯万伯格：《新疆的俄罗斯人——从移民到少数民族》，《民族译丛》1990 年第 6 期。

7. [苏]班佐夫：《苏联培训中国革命的马克思主义干部史略（一）》，《黑河学刊》1990 年第 3 期。

8. 曹慕尧:《延安抗大俄文队:中国两所大学的发源地》,《党史纵横》2002 年第 7 期。

9. 常嘉林:《珲春俄文书院》,《历史档案》2005 年第 4 期。

10. 陈慧生:《杨增新与新疆俄文法政专门学校的创立》,《西域研究》2002 年第 4 期。

11. 陈绍箕:《关于中俄初期国际关系的一些史料》,《史地丛刊》1933 年第 2 期。

12. 陈晓兰:《"两个苏联"——20 世纪 30 年代旅苏游记中的苏联形象》,《文学评论》2009 年第 3 期。

13. 冯秋香:《早期马克思主义教育思想中国化研究——以 20 世纪 20 年代苏俄教育导入中国为视角》,《河南社会科学》2009 年第 5 期。

14. 葛丰交、永梅兰:《新中国成立前俄罗斯族教育概述》,《民族教育研究》2004 年第 6 期。

15. 郭蕴深:《中东铁路与俄罗斯文化的传播》,《学习与探索》1994 年第 5 期。

16. 郝淑霞:《新中国成立前中国共产党领导的俄语教育概观》,《中国俄语教学》2006 年第 3 期。

17. 郝淑霞:《中国俄语教育的最早尝试——俄罗斯文馆》,《中国俄语教学》2005 年第 1 期。

18. 黄定天:《关于 19 世纪中叶中俄两国互赠图书问题》,《北方文物》1994 年第 3 期。

19. 黄纪莲:《莫斯科东方大学与中山大学》,《黑龙江社会科学》1997 年第 5 期。

20. 黄新宪:《莫斯科"中大"、"东大"与国共两党留苏学生》,《理论学习月刊》1989 年第 3 期。

21. 蒋国海、刘园园:《中国共产党旅欧支部的建立与主要活动》,《湖南师范大学社会科学学报》2008 年第 3 期。

22. 奎松:《1925—1932 年在苏联军校学习的中国学员调查表》,《军事历史》1994 年第 1、2、3 期。

23. 李仁年:《20~40 年代俄国侨民在华的教育活动》,《西伯利亚研究》1996 年第 3 期。

24. 李述笑:《哈尔滨俄侨音乐教育史初探》,《西伯利亚研究》2001 年第 2 期。

25. 李一凡:《中山大学创建佚闻》,《纵横》2002 年第 3 期。

26. 李志学:《20 世纪 20 年代中国旅俄(苏)留学运动始末》,《俄罗斯中亚东欧研究》2009 年第 2 期。

27. 刘志青:《抗战期间在华苏联军事顾问》,《党史博览》2005 年第 8 期。

28. 吕春:《刘少奇在莫斯科的留学生活》,《广东党史》2005 年第 1 期。

29. 马文华:《民国时期的新疆学院》,《新疆大学学报(哲学社会科学版)》1991 年第 4 期。

30. 牛寅生:《东方各民族代表大会》,《当代世界与社会主义》1985 年第 3 期。

31. 帕哈尔丁编译:《二十世纪初的新疆留学潮》,《炎黄春秋》2005 年第 3 期。

32. 苏德善:《解放前伊犁锡伯族的教育》,《伊犁师范学院学报》1987 年第 3～4 期。

33. 生建学:《中俄教育交流回顾》,《神州学人》2005 年第 8 期。

34. 唐艳香:《试论 20 世纪 20 年代中国留苏军事教育与中国革命》,《军事历史研究》2007 年第 4 期。

35. 田正平、肖朗:《教育交流与教育现代化》,《社会科学战线》2003 年第 2 期。

36. 王世才:《中国东北文化与俄罗斯文化的交流与融合》,《黑龙江社会科学》2006 年第 5 期。

37. 王希隆:《清代中俄文化交流述论》,《兰州大学学报(社会科学版)》1997 年第 12 期。

38. 王毅:《沙俄对大连的殖民统治》,《辽宁师范大学学报(社科版)》1991 年第 5 期。

39. 肖玉秋:《1864 年以前的俄国来华留学生》,《历史档案》2007 年第 1 期。

40. 肖玉秋:《清道光年间中俄政府互赠图书考略》,《南开学报(哲学社会科学版)》2006 年第 4 期。

41. 阎国栋:《喀山大学与十九世纪俄国汉学》,《汉学研究通讯》总第 77 期(2001 年 2 月)。

42. 杨奎松:《关于朱德去苏联学习的背景资料》,《党的文献》1994 年第 3 期。

43. 逸叟:《百年前俄国致赠我国之书目》,《中苏文化》1947 年第 4 期。

44. 羽离子:《俄罗斯首次对清政府赠书始末》,《近代史研究》1991 年第 4 期。

45. 袁澍:《近代新疆教育事业的三次盛衰》,《西域研究》2001 年第 3 期。

46. 臧颖:《中国俄文教育的开端与经验教训》,《黑龙江教育学院学报》2004

年第 4 期。

47. 张锡岭:《东方大学中国班及其对中国革命的作用》,《华东师范大学学报(哲学社会科学版)》1988 年第 3 期。

48. 张泽宇:《莫斯科中山大学停办原因论析》,《徐州师范大学学报》2006 年第 3 期。

49. 张泽宇:《晚清留俄教育述论》,《河北学刊》2004 年第 1 期。

50. 张泽宇:《中国近现代留苏教育史研究综述》,《徐州师范大学学报(哲学社会科学版)》,2005 年第 5 期。

51. 赵志峰:《苏联顾问与黄埔建军》,《炎黄春秋》2003 年第 12 期。

52. 周谷平、袁玉华、《借鉴、融合与创新——抗日根据地教育模式探析》,《浙江教育学院学报》2006 年第 1 期。

53. 周棉:《近代中国留学生群体的形成、发展、影响之分析与今后趋势之展望》,《河北学刊》1996 年第 5 期。

54. 周重礼:《扑朔迷离的莫斯科中山大学》,《世纪桥》2003 年第 3 期。

55. 张泽宇:《政治文化视野下的留苏教育研究——以 20 世纪 20 年代留苏热潮为中心》,南开大学 2004 年博士毕业(学位)论文

56. 许风霜:《二十世纪二十年代留苏教育研究》,华中师范大学 2009 年硕士毕业(学位)论文。

57. 杨雯:《民国时期的新疆俄罗斯人》,新疆大学 2007 年硕士毕业(学位)论文。

58. 王智仁:《清代内阁俄罗斯文馆之研究》,台湾淡江大学俄罗斯研究所 2000 年硕士毕业(学位)论文。

59. 沈秀珍:《十九世纪俄罗斯知识分子对中国文明的评价》,台湾淡江大学俄罗斯研究所 2002 年硕士毕业(学位)论文。

60. 覃小放:《新世纪教育交流的中国应对——发展中的孔子学院综论》,华中师范大学 2010 年硕士毕业(学位)论文。

## 六、报刊及其它

1.《盛京时报》1906—1937 年。

2.《民国日报》1920 年 9 月～10 月。

3.《申报》1913 年;1917 年;1946 年。

4.《政治官报》第 1047 期(宣统二年八月二十四日)。

5.《国闻报》1898 年 5 月 30 日(光绪二十四年四月十一日)。

6.《中老年时报》2007 年 5 月 4 日。

7.《今晚报》(副刊)2009 年 5 月 31 日。

8.《光明日报》1953 年—1957 年。

9.《世界教育信息》2008 年第 5 期。

10.《国际人才交流》2004 年第 1 期。

11.《人民日报》1949 年—1966 年。

12.《科学通讯》1954 年第 8 期。

13.《人民教育》1950 年—1964 年;1988 年—1990 年。

14.《湖南教育》1957 年第 11 期。

15.《江苏教育》1950 年—1957 年。

16.《苏中友好》1958 年—1959 年。

17.《浙江大学学报(人文社科版)》2002 年第 11 期。

18.《人民音乐》1955 年第 6 期。

19.《美术》1955 年第 12 期。

20.《中国教育报》1989 年—2006 年。

21.《生物学通报》1952 年第 3 期。

22.《数学通讯》1952 年第 4 期。

23.《北京师范大学学报(社科版)》2004 年第 10 期。

24.《教育报》2001 年—2008 年。

25.《教师报》1956 年。

26.《沈阳日报》2008 年。

27.《神州学人》1987 年第 7 期;2005 年—2006 年各期。

28.《北京教育志丛刊》1992 年第 3～4 期。

29. 彭训厚:《纪念二战胜利 60 周年:胜利的回忆》,文章来源:中国网 http://www.china.com.cn/chinese/zhuanti/slzn/856527.htm

30. 广东电视台:电视系列纪录片《百年留学》(2004 年)。

# 后 记

如果将清康熙皇帝1708年(康熙四十七年)谕令创设俄罗斯文馆定为中俄教育交流的正式起步,那么到本书所叙述的中俄教育交流活动的下限断在2008年止,则中俄两大民族的教育交流整整走过了三百年。在这三百年间,就国家政治制度和政体而言,俄罗斯民族经历了沙皇俄国而社会主义苏联而今日独联体下的俄罗斯,中华民族也经历了封建清王朝而中华民国而社会主义人民共和国。套用史学大师郭沫若先生的一部书名,我们这部难上品位的文字也可说是又一种“三百年祭”。当然,我们这里所“祭”倒不全是为中俄两大民族之间教育交流活动在历史上有过的某些失败或缺憾而祭,尽管我们撰写本书含有吸取历史教训的本意,但创作主旨的动机更重在总结历史经验,以利更好地开创未来。也就是说,在经历了三百年的风风雨雨后,今日再度回首中俄教育交流史上发生的历历往事,既是对曾为之奋斗不已作出杰出贡献的中俄两大民族有关人物的追思,也是对中俄教育交流一些重大事件的铭记,更是在总结经验和反思教训的基础上探索其演变规律,展望其美好远景。缘此,我与两位学界青年合作完成了这个写作任务。

就我个人而言,1959年秋季学期开学,我“发蒙”于故乡一个荒僻的乡间小学——这所学校的房舍过去是一座庙宇,今日又回复为一座庙宇。那位张姓老师发给我人生的第一批课本,就有一本在封面上方印有“十年一贯制”字样的《俄语》。尽管其时中苏“蜜月”正在消逝,两国关系已是黑云压城城欲摧,但世事不懂的乡村小学生们感受不到山雨欲来的气候变化。不过在接下来的三年自然灾害中,我们连一个俄文字母都未念就将这本《俄语》束之高阁,直到1977年我考上大学时,这部课本还在我家的衣柜里躺着(可惜现在找不着它,要不然也算是我家的一件文物)。俄语是没有学,但我们这代人却是在苏式学校教育体制下成长起来的。对苏联这位“老大哥”,我们这代人可说是有一种极为复杂的感情。三年自然灾害时期,于我是长人长智的岁月,但冻体饿腹的切身感受让我终生不忘,稍稍懂事后才知道那时既是天灾也有人祸,人祸中就有“老大哥”作祟,是故“文革”时期身为红卫兵小将的我们这代人,"反修"意气可谓十分高昂。及至硕士毕业后留校从事教育史的教学与研究工作,我才真正有机会"了解"到刚上小学一年级时我领到《俄语》课本的由来,于是也开始萌生了探究中苏两国教育交流史事的兴趣,遗憾的是《俄语》曾是我的启蒙课本,可我并不懂俄语。直到攻读博士学位时,作为第二外语课程的选择,我才开始与俄文 33 个字母打起了交道,但为时似乎已晚,连俄语皮毛都谈不上触及的学习怎能进行学术研究!

进入新世纪之后,张纯由我们的本科生成为我的硕士生,我即打算让她在中苏教育交流领域选题,同样遗憾的是她也站在俄语课堂的门外。就在张纯回来攻读博士学位的上年秋,我与山东教育出版社李广军先生商谈编撰本套丛书计划时,中国与苏俄教育交流的撰研任务,一时找不到合适人选来承担,只好留给自己来做。张纯回来后自然就成了合作者。不管怎样,研究中俄两国之间的事,俄语这个工具是必备的。十分感谢沈阳师范大学刘兆伟教授及时地将生在东北长在东北学在东北且以俄语为第一外语的刘振宇送过来。中国人很看重数字"三",因为它是一个让人成事的数字:"三迁之教"、"三人成虎"、"三个臭皮匠顶个诸葛亮"……有了刘振宇的加入,也就有了查阅和解读俄文资料的力量(尽管此书俄文原始资料用得不多),我们的研究也就顺风顺水了。我拟好大纲后,让他们两位年轻人以新中国成立为界,振宇负责建国之前中俄(苏)教育交流初稿的撰著,张纯承担建国之后中苏(俄)教育交流初稿的写作。每章初稿完工后,我作出第一次修改,再返回让他们整理:或改变节、目,或添加史料,或修正观点,或调整词句。及至今年五月底,包括本科生、硕士生、博士生的论文答辩工作全部结束,我即以七七四十九的功夫,将全部书稿又从头至尾匆匆地修改一遍。尽管有些地方我得另起炉灶,但本书的主要工作任务由两位年轻人完成,不仅是文字的写作,更重要的是资料的搜集,所以如果此书有什么成功之处,功劳自在他们。不过,全书从选题、拟纲到最后定稿,都由我一手操办,所以读者诸君手中的出版物存在的种种不足乃至谬误,自然应由我来担当。

最后需要感谢的是,现在四川达州理工学院任教的许风霜,以及仍在门下研习的杨洁琼、许金萍、陈波、任秋敏这几位学生,在前期资料收集过程中出了不少力。至于在本书起手之际为我们提供了帮助的浙江省委党校李涛博士,对本书出版给予大力支持的山东教育出版社教育理论编辑室李广军先生及其同仁,更在我们的感谢之列。

余子侠

庚寅年　夏历六月初八